Kohlhammer

Der Autor

 Prof. Dr. Ulrich Heimlich ist Universitätsprofessor für Lernbehindertenpädagogik an der Ludwig-Maximilians-Universität München.

Ulrich Heimlich

Inklusive Pädagogik

Eine Einführung

Verlag W. Kohlhammer

Dieses Werk einschließlich aller seiner Teile ist urheberrechtlich geschützt. Jede Verwendung außerhalb der engen Grenzen des Urheberrechts ist ohne Zustimmung des Verlags unzulässig und strafbar. Das gilt insbesondere für Vervielfältigungen, Übersetzungen, Mikroverfilmungen und für die Einspeicherung und Verarbeitung in elektronischen Systemen.

Die Wiedergabe von Warenbezeichnungen, Handelsnamen und sonstigen Kennzeichen in diesem Buch berechtigt nicht zu der Annahme, dass diese von jedermann frei benutzt werden dürfen. Vielmehr kann es sich auch dann um eingetragene Warenzeichen oder sonstige geschützte Kennzeichen handeln, wenn sie nicht eigens als solche gekennzeichnet sind.

Es konnten nicht alle Rechtsinhaber von Abbildungen ermittelt werden. Sollte dem Verlag gegenüber der Nachweis der Rechtsinhaberschaft geführt werden, wird das branchenübliche Honorar nachträglich gezahlt.

Dieses Werk enthält Hinweise/Links zu externen Websites Dritter, auf deren Inhalt der Verlag keinen Einfluss hat und die der Haftung der jeweiligen Seitenanbieter oder -betreiber unterliegen. Zum Zeitpunkt der Verlinkung wurden die externen Websites auf mögliche Rechtsverstöße überprüft und dabei keine Rechtsverletzung festgestellt. Ohne konkrete Hinweise auf eine solche Rechtsverletzung ist eine permanente inhaltliche Kontrolle der verlinkten Seiten nicht zumutbar. Sollten jedoch Rechtsverletzungen bekannt werden, werden die betroffenen externen Links soweit möglich unverzüglich entfernt.

1. Auflage 2019

Alle Rechte vorbehalten
© W. Kohlhammer GmbH, Stuttgart
Gesamtherstellung: W. Kohlhammer GmbH, Stuttgart

Print:
ISBN 978-3-17-033495-3

E-Book-Formate:
pdf: ISBN 978-3-17-033496-0
epub: ISBN 978-3-17-033497-7
mobi: ISBN 978-3-17-033498-4

Vorwort

Meine erste Publikation zum Thema Integration/Inklusion erschien im Jahre 1985 unter dem Titel »Integration behinderter Kinder im Regelkindergarten – Wo bleiben die sozial benachteiligten Kinder?« Seither hat mich das Thema Integration und später Inklusion nicht mehr losgelassen. Ich konnte Integrations- und Inklusionsentwicklungen in Kindertageseinrichtungen, Schulen und darüber hinaus im Arbeits- und Wohnbereich sowie im Gemeinwesen in Nordrhein-Westfalen, Sachsen-Anhalt, Sachsen und Bayern wissenschaftlich begleiten. Dabei habe ich immer versucht, nicht nur aus dem »Elfenbeinturm« in der »reinen Luft« der wissenschaftlichen Reflexion über praktische Entwicklungen zur Integration und Inklusion zu urteilen. Vielmehr war es mir stets ein Anliegen, die begleiteten Einrichtungen zu besuchen und die alltäglichen Nöte und Sorgen der praktisch pädagogisch Tätigen vor Ort kennenzulernen. Dies hilft meiner Erfahrung nach, einen realistischen Blick auf die Möglichkeiten und Grenzen der Integration bzw. Inklusion zu werfen. Dieser kritische Realismus bleibt nicht bei der vorhandenen Wirklichkeit stehen, sondern geht nur von dieser aus. Zugleich schafft dieser Blickwinkel aber eine Sensibilität für das, was ich »nächste Schritte« nenne. Integrations- und jetzt Inklusionsentwicklungen zu unterstützen heißt zu lernen, auf das zu schauen, was als nächstes möglich ist. Es heißt nicht, vor Grenzen zu kapitulieren und diese in jedem Fall zu akzeptieren. Grenzen sind vielmehr Aufgaben, wie mir eine Schulleiterin einmal als Motto ihrer Schule mit auf den Weg gegeben hat. Das bedeutet nicht, dass jeweils unmittelbar eine Lösung der Aufgabe parat sein muss. Aber es heißt, dass wir in Zusammenhang mit Integration und Inklusion ständig aufgefordert sind, Grenzen zu überschreiten und Grenzen zu verschieben. Zu viele Denkverbote existieren noch in Bezug auf das, was im integrativen bzw. inklusiven Zusammenhang möglich ist. Wer sich jedoch von vornherein mit der angeblichen Unmöglichkeit zufrieden gibt, der verstellt sich selbst den Blick für überraschende Einsichten.

Mir liegt sehr viel daran, mich als Sonderpädagoge mit dem Thema »Inklusion« zu beschäftigen. Ich bin fest davon überzeugt, dass ohne sonderpädagogische Fachkompetenz die Aufgabe der gesellschaftlichen Teilhabe von Menschen mit Behinderung und ihr Recht auf ein selbstbestimmtes Leben nicht in der nötigen Qualität umgesetzt werden können. Ich habe mich deshalb in meiner eigenen Forschungstätigkeit als Sonderpädagoge auch speziell mit dem Zusammenhang von Inklusion und Qualität beschäftigt. Nach meiner Erfahrung schafft ein qualitativ hochstehendes Bildungs- und Unterstützungsangebot die Voraussetzungen für eine gelungene Inklusion. Dies ist nur mit sonderpädagogischer Fachkompetenz zu erreichen. Insofern konzentriere ich mich in meinem Beitrag zur inklusiven Pädagogik auf diesen engen Inklusionsbegriff, in dem Menschen mit Behinderung besonders im Vordergrund stehen. Zu groß erscheint mir die Gefahr, dass das Thema »Behinderung« in einem breit angelegten Diversitäts-Diskurs ausgeblendet wird.

Gleichzeitig müssen wir akzeptieren, dass alle Bemühungen um mehr gesellschaftliche Teilhabe von Menschen mit Behinderung ihre Grenzen an deren Selbstbestimmungsrechten finden. Im Extremfall haben Menschen mit Behinderung das Recht, sich nicht inkludieren zu lassen, wie mir ein Vertreter einer Selbsthilfegruppe von Menschen mit Behinderung einmal entgegengehalten hat. Inklusion als Zwangsmaßnahme auf dem Weg über politische Verordnungen im Sinne von top-down-Prozessen schafft meiner Erfahrung nach keine Entwicklungsmöglichkeiten, sondern fördert eher Widerstände. Insofern setze ich mich für das Wahlrecht der Eltern bezogen auf den Förderort und die Betreuungsform ein. Und auch die pädagogisch Tätigen sollten sich selbst entscheiden können, inwieweit und v. a. in welcher Geschwindigkeit sie sich in inklusive Prozesse hineinbegeben. Dieses Prinzip der Freiwilligkeit ist meiner Erfahrung nach unabdingbar für eine nachhaltige Inklusionsentwicklung, die auf Dauer tragfähig ist. Und diese Entwicklung benötigt gute Rahmenbedingungen im Sinne einer guten personellen und auch einer materiellen Ausstattung des jeweiligen inklusiven Settings. Allen anderen

Verlautbarungen zum Trotz ist die inklusive Haltung der pädagogisch Tätigen nicht die einzige Ressource für inklusive Prozesse. Sie ist zudem eine Ressource, die umsichtig behandelt sein will, da sie schnell verschleißen kann, wenn sie nicht eine entsprechende Absicherung durch Unterstützungssysteme erfährt. Inklusion ist als Einsparungsmaßnahme jedenfalls gründlich missverstanden und würde hinter erreichte Standards in der Hilfe für Menschen mit Behinderung zurückfallen. Ich plädiere deshalb für eine langfristige Perspektive der Inklusion und einen langen Atem. Andernfalls stehen wir in der Gefahr, das Kind mit Behinderung einmal mehr mit dem inklusiven Bade auszuschütten.

Und nun hoffe ich, dass der Band »Inklusive Pädagogik« eine hilfreiche Rolle bei der Vorbereitung auf eine inklusive Praxis im Bildungssystem und in der Gesellschaft spielen kann.

München, im April 2019
Ulrich Heimlich

Inhaltsverzeichnis

Vorwort		**5**
Inklusive Pädagogik im Rahmen der Bildungs- und Erziehungswissenschaft – eine Einleitung		**13**
1	**Von der Exklusion zur Inklusion – die UN-Behindertenrechtskonvention (UN-BRK) und ihre bildungspolitischen Folgen**	**21**
1.1	Behinderung und Inklusion in der UN-BRK	23
1.2	Inklusion als bildungspolitisches Leitbild in der UN-BRK	28
1.3	Exklusion, Separation, Integration, Inklusion – ein historischer Rückblick	34
	1.3.1 Anfänge der Inklusion im Bildungssystem ..	36
	1.3.2 Geschichte der Integrationsbewegung nach 1945	42
1.4	Zusammenfassung: Inklusion als Bildungsreform ..	48
2	**Teilhabe entwickeln – Arbeitsfelder inklusiver Pädagogik**..	**51**
2.1	Kindertageseinrichtungen (Elementarbereich)	54
	2.1.1 Praxis inklusiver Bildung im Elementarbereich	56
	2.1.2 Konzeptionelle Bausteine inklusiver Bildung im Elementarbereich	58
	2.1.3 Organisation inklusiver Bildung im Elementarbereich	63

		2.1.4	Unterstützungssysteme inklusiver Bildung im Elementarbereich	70
	2.2	\multicolumn{2}{l	}{Allgemeine Schulen (Primar- und Sekundarbereich)}	75

- 2.2 Allgemeine Schulen (Primar- und Sekundarbereich) 75
  - 2.2.1 Praxis des inklusiven Unterrichts 77
  - 2.2.2 Konzeptionelle Bausteine des inklusiven Unterrichts 89
  - 2.2.3 Organisation des inklusiven Unterrichts 95
  - 2.2.4 Unterstützungssysteme für inklusiven Unterricht 112
- 2.3 Hochschulen und Erwachsenenbildung (Tertiär- und Quartärbereich) 118
  - 2.3.1 Inklusive Erwachsenenbildung/ Weiterbildung......................... 119
  - 2.3.2 Inklusive Hochschule 126
- 2.4 Inklusion im Beruf 129
  - 2.4.1 Indirekte berufliche Inklusion.............. 131
  - 2.4.2 Direkte berufliche Inklusion 135
- 2.5 Inklusion im Gemeinwesen....................... 138
  - 2.5.1 Inklusives Wohnen 139
  - 2.5.2 Inklusive Regionen 141
- 2.6 Zusammenfassung: Inklusionsnetzwerke 143

3 Gemeinsamkeit erfahren – Handlungskonzepte inklusiver Pädagogik 148

- 3.1 Inklusive Spielförderung 149
  - 3.1.1 Inklusive Spielsituationen 150
  - 3.1.2 Methoden inklusiver Spielförderung........ 152
- 3.2 Inklusive Didaktik 158
  - 3.2.1 Prinzipien des inklusiven Unterrichts 159
  - 3.2.2 Methoden des inklusiven Unterrichts 162
  - 3.2.3 Didaktische Modelle des inklusiven Unterrichts............................. 165
  - 3.2.4 Planung des inklusiven Unterrichts mit Hilfe der inklusionsdidaktischen Netze 170
- 3.3 Inklusive Schulentwicklung 173

	3.3.1	Pädagogische Schulentwicklung und Inklusion	174
	3.3.2	Inklusive Schulentwicklung als Projektlernen	177
	3.3.3	Qualitätssicherung und Evaluation in der inklusiven Schulentwicklung	180
3.4		Normalisierung und Inklusion	184
	3.4.1	Elemente und Ebenen des Normalisierungskonzepts	185
	3.4.2	Entwicklungsperspektiven des Normalisierungskonzepts	187
3.5		Zusammenfassung: Inklusive Erfahrungen	190

4 Voneinander lernen – Theoriemodelle inklusiver Pädagogik **193**

4.1		Behinderung und Inklusion – Begriffliche Klärung	195
	4.1.1	Von der Behinderung zum sonderpädagogischen Förderbedarf	195
	4.1.2	Von der Integration zur Inklusion	204
4.2		Grundkonzeptionen integrativer Pädagogik – ein Rückblick nach vorn	214
	4.2.1	Materialistisches Modell der Integration (Georg Feuser)	215
	4.2.2	Interaktionistisches Modell der Integration (Hans Eberwein)	222
	4.2.3	Integration als Prozess (Helmut Reiser)	227
	4.2.4	Ökosystemisches Modell (Alfred Sander)	231
4.3		Auf der Suche nach der Grundlagen inklusiver Bildung	235
	4.3.1	Pädagogik der Vielfalt (Annedore Prengel)	240
	4.3.2	Inklusive Pädagogik als demokratische Pädagogik	243
4.4		Zusammenfassung: Inklusive Situationen	252

5 Zusammen arbeiten – Qualifikation für inklusive Pädagogik **255**

| 5.1 | Kompetenzprofil inklusiver Pädagogik | 258 |

5.2	Qualifikation frühpädagogischer Fachkräfte für inklusive Bildung	264
5.3	Inklusive Lehrerbildung	268
5.4	Inklusive Pädagogik im erziehungswissenschaftlichen Hauptfachstudium (B.A./M.A.)	275
5.5	Zusammenfassung: Inklusive Kompetenzen	277

Ausblick: Inklusive Momente im Bildungsprozess – Aspekte einer inklusiven Bildungstheorie **280**

Literaturverzeichnis **285**

Sachregister **319**

Inklusive Pädagogik im Rahmen der Bildungs- und Erziehungswissenschaft – eine Einleitung

»Dass Behinderung nur als Verschiedenheit aufgefasst wird, das ist ein Ziel, um das es uns gehen muss.« (Richard von Weizsäcker 1993)

Inklusion ist in aller Munde und offenbar als Thema mitten in der Gesellschaft angekommen. Das Menschenrecht auf soziale Teilhabe und ein selbstbestimmtes Leben bedarf allem Anschein nach noch weiterer gemeinsamer Anstrengungen zu seiner praktischen Durchsetzung und kann nicht selbstverständlich vorausgesetzt werden – auch nicht in einer demokratisch verfassten Gesellschaft wie der Bundesrepublik Deutschland. Inklusion geht uns alle an, als Arbeitskollegen, als Mitbürger und als Nachbarn. Es steht schlicht und ergreifend die Frage im Raum, wie wir in unserer Gesellschaft mit Unterschieden umgehen wollen – oder wie die »Aktion Mensch« es treffend formuliert hat: »In welcher Gesellschaft wollen wir leben?« (https://www.presseportal.de/pm/43707/795865). Und diese Frage betrifft keineswegs nur Menschen mit Behinderung. Diskriminierung von Frauen, soziale Benachteiligung von Menschen in Armut, Ausgrenzung von Menschen aus anderen kulturellen Hintergründen, aufgrund von sexueller Orientierungen oder von alten Menschen – all das findet in unserer Gesellschaft tagtäglich statt und zeigt uns so, dass das Recht auf soziale Teilhabe und ein selbstbestimmtes Leben keineswegs für alle Mitglieder einer Gesellschaft in gleicher Weise gilt. Insofern tun wir als Gesellschaft gut daran, das Thema Inklusion in den Mittelpunkt unserer Aufmerksamkeit zu stellen.

In der zu Ende gehenden ersten Dekade nach Inkrafttreten der UN-Konvention über die Rechte von Menschen mit Behinderung in Deutschland im Jahre 2009 häufen sich allerdings mittlerweile auch die kritischen Stimmen. Von einer »Inklusionsfalle« (vgl. Felten 2017) und einer »Inklusionslüge« (vgl. Becker 2016) oder gar einer »Bruchlandung« (vgl. Nöldeke 2018) ist da die Rede. Grundsätzlich wird die Idee der Inklusion dabei nicht infrage gestellt. Kritisiert wird allerdings die politische und insbesondere die bildungspolitische Umsetzung. Eine infas-Studie im Auftrag der »Aktion Mensch« und der Wochenzeitschrift »DIE ZEIT« kommt zu dem Ergebnis, dass die Idee der Inklusion sehr wohl von einer Mehrheit der repräsentativ Befragten unterstützt wird. Allerdings gibt es nach wie vor eine große Skepsis bezogen auf die Bereitschaft der politisch Verantwortlichen, dafür die nötigen Ressourcen bereitzustellen (vgl. DIE ZEIT Nr. 14 vom 28.03.2019, S. 62). Auch auf die Grenzen in der Gesellschaft und v. a. die ökonomischen Restriktionen z. B. auf dem Arbeitsmarkt wird dabei hingewiesen. Zugleich dämmert uns allen langsam, dass wir hier nicht nur ein bisschen »Kosmetik« benötigen, an einem ansonsten unverändert bleibenden Bildungssystem z. B. oder gar einer Gesellschaft, in der sich nach wie vor Tendenzen zur Exklusion und Marginalisierung von Menschen zeigen. Den Anspruch einer inklusiven Gesellschaft und eines inklusiven Bildungssystems in die Tat umzusetzen bedarf einer gemeinsamen Kraftanstrengung, die nicht auf kurzfristige Erfolge beschränkt bleiben darf. Hier ist ein langer Atem gefordert, wenn tatsächlich nachhaltige Inklusionsentwicklungen angestoßen werden sollen.

Der bundesdeutsche Inklusionsdiskurs krankt allerdings nach wie vor an einer weit verbreiteten Verwechslung von Konzept im Sinne von Zielsetzungen und Soll-Zuständen auf der einen Seite und praktischer Umsetzung im Sinne von alltäglichen nächsten Schritten auf der anderen Seite. Konzept und Praxis der Inklusion unterscheiden sich jedoch häufig sehr weitgehend. Möglicherweise ist es sogar eine der wichtigsten Herausforderungen für pädagogische und soziale Berufe, dieses Spannungsverhältnis von Konzept und Praxis auszuhalten. Ideale Formen der Umsetzung dürften auch im Feld der Inklusion selten sein. Zu akzeptieren wäre deshalb, dass Inklusion ein Prozess ist, ein gemeinsamer Weg, der von einem real existierenden Bildungssystem und einer real existierenden Gesellschaft ausgeht.

Dies auszublenden würde den Blick verstellen auf die Mühen der tagtäglichen Umsetzung von Inklusion und die Notwendigkeit, in kleinen Schritten zu denken und zu handeln. Gerade in dem Maße, wie das

Thema »Inklusion« mitten in der Gesellschaft angekommen ist, stehen wir nunmehr auch vor der Aufgabe, alle Menschen auf diesem Weg mitzunehmen, auch diejenigen, die sich mit diesem Thema bislang überhaupt noch nicht beschäftigt haben. Einseitige Polemik – von welcher Seite auch immer – hilft da nicht weiter (vgl. Schumann 2018; Speck 2011). Angesichts eines jahrzehntelangen einseitigen Ausbaus der separierenden Bildungsangebote verfügen die meisten Erwachsenen bislang nicht über inklusive Lernerfahrungen in einem Bildungssystem, in dem die Heterogenität der Lernenden als Grundlagen jeglichen Bildungsangebotes ernst genommen worden wäre. Insofern haben viele Menschen in dieser Gesellschaft bislang keine inklusiven Erfahrungen sammeln können. Auch darauf sollte die Inklusionsentwicklung im Bildungssystem und in der Gesellschaft Rücksicht nehmen.

Es muss in diesem Zusammenhang immer wieder betont werden: Auch Kinder, Jugendliche und Erwachsene mit Behinderung haben das Recht auf ein selbst bestimmtes Leben in umfassender sozialer Teilhabe. Mit der UN-Konvention über die Rechte von Menschen mit Behinderung von 2006 (vgl. Vereinte Nationen 2009) ist dieser Anspruch völkerrechtlich verbindlich geworden. Die Tatsache, dass dieser Anspruch auch gegenwärtig noch immer durch schriftliche Fixierung und Ratifizierung in Erinnerung gerufen werden muss, ist selbst schon Symptom eines gesellschaftlichen Missstandes. Wenn diese konkrete Utopie einer inklusiven Gesellschaft in Kindertageseinrichtungen, Schulen, im Arbeits-, Wohn- und Freizeitbereich Wirklichkeit werden soll, so sind alle pädagogischen Fachkräfte aufgefordert, sich mit den Grundlagen einer inklusiven Pädagogik auseinander zu setzen.

Der vorliegende Band ist als Einführungsband in die vielfältigen Arbeitsfelder, Handlungskonzepte und Theoriemodelle einer inklusiven Pädagogik entstanden. Er soll vorrangig auf den Erwerb von pädagogischen Kompetenzen für die inklusiven Aufgaben begleitend zum Lebenslauf von Menschen mit Behinderung vorbereiten *(Inklusion im engeren Sinne)*. Inklusion zielt allerdings auch auf andere Formen von Heterogenität: Geschlecht, kultureller Hintergrund, sexuelle Orientierung, Alter, soziale Herkunft usf.). Dieses weite Verständnis von Inklusion *(Inklusion im weiteren Sinne)* ist hier jedoch nur am Rande mit eingearbeitet. Es soll damit deutlich gemacht werden, dass gerade Menschen mit Behinderung in einem modernen Diversitäts-Diskurs besonders beachtet werden sollten. Dabei müssen die weiteren Heterogenitätsdimensionen (Alter, Geschlecht, sexuelle Orientierung, soziale und kulturelle Herkunft usf.) durchaus weiter bewusst bleiben, zumal auch Menschen mit Behinderung als Frauen, als alte Menschen, als sozial Benachteiligte zusätzlichen Exklusionsgefahren ausgesetzt sind. Der Diversitäts-Diskurs zeigt jedoch bereits jetzt, dass erneut die Gefahr besteht, Menschen mit Behinderung im Verhältnis zu den anderen Heterogenitätsdimensionen zu vernachlässigen. Deshalb gibt es gute Gründe, sich mit den Rechten auf gesellschaftliche Teilhabe und ein selbstbestimmtes Leben von Menschen mit Behinderung in besonders intensiver Weise zu beschäftigen (vgl. Hedderich/Biewer/Hollenweger/Markowetz 2016).

Inklusive Pädagogik wird hier als Basiselement für alle pädagogischen Qualifikationsprozesse angesehen. Mit dem Begriff »Inklusive Pädagogik« ist dabei weniger eine eigenständige erziehungs- und bildungswissenschaftliche Disziplin angesprochen, wie das der Begriff »Inklusionspädagogik« (vgl. Textor 2015) nahelegt, sondern vielmehr eine Querschnittsaufgabe der erziehungs- und bildungswissenschaftlichen Teildisziplinen der Allgemeinen Pädagogik und Bildungsforschung, der Andra- und der Geragogik sowie der Schulpädagogik, der Sonderpädagogik und der Sozialpädagogik gemeint. Inklusive Pädagogik kann dabei keineswegs ahistorisch etwa erst im Nachgang zum Inkrafttreten der UN-BRK entwickelt werden. Vielmehr entsteht diese Querschnittsaufgabe in jüngster Zeit in Deutschland auf der Basis einer über 40-jährigen Geschichte der Bemühungen um mehr Integration und Inklusion für Menschen mit Behinderung in die Gesellschaft. Auf diesen Erfahrungen gilt es aufzubauen, allerdings nicht ohne den weiteren Schritt zu gehen, der mit dem Konzept der Inklusion ansteht. Während Integrationsmaßnahmen stets eine vorausgegangene Separation beinhalten und darauf abzielen, etwas vorher Getrenntes wieder zusammenzuführen, geht es bei Inklusionsmaßnahmen darum, dass von vornherein auf jegliche Aussonderung verzichtet wird und alle Menschen in allen gesellschaftlichen Bereichen (und auch im Bildungssystem) willkommen geheißen werden. Vor diesem Hintergrund wird der Begriff »Integration« im weiteren Verlauf der Darstellung im Sinne eines Rückblicks auf die Bemühungen um eine Wiederherstellung von mehr Gemeinsamkeit zwischen Menschen mit und ohne Behinderung verwendet. Der Begriff »Inklusion« steht mit dem Inkrafttreten der UN-BRK eher für die neue Zielsetzung der umfassenden gesellschaftlichen Teilhabe in Verbindung mit der Möglichkeit, ein selbstbestimmtes Leben zu führen.

Der Band baut auf dem Vorläuferband »Integrative Pädagogik – eine Einführung« von 2003 auf und soll insbesondere vor dem Hintergrund der UN-BRK aktualisiert sowie durch eigene Forschungs- und Entwicklungsprojekte ergänzt werden. Angesichts der Fülle der Publikationen zur Inklusion allein im Bildungsbereich seit 2009 ist allerdings hier Vollständigkeit von vornherein ein aussichtsloses Unterfangen. Insofern ist es notwendig, hier eine Auswahl zu treffen, in die sicher auch subjektive Aspekte eingeflossen sind. Im Vordergrund steht bei der Neugestaltung des Bandes eine didaktisch-methodische Überarbeitung, um den Lehr- bzw. Studienbuchcharakter noch stärker hervorzuheben. Der grundlegende Aufbau des Buches ist jedoch beibehalten worden: Ausgehend von den Arbeitsfeldern inklusiver Pädagogik werden die Handlungskonzepte und die Theoriemodelle einer inklusiven Pädagogik dargestellt.

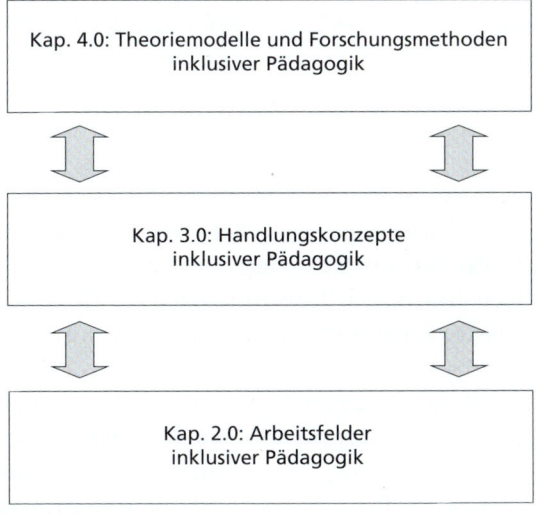

Abb. 1: Ebenen der Theoriebildung in der inklusiven Pädagogik

Vorangestellt werden in Kapitel 1 (▶ Kap. 1) zunächst die zentralen Aussagen der UN-BRK. Neben der menschenrechtlichen Perspektive steht im pädagogischen Zusammenhang sodann der Leitbildcharakter der Inklusion für die Bildungspolitik zur Diskussion. Um das Neue an dem Konzept der Inklusion nachvollziehen zu können, ist es hilfreich, einen Rückblick auf die historische Entwicklung in der Bildung und Erziehung von Kindern und Jugendlichen mit Behinderung zu wagen. Erst dabei kann deutlich werden, inwiefern Inklusion im Kontrast zu Tendenzen der Exklusion, der Separation und der Integration steht. Im Ergebnis soll dabei deutlich werden, in welchem Maße Inklusion als Teil einer Bildungsreform angesehen werden kann

Kapitel 2 (▶ Kap. 2) beinhaltet den Versuch, von der Praxis der Inklusion vorrangig im deutschsprachigen Raum auszugehen und die Arbeitsfelder einer inklusiven Pädagogik angefangen bei den Kindertageseinrichtungen über die Schulen des Primar- und Sekundarbereichs bis hin zum Übergang in den Beruf und der Inklusion in das Gemeinwesen in ihrer organisatorischen Struktur aufzuzeigen. Hier steht der Ort der inklusiven Entwicklungen im Vordergrund (*Frage nach dem »Wo?«*). An dieser Stelle werden auch aktuelle empirische Daten zur Inklusionsentwicklung im deutschsprachigen Raum eingearbeitet. Im Bild des Netzwerkes werden diese Entwicklungen der vergangenen vier Jahrzehnte im deutschsprachigen Raum zusammengeführt.

Die Frage, wie pädagogische Fachkräfte in inklusiven Settings handlungsfähig werden können, steht im Mittelpunkt des Kapitels 3 (▶ Kap. 3) (*Frage nach dem »Wie?«*). Inklusive Spielförderung, inklusiver Unterricht, inklusive Schulentwicklung sowie das Konzept der Normalisierung fungieren hier als ausgewählte Beispiele für pädagogische Handlungskonzepte, die sich für die inklusive Entwicklung als hilfreich und effektiv erwiesen haben. All diese pädagogischen Bemühungen zielen darauf ab, inklusive Erfahrungen zu ermöglichen, in welchem Kontext auch immer.

Erst aufbauend auf diesen Einblicken in die Praxis und die Handlungskonzepte sollen die Begründungszusammenhänge einer inklusiven Pädagogik in Kapitel 4 (▶ Kap. 4) thematisiert werden (*Frage nach dem »Warum?«*). Auch in der Praxis werden pädagogische Fachkräfte mit der Situation konfrontiert, ihre professionelle Tätigkeit zu rechtfertigen. Sie müssen deshalb nicht nur wissen, wie inklusive pädagogische Maßnahmen praktisch funktionieren. Sie müssen diese auch begründen können. Immer dann, wenn wir versuchen, Begründungszusammenhänge für pädagogisches Handeln zu entdecken, betreten wir das Feld der Theorie. Damit ist nicht mehr und nicht weniger als »Betrachtung« im Sinne der Bedeutung des griechischen Wortursprungs »*theoria*« gemeint. Handeln und Reflektieren gehören auch im Zusammenhang inklusiver Pädagogik unauflöslich zusammen. Das reicht bis hin zu der faszinierenden Möglichkeit des menschlichen Gehirns, über das eigene Nachdenken nachzudenken (sog. »Metatheorie«). Theoriekonzepte einer inklusiven Pädagogik unterscheiden sich also von bloßen Handlungskonzepten durch die Thematisierung von Handlungs- und Reflexionsprozessen. In diesem Zusammenhang erfolgt nicht nur ein Rückblick auf zentrale Theorienentwürfe einer integrativen Pädagogik und deren Relevanz für eine inklusive Pädagogik. Es werden auch neuere Beiträge insbesondere zur Grundlegung einer inklusiven Bildungskonzeption vorgestellt.

Kapitel 5 (▶ Kap. 5) enthält einige Überlegungen zu den Konsequenzen aus dem gegenwärtigen Entwicklungsstand einer inklusiven Pädagogik für die Qualifikationsprozesse von pädagogischen Fachkräften. Dabei dürfte unmittelbar nachvollziehbar sein, dass die gemeinsame Kraftanstrengung der Inklusionsentwicklung im Bildungssystem und in der Gesellschaft nur auf der Basis einer angemessenen professionellen Qualifikation der pädagogischen Fachkräfte für diese Aufgabe gelingen kann. Hier gilt es zu klären, welche inklusiven Kompetenzen in diesen Qualifizierungsprozessen bei frühpädagogischen Fachkräften und bei Lehrkräften anzubahnen sind und wie letztlich eine inklusive Haltung ausgebildet werden kann.

Im Ausblick zum Abschluss wird die offene Frage nach einer inklusiven Bildungstheorie aufgeworfen. In Anlehnung an Friedrich Copeis Überlegungen zum »fruchtbaren Moment im Bildungsprozess« (vgl. Copei 1930) wird hier der Vorschlag gemacht, von »inklusiven Momenten im Bildungsprozess« (vgl. Heimlich 2017b; Platte/Krönig 2017) als Kern einer inklusiven Bildungstheorie auszugehen. Auch wenn die Planbarkeit von solchen Momenten durchaus in Zweifel steht und allein der Begriff »inklusive Momente« implizit bereits zu Bescheidenheit auffordert, dürfte es doch genau darum gehen, sich Klarheit über diese kleinen Momente zu verschaffen, deren inklusiven Gehalt zu definieren und so bereits die Anfänge inklusiver Prozesse aufmerksam verfolgen zu können.

Leitend für den Band ist in theoretischer Hinsicht das ökologische Paradigma im Anschluss an Urie Bronfenbrenner (1989). Damit ist v. a. eine konsequente Person-Umfeld-Orientierung angesprochen, in der Behinderung und andere Heterogenitätsdimensionen nicht nur als Frage an den Einzelnen (*personaler Aspekt*), sondern ebenso in ihrer Beziehungsstruktur (*sozialer Aspekt*) und in der je konkreten Situation (*ökologischer Aspekt*) gesehen wird. Zusammengeführt werden die theoretischen Überlegungen im Begriff der inklusiven Situationen, die es in den unterschiedlichen Settings zu gestalten und zu begründen gilt.

Jedes Kapitel wird mit einem kurzen Überblick »Zum Einstieg« im Sinne eines *Advance Organizers* eingeleitet, um die Leserinnen und Leser auf die folgenden Überlegungen einzustimmen. Die *Zitate* zu Beginn der einzelnen Kapitel sollen darüber hinaus jeweils einen wesentlichen Aspekt der Inklusion verdeutlichen. In den einzelnen Kapiteln sind *inklusive Situationen* aus der inklusiven Praxis und wichtige Forschungsprojekte (*Forschung inklusiv*) aus der empirischen Bildungsforschung zur Inklusion in Kurzporträts für die vertiefende Lektüre eingearbeitet. Da in diesem Zusammenhang häufig Gelingensbedingungen von Inklusion im Vordergrund stehen, sollen auch die möglichen Schwierigkeiten nicht unerwähnt bleiben und in der Rubrik »*Baustellen der Inklusion*« skizziert werden. *Kommentierte Literaturtipps* zu grundlegenden Aspekten inklusiver Pädagogik, aber auch zur praktischen Umsetzung befinden sich jeweils am Ende eines Kapitels. *Dialogfragen* ergänzen den jeweiligen Abschnitt, um den Einstieg in ein Gespräch über Inklusion anzuregen. Es handelt sich hier um Gesprächs- und Denkanlässe, die nicht einfach mit »Ja« oder mit »Nein« beantwortet werden können, sondern vielmehr die Komplexität der konkreten Arbeit an dem Leitbild Inklusion im Bildungsbereich und in der Gesellschaft veranschaulichen sollen.

In der Regel werden im folgenden Text beide Geschlechter genannt. Nur da, wo es geschlechtsneutrale Bezeichnungen gibt, wird auf diese zurückgegriffen. Es sind in jedem Falle alle Beteiligten angesprochen, auch wenn das nicht immer explizit erwähnt wird.

1 Von der Exklusion zur Inklusion – die UN-Behindertenrechtskonvention (UN-BRK) und ihre bildungspolitischen Folgen

»Politik ... sollte ... den besseren Zustand
aber denken als den, in dem man ohne Angst
verschieden sein kann.« (Adorno 2001, S. 184f.)

> **Zum Einstieg**
>
> Inklusion als neues Leitbild der Bildungs- und Sozialpolitik unterscheidet sich von den bisherigen Bemühungen um mehr Integration von Menschen mit Behinderung in die Gesellschaft. In diesem Kapitel soll der Unterschied zwischen Inklusion und Integration herausgearbeitet werden. Inklusion wird dabei insbesondere der real existierenden Exklusion in der Gesellschaft gegenübergestellt. Zunächst soll deshalb die UN-BRK in ihren Grundzügen und in ihrer menschenrechtlichen Bedeutung vorgestellt werden (▶ Kap. 1.1). Sodann wird das Neue am Konzept der Inklusion hervorgehoben (▶ Kap. 1.2), um schließlich in einem historischen Rückblick den Wandel von der Exklusion zur Inklusion sichtbar zu machen (▶ Kap. 1.3). Der Begriff »Integration« wird im Folgenden im Wesentlichen für die Darstellung der Bemühungen um die Wiedereingliederung von Menschen mit Behinderung in allgemeine Bildungseinrichtungen und die Gesellschaft bis zum Inkrafttreten der UN-BRK benutzt. Der Begriff »Inklusion« steht hingegen für die Weiterentwicklung der bildungs- und sozialpolitischen Maßnahmen zur selbstbestimmten Teilhabe von Menschen mit Behinderung an Bildung und Gesellschaft.

Mit der Ratifizierung des *Übereinkommens der Vereinten Nationen über die Rechte von Menschen mit Behinderung* (auch: UN-Behindertenrechtskonvention oder UN-BRK 2009) und der Hinterlegung der Ratifizierungsurkunde bei den Vereinten Nationen in New York im März 2009 sind die Bemühungen um die gesellschaftliche Teilhabe von Menschen mit Behinderung in Deutschland in ein neues Entwicklungsstadium eingetreten (vgl. Vereinte Nationen 2006). Seither ist die UN-BRK in Deutschland verbindliches Völkerrecht. Aus diesem Grunde wird sie seinerzeit auch im Bundesgesetzblatt veröffentlicht. Sie gilt überdies für alle staatlichen Gliederungen bis hin zu den 16 Bundesländern und den Kommunen wie Art. 4, Abs. 4 der UN-BRK zum Ausdruck bringt. Der Deutsche Bundestag hat in seiner Sitzung vom Dezember 2008 auch das Fakultativprotokoll zur UN-BRK verabschiedet, in dem Einzelpersonen oder Personengruppen die Möglichkeit der Mitteilung an den UN-Ausschuss für die Rechte von Menschen mit Behinderung eingeräumt wird. Über die Umsetzung der UN-BRK berichten die Unterzeichnerstaaten regelmäßig und legen diese Berichte dem Generalsekretär der Vereinten Nationen vor. Für die Überprüfung der Durchführung der UN-BRK wird gem. Art. 33, Abs. (2) der UN-BRK eine nationale Monitoringstelle eingerichtet, in Deutschland das »Deutsche Institut für Menschenrechte« in Berlin (URL: http://www.institut-fuer-menschenrechte.de/monitoringstelle-un-brk/ueber-uns, letzter Aufruf: 21.03.2018). Konventionen der Vereinten Nationen sind für die ratifizierenden Länder aber nicht nur unverbindliche Absichtserklärungen. Da das Grundgesetz (GG) in Deutschland bewusst dem internationalen Völkerrecht unterstellt worden ist, ergibt sich daraus die Verpflichtung zur ›völkerrechtsfreundlichen‹ Umsetzung der UN-BRK, wie das Bundesverfassungsgericht bestätigt hat (vgl. Tolmein 2014, S. 6). Die UN-BRK schreibt zwar keinen Zeitplan der Umsetzung vor. Insofern gilt der Grundsatz der schrittweisen Umsetzung besonders für das Bildungssystem (vgl. Poscher/Langer/Rux 2008, S. 32f.), d. h. die Länder sind nicht verpflichtet die einzelnen Regelungen der UN-BRK unmittelbar in die Tat umzusetzen. Allerdings müssen auch substantielle Schritte zu deren Umsetzung erkennbar sein (sog. »*progressive realization*«, vgl. ebd.).

Die UN-BRK enthält das neue bildungs- und sozialpolitische Leitbild der Inklusion. Was aber ist das Neue an dem Konzept der Inklusion? Wie unterscheidet es sich von den bisherigen Bemühungen um mehr Teilhabe von Menschen mit Behinderung in die Gesellschaft? Und welche Bedeutung hat es für andere Heterogenitätsdimensionen oder Diversitätsaspekte?

1.1 Behinderung und Inklusion in der UN-BRK

Am 3. Mai 2008 ist das Übereinkommen über die Rechte von Menschen mit Behinderung der Vereinten Nationen (UN-BRK) in Kraft getreten, nachdem die Vereinten Nationen (UN) im Jahre 2006 einen entsprechenden Beschluss gefasst haben. Deutschland ratifiziert das Übereinkommen am 24. Februar 2009 und hinterlegt die Ratifizierungsurkunde im März 2009 bei den Vereinten Nationen in New York. Insofern nähern wir uns im Jahre 2019 bereits dem Ende der ersten Dekade der Umsetzung bezogen auf die UN-BRK in der Bundesrepublik Deutschland. In diesem Rückblick wird sichtbar, dass die UN-BRK weitreichende Einflüsse auf die nationale Bildungspolitik in Deutschland hat.

Ausgehend von der »Erklärung der Menschenrechte« der Vereinten Nationen von 1948, in der in Artikel 26 bereits das Recht auf Bildung für alle verankert wurde (vgl. Vereinte Nationen 1948), hat die UNESCO im Jahre 1990 in ihrer »*World Declaration On Education For All*« diesen Grundsatz noch einmal bekräftigt. Dabei werden die grundlegenden Lernbedürfnisse (*basic learning needs*) aller Personen als Bezugspunkt einer Bildung für alle in den Mittelpunkt gestellt. Von Kindern mit besonderen Bedürfnissen (*special educational needs*) ist hier allerdings noch nicht die Rede. Bereits die UN-Kinderrechtskonvention von 1989 hat sich in Artikel 23 mit der »Förderung behinderter Kinder« befasst und die Zielsetzung einer »möglichst vollständigen sozialen Integration« proklamiert. Aber erst auf der UNESCO-Konferenz von Salamanca wird eine Erklärung verabschiedet, die sich ausschließlich auf Kinder und Jugendliche mit besonderen Bedürfnissen bezieht und die Vertragsstaaten auffordert, inklusive Schulen zu entwickeln. Damit wird der Begriff »Inklusion« in den internationalen Bildungsdiskurs eingeführt, auch wenn dies in Deutschland durch die Übersetzung von *inclu-*

sion mit »Integration« zunächst nicht wahrgenommen wird (vgl. Österreichische UNESCO-Kommission 1994). Die »*International Conference on Education (ICE)*« in Genf im Jahre 2008 unter der Thematik »*Inclusive Education: The Way Of The Future*« stellt schließlich in ihrer Abschlusserklärung die inklusive Bildung in den Mittelpunkt der Aktionsplans »Bildung für alle«. »Bildung für alle« kann demnach nur erreicht werden, wenn ein breiteres Konzept von inklusiver Bildung zugrunde gelegt wird.

> **In einem Satz gesagt**
>
> *Inklusive Bildung hängt eng mit der Qualität pädagogischer Angebote zusammen, die von einer Achtung vor der Vielfalt und der Unterschiedlichkeit von Bedürfnissen und Fähigkeiten ausgeht sowie alle Formen von Diskriminierung verhindert.*

Darauf wird erneut Bezug genommen in den »Leitlinien für die Bildungspolitik« zur Inklusion der UNESCO-Kommission (vgl. Deutsche UNESCO-Kommission 2014).

Die UN-BRK und ihr Verständnis von inklusiver Bildung stehen also in einer langen Reihe von Erklärungen und Appellen der Vereinten Nationen an die Vertragsstaaten zur »Bildung für alle«. Trotz dieses eindeutigen Bekenntnisses der UN-Vertragsstaaten zum Grundsatz der inklusiven Bildung und darauf bezogener Maßnahmen zur Umsetzung bleibt das Konzept inklusiver Bildung in all diesen Erklärungen nach wie vor inhaltlich unbestimmt. Das gilt auch für Kinder mit Behinderung bzw. besonderen Bedürfnissen.

In Art. 3, Abs. c) wird unter der Überschrift »Allgemeine Grundsätze« die »*Full and effective participation and inclusion in society*« hervorgehoben, allerdings ohne explizite Ausführungen zum Begriff »*inclusion*«. In der deutschen Übersetzung sind diese Begriffe mit »Teilhabe« (*participation*) und »Einbeziehung« (*inclusion*) übersetzt, wobei der Begriff »Inklusion« bereits hier nicht übernommen wird. Man kann die UN-BRK zwar durchgängig als konkrete Ausgestaltung dieses zentralen Grundsatzes der Partizipation und Inklusion lesen. Die Unbestimmtheit des Begriffes Inklusion in der UN-BRK lädt allerdings zu mannigfaltigen Interpretationen und abweichenden Einschätzungen zu seiner Bedeutung geradezu ein. An mehreren Stellen in der Konvention ist allerdings von »*full inclusion*« die Rede [Art.3, Abs. c); Art. 19; Art. 24, Abs. e); Art. 26, (1)], was wiederum darauf hindeutet, dass hier Teilhabe und Einbeziehung ohne Einschränkungen gemeint ist.

> **Forschung inklusiv**
>
> In Zusammenhang mit der Umsetzung der UN-BRK wird der Aspekt der Teilhabe *(participation)* betont. Menschen mit Behinderung wollen jedoch nicht nur einfach dabei sein und einbezogen werden. Sie wollen auch für sich selbst sprechen und etwas beitragen. Mit dieser Zielsetzung hat sich eine neue Forschungsrichtung zur Inklusion entwickelt, die mit *Teilgabeforschung* bezeichnet wird. Mit Teilgabe ist dabei im Sinne von Gronemeyer (2009) gemeint, dass jedes Gesellschaftsmitglied zum Miteinander beitragen kann, insbesondere wenn es um sein eigenes Leben geht. Die Verbindung von Teilhabe und Teilgabe macht deutlich, dass Menschen mit Behinderung aktiv an der Inklusion beteiligt sein müssen und selbst etwas geben wollen. In ersten Studien zur Teilgabeforschung (vgl. Krope u. a. 2009) zeigt sich überdies, dass bei den Bemühungen, die Teilhaberechte von Menschen mit Behinderung zu erfüllen, ihre Teilgabe-Bedürfnisse gar nicht wahrgenommen werden.

In der UN-BRK wird der Begriff »*Disabilities*« (deutsch: Behinderung) weiter verwendet, allerdings in einem veränderten Verständnis.

> **In einem Satz gesagt**
>
> *Das Behinderungsverständnis der UN-Konvention baut auf neuesten wissenschaftlichen Erkenntnissen auf, da Behinderung nicht mehr als subjektives Defizit und Personeigenschaft verstanden wird, sondern vielmehr als Prozess der Interaktion zwischen Person und Umwelt.*

Die UN-BRK erkennt damit an,

> »... dass das Verständnis von Behinderung sich ständig weiterentwickelt und dass Behinderung aus der Wechselwirkung zwischen Menschen mit Beeinträchtigungen und einstellungs- und umweltbedingten Barrieren entsteht, die sie an der vollen, wirksamen und gleichberechtigten Teilhabe an der Gesellschaft hindern, ...« (Vereinte Nationen 2006, Präambel, Abs. e).

Demnach sind Menschen nicht behindert, sondern sie werden aufgrund von gesellschaftlichen Barrieren behindert. Der Abbau von Barrieren für die umfassende Teilhabe im Bildungssystem gilt somit als eine zentrale Konsequenz aus dieser Auffassung von Behinderung.

Dahinter steht ein *ökologisches Verständnis von Behinderung und Inklusion*, wie es im wesentlichen Alfred Sander (s. Kap. 4.2.4) konzipiert hat. Auf dem Hintergrund der ökologischen Entwicklungstheorie von Urie Bronfenbrenner (1989) definiert Sander Behinderung als ungenügende Integration in das Umfeldsystem (vgl. Sander 2009, S. 106). Immer dort, wo Behinderungen in der Gesellschaft stattfinden, werden Maßnahmen der Integration erforderlich. Gelingen Maßnahmen der Integration, können Behinderungen wiederum verhindert werden. Behinderung und Integration sind in diesem Begriffsverständnis in reziproker Weise aufeinander bezogen. Daraus folgt, dass pädagogische und heilpädagogische Maßnahmen in einem Kind-Umfeld-System stattfinden. Weder diagnostische noch fördernde Maßnahmen dürfen sich demnach ausschließlich auf das Kind beziehen (*Diagnose und Förderung des Kindes*). Stets gilt es das Umfeld mit in die Diagnostik und in die Förderung einzubeziehen (*Diagnose und Förderung des Umfeldes*).

Bereits die sozialwissenschaftliche Wende in der Heil- und Sonderpädagogik zu Beginn der 1970er Jahre (vgl. Jantzen 1974) hat ein *interaktionistisches Verständnis von Behinderung* hervorgebracht, das über rein subjektorientierte Vorstellungen hinausweist (▶ Kap. 4.2.2). Behinderung kann seither nicht mehr als individuelle Abweichung von einer Erwartungsnorm betrachtet werden. Im Sinne des *labeling approach* (vgl. Homfeldt 1996) ist deutlich geworden, dass die Behinderung eher als soziale Folge einer individuellen »Schädigung« bzw. Beeinträchtigung eintritt. Kinder, die von gesellschaftlichen Normalvorstellungen abweichen, werden als solche etikettiert, in der Regel an den Rand der Gesellschaft gedrängt und z. B. in Sondereinrichtungen überwiesen. Dieser

Prozess der sozialen Ausgrenzung bleibt allerdings nicht ohne Folgen für die Person. Mit der Übernahme der gesellschaftlichen Erwartungshaltung in die eigene Persönlichkeit verhalten sich Kinder und Jugendliche schließlich entsprechend, was letztlich die Abweichung von den gesellschaftlichen Normalvorstellungen noch verstärkt. Damit ist der *Teufelskreis Behinderung* in Gang gesetzt, zu dem Sondereinrichtungen als System – auch wenn sie konzeptionell andere Ziele verfolgt haben – im Sinne unerwünschter Nebenwirkungen mit beitragen. Eine der wichtigsten Maßnahmen, um aus diesem Teufelskreis aus Etikettierung und Ausgrenzung auszubrechen, ist deshalb die vermehrte Entwicklung integrativer bzw. inklusiver Bildungsangebote. Etikettierungen sind damit zwar noch nicht ausgeschlossen. Zumindest ihren negativen Folgen wird jedoch auf diese Weise entgegengetreten.

Die *medizinische Sichtweise von Behinderung*, die von einer Gleichsetzung zwischen Behinderung und Krankheit geleitet war, scheint gegenwärtig in der Fachdiskussion als überwunden gelten zu können. Gleichwohl sind Medizinerinnen und Mediziner wesentlich an der Feststellung von Behinderung gem. § 53 und 54 SGB XII beteiligt und leiten aus der medizinischen Diagnose nicht selten sogar pädagogische Konsequenzen bezogen auf den Förderort oder den Bildungsweg ab. Mittlerweile dürfte jedoch im Rahmen regionaler Netzwerke der Informationsstand auf medizinischer Seite soweit gesichert sein, dass auch integrative bzw. inklusive Angebote im Bildungssystem bekannt sind. Gerade Familien von Kindern mit Behinderung sind auf diese begleitenden Dienste unabdingbar angewiesen. Mit dem Konzept der *Salutogenese* (vgl. Antonovsky 1997) zeichnet sich jedoch auch im medizinischen Bereich eine veränderte anthropologische Sichtweise ab, in der Kinder nicht mehr nur unter dem Aspekt ihrer Krankheit betrachtet werden, sondern vielmehr im Rahmen multidimensionaler Diagnose- und multimodaler Therapieansätze in ihrer Komplexität als ganze Person in den Blick kommen (vgl. Schlack 2000).

Auch die *Weltgesundheitsorganisation* (WHO) hat ihre rein medizinische Betrachtungsweise von Behinderung als Grundlage für internationale Klassifikationssysteme (z. B. ICD 10 vgl. Deutsches Institut 2018; DSM-V vgl. American Psychiatric Association 2018) inzwischen revidiert. Stand noch 1980 seitens der WHO die Verknüpfung von »Schädigung«[1], Beeinträchtigung und Behinderung im Vordergrund, so gilt ab 1997 die Situation von Menschen mit Behinderung als entscheidender Focus. An dieser Situation sind sie aktiv beteiligt.

> **In einem Satz gesagt**
>
> *Aktivität und Partizipation werden deshalb zu neuen Koordinaten des Begriffsfeldes »Behinderung, das auf dem Hintergrund einer individuellen »Schädigung« die sozialen Folgen für den Einzelnen und sein Umfeld thematisiert.*

Hier ist das Kind mit einer Behinderung allerdings nicht mehr weitgehend passiv sozialen Einflüssen ausgesetzt. Es gestaltet vielmehr aktiv seine gesellschaftliche Teilhabe mit. Diese veränderte Sichtweise von Behinderung in der *International Classification of Functionality (ICF)* der WHO fordert also bereits dazu auf, die Partizipationsstrukturen in Bildungsangeboten für Kinder mit Behinderung zu verändern und sie aktiv mit einzubeziehen (vgl. zur Adaptation für Kinder und Jugendliche: Hollenweger/Kraus de Carmago 2011). Die Forderung nach einer inklusiven Bildung durch die UN-BRK ist vor diesem Hintergrund nur ein weiterer Schritt.

1.2 Inklusion als bildungspolitisches Leitbild in der UN-BRK

In Art. 24 der UN-BRK werden die Vertragsstaaten darauf verpflichtet, ein *inklusives Bildungssystem auf allen Ebenen* zu entwickeln. Kinder und Jugendliche sollen dabei nicht vom allgemeinen Bildungssystem ausge-

---

[1] Der Begriff »Schädigung« (*impairment*) wird von der WHO in den Verlautbarungen zum Behinderungsbegriff von 1980 und 1997 weiter verwendet.

1.2 Inklusion als bildungspolitisches Leitbild in der UN-BRK

schlossen werden und sowohl den Grundschulunterricht als auch den Unterricht an weiterführenden Schulen unentgeltlich besuchen dürfen. Außerdem soll der Unterricht inklusiv und qualitativ hochwertig sein. In Verbindung mit Art. 7 der UN-BRK, in dem die Gültigkeit der Menschenrechte und aller Grundfreiheiten auch für Kinder mit Behinderungen sowie der Vorrang des Kindeswohls festgeschrieben sind, ergibt sich ebenfalls die Pflicht, Kindertageseinrichtungen und Frühförderung mit in den Entwicklungsprozess hin zu einem inklusiven Bildungssystem auf allen Ebenen hineinzunehmen. Insofern bezieht sich der Art. 24 der UN-BRK nicht nur auf Schulen, sondern ebenso auf Kindertageseinrichtungen.

Dies entspricht auch den vorausgehenden Verlautbarungen der UNESCO zur »Bildung für alle« und zur inklusiven Bildung. In den »Leitlinien für die Bildungspolitik« der UNESCO zur Inklusion wird das bildungspolitische Programm konkretisiert, das die UN-BRK fordert. In der Gesamtperspektive der politischen Umsetzung ist dabei zunächst der Akzent auf »systemweite« und »multisektorale« Entwicklungen gelegt (vgl. UNESCO 2010, S. 14). Auch die enge Zusammenarbeit aller Akteurinnen und Akteure im bildungspolitischen Bereich erfährt hier noch einmal eine besondere Hervorhebung. Neben Situationsanalysen zur Ausgangslage im Bildungssystem und der Initiierung von Gesetzgebungsverfahren in Abstimmung mit internationalen Verlautbarungen zur inklusiven Bildung geht es vor allem darum, einen Konsens über die Konzepte Inklusion und Bildungsqualität zu entwickeln. Dazu zählen dann auch die notwendigen Ressourcen für die Transformation eines Bildungssystems, die Unterstützung der pädagogischen Fachkräfte und die Entwicklung von Methoden zur Messung der Wirkungen einer qualitativ hochwertigen, inklusiven Bildung (vgl. ebd.).

In den Empfehlungen zur Entwicklung eines inklusiven Bildungssystems erfolgt in den Leitlinien eine besondere Herausstellung der frühen Lern- und Entwicklungsprozesse (vgl. ebd.). Auch die frühkindliche Förderung weit vor dem Schuleintritt gilt als wichtige Voraussetzung für eine inklusive Gesellschaft. Auf dieser Ebene des Bildungssystem gilt gleichermaßen das zentrale Prinzip eines inklusiven Bildungssystems: Nicht das Kind ist das Problem, sondern die Bildungseinrichtung als System und deren Veränderung:

1 Von der Exklusion zur Inklusion

»Inklusive Bildung von hoher Qualität ist das beste Mittel, um zukünftigen Lerndefiziten unter Jugendlichen und Erwachsenen vorzubeugen« (ebd.).

Bei der Gestaltung eines inklusiven Bildungssystems sind außerdem die »angemessenen Vorkehrungen« für Kinder und Jugendliche mit Behinderung zu berücksichtigen, wie sie schon in Artikel 2 der UN-BRK definiert werden. Es handelt sich dabei um

> » ... notwendige und geeignete Änderungen und Anpassungen, die keine unverhältnismäßige oder unbillige Belastung darstellen und die, wenn sie in einem bestimmten Fall erforderlich sind, vorgenommen werden, um zu gewährleisten, dass Menschen mit Behinderungen gleichberechtigt mit anderen alle Menschenrechte und Grundfreiheiten genießen oder ausüben können.« (Art. 2, UN-BRK).

Auch in Artikel 24 zum inklusiven Bildungssystem wird erneut auf die angemessenen Vorkehrungen hingewiesen, wobei die je individuelle Konkretisierung offen bleibt.

Unter Rückbezug auf die *International Conference on Education (ICE)* in Genf im Jahre 2008 zum Thema »*Inclusive Education: The Way Of The Future*« sieht die UNESCO-Kommission folgende Hauptanliegen und Handlungsfelder in der Umsetzung der UN-BRK auf dem Weg zu einem inklusiven Bildungssystem:

1. Einstellungsänderung und politische Entwicklung,
2. Inklusion durch frühkindliche Bildung sicherstellen,
3. Inklusive Curricula,
4. Lehrer und Lehrerausbildung,
5. Ressourcen und Gesetzgebung.

Einige dieser Handlungsfelder werden in den Leitlinien konkreter ausgeführt und mit Check-Listen versehen.

Auf *nationaler Ebene* hat das Bundesministerium für Arbeit und Soziales (BMAS) in Kooperation mit dem Behindertenbeauftragten der Bundesregierung die Federführung für die Umsetzung der UN-Konvention in Deutschland übernommen. Der »*Nationale Aktionsplan*« (vgl. Bundesministerium für Arbeit und Soziales 2011) aus dem Jahre 2011 enthält in der Umsetzung der UN-BRK eine Reihe von Maßnahmen in *12 Handlungsfeldern* begleitend zum Lebenslauf von Menschen mit Behinderung

1.2 Inklusion als bildungspolitisches Leitbild in der UN-BRK

(Arbeit und Beschäftigung; Bildung; Prävention, Rehabilitation, Gesundheit und Pflege; Kinder, Jugendliche Familie und Partnerschaft; Frauen; Ältere Menschen; Bauen und Wohnen; Mobilität; Kultur und Freizeit; Gesellschaftliche und politische Teilhabe; Persönlichkeitsrechte und Internationale Zusammenarbeit) und in *sieben Querschnittsthemen* (Assistenzbedarf, Barrierefreiheit, Gender Mainstreaming, Gleichstellung, Migration, Selbstbestimmtes Leben und Vielfalt von Behinderung). Dabei wird von vornherein großer Wert auf eine enge Zusammenarbeit mit der Zivilgesellschaft gelegt. Einen Schwerpunkt bildet die berufliche Inklusion mit dem Ziel, die Perspektiven von Menschen mit Behinderung auf dem ersten Arbeitsmarkt zu verbessern. In einem Zeithorizont von zehn Jahren soll es in über 200 Projekten im Alltag der knapp zehn Millionen Menschen mit Behinderung (9,6 Millionen bzw. 11,7% der Bevölkerung) spürbare Verbesserungen geben. Ausdrückliches Ziel ist insgesamt, die Entwicklung einer inklusiven Gesellschaft (vgl. a. a. O., S. 8). Im Jahre 2014 greift die Arbeitsgruppe zum *Nationalen Bildungsbericht* erstmals als Schwerpunktthema »Menschen mit Behinderung im Bildungssystem« auf und führt die seinerzeit verfügt Daten zusammen (vgl. Arbeitsgruppe Bildungsberichterstattung 2014). Auch der *Teilhabebericht* der Bundesregierung zur Lebenslage von Menschen mit Beeinträchtigungen wird vor dem Hintergrund der UN-BRK neu gefasst (vgl. Bundesministerium für Arbeit und Soziales 2017).

Inklusive Situation

Die Behindertenbeauftragte des Freistaats Bayern, Irmgard Badura, selbst blind, regt an, die Wahlunterlagen zur Landtagswahl in Leichte Sprache zu übersetzen und auf ihrer Homepage allen Interessentinnen und Interessenten zur Verfügung zu stellen. Vorrangiges Ziel dieser Aktion ist es, auch Menschen mit Behinderung in die Lage zu versetzen, ihre verfassungsmäßig verbrieften Rechte auf Teilnahme an einer demokratischen Wahl wahrnehmen zu können. Nach der Veröffentlichung im Internet erreichen das Büro der Behindertenbeauftragten per e-mail zahlreiche Rückmeldungen von Wählerinnen und Wählern ohne Behinderung, die diese Aktion aus-

> drücklich begrüßen und dabei immer wieder betonen, dass sie nun auch endlich den Wahlvorgang ohne zusätzliche fremde Hilfe verstanden hätten.

Auf der *gesetzlichen Ebene* werden in der Bundesrepublik Deutschland bereits im Jahre 1994 mit der Änderung des Grundgesetzes (GG) und der Aufnahme des Artikels 3, Abs. 3 die Rechte von Menschen mit Behinderungen gestärkt:

»Niemand darf wegen seiner Behinderung benachteiligt werden.« (GG, Art. 3, Abs. 3).

In der Folge wird mit dem *Sozialgesetzbuch IX (SGB IX)* ein eigenes Gesetzbuch für die Rehabilitation und Teilhabe von Menschen mit Behinderungen geschaffen. Hier ist insbesondere der Grundgedanke der Integration in den Arbeitsmarkt ausgeführt (▶ Kap. 2.4). Außerdem wird im Jahre 2002 das *Behindertengleichstellungsgesetz (BGG)* verabschiedet, in dem neben dem Benachteiligungsverbot die Barrierefreiheit als zentrale Zielsetzung der Behindertenpolitik festgeschrieben worden ist. Ebenfalls ist hier das Amt der bzw. des Behindertenbeauftragten des Bundes festgeschrieben, die die Bundesregierung in ihrer Verantwortung für die Gestaltung gleichwertiger Lebensbedingungen von Menschen mit und ohne Behinderung unterstützen sollen. Die Bundesländer folgen dieser Gesetzesänderungen mit eigenen Ländergleichstellungsgesetzen und eigenen Behindertenbeauftragten.[2] Das *Allgemeine Gleichbehandlungsgesetz (AGG)* tritt im Jahre 2006 in Kraft, in dem der Antidiskriminierungsschutz im Einzelnen ausgeführt wird – auch über Menschen mit Behinderungen hinaus. Allerdings haben die Anfragen zur Diskriminierung von Menschen mit Behinderung bei der Antidiskriminierungsstelle des Bundes, die auf der Basis des AGG (Abschnitt 6) eingerichtet worden ist, den größten Anteil. Im Jahre 2016 erlässt der Bund schließlich das »Gesetz zur Stärkung der Teilhabe und Selbstbestimmung von Menschen

---

2 Zur Situation in den 16 Bundesländern sei auf den Überblick zur Umsetzung der inklusiven Bildung hingewiesen, den Wolf-Thorsten Saalfrank und Klaus Zierer (2017) vorgelegt haben.

mit Behinderungen« (auch: *Bundesteilhabegesetz, BTHG*), das stufenweise ab 2017 in Kraft tritt. Es enthält zum größten Teil Änderungen vorhandener Gesetze im Bereich der Sozialgesetzgebung. Die Hoffnung vieler Behindertenverbände auf eine Neuregelung der Eingliederungshilfe durch eine Zusammenführung der Kinder- und Jugendhilfegesetzgebung mit der Sozialhilfegesetzgebung (sog. ›große Lösung‹) erfüllt sich dabei jedoch nicht. Angestrebt ist ursprünglich eine Abkehr vom ›Fürsorgesystem‹ bei gleichzeitiger Stärkung der Wahl- und Mitbestimmungsrechte von Menschen mit Behinderung. Dies wird im BTHG nun über die Neuregelung der Eingliederungshilfe im SGB IX angestrebt, die verstärkt personenzentriert erfolgen soll. Als großer Streitpunkt erweist sich der sog. »Vermögensschutz« für Menschen mit Behinderungen, der zwar angehoben wird, allerdings nicht – wie von den Behindertenverbänden gefordert – ganz gestrichen wird. Nach wie vor können Menschen mit Behinderung deshalb in Deutschland keine private Altersvorsorge betreiben, auch wenn sie aufgrund ihrer beruflichen Tätigkeit und eines entsprechenden Einkommens dazu in der Lage wären. Insofern zeigt sich auch auf dem Weg zur Entwicklung einer inklusiven Gesellschaft in der BRD, dass zwischen dieser anspruchsvollen Zielsetzung, die von allen Seiten nur Zustimmung erhält, und der konkreten Umsetzung im Sinne der Schaffung angemessener gesetzlicher Grundlagen und der Bereitstellung von entsprechenden Ressourcen noch große Lücken klaffen.

Die Kultusministerkonferenz beschäftigt sich im Jahre 2011 mit der Umsetzung der UN-BRK im schulischen Bereich. In ihrem Beschluss vom 20.10.2011 wird aufbauend auf den Empfehlungen zur sonderpädagogischen Förderung von 1994 (▶ Kap. 1.3) der Bildungsaspekt bei Schülerinnen und Schülern mit SPF in den Vordergrund gestellt. Die Empfehlungen zielen auf einen Perspektivenwechsel zum inklusiven Unterricht und die Verwirklichung der vollen und selbstbestimmten Teilhabe von Kindern und Jugendlichen mit SPF im schulischen Bereich ab. Dabei wird der sonderpädagogischen Förderung und der sonderpädagogischen Fachkompetenz in inklusiven Schulen eine bedeutsame Rolle zugewiesen. Die Empfehlungen zur inklusiven Bildung durchzieht eine klare Orientierung an der Individualität aller Schülerinnen und Schüler. Gleichzeitig wird die Bedeutung des gemeinsamen

Lernens deutlich betont. Die Gestaltung eines differenzierten und individualisierenden Unterrichts, die individuelle Förderplanung einschließlich einer flexiblen Leistungsbewertung bis hin zu den Schulschulabschlüssen, die Durchsetzung der Barrierefreiheit und die Gestaltung des Nachteilsausgleichs im schulischen Bereich werden als Aufgaben der inklusiven Schulentwicklung konkret benannt. Ebenso erkennen die Kultusministerinnen und -minister die besonderen Herausforderungen bei der Gestaltung von Übergängen in einem mehrgliedrigen, differenzierten Bildungssystem an – einschließlich des Übergangs von der Schule in den Beruf. Schließlich wird auch die Bedeutung der Prävention hervorgehoben, wobei die besondere Relevanz regionaler Netzwerke der beteiligten Partner bewusst ist. Den Förderschulen bzw. Förderzentren wird in diesem Zusammenhang die Rolle eines zeitlich befristeten Bildungsangebotes zugewiesen. Insgesamt wird in diesen Empfehlungen der Bildungsaspekt deutlich betont. Ähnlich wie bei den Empfehlungen von 1994 bezogen auf die sonderpädagogische Förderung operiert die KMK allerdings in den Empfehlungen zur inklusiven Bildung mit einem ungeklärten Bildungskonzept und -begriff.

Im historischen Rückblick auf die bisherigen Bemühungen um mehr Teilhabe und ein selbstbestimmtes Leben von Menschen mit Behinderungen soll nun gezeigt werden, inwiefern das Leitbild der Inklusion in der UN-BRK über die vorhandenen Bemühungen um mehr Integration im Bildungssystem in der Bundesrepublik Deutschland hinausweist.

1.3 Exklusion, Separation, Integration, Inklusion – ein historischer Rückblick

Das Neue an der Inklusion speziell im Bildungsbereich wird besonders im historischen Rückblick deutlich. Alois Bürli hat vorgeschlagen, die Phasen der Exklusion, der Separation, der Integration und der Inklusion zu unterscheiden (vgl. Bürli 2009, S. 27f.).

1.3 Exklusion, Separation, Integration, Inklusion – ein historischer Rückblick

> **In einem Satz gesagt**
>
> *Zunächst sind Kinder und Jugendliche vom Bildungssystem völlig ausgeschlossen (Exklusion), da erst in der Aufklärungszeit ihre Bildungsmöglichkeiten entdeckt worden sind, denen allerdings zunächst in eigenständigen Bildungseinrichtungen entsprochen wird (Separation).*

Das Ziel der gesellschaftlichen Teilhabe wird hier zwar schon anerkannt, als Weg allerdings die Förderung in Sondereinrichtungen bevorzugt (*indirekte Integration*). Als Reaktion auf die Aussonderung in separaten Bildungseinrichtungen entwickeln sich erste Alternativen im Sinne des gemeinsamen Lernens, die dann besonders nach 1945 im internationalen Zusammenhang deutlich ausgebaut werden (*direkte Integration*).

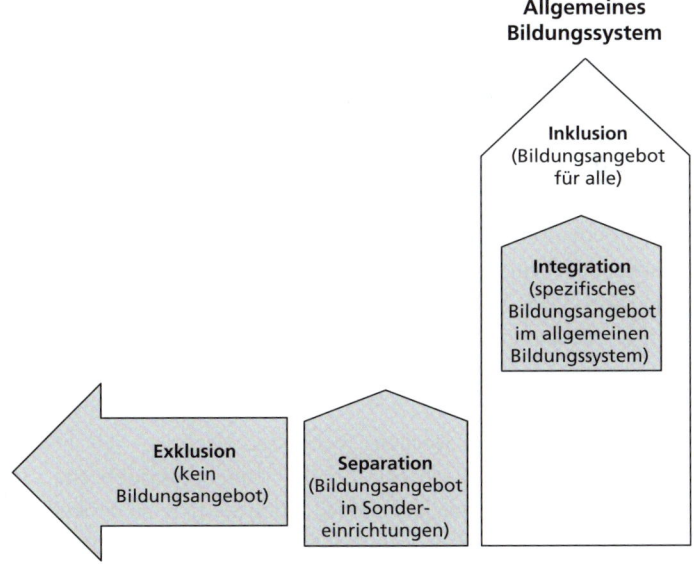

Abb. 2: Von der Exklusion zur Inklusion

1 Von der Exklusion zur Inklusion

> **In einem Satz gesagt**
>
> *Getrennte Bildungsangebote für unterschiedliche Kinder und Jugendliche werden zusammengeführt, so dass Integration Weg und Ziel ist (Integration), während mit dem Inkrafttreten der UN-BRK sich nun weltweit die Aufgabe stellt, ein Bildungssystem zu entwickeln, in dem alle Kinder und Jugendlichen willkommen sind (Inklusion).*

Dieser Weg von der integrativen Bildung zur inklusiven Bildung soll nun im Detail nachgezeichnet werden. Dabei existieren die großen historischen Entwicklungsphasen teilweise nebeneinander oder gehen ineinander über.

1.3.1 Anfänge der Inklusion im Bildungssystem

Die Anfänge der integrativen Bildung liegen in der Entdeckung der Bildungsmöglichkeiten von Kindern und Jugendlichen mit Behinderung. In dem Maße, wie dieser Nachweis der Bildungsfähigkeit gelingt, werden sie auch in öffentliche Bildungs- und Erziehungseinrichtungen einbezogen.

Die Geschichte integrativer Bildung beginnt nach Andreas Möckel (1999, S. 40) in dem Moment, als »behinderte Kinder öffentliche und solidarische Beachtung als Schüler gefunden haben«. Der erste Schritt zur Inklusion von Menschen mit Behinderung in die Gesellschaft bleibt ihre bewusste Einbeziehung in öffentliche Bildungs- und Erziehungseinrichtungen – und d. h. zunächst einmal ihre Aufnahme in Schulen (vgl. Sander 1995, S. 94). Dieser Schritt kann allerdings immer erst dann vollzogen werden, wenn der Nachweis der Effektivität von entsprechenden Fördermaßnahmen erbracht worden ist. Vielfach sind diese Methoden zunächst einmal buchstäblich zu ›erfinden‹. Bildungs- und Erziehungsinstitutionen für Menschen mit Behinderung entstehen deshalb im einem zweiten Schritt zum »Schutze bewährter Methoden« (Möckel 1988, S. 27). In einem umfassenden Sinne sind solche Bildungs- und Erziehungsbemühungen bei Menschen mit Behinde-

1.3 Exklusion, Separation, Integration, Inklusion – ein historischer Rückblick

rung erst im Zeitalter der Aufklärung zu verzeichnen. Dies gilt besonders für den Einsatz von berufsmäßigen pädagogischen Fachkräften in dieser Aufgabe (vgl. a. a. O., S. 23). Der von Immanuel Kant (1724–1804) formulierte Slogan der Aufklärungsphilosophie vom »Ausgang des Menschen aus seiner selbstverschuldeten Unmündigkeit« beinhaltet im Grunde ein verändertes Menschenbild. Die Fähigkeit, »sich seines eigenen Verstandes zu bedienen«, ist allen Menschen zu eigen und bedingt so auch die Notwendigkeit der Erziehung als Voraussetzung für die Menschwerdung des Menschen (vgl. Schmid 1997, S. 19f.). Dieser Optimismus der Aufklärungsphilosophie schafft letztlich auch die Voraussetzung für die ersten Versuche zur Bildung und Erziehung von Menschen mit Behinderung.

> **In einem Satz gesagt**
>
> *Behinderung wird nicht mehr als schicksalhafte bzw. »göttliche« Fügung und damit als unveränderlich angesehen, sondern es wird nunmehr vermehrt anerkannt, dass Menschen mit Behinderung sich entwickeln und etwas zur Verbesserung ihrer Lebenssituation beitragen können.*

Hier kommt zugleich der Gedanke der ›bürgerlichen Brauchbarkeit‹ bzw. gesellschaftlichen Nützlichkeit zum Tragen. Eine erste Bedingung für mehr gesellschaftliche Teilhabe sind sicher grundlegende Formen von Bildung. Am Beispiel der verschiedenen sonderpädagogischen Förderschwerpunkte sollen nun die Anfänge inklusiver Bildung genauer vorgestellt werden (zur Weiterentwicklung vgl. die Übersicht bei Myschker/Ortmann 1999 und die Buchreihe »Inklusion in Schule und Gesellschaft«, hrsg. von Heimlich/Fischer/Kahlert/Lelgemann 2016ff.). Dies darf jedoch nicht darüber hinwegtäuschen, dass Kinder, Jugendliche und Erwachsene mit Behinderung Ende des 18. und Anfang des 19. Jahrhunderts in der Regel am Rande der Gesellschaft stehen und größtenteils in völliger Armut leben. Die »Rettungshausbewegung« schafft für verwahrloste Kinder Bildungs- und Versorgungsangebote. Sie wird deshalb als Ausdruck der »Solidarität mit den Armen« (vgl. Möckel 1999, S. 42) besonders seitens der evangelischen Kirche gesehen

(z. B. Johann Heinrich Wichern [1808-1881], der Gründer des »Rauhen Hauses« im Jahre 1833, ebd.).

Um die Jahrhundertwende zum 19. Jahrhundert lassen sich erste Bemühungen zur *integrativen Bildung von Kindern und Jugendlichen mit dem Förderschwerpunkt Hören* (seinerzeit als »Taubstumme« bezeichnet) feststellen (vgl. Braun 1999a, S. 86ff.). Innerhalb der sog. »Verallgemeinerungsbewegung« sollen Volksschullehrkräfte schon in ihrer Ausbildung auf die Unterrichtung von »Taubstummen« vorbereitet werden. Zu diesem Zweck sind den Lehrerseminaren Übungsschulen zugeordnet worden, in denen Taubstumme und Hörende gemeinsam am Unterricht teilnehmen (z. B. in Erfurt 1822). Die Volksschullehrkräfte sollen dadurch ihre pädagogischen Fähigkeiten erweitern (»Allgemeinmachung«). Der Kreisschulrat von Bamberg, Johann Baptist Graser (1766–1841), propagiert beispielsweise das von Samuel Heinicke (1727–1790) entwickelte Konzept der »Lautspracherziehung« (vgl. Braun 1999a, S. 87) und fordert die Einrichtung von Klassen für Gehörlose an Volksschulen (für weitere Beispiele: vgl. Löwe 1983, S. 22ff.). Allerdings scheitert die Verallgemeinerungsbewegung an den großen Klassen in den Volksschulen (teilweise über 100 Schülerinnen und Schüler) und den damit verbundenen Einschränkungen für die notwendige individuelle Förderung (vgl. Leonhardt 2001; Leonhardt/Ludwig 2017; Leonhardt 2018).

Bereits bei der Gründung der ersten Blindenschulen ab 1820 wird die Forderung nach *integrativer Bildung für Kinder und Jugendliche mit dem Förderschwerpunkt Sehen* laut (vgl. Rath 1999, S. 39ff.). Johann Wolfgang Klein (1765–1848), der Leiter der ersten Blindenschule im deutschsprachigen Raum in Wien, setzt sich auf der politischen Bühne für die Unterrichtung blinder Kinder und Jugendlicher in der Volksschule ein. Ebenfalls befürwortet er eine entsprechende Veränderung der allgemeinen Lehrerausbildung. Bezüglich der gesellschaftlichen Integration werden von Klein aber seinerzeit noch eher große Probleme gesehen (vgl. Rath 1983, S. 57). Ab 1839 verbreitet der Direktor der Breslauer Blindenanstalt, Johann Knie (1795–1859), mit ministerieller Genehmigung seine Konzeption einer Unterrichtung blinder Kinder in der Volksschule. Auch Friedrich Adolf Wilhelm Diesterweg (1790–1866) wird auf diese Schrift aufmerksam und übernimmt einen Beitrag zur Methodik des Unterrichts bei blinden Kindern in seinem »Wegweiser zur Bildung für

1.3 Exklusion, Separation, Integration, Inklusion – ein historischer Rückblick

deutsche Lehrer« (1835). Eine Literaturanalyse ergibt, dass das Problem der integrativen Bildung blinder Kinder trotz des Ausbaus der eigenständigen Blindeneinrichtungen kontinuierlich in der Diskussion bleibt (vgl. Rath 1999, S. 41). Begründet wird die Forderung nach integrativer Förderung blinder Kinder und Jugendlicher im Wesentlichen mit den positiven Wirkungen des Kontakts zu Gleichaltrigen ohne Behinderung (vgl. Rath 1983, S. 64).

Im Jahre 1820 veröffentlicht Traugott Weise (1793–1859), ein Lehrer aus Zeitz im heutigen Sachsen-Anhalt, seine Schrift »Betrachtung über geistesschwache Kinder in Hinsicht der Verschiedenheit, Grundursachen, Kennzeichen und der Mittel, ihnen auf leichte Art durch Unterricht beizukommen« (vgl. Klink 1966, S. 44ff.). Neben Überlegungen zur Einteilung der sog. »Geistesschwäche« und deren Ursachen entwickelt Weise hier erstmalig ein durch den Nachhilfegedanken bestimmtes Unterrichtskonzept für solche Schülerinnen und Schüler, die dem Unterricht der Volksschule nicht folgen können. Er ist jedoch weiterhin dafür, diese Kinder und Jugendlichen am Unterricht der Volksschule teilnehmen zu lassen. Weise richtet sich in seiner Schrift folglich auch direkt an Volksschullehrkräfte. Damit ist in den Anfängen der Geschichte der Lernbehindertenpädagogik (vgl. Myschker 1983, S. 124ff.) zugleich der Anstoß für die *integrative Bildung im Förderschwerpunkt Lernen* gegeben. Die Kinder erhalten hier stundenweise zusätzlichen Unterricht und kehren wieder in den Unterricht der Volksschule zurück. Nachhilfeklassen werden ebenfalls in Chemnitz (1835), Halle a. d. S. (1859), Dresden (1867), Gera (1874), Apolda (1875) und Elberfeld (1879) gegründet. Etwa ab 1850 entwickeln sich die Nachhilfeklassen zunehmend zu eigenständigen Sonderklassen und werden dann unter dem Eindruck der Schrift »Schulen für schwachbefähigte Kinder. Erster Entwurf zur Begründung derselben« (1864) des Leipziger Taubstummenlehrers Heinrich Ernst Stötzner (1832–1910) mehr und mehr durch den Gedanken der eigenständigen »Hilfsschule« abgelöst (ab 1881 in Braunschweig und Leipzig, vgl. a. a. O., S. 127ff.). Mit den Berliner Nebenklassen und den Mannheimer Förderklassen (beide ab 1898) werden zwar noch einmal intensive Versuche gemacht, eine integrative Alternative zur »Hilfsschule« zu etablieren (Sonderklassen als Bestandteil der Volksschule, ▶ Kap. 1.2). Aber an der bildungspolitischen Entscheidung für den weiteren Ausbau der »Hilfsschule« ändern diese Versuche nichts mehr (vgl. Schröder 1999, S. 197; Benkmann/Heimlich 2018).

Die Teilhabe von Kindern mit geistiger Behinderung (bzw. »Schwachsinn«) verläuft im Wesentlichen über die Gründung von Heil- und Erziehungsanstalten (vgl. Möckel 1999, S. 43). In diesem Zusammenhang tritt zwar die Forderung nach Teilhabe in der Volksschule auf. Sie bleibt jedoch ungehört. So kann sicher erst nach Gründung der ersten Schulen für Kinder und Jugendliche mit geistiger Behinderung in den 1950er Jahren des 20. Jahrhunderts und den Bemühungen um ihre schulische Integration ab den 1970er Jahren von einer *integrativen Bildung im Förderschwerpunkt geistige Entwicklung* gesprochen werden (vgl. Mühl 1999, S. 158f.). Bemühungen um die inklusive Bildung von Kindern und Jugendlichen mit schweren Behinderungen (bzw. »Kinder mit elementaren Lernbedürfnissen«, vgl. Podlesch 1998, S. 116ff.) setzen wiederum erst ein, als schon umfangreiche Erfahrungen mit dem gemeinsamen Unterricht vorliegen (vgl. Fischer/Markowetz 2016).

Bezogen auf Körperbehinderungen lässt sich die Forderung nach Teilhabe erst nach dem Ersten Weltkrieg (1914–1918) deutlich vernehmen. Im Gegensatz zur Heimunterbringung werden zwar ab 1910 sog. »Krüppelschulen« als Tagesschulen (im Gegensatz zu Heimschulen) gegründet, um eine familiennahe Erziehung zu ermöglichen (vgl. Wilken 1983). Die soziale Randstellung der »Krüppel« wird damit aber nicht behoben. Erst in den 1920er Jahre werden Stimmen laut, die der Volksschule bessere Möglichkeiten der Vorbereitung auf ein selbstständiges Leben und die Vermeidung von sozialer Diskriminierung zuschreiben (vgl. Simon 1922, zit. n. Merkens 1988, S. 52f.). Bestätigt wird diese Auffassung durch den Leiter der »Forschungs- und Fortbildungsanstalt für die Krüppelfürsorge« des Oskar-Helene-Heimes in Berlin, den Orthopäden Konrad Biesalski (1868–1930). Er fordert im Jahre 1922 eine Reduzierung der Klassenfrequenz in der allgemeinen Schule (nicht mehr als 15 Schülerinnen und Schüler), wenn Schülerinnen und Schüler mit Körperbehinderung aufgenommen werden. Ebenfalls sieht er die Notwendigkeit des individuellen Lernens und der Veränderung der Lehrerbildung von Lehrkräften an der allgemeinen Schule. In die Praxis wird dieses Konzept der *integrativen Bildung im Förderschwerpunkt körperliche und motorische Entwicklung* jedoch erst in den 1980er Jahren

1.3 Exklusion, Separation, Integration, Inklusion – ein historischer Rückblick

umgesetzt (vgl. Ortmann 1999, S. 114ff. und den Gesamtüberblick bei Bergeest 2002, S. 47ff.; Lelgemann/Singer/Walter-Klose 2014).

Ab 1880 gründet Albert Gutzmann (1837–1910) Sprachheilkurse für Stotterer in Berlin (vgl. Dupuis 1983, S. 274ff.). Bereits in der Entstehungsphase der Sprachheilpädagogik wird die Forderung nach Integration mit diesen Heilkursen in Volksschulen verbunden. Auch die Sprachheillehrkärfte sollen in den Unterricht der Volksschule einbezogen sein. Anfang des 20. Jahrhunderts werden für Schülerinnen und Schüler mit Sprachbehinderung »Sprachheilklassen« an Volksschulen eingerichtet (Halle a. d.S. 1910, Hamburg 1912, Wien 1913/14). Aus ihnen entwickelt sich zwar die spätere Sprachheilschule. Diese ist jedoch von vornherein als Durchgangsschule konzipiert und mit einem ambulanten Fördersystem verbunden (vgl. Braun 1999b, S. 220f.; Dupuis 1983, S. 283f.). So unterrichtet beispielsweise im Jahre 1902 in Königsberg der Lehrer Rogge in einer »gemischten Anfangsklasse, in der stammelnde, stotternde und normalsprechende Kinder« (Günther 1993, S. 21) gemeinsam lernen. *Integrative Bildung im Förderschwerpunkt Sprache* hat so zwar eine lange Tradition, wird allerdings auch immer wieder mit großer Skepsis betrachtet. Fraglich erscheint besonders, inwieweit der Unterricht in der Volksschule allen sprachlichen Problemen von Schülerinnen und Schülern gerecht zu werden vermag (vgl. Grohnfeldt 2001; 2015).

Kinder und Jugendliche mit Verhaltensauffälligkeiten werden zunächst mit allen anderen Schülerinnen und Schülern unterrichtet (vgl. Myschker 1999, S. 257). Inwieweit damit *Angebote zur integrativen Bildung im Förderschwerpunkt emotionale und soziale Entwicklung* einhergehen, muss allerdings bezweifelt werden. Nach dem Ersten Weltkrieg beginnt man mit der Entwicklung von speziellen Fördermaßnahmen für Kinder und Jugendliche mit Verhaltensauffälligkeiten. Dabei stellt der Berliner Magistratsschulrat und ehemalige Nebenklassenlehrer Arno Fuchs (1869-1945) im Jahre 1928 zwar die Forderung nach integrativen Maßnahmen auf. Diese seien allerdings innerhalb der Normalklasse nicht zu realisieren. Sein Modell sieht deshalb die Bildung einer Sonderklasse (auch »Erziehungsklasse« bzw. »E-Klasse«) in der Volksschule vor (vgl. a. a. O., S. 259), die das Ziel einer möglichst baldigen Rückführung in die Volksschulklasse haben. Ähnliche Klassen entstehen ebenfalls in Zürich (1926, vgl. Merkens 1988, S. 42; Stein/Müller 2018).

1 Von der Exklusion zur Inklusion

> **In einem Satz gesagt**
>
> *Festzuhalten bleibt, dass der Nachweis der Effektivität von Bildungsangeboten für Kinder und Jugendliche mit Behinderung und die daraufhin mögliche Einbeziehung in öffentliche Bildungs- und Erziehungseinrichtungen als erster Schritt zur Inklusion gewertet werden muss.*

Die Geschichte der Heil- und Sonderpädagogik ist somit keineswegs nur durch die Bemühungen um eigenständige Sondereinrichtungen zur Förderung von Kindern und Jugendlichen mit Behinderung gekennzeichnet. Dieser Weg der organisatorischen Eigenständigkeit ist vielmehr bereits in den Anfängen Gegenstand heftiger Kontroversen gewesen.

1.3.2 Geschichte der Integrationsbewegung nach 1945

Nach dem Zweiten Weltkrieg knüpft die Sonderpädagogik an ihren historischen Wurzeln in der Weimarer Republik an. Das Ziel besteht hier vor allem im Wiederaufbau des Sonderschulwesens. Diese Phase wird im Jahre 1960 durch das »Gutachten zur Ordnung des Sonderschulwesens« der »Ständigen Konferenz der Kultusminister der Länder der Bundesrepublik Deutschland (KMK)« erstmals bilanziert. Das 1948 entstandene koordinierende Gremium der Kultusminister der Länder postuliert nunmehr den bedarfsdeckenden Ausbau des Sonderschulwesens. Mit der »Empfehlung zur Ordnung des Sonderschulwesens« von 1972 erreicht diese Ausbauphase ihren vorläufigen Höhepunkt. Die »alte« Bundesrepublik Deutschland hat damit im europäischen Vergleich eher den Sonderweg eines hochdifferenzierten Sonderschulsystems beschritten (vgl. Wittmann 2001). Gleichzeitig regen sich Anfang der 1970er Jahre kritische Stimmen und Bemühungen um integrative Alternativen (vgl. Schnell 2003).

Erste Schritte werden beispielsweise in München gegangen, wo die »Aktion Sonnenschein e. V.« unter der Leitung von Theodor Hellbrügge

1.3 Exklusion, Separation, Integration, Inklusion – ein historischer Rückblick

nach der Konzeption der Montessori-Pädagogik die Idee der integrativen Förderung in Bildungs- und Erziehungseinrichtungen ab 1968 im Kinderhaus und ab 1970 in der Grundschule praktisch werden lässt (vgl. Hellbrügge 1977). Im Jahre 1972 können Eltern in Berlin die Erzieherinnen des Kinderhauses Friedenau überzeugen, ihre Kinder mit Behinderung aufzunehmen und gemeinsam mit Kindern ohne Behinderung spielen und lernen zu lassen. Fortgesetzt wird diese integrative Arbeit von der Fläming-Grundschule in Berlin, die die Kinder in den gemeinsamen Unterricht übernimmt (vgl. Projektgruppe Integrationsversuch 1988) und die Uckermark-Grundschule, die die Idee einer wohnortnahen Integrationsschule umsetzt (vgl. Heyer/Preuss-Lausitz/Zielke 1990). Weitere Standorte integrativer Bildung entstehen in der Folgezeit in Hamburg, Bremen, Hessen und dem Saarland. Nach dieser »*Pionierphase*« der Integrationsentwicklung folgt eine »*Modellphase*«, in denen die Effekte integrativer Bildung in zahlreichen Modellversuchen in den Ländern Bremen, Hamburg, Hessen und dem Saarland erprobt werden.

Parallel zu dieser Modellphase entstehen immer mehr *Elterninitiativen*, die sich unter dem Motto »Gemeinsam leben, gemeinsam lernen« zum Ziel setzen, auch politisch und öffentlich auf die Idee der Integration aufmerksam zu machen. Inzwischen bestehen nicht nur Landesarbeitsgemeinschaften in allen 16 Bundesländern, sondern ebenso eine Bundesarbeitsgemeinschaft, die seit 1984 regelmäßige Bundeselterntreffen organisiert (vgl. Rosenberger 1998a, 1998b; Hüwe/Roebke/Rosenberger 2000). Aus der Elternverbandszeitschrift »Gemeinsam leben« entsteht die gleichnamige Fachzeitschrift für integrative Erziehung (ab 1993 beim Luchterhand Verlag, jetzt Beltz).

Waren die Schulversuche zur integrativen Bildung noch von kontroversen Diskursen zwischen Integrationsbefürwortern und Integrationsgegnern gekennzeichnet, so entstehen ab Mitte der 1980er Jahre erste gesetzliche Regelungen zur integrativen Bildung bezogen auf die verschiedenen Stufen des Bildungs- und Erziehungssystems der Bundesrepublik Deutschland (z. B. im Jahre 1987 im Saarland). In dieser »*Konsolidierungsphase*« greifen die Bundesländer nach und nach die positiven Erfahrungen mit der integrativen Bildung auf und schreiben sie gesetzlich fest. Dieser Prozess wird durch die Änderung des Grundgesetzes (GG) im

Jahre 1994 vorläufig abgeschlossen (Artikel 3, Abs. 3, ▶ Kap. 1. 2). Auch die KMK nimmt die Entwicklung der integrativen Bildung nun zum Anlass, in ihren »Empfehlungen zur sonderpädagogischen Förderung in den Schulen der Bundesrepublik Deutschland« aus dem Jahre 1994 (vgl. Sekretariat ... 1994a) der sonderpädagogischen Förderung eine subsidiäre (also nachrangige) Funktion zuzuschreiben. Zunächst sind die Förderungsmöglichkeiten im gemeinsamen Unterricht in der allgemeinen Schule auszuschöpfen (vgl. Heimlich 1996; Wittmann 2001). Die meisten Bundesländer erlassen daraufhin entsprechende gesetzliche Regelungen und Rechtsverordnungen bezogen auf die integrative Bildung in der allgemeinen Schule.

Im Überblick kann so für Westdeutschland (bzw. die »alten« Bundesländer) festgehalten werden, dass Integrationsentwicklung seit Anfang der 1970er Jahre ihren Weg ausgehend von Kindertageseinrichtungen über die Grundschulen und die Sekundarschule in den Wohn- und Arbeitsbereich hinein genommen hat (vgl. Heimlich 1998; Lersch 2001; Lumer 2001a).

Nach der Vereinigung der beiden deutschen Staaten im Jahre 1989 zählen die ostdeutschen (bzw. die »neuen«) Bundesländer zunächst zu den weißen Flecken der Integrationsentwicklung (vgl. Heimlich 2000a; 2000b). Die Integrationsdiskussion ist in Ostdeutschland überwiegend Ausdruck der Wendezeit. Sonderschulwesen und Sonderschulpädagogik sind bereits frühzeitig nach 1945 in der ehemaligen Deutschen Demokratischen Republik (DDR) wieder etabliert (vgl. Hübner 2000; Werner 1999). Erste Gespräche zwischen den beiden Landesteilen fördern zwar überraschend zahlreiche Übereinstimmungen zwischen den nunmehr »wiedervereinigten« Systemen der sonderpädagogischen Förderung der DDR und der alten BRD zu Tage (vgl. Bleidick/Ellger-Rüttgardt 1994). Gleichwohl findet auch hier letztlich ein Export des westdeutschen Bildungs- und Erziehungssystems statt, ohne dass auf gewachsene Strukturen und beispielhafte Modelle (z .B. Frühförderung, Horterziehung, berufliche Rehabilitation) Rücksicht genommen würde. Spätestens in den 1980er Jahren kommt es in der ehemaligen DDR zumindest auf der Ebene sonder- bzw. rehabilitationspädagogischer Studienstätten zu einer Diskussion über integrative Bildung im schulischen Bereich. Im öffentlichen erziehungswissenschaftlichen Diskurs schlägt sich dies allerdings

1.3 Exklusion, Separation, Integration, Inklusion – ein historischer Rückblick

nicht nieder (ablesbar etwa an den Inhaltsverzeichnissen der Zeitschrift »Die Sonderschule«). Die zielgleiche Integration von Kindern mit Hör-, Sprach- und Sehschwierigkeiten in der Polytechnischen Oberschule (POS) wird beispielsweise in einzelnen Fällen befürwortet. Auch eine sonderpädagogische Unterstützung hätte durch die entsprechenden ambulanten Beratungsstellen gewährleistet werden können. Verlässliche Zahlen darüber liegen jedoch nicht vor. Auch die Klassen für Kinder mit Lese-Rechtschreib-Schwierigkeiten (LRS-Klassen) sind Bestandteil der allgemeinen Schule gewesen und zielen auf die Rückführung der Schülerinnen und Schüler in die Regelklasse. Die westdeutschen Modelle integrativer Bildung dürften hingegen kaum einer breiteren Öffentlichkeit bekannt gewesen sein. Betrachten wir die Integrationsaufgabe jedoch unter Einschluss des Systems der beruflichen Rehabilitation, so bietet sich mit der »Arbeitsplatzgarantie« für Absolventen der Sonderschulen ein anderes Bild (vgl. Bröse 1998). Das System der beruflichen Rehabilitation hat zu DDR-Zeiten vor dem Hintergrund eines entschlossenen staatlichen Eingriffs zumindest zu einer recht weitreichenden Integration von Menschen mit Behinderung in den Arbeitsmarkt geführt. Nicht vergessen werden sollte gleichzeitig, dass Menschen mit geistiger Behinderung vom Bildungssystem fast vollständig ausgeschlossen gewesen sind und in Heimen bzw. psychiatrischen Kliniken ein teilweise erschütterndes Dasein führen mussten.

Als im Jahre 1970 die 7. Arbeitstagung der Hochschullehrer an sonderpädagogischen Studienstätten in Reutlingen zum Thema Isolation und Integration von Kindern mit Behinderung stattfindet, hat der fachliche Diskurs um integrative Bildung auch die Sonderpädagogik als Wissenschaft erreicht (vgl. Heimlich 1998b). Vorausgegangen ist ein Beschluss der Nürnberger Jahreshauptversammlung des Verbandes Deutscher Sonderschulen (vds) von 1969 zum *Verhältnis von Sonderschule und Gesamtschule*. Zum gleichen Thema wird eine Diskussion in der Zeitschrift für Heilpädagogik des Jahrgangs 1970 dokumentiert (vgl. Eberwein 1970) sowie eine Tagung im Pädagogischen Zentrum in Berlin. In kritischer Auseinandersetzung mit der Konzeption von Bach zur Fördererziehung (vgl. Bach 1971) entwickelt Preuss-Lausitz (1971) zum Auftakt der Reutlinger Arbeitstagung aus der Gesamtschuldiskussion heraus erste Ansätze eines Konzeptes integrativer Bildung.

1 Von der Exklusion zur Inklusion

Der bedeutendste Anstoß zur Entwicklung eines Konzeptes integrativer Bildung geht von den Empfehlungen des Deutschen Bildungsrates (1974) »Zur pädagogischen Förderung behinderter und von Behinderung bedrohter Kinder und Jugendlicher« aus. Vom Ausschuss Sonderpädagogik unter Beteiligung namhafter Vertreter der Sonderpädagogik und unter Vorsitz von Jakob Muth (1927–1993) wird hier ein Gesamtkonzept integrativer Bildung vorgestellt, das von der Frühförderung über die schulische bis hin zur Freizeitförderung reicht. Auch organisatorische, qualifikatorische und finanzielle Aspekte dieses Entwurfes sind zu Ende gedacht. Die schulische Integration fungiert hier von Beginn an als normative Prämisse. Die neue Konzeption der pädagogischen Förderung fordert » ... eine weitmögliche gemeinsame Unterrichtung von Behinderten und Nichtbehinderten ... « (Deutscher Bildungsrat 1974, S. 15f.). Für die Organisation des schulischen Bereichs werden kooperative Schulzentren entworfen, die neben dem Unterricht für Kinder und Jugendliche mit Behinderung Maßnahmen der Teilintegration und ebenso der inneren Differenzierung umfassen. Als Unterstützungssysteme werden pädagogisch-therapeutische Stationen und ambulante behinderungsspezifische Hilfen aufgeführt (vgl. a. a. O., S. 78f.). Allerdings zählt dieses flexible, integrative Fördersystem bis in die Gegenwart hinein noch zu den uneingelösten Hoffnungen aus der Zeit der Bildungsreform (vgl. Muth 1993, S. 191ff.).

Ein weiterer Ursprung integrativer Bildungskonzepte kann in den Bemühungen zur Förderung schulschwacher Kinder in der Grundschule gesehen werden (vgl. Reinartz/Sander 1977). Mit dem Ziel, die Schulschwäche der Grundschule zu vermindern, stellt das Autorenteam seinerzeit einen Katalog von Thesen zusammen, die im Grunde ein differenziertes Fördersystem darstellen, um die Grundschule auf den Weg zu einer Schule für alle zu bringen. Spätestens mit den Empfehlungen des Arbeitskreises Grundschule »Die Zukunft beginnt in der Grundschule« (vgl. Faust-Siehl u. a. 1996, S. 128ff.) nimmt diese Utopie bezogen auf die Primarstufe konkrete Gestalt an.

Die verschiedenen erziehungswissenschaftlichen Teildisziplinen der Allgemeinen Pädagogik, Schulpädagogik, Sozialpädagogik und Heil- bzw. Sonderpädagogik befinden sich nun seit Mitte der 1990er Jahre in einem Prozess der Annäherung angesichts der gemeinsamen pädagogi-

1.3 Exklusion, Separation, Integration, Inklusion – ein historischer Rückblick

schen Aufgabe im Zusammenhang mit der gesellschaftlichen Integration von Menschen mit Behinderung (vgl. Lersch/Vernooij 1992; Eberwein 1996). Gleichwohl wird der Sonderpädagogik auf dieser Ebene lange Zeit die Hauptverantwortung für die Weiterentwicklung integrativer Bildung zugeschrieben.

Nach Inkrafttreten der UN-BRK belebt sich der Inklusionsdiskurs in der Erziehungs- und Bildungswissenschaft zwar nur zögerlich. Mittlerweile ist jedoch das Thema inklusive Bildung als Querschnittsaufgabe verschiedener Teildisziplinen anerkannt. So verabschiedet der Vorstand der »Deutschen Gesellschaft für Erziehungswissenschaft (DGfE)« am 16.07.2015 eine Erklärung zur »Inklusion als Herausforderung für die Erziehungswissenschaft« (vgl. Deutsche Gesellschaft für Erziehungswissenschaft 2015) und beschreibt darin die neuen Fragen einer inklusiven Pädagogik als gemeinsame Aufgabe bezogen auf Forschung und Lehre innerhalb der erziehungswissenschaftlichen Disziplin und Profession. Gleichzeitig wird eine Debatte dazu angeregt, die Anfang 2017 in einer Stellungnahme der DGfE »Inklusion: Bedeutung und Aufgabe für die Erziehungswissenschaft« (vgl. Deutsche Gesellschaft für Erziehungswissenschaft 2017) mündet. Darin werden die Aufgaben für die Bildungsforschung zum Thema Inklusion und für die Vorbereitung der pädagogischen Akteurinnen und Akteure auf eine inklusive Bildungspraxis in unterschiedlichen Settings genauer beschrieben. Im Gefolge des Inkrafttretens sind aus allen erziehungswissenschaftlichen Teildisziplinen eine Fülle von Publikationen zum Thema Inklusion vorgelegt und zahlreiche Forschungsprojekte auf den Weg gebracht worden. Insofern ist davon auszugehen, dass inklusive Bildung nicht nur in der Mitte der Gesellschaft, sondern auch auf der Ebene des erziehungswissenschaftlichen Diskurses angekommen ist.

1.4 Zusammenfassung: Inklusion als Bildungsreform

Betrachten wir die Geschichte der Bildungsangebote für Kinder und Jugendliche im historischen Rückblick unter dem Focus »Inklusion«, so zeigt sich, dass das Ziel der gesellschaftlichen Teilhabe erst in der Aufklärungszeit auch auf Menschen mit Behinderung bezogen wird. Zunächst muss der Nachweis der Bildungsfähigkeit mit Hilfe entsprechender Methoden erbracht werden, bevor Bildungsangebote entwickelt werden. Ein erster Schritt zur Einbeziehung von Kindern und Jugendlichen in Bildungsangebote ist die Gründung von eigenständigen Bildungseinrichtungen in Form der Sonder- bzw. Hilfsschulen. Dieser Weg der Separation war jedoch stets in der Kritik. Sowohl Förderklassen in der allgemeinen Schule als auch allgemeine Schulen als Förderort sind als Alternativen zu separaten Bildungseinrichtungen seinerzeit in der öffentlichen Diskussion. Damit sind zugleich die drei grundlegenden Organisationsformen von Bildungsangeboten für Kinder und Jugendliche mit Behinderung benannt, die auch heute noch international bestehen: Förderschulen, Förderklassen in allgemeinen Schulen und inklusive Schulen – wenn auch in unterschiedlichem Umfang im Ländervergleich.

> **Baustellen inklusiver Bildung**
>
> Auf der Ebene der Bildungspolitik und Gesetzgebung klafft nach wie vor eine Lücke zwischen den politischen ›Sonntagsreden‹ zur inklusiven Bildung auf der einen Seite und der Bereitstellung von angemessenen personellen und finanziellen Ressourcen für deren praktische Umsetzung auf der anderen Seite. Die inklusive Haltung der Akteurinnen und Akteure ist jedoch keineswegs die einzige Ressource für die Inklusionsentwicklung. Dabei spielt häufig die Gleichsetzung von Integration und Inklusion eine wichtige Rolle, wobei auf die bereits vorhandenen Angebote zur integrativen Bildung hingewiesen und kein Änderungsbedarf bezüglich der Weiterentwicklung zu inklusiven Bildungsangeboten gesehen wird. Ebenfalls krankt die Inklusionsdebatte an einer häufigen Verwechselung von Konzept und Praxis.

1.4 Zusammenfassung: Inklusion als Bildungsreform

> Die Praxis der letzten 10 Jahre zur Umsetzung der UN-BRK zeigt jedoch, dass eine ›Hauruck-Inklusion‹ gleichsam über Nacht keine nachhaltigen Erfolge in der Inklusionsentwicklung erzielt. Insofern benötigt Inklusionsentwicklung insbesondere Zeit und muss als ›bottom-up-Prozess‹ wachsen können. Als Zwangsmaßnahme, die ›top-down‹ verordnet wird, ist Inklusionsentwicklung zum Scheitern verurteilt.

Bildungspolitisch betrachtet können wir aus dem historischen Rückblick bereits lernen, dass angesichts der Vielfalt der Problemlagen bei Kindern und Jugendlichen mit Behinderung die Favorisierung ausschließlich eines Modells der inklusiven Bildung nicht angemessen sein kann, historisch gesehen jedenfalls nie als angemessen angesehen worden ist. Inklusive Pädagogik wird in diesem Überblick sichtbar als Aufgabe, die quer zu verschiedenen erziehungswissenschaftlichen Teildisziplinen liegt. Sie ist insofern auch keine eigenständige Teildisziplin, wie es die Bezeichnung »Inklusionspädagogik« suggeriert.

> **Kommentierte Literaturempfehlungen**
>
> *Ahrbeck, Bernd: Inklusion. Eine Kritik. Stuttgart: Kohlhammer, 3. Auflage 2016*
> *Aus dem Inhalt*
> In pointierter Weise setzt sich der Autor mit dem Thema Inklusion auseinander und verweist zunächst auf den engen Zusammenhang von Inklusion und Exklusion, die in der gegenwärtigen Gesellschaft stets nebeneinander existieren. Anhand von einschlägigen empirischen Studien und auf der Basis von Ergebnissen der Bildungsstatistik wird hier aufgezeigt, dass die Entwicklung eines inklusiven Bildungssystems einerseits mit hohen Ansprüchen verbunden wird, andererseits dabei aber der Blick für den Inklusionsalltag häufig verloren geht.
>
> *Hedderich, Ingeborg/Biewer, Gottfried/Hollenweger, Judith/Markowetz, Reinhard (Hrsg.): Handbuch Inklusion und Sonderpädagogik. Bad Heilbrunn: Klinkhardt, 2016*
> *Aus dem Inhalt*

1 Von der Exklusion zur Inklusion

In vier großen Kapiteln und insgesamt 117 Einzelbeiträgen werden in diesem Nachschlagewerk alle einschlägigen Fragen zur inklusiven Bildung in knapper und verständlicher Form abgehandelt. Ausgehend von der »Sonderpädagogik als Wissenschaft im Wandel« (Kap. I) wird die »Inklusion in Erziehungs- und Bildungsprozessen« (Kap. II) thematisiert, um sodann zur »Inklusion in der Gesellschaft« (Kap. III) überzugehen und schließlich »Neuere Zugänge zu Inklusion, Diversität und Behinderung« (Kap. IV) aufzugreifen.

Saalfrank, Wolf-Thorsten/Zierer, Klaus: Inklusion. Paderborn: Ferdinand Schöningh, 2017
Aus dem Inhalt
Auf der Basis einer globalen Herangehensweise an inklusive Bildung setzen sich die Autoren intensiv und detailliert mit der rechtlichen und bildungspolitischen Situation zur inklusiven Bildung in Deutschland auseinander. Dabei beziehen sie die Entwicklungen zur Umsetzung inklusiver Bildung in allen 16 Bundesländern mit ein. Angesichts der zentralen Bedeutung der Qualität des inklusiven Unterrichts und der professionellen Tätigkeit von Lehrkräften in diesem Bereich wird abschließend auf die inklusive Didaktik eingegangen.

Dialogfragen

Kann die Überweisung eines Kindes oder Jugendlichen in eine Förderschule bzw. ein Sonderpädagogisches Förderzentrum als Exklusion bezeichnet werden?

Soll in einem inklusiven Bildungssystem auf Sondereinrichtungen (Separation) völlig verzichtet werden?

Sind 40 Jahre Erfahrungen mit der Integration von Menschen mit Behinderung in der BRD eine gute Grundlage für die Entwicklung eines inklusiven Bildungssystems?

Was ist das neue an der Inklusion?

2 Teilhabe entwickeln – Arbeitsfelder inklusiver Pädagogik

» … wenn Sie etwas verstehen wollen, versuchen Sie, es zu verändern.« (Walter Fenno Dearborn, zit. n. Bronfenbrenner, 1989, S. 54)

> **Zum Einstieg**
>
> Ausgehend von der Praxis inklusiver Bildung sollen nunmehr die verschiedenen Arbeitsfelder vorgestellt werden, in denen inklusive Pädagogik verwirklicht wird. Im Vordergrund steht dabei die Frage, nach dem Ort der inklusiven Bildung *(Frage nach dem Wo?)*. Insofern werden hier vorrangig Organisationsformen inklusiver Bildung analysiert, wie sie sich in der Struktur des Bildungssystems der BRD zeigen. Von den Kindertageseinrichtungen (▶ Kap. 2.1) über die allgemeinen Schulen (▶ Kap. 2.2) und den Bereich der Erwachsenenbildung einschließlich der Hochschulen (▶ Kap. 2.3) reichen die inklusiven Bemühungen im Bildungssystem mittlerweile. Ergänzt werden diese pädagogischen Arbeitsfelder im engeren Sinne durch die berufliche Inklusion (▶ 2.4) und die Inklusion im Gemeinwesen (▶ Kap. 2.5), in denen ebenfalls ein Bedarf an pädagogischer Begleitung entsteht. Damit wird zugleich der historische Prozess der Integrations- und Inklusionsentwicklung in der Bundesrepublik Deutschland nachgezeichnet, der ausgehend von den Kindertageseinrichtungen die anderen Ebenen des Bildungssystems erreicht hat und seit geraumer Zeit auch in den Beruf und das Gemeinwesen hineinwirkt.

Am Anfang der Integrationsentwicklung in der Bundesrepublik Deutschland stehen Eltern, frühpädagogische Fachkräfte sowie Lehrkräfte, die, ohne Rücksicht auf optimale Rahmenbedingungen, ausgefeilte pädagogische Konzepte und langjährige Erfahrungen, damit begonnen haben, sich für das gemeinsame Spielen und Lernen von Kindern und Jugendlichen mit und ohne Behinderung einzusetzen. Zunächst muss hier bewiesen werden, dass integrative Bildungsangebote möglich sind und für alle Seiten positive Effekte hervorbringen. Dabei gelingt es gleichzeitig zu zeigen, dass Rahmenbedingungen für integrative Bildung auch gemeinsam hergestellt werden können.

Die Integrationsentwicklung geht dabei in der Regel von der Aufnahme eines Kindes mit einer Behinderung in Kindertageseinrichtungen oder allgemeine Schulen aus. In dem Bemühen dieser allgemeinen Bildungs- und Erziehungseinrichtungen, sich auf die besonderen Bedürfnisse des einzelnen Kindes einzustellen, ändert sich nach und nach das pädagogische Konzept (vgl. Lütje-Klose u. a. 2011). Zunächst sind solche Spiel- und Lernsituationen zu gestalten, an denen alle Kinder teilnehmen und zu denen alle Kinder beitragen können. Diese Aufgabe ist nicht ohne eine stärkere Zusammenarbeit der pädagogisch Tätigen zu bewältigen. Es kommt also häufig zu einem weiteren Schritt in der Entwicklung von Teamstrukturen. In dem Maße, wie die gesamte Einrichtung in diesen Prozess der Konzeptionsentwicklung einbezogen wird, verändert sich in der Folge auch das Konzept der Bildungs- und Erziehungseinrichtung insgesamt und damit die Qualität der internen Kooperation. Schließlich haben viele Einrichtungen, die einen solchen Prozess der Integrationsentwicklung durchlaufen, früher oder später externe Unterstützungssysteme gesucht und so Formen der externen Kooperation ausgebildet, die die sozialräumliche Vernetzung der Einrichtung gestärkt haben. Dazu zählen auch die sozial- und bildungspolitischen Systeme, die über rechtliche und finanzielle Grundlagen erst die Voraussetzung für Integrationsentwicklungen schaffen.

> **In einem Satz gesagt**
>
> *Integrationsentwicklung ist ein kooperativer Prozess, in dessen Verlauf pädagogisch Tätige in Bildungs- und Erziehungseinrichtungen in den letzten vier Jahrzehnten in der BRD sowohl intern als auch extern die Voraus-*

setzungen und Bedingungen für die Entwicklung inklusiver Bildungsangebote gemeinsam geschaffen haben.

Auch die neuen Herausforderungen in der Entwicklung eines inklusiven Bildungssystems können auf diesen Vorerfahrungen aufbauen und diese unter dem Leitbild der Inklusion nunmehr weiterführen. Dieser Prozess der Inklusionsentwicklung kann ebenfalls am ehesten als Mehrebenenmodell mit den folgenden Bereichen konstruiert werden:

- Ebene der Kinder, Jugendlichen und Erwachsenen mit individuellen Bedürfnissen,
- Ebene der inklusiven Spiel- und Lernsituationen,
- Ebene des multiprofessionellen Teams,
- Ebene der inklusiven Einrichtungs- und Konzeptionsentwicklung sowie
- Ebene der externen Unterstützungssysteme und sozialräumlichen Vernetzung.

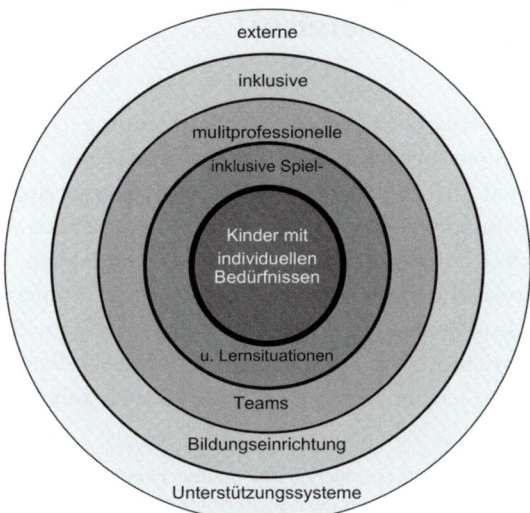

Abb. 3: Ökologisches Mehrebenenmodell der Inklusionsentwicklung

Diese Vorstellung von Inklusionsentwicklung wird hier als ökologisches Modell gekennzeichnet, da es vielfältige Mensch-Umwelt-Interaktionen voraussetzt und mehrere sozialräumliche Entwicklungszonen unterschieden werden.

> **In einem Satz gesagt**
>
> *Immer dann, wenn es gelingt, eine gesamte Bildungseinrichtung als System mit allen Ebenen in den Entwicklungsprozess einzubeziehen, erhöht sich die Wahrscheinlichkeit, dass Inklusionsentwicklung in einer guten Qualität gelingt.*

Das Modell liegt auch der folgenden Darstellung der Arbeitsfelder inklusiver Pädagogik zugrunde.

2.1 Kindertageseinrichtungen (Elementarbereich)[3]

In einigen Bundesländern liegen bereits Erfahrungen mit flächendeckenden Inklusionsangeboten im Elementarbereich vor – zum einen in den Stadtstaaten (z. B. Berlin, Bremen, Hamburg) und zum anderen in den östlichen Bundesländern (z. B. Brandenburg, Sachsen-Anhalt, Thüringen). Auch Kinderkrippen werden in zunehmendem Maß in die Inklusionsentwicklung einbezogen. Der Ausbau der Kindertageseinrichtungen zur Umsetzung des Rechtsanspruchs auf einen Platz in einer Kindertageseinrichtung ab Vollendung des ersten Lebensjahrs (§ 24, SGB VIII) in den letzten Jahren hat allerdings auch aufgrund des Perso-

---

3 Kapitel 2.1 beruht im wesentlichen auf meiner Expertise für das Deutsche Jugendinstitut (DJI) im Rahmen der »Weiterbildungsinitiative Frühpädagogische Fachkräfte (WiFF)«: »Kinder mit Behinderung im Kontext inklusiver Frühpädagogik« (vgl. Heimlich 2013).

2.1 Kindertageseinrichtungen (Elementarbereich)

nalmangels im Bereich der frühpädagogischen Fachkräfte noch nicht in allen Bundesländern zu einer vollständigen Versorgungsquote (100 %) geführt. Kinder mit Behinderung werden inzwischen allerdings in alle Kindertageseinrichtungen aufgenommen (z B. Kinderkrippen, Kindergärten, Horte) und ebenso in der Tagespflege (z. B. im Rahmen von Tagesmütterprojekten). Seit 2009 ist die Zahl der integrativen Kindertageseinrichtungen kontinuierlich angestiegen auf knapp 18.600 im Jahre 2015 (vgl. Bundesministerium für Arbeit und Sozialordnung 2016, S. 99f.). Die Zahl der Kindertageseinrichtungen, die ausschließlich Kinder mit Behinderung aufnehmen, ist auf 260 im Jahre 2015 gefallen (ebd.). 90 % der Kinder im Alter von 3 bis unter 8 Jahren, die 2015 Eingliederungshilfe erhalten, befinden sich in allgemeinen Kindertageseinrichtungen, nur 10 % in Sondereinrichtungen (vgl. a. a. O., S. 103). Dabei sind Jungen mit einem Anteil von 66,1 % fast doppelt so häufig vertreten wie Mädchen (vgl. a. a. O., S. 88). Da die Zahlen sich jedoch ausschließlich auf Kinder beziehen, die institutionell bzw. in öffentlich geförderten Zusammenhängen betreut werden, ist die Zahl nicht identisch mit der Gesamtzahl der Kinder mit Behinderung. Zusätzlich variieren die Daten sehr stark zwischen den Bundesländern: Zwischen 6,9 % in Berlin und 1,7 % in Bayern sowie 1,6 % in Baden-Württemberg unterscheiden sich die Anteile der Kinder mit Behinderung im Alter von 3 bis unter 8 Jahren, die Eingliederungshilfe in einer Kindertageseinrichtung erhalten, bei einem nationalen Durchschnittswert für die gesamte BRD von 3,1 % (vgl. a. a. O., S. 102). Damit ist zumindest von der Anwesenheit der Kinder mit Behinderung in allgemeinen Kindertageseinrichtungen her die Entwicklung hin zu einem inklusiven Bildungsangebot in Deutschland weit fortgeschritten. Über die Qualität des inklusiven Bildungsangebotes sagt dies jedoch noch nichts weiter aus.

Zu berücksichtigen ist dabei ferner, dass die Datenlage zu Kindern mit Behinderung nach wie vor nicht zufriedenstellend ist (vgl. dazu auch die kritische Einschätzung von Kelle/Tervooren 2008). Erst seit 2007 weist die amtliche Kinder- und Jugendhilfestatistik überhaupt Daten zur Eingliederungshilfe aus. Diese bezieht sich zunächst auf den § 35a, SGB VIII, also auf die sog. »seelisch behinderten Kinder« oder solche, die davon bedroht sind (vgl. Pothmann 2012). Einbezogen werden seither auch die Kinder, die eine Eingliederungshilfe gem. §§ 53, 54 SGB XII erhalten, also Kinder mit einer körperlichen oder geistigen Behinderung bzw. solche, die davon bedroht sind. Ziel der Eingliederungshilfe ist die Erhöhung der Teilhabechancen in der Gesellschaft sowie die Bildungs- und Entwicklungsförderung mit der Intention eines möglichst selbstständigen Lebens. Die Feststellung der entsprechenden Bedarfslagen erfolgt jedoch in den Bundesländern nicht einheitlich. Auch der Zeitpunkt der Feststellung des Bedarfs an Eingliederungshilfe ist unterschiedlich. Insofern handelt es sich bei der Gruppe der Kinder, die Eingliederungshilfe erhalten, um eine sehr heterogene Gruppe. Gleichwohl betonen die einschlägigen statistischen Publikationen, dass dies der hauptsächliche Indikator für die Erfassung der Entwicklung hin zu inklusiven Kindertageseinrichtungen ist (vgl. Bock-Famulla/Lange 2012, S. 12f.). Eine vollständige Darstellung der Entwicklung in diesem Bereich ist allerdings auf der Basis der vorhandenen Daten bislang nicht möglich. Vor diesem Hintergrund soll nun ein Einblick in die Praxis der inklusiven Bildung in Kindertageseinrichtungen gegeben werden, um darauf aufbauend konzeptionelle Bestandteile herauszuarbeiten und die Eckpunkte der Organisation in diesem Bereich zu umreißen.

2.1.1 Praxis inklusiver Bildung im Elementarbereich

Kinder treffen sich mit all ihren Unterschieden im gemeinsamen Spiel. Wer eine inklusive Kindertageseinrichtung betritt und sich auf das Spielgeschehen dort einlässt, wird diese Beobachtung unschwer nachvollziehen können. Die Spielszenen müssen dabei durchaus nicht immer spektakuläre Momente aufweisen. Das gemeinsame Spiel hat vielmehr einen ganz alltäglichen Charakter im Sinne einer selbstverständlichen Begegnung der Kinder.

Inklusive Situation

Mit Stethoskop, Fieberthermometer und einer großen Spritze (im Form von Spielmaterial aus Holz) ist ein kleines Ärzteteam im inklusiven Kindergarten unterwegs und auf der Suche nach Patienten, die

> dringend behandelt werden müssen. Da viele Kinder schon wissen, welche ›Untersuchungsmethoden‹ auf sie zukommen, nehmen die meisten rasch reißaus. Schließlich stellt sich eine frühpädagogische Fachkraft zur Verfügung. Sie fasst sich an den Kopf, sinkt stöhnend auf eine Matratze und fragt: »Na, Herr Doktor, was habe ich denn?« Sofort beginnt die eingehende Untersuchung. Während das Stethoskop noch angelegt ist, kommt bereits die Spritze kräftig zum Einsatz. Schließlich untersuchen sich die Kinder gegenseitig, überprüfen das Stethoskop, indem sie hineinschreien. Auch Anna, ein dreijähriges Mädchen mit Down-Syndrom, schaut interessiert zu und probiert alle medizinischen Instrumente eingehend mit den anderen aus. Die frühpädagogische Fachkraft hat sich inzwischen zurückgezogen und beobachtet das Geschehen von außerhalb.

Im Dortmunder Projekt »Gemeinsam spielen« konnte immer wieder die Fähigkeit von Kindern in integrativen Kindertageseinrichtungen beobachtet werden, aufeinander zuzugehen und ein gemeinsames Spielthema oder eine andere gemeinsame Tätigkeit zu finden (vgl. Heimlich/Höltershinken 1994). Behinderungen spielen dabei eher eine sekundäre Rolle. Die Kinder fragen sich vielmehr nach ihren unterschiedlichen Fähigkeiten, um diese im gemeinsamen Spiel zu erproben und sich dadurch gemeinsam weiterzuentwickeln. Es gibt allerdings auch Kinder, die sehr lange Zeiten des Abwartens und vorsichtigen Beobachtens benötigen, bevor sie sich in die lebhaften gemeinsamen Aktivitäten der Kindergartengruppe hineinbegeben. Pädagogisch bedeutsam ist es nun, ihnen die Möglichkeit zum individuellen Umgang mit Nähe und Distanz in der Gruppe zu eröffnen. Interessant ist an diesen Situationen aber auch, dass der Einsatz von audiovisuellen Medien, Spielmitteln und Angeboten im Bereich der Raumgestaltung das gemeinsame Spiel von Kindern mit und ohne Behinderung begleiten und unterstützen kann. Auch wenn im gemeinsamen Spiel die spontane Begegnung der Kinder im Vordergrund steht, so kann die Intensität dieser Begegnung doch durch pädagogische Anregungen im Bereich der Spielumwelt von Kindern beeinflusst werden (vgl. Heimlich 2015a; 2017 und zur inklusiven Spielförderung auch Kapitel 3.1 in diesem Band).

> **Forschung inklusiv**
>
> Erstmals für den deutschsprachigen Raum ist in der Münchener Studie zur Qualitätsentwicklung in Kinderkrippen (QUINK) gezeigt worden, dass Inklusion in der Altersgruppe der 0;6- bis 3-Jährigen durchaus in einer guten Qualität entwickelt werden kann. Durch den Einsatz der Kinderkrippenskala (KRIPS-R) in 4 integrativen Kinderkrippen der Landeshauptstadt München in den Jahren 2006–2007 liegen Vergleichsdaten zu anderen Studien vor, die zeigen, dass schon integrative Kinderkrippen eine weiterentwickelte Bildungsqualität im Vergleich zu nicht-integrativen Kinderkrippen aufweisen. Eine Befragung von frühpädagogischen Fachkräften (N=53) bestätigt seinerzeit die insgesamt zufriedenstellende Umsetzung des integrativen Anspruchs. Eltern schätzen die Qualitätsentwicklung in den integrativen Kinderkrippen sogar noch besser ein als die frühpädagogischen Fachkräfte (N=129) (vgl. Heimlich/Behr 2008).

Fragen wir nun weiter danach, wie diese Situationen des gemeinsamen Spiels möglich geworden sind, so eröffnet sich aufgrund der länderspezifischen Unterschiede ein derart vielschichtiges Bild der inklusiven Bildung im Elementarbereich der Bundesrepublik Deutschland, dass gegenwärtig wohl am ehesten von einer ›Patchwork-Decke‹ gesprochen werden kann (mit vielen bunten Elementen, allerdings auch mit immer mehr Nahtstellen und Verflechtungen). Ein Element sind dabei die spezifischen pädagogischen Konzeptionen.

2.1.2 Konzeptionelle Bausteine inklusiver Bildung im Elementarbereich

Die Entwicklung inklusiver Kindertageseinrichtungen in Deutschland beginnt nicht beim Nullpunkt. Es liegen nunmehr vier Jahrzehnte praktische Erfahrungen, konzeptionelle Entwicklungsarbeit und Ergebnisse der empirischen Bildungsforschung zu den integrativen Kindertageseinrichtungen vor. Es kann an dieser Stelle nicht darum gehen, diese Ent-

2.1 Kindertageseinrichtungen (Elementarbereich)

wicklungen im Detail nachzuzeichnen. Vielmehr werden im Folgenden die wesentlichen konzeptionellen Bestimmungsstücke einer inklusiven Frühpädagogik bezogen auf Kinder mit Behinderung herausgearbeitet, so wie sie in verschiedenen Bundesländern entwickelt worden sind. Der Rückblick auf die integrativen frühpädagogischen Konzeptionen soll die Grundlagen für einen weiteren konzeptionellen Schritt hin zur inklusiven Bildung in Kindertageseinrichtungen liefern. Leitend ist dabei die Idee einer mehrperspektivischen Betrachtungsweise der inklusiven frühpädagogischen Arbeit, die erst durch die analytische Trennung der verschiedenen Konzeptionen erreicht werden kann.

> **In einem Satz gesagt**
>
> *In der inklusiven Praxis im Bereich der Frühpädagogik kann davon ausgegangen werden, dass Konzeptionen einrichtungsbezogen kombiniert und kontinuierlich weiterentwickelt werden (sog. »einrichtungsbezogener Konzeptionsmix«).*

Ein Qualitätskriterium für die Entwicklung inklusiver Kindertageseinrichtungen ist jedenfalls bereits die fortgesetzte gemeinsame Arbeit des Teams der frühpädagogischen Fachkräfte an einer inklusiven pädagogischen Konzeption.

Im Rückblick auf die bisherige Integrationsentwicklung im Elementarbereich (vgl. Lipski 1990 und die Arbeit der Projektgruppe »Kinder mit besonderen Bedürfnissen« beim DJI von 1980–1990) wird deutlich, dass die in diesem Zusammenhang entstandenen Konzeptionen einer integrativen Frühpädagogik eine gute Grundlage für die Entwicklung inklusiver Kindertageseinrichtungen bezogen auf Kinder mit Behinderung darstellen (vgl. Herm 2008). Sie liefern zugleich entscheidende Kriterien zur Beurteilung der pädagogischen Qualität in zukünftig zu entwickelnden inklusiven Kindertageseinrichtungen.

- Der *materialistische Ansatz* nach Georg Feuser (1987) betont vor dem Hintergrund der Arbeit in Bremer Kindertageseinrichtungen besonders das gemeinsame Spielen und Lernen am gemeinsamen Gegenstand als Kern der Integration (▶ Kap. 4.2.1). Um dieses übergreifende Ziel in der Praxis erreichen zu können, ist eine Analyse des gemeinsamen Gegenstandes, der individuellen Voraussetzungen jedes Kindes und der notwendigen Handlungsschritte erforderlich. Feuser schließt damit an die russische Tätigkeitspsychologie von Lev S. Vygotskij (1896-1934) und sein Modell »Zone der nächsten Entwicklung (ZNE)« an. Demnach ist es erforderlich, frühpädagogische Angebote bezogen auf Kinder mit Behinderung in inklusiven Settings konsequent auf ihren aktuellen Entwicklungsstand zu beziehen und im Sinne einer entwicklungsorientierten Förderung zu konzipieren. Damit wäre zugleich ein *erstes Prinzip für die inklusive Frühpädagogik* bezogen auf Kinder mit Behinderung benannt: *Entwicklungsorientierung*.

- Demgegenüber stellt Helmut Reiser mit der Frankfurter Forschungsgruppe (1987) die Interaktionen der Kinder mit und ohne Behinderung in den Mittelpunkt seiner frühpädagogischen Konzeption. Als zentrales Element in diesem *prozessorientierten Ansatz* fungiert das Moment der »Einigung« zwischen widersprüchlichen Erfahrungen sowohl auf der innerpsychischen, der interpersonalen und institutionellen als auch auf der gesellschaftlichen Ebene (▶ Kap. 4.2.3). Integration gerät hier zum Prozess, in dem auch die emotionalen Anteile der Beteiligten eine Rolle spielen. Erst auf diesem Wege wird die angestrebte gegenseitige Akzeptanz der Verschiedenheit möglich. Beeinflusst ist diese Integrationsdefinition seinerzeit durch die dialogische Philosophie im Anschluss an Martin Buber (1878–1965) und psychoanalytische Ansätze. Frühpädagogische Angebote für Kinder mit Behinderung in inklusiven Settings sollten vor diesem Hintergrund vielfältige Begegnungserfahrungen zulassen. Inklusive Frühpädagogik steht deshalb auch vor der Aufgabe, das *Prinzip der Interaktionsorientierung* zu erfüllen.
- Von großem Einfluss für die Frühpädagogik insgesamt war in den 1980er und 1990er Jahren der *Situationsansatz*. Wolfgang Dichans hat dieses Konzept in Kooperation mit dem Sozialpädagogischen Institut (SPI) in Köln (1990) auf die frühpädagogische Arbeit bei Kindern mit Behinderung übertragen und aufgezeigt, dass über das soziale Lernen im gemeinsamen Spiel der Erwerb von Ich-, Sozial- und Sachkompetenzen für alle Kinder möglich wird, wie bereits Heinrich

Roth (1906–1983) in seiner pädagogischen Anthropologie angeregt hat. Auf diese Weise sollen Erfahrungsräume entstehen, die zukünftige Lebenssituationen des Miteinanders vorwegnehmen und so mit vorbereiten. Damit ist keineswegs von situativer Beliebigkeit auszugehen. Vielmehr soll die Lebenswelt der Kinder möglichst umfassend in die pädagogische Arbeit der Kindertageseinrichtung einfließen. Inklusive Settings für Kinder mit Behinderung sollten sich in der Frühpädagogik deshalb durch *Situationsorientierung als Prinzip* auszeichnen.

- Nach Hans Meister und den Erfahrungen in Kindertageseinrichtungen des Saarlandes sind integrative Prozesse stets in ein vielschichtiges Kind-Umfeld-System eingebettet (1991). Im Rahmen dieses *ökologischen Ansatzes* einer integrativen Frühpädagogik steht besonders die Suche nach Ressourcen sowohl in den Kindern als auch in den beteiligten Umfeld-Systemen im Mittelpunkt (▶ Kap. 4.2.4). Gerade in Verbindung mit den Versuchen zur Einzelintegration (Aufnahme eines Kindes mit einer Behinderung in die wohnortnahen Kindertageseinrichtung) stellt sich das Problem der Ressourcen in besonders eklatanter Weise. Dieses Problem kann nur durch ein gelingendes Zusammenspiel aller beteiligten Entwicklungsebenen bei der Gestaltung inklusiver Settings durch entsprechende frühpädagogische Angebote gelöst werden. Im Anschluss an das ökologische Modell von Urie Bronfenbrenner (1917–2005) sollte die *Ressourcen- und Netzwerkorientierung* deshalb ein *weiteres Prinzip inklusiver Frühpädagogik* sein.

- Zusammengeführt werden diese unterschiedlichen konzeptionellen Schwerpunkte inklusiver Frühpädagogik bei Kindern mit Behinderung im gemeinsamen Spiel der Kinder mit und ohne Behinderung. Dies ist zugleich Ausgangspunkt und Zielsetzung der inklusiven Frühpädagogik. Im Mittelpunkt steht dabei die integrative bzw. inklusive Spielsituation (vgl. Heimlich 1995). Kinder bringen in das gemeinsame Spiel ihre Interessen und Bedürfnisse ein. Sie fragen nach den Fähigkeiten des anderen und regen sich so gegenseitig zur Entwicklung an. Gerade im Alter vor dem Schuleintritt zählt das Spiel zu den entwicklungsbedeutsamsten Aktivitäten. Dem Spiel widmen Kinder in den ersten Lebensjahren einen großen Teil ihrer Zeit. Die

Tätigkeit des Spiels zeichnet sich dabei durch den hohen Phantasieanteil, die Möglichkeit der Selbstkontrolle und ein großes Maß an Eigenaktivität aus. Gerade deshalb bietet es die Möglichkeit für selbstgewählte Kontakte im freien Spiel zwischen Kindern mit und ohne Behinderung, die sehr bedeutsam für den Abbau von Vorurteilen und die Entwicklung der Partizipation sind (vgl. Heimlich 2015a; 2017). Auch wenn das gemeinsame Spiel von Kindern mit und ohne Behinderung in der Regel spontan zustande kommt, hat sich doch gezeigt, dass Anregungen zur Intensivierung des gemeinsamen Spiels von frühpädagogischen Fachkräften und auch von Eltern unverzichtbar sind. Inklusive Settings für Kinder mit Behinderung sollten in der Frühpädagogik deshalb viele Möglichkeiten für *gemeinsame Spieltätigkeiten* enthalten und sich am *Prinzip der Spielorientierung* ausrichten.

Gleichwohl reicht die nun anstehende Inklusionsentwicklung in Kindertageseinrichtungen über integrative Angebote für Kinder mit Behinderung hinaus (vgl. Reichert-Garschhammer/Kieferle/Wertfein/Becker-Stoll 2015). Ein *Vergleich der Konzeptionen von Integration und Inklusion* zeigt auf, dass integrative frühpädagogische Angebote in einem schädigungsspezifischen System stecken bleiben. Ressourcen können hier nur über Etikettierung erschlossen werden. Heilpädagogische Unterstützung steht ausschließlich den Kindern mit Behinderung zur Verfügung. Letztlich setzt die Integration stets eine vorhergehende Separation voraus, um dann in einem zweiten Schritt das Miteinander wiederherzustellen.

> **In einem Satz gesagt**
>
> *Inklusion in der Frühpädagogik bedeutet von vornherein, auf jegliche Formen der Aussonderung zu verzichten, die Heterogenität der Kinder in allen ihren Dimensionen als Reichtum der Einrichtungen zu betrachten und die heilpädagogische Unterstützung potenziell für alle Kinder vorzuhalten.*

Während im Konzept der Integration versucht wurde, die Kinder mit Behinderung so weit zu fördern, dass sie im integrativen Setting teilnehmen konnten, zielt das Konzept der Inklusion nunmehr darauf ab, dass Kindertageseinrichtungen als System soweit verändert werden, dass sie in der Lage sind, alle Kinder in ihrer gesamten Heterogenität aufzunehmen.

Erforderlich ist dazu letztlich ein Konzept inklusiver Bildung in Kindertageseinrichtungen (vgl. Strätz 2009; Kron/Papke/Windisch 2010). Quellen lassen sich in dieser Hinsicht durchaus über reformpädagogische Konzeptionen in der Frühpädagogik im Anschluss an Friedrich Fröbel (1782–1852) und Maria Montessori (1870–1952) erschließen (vgl. Exner 2008). Auch das inklusive Potenzial neuerer frühpädagogischer Konzeptionen wie der Reggio-Pädagogik von Loris Malaguzzi (1920–1994) kann dazu genutzt werden (vgl. Lingenauber 2008). Bildung sollte zukünftig allgemein mehr unter Einbeziehung des Elementarbereiches konzipiert werden, wie es Gerd E. Schäfer (2001) mit seinem Konzept einer frühkindlichen Bildung als Fähigkeit, sich selbst auszudrücken, vorgeschlagen hat – auf welchem Entwicklungsniveau auch immer.

2.1.3 Organisation inklusiver Bildung im Elementarbereich

Seit über 40 Jahren arbeitet eine zunehmende Zahl von Kindertageseinrichtungen in Deutschland integrativ (vgl. Lipski 1990; Fritzsche/Schastok 2002; Heimlich 2003; Kreuzer 2008). Um den gegenwärtigen Stand der organisatorischen Entwicklung in diesem Bereich genauer analysieren zu können, ist es erforderlich, die aktuellen gesetzlichen Grundlagen heranzuziehen.

Rechtsgrundlagen und Finanzierung

In einem föderalistischen Staat wie der Bundesrepublik Deutschland bieten die gesetzlichen Grundlagen der pädagogischen Arbeit in Kindertageseinrichtungen zwischen den Bundesgesetzen und den Ländergesetzen in der Regel ein vielschichtiges Bild. Neben den bundesgesetzlichen

Grundlagen kann deshalb an dieser Stelle nur ein summarischer Überblick über die Situation in den Bundesländern gegeben werden.

Auf der Bundesebene trägt das Sozialgesetzbuch VIII (SGB VII: Kinder- und Jugendhilfe) der Integrationsentwicklung im Elementarbereich Rechnung und hat in § 22a, Absatz (4) die Integration als Soll-Bestimmung aufgenommen:

> »Kinder mit und ohne Behinderung sollen, sofern der Hilfebedarf dies zulässt, in Gruppen gemeinsam gefördert werden. Zu diesem Zweck sollen die Träger der öffentlichen Jugendhilfe mit den Trägern der Sozialhilfe bei der Planung, konzeptionellen Ausgestaltung und Finanzierung des Angebots zusammenarbeiten.«

§ 35a, Absatz (2), SGB VIII enthält zusätzlich die Möglichkeit der integrativen Förderung von Kindern mit seelischen Behinderungen in Kindertageseinrichtungen und teilstationären Einrichtungen im Wege der Eingliederungshilfe. In § 78b, Absatz (1), SGB VIII werden die Leistungen der Kinder- und Jugendhilfe, die Einrichtungen erbringen, gleichzeitig an die Voraussetzung geknüpft, dass »Grundsätze und Maßstäbe für die Bewertung der Qualität der Leistungsangebote sowie über geeignete Maßnahmen zu ihrer Gewährleistung (Qualitätsentwicklungsvereinbarung)« vorliegen. Damit unterliegt auch die inklusive Arbeit in Kindertageseinrichtungen den *gesetzlich fixierten Qualitätsanforderungen der Kinder- und Jugendhilfe*. Eine besondere Herausforderung im Bereich der Kindertageseinrichtungen stellt sich derzeit mit dem Kinderförderungsgesetz (KiföG) von 2008, in dem der Ausbau der Kindertageseinrichtungen und der Tagespflege für Kinder ab dem 1. Lebensjahr bis zum 3. Lebensjahr im Sinne eines Rechtsanspruches geregelt ist. Der Ausbau sollte bis 2013 abgeschlossen sein und wird zweifellos auch eine Erweiterung der inklusiven Angebote für Kinder mit Behinderungen in dieser Altersgruppe mit sich bringen.

Für Kinder mit Behinderung ist es nach wie vor erforderlich, die Mittel der »Eingliederungshilfe für behinderte Menschen« gemäß §§ 53 und 54 des Sozialgesetzbuches XII (SGB XII: Sozialhilfe) in Verbindung mit der Eingliederungshilfeverordnung in Anspruch zu nehmen. Diese Maßnahmen der *Eingliederungshilfe* sind zwischenzeitlich bundesweit auf inklusive Bildungsangebote im Elementarbereich ausgeweitet worden, so dass hier auch eine Finanzierung von Angeboten außerhalb von vollstationären Einrichtungen möglich geworden ist. Gleichwohl bringt diese »*Mischfinanzierung*« nach wie vor einen hohen administrativen Aufwand bei der Beantragung einer Finanzierung für inklusive Kindertageseinrichtungen mit sich, der möglicherweise die weitere Entwicklung eher behindert als fördert. Insofern steht lange Zeit die Frage im Raum, ob die Entwicklung inklusiver Kindertageseinrichtungen eine andere bundesgesetzliche Grundlage benötigt (sog. »große Lösung«). Zwischenzeitlich liegt mit dem Bundesteilhabegesetz (BTHG) dazu zwar eine neue gesetzliche Grundlage vor (▶ Kap. 1.2). Die angestrebte Zusammenführung der verschiedenen Formen der Eingliederungshilfe aus SGB VIII und SGB IX ist allerdings nicht vollzogen worden.

Mit dem *13. Kinder- und Jugendbericht von 2009* erkennt die Bundesregierung die »Inklusionsperspektive« als übergreifende Zielsetzung der Kinder- und Jugendhilfe allgemein und bezogen auf Kinder und Jugendliche mit Behinderung an (vgl. Bundesministerium für Familien, Senioren, Frauen und Jugend 2009, S. 12). Dabei wird eine genaue Abgrenzung zwischen seelischer Behinderung (in der Zuständigkeit der Kinder- und Jugendhilfe) auf der einen Seite und körperlicher bzw. geistiger Behinderung auf der anderen Seite zunehmend kritisch gesehen, da sie sich in der Praxis oftmals als nicht durchführbar erwiesen hat. Auch in diesem Zusammenhang wirkt sich wiederum die enge Einbindung des Kindes mit Behinderung in den jeweiligen sozialen und familialen Kontext aus, der zu unterschiedlichen Erscheinungsformen innerhalb einer Behinderungsart führen kann. In jedem Fall zählt die Inklusion seither zu den zwölf Leitlinien der Kinder- und Jugendhilfe.

Im *Neunten Buch des Sozialgesetzbuches (SGB IX)* von 2001 wird die »Rehabilitation und Teilhabe behinderter Menschen« in umfassender neu geregelt. Für die Inklusion in Kindertageseinrichtungen besonders bedeutsam sind der § 55 (Leistungen zur Teilhabe am Leben in der Gemeinschaft) und der § 56 (Heilpädagogische Leistungen). Kinder, die noch nicht eingeschult sind, werden als Zielgruppe für heilpädagogische Leistungen hier besonders erwähnt. Die heilpädagogischen Leistungen zielen auf die Abwendung einer drohenden Behinderung, die Verlangsamung eines fortschreitenden Verlaufs von Behinderung oder die Beseitigung bzw. Milderung der Folgen von Behinderung.

Im *Allgemeinen Gleichbehandlungsgesetz (AGG)* von 2006 ist zwar auch der *Schutz vor Benachteiligung* im Bereich der Bildung genannt (§ 2, Abs. 1). Inwieweit daraus aber ein Anspruch auf einen Platz in einer inklusiven Kindertageseinrichtung erwächst, ist derzeit noch offen. Die gegenwärtige Praxis der Aufnahme von Kindern mit Behinderung in Kindertageseinrichtungen dürfte eher von den Wünschen der Eltern getragen sein, so dass die Ablehnung der Aufnahme eines Kindes mit Behinderung tatsächlich ausgeschlossen sein sollte.

Im *Bundesgleichstellungsgesetz (BGG)* von 2002 wird auf das Bildungssystem nur indirekt eingegangen. Ableiten lässt sich allerdings ein Anspruch auf *Barrierefreiheit* beim Neubau von Bildungseinrichtungen, wie er auch in den entsprechenden Ländergesetzen aufgegriffen worden ist.

Eine Analyse der aktuell gültigen Ländergesetze zu den Kindertageseinrichtungen zeigt, dass diese *Ausführungsgesetze zum SGB VIII* bezogen auf die Inklusion von Kindern mit Behinderungen in den Grundzügen übereinstimmen. Alle Ländergesetze zu Kindertageseinrichtungen enthalten im Bereich der Grundsätze bzw. der Aufgaben von Kindertageseinrichtungen die Anerkennung des Rechts von Kindern mit Behinderung, gemeinsam mit Kindern ohne Behinderung in eine Kindertageseinrichtung aufgenommen zu werden. Die Aussagen dazu unterscheiden sich lediglich im Grad ihrer rechtlichen Verbindlichkeit zwischen Soll-Aussagen auf der einen Seite und der klaren Feststellung eines Rechtsanspruches im Sinne des Verbots der Ablehnung bzw. im Sinne eines Gebotes der Aufnahme. Kann-Aussagen sind aus den Ländergesetzen ganz verschwunden. Damit ist mittlerweile davon auszugehen, dass die inklusiven Bildungsangebote im Elementarbereich auf der Ebene der Bundesländer zum festen Bestandteil zählen.

Organisationsformen und Rahmenbedingungen

Die Inklusion von Kindern mit Behinderung bezieht dabei *alle Betreuungsformen* mit ein: Kinderkrippen, Kindergärten, Kinderhorte, altersübergreifende Einrichtungen und auch die Tagespflege. Zumindest wird keine dieser Organisationsformen explizit ausgeschlossen.

Häufig wird dabei die *integrative (inklusive) Gruppe* gefördert, in die in jedem Fall mehr als ein Kind mit einer Behinderung aufgenommen wird. Formen der *Einzelintegration (Einzelinklusion)* sind zwar für ein flächendeckendes Angebot mit inklusiven Kindertageseinrichtungen für Kinder mit Behinderung weiterhin unverzichtbar. Sie hatten in der Praxis allerdings eher vorübergehenden Charakter beim Einstieg in die inklusive Arbeit, wobei es hier beträchtliche Länderunterschiede gibt. In der Regel gingen Kindertageseinrichtungen relativ kurz nach der Aufnahme eines Kindes mit Behinderung dazu über, dass sie eine integrative Gruppe gründen. Dies hing wahrscheinlich damit zusammen, dass für eine Einzelintegration die fachlich geforderten Rahmenbedingungen und Ausstattungsmerkmale nur selten hergestellt werden können. Eine genauere Darstellung der personellen und materiellen Ausstattung von integrativen Gruppen in den 16 Bundesländern ist aufgrund der großen Differenzen und der Fülle an detaillierten Regelungen auf der Ebene von Verwaltungsvorschriften an dieser Stelle nicht möglich.

In der Umsetzung des Bildungs- und Betreuungsauftrages der Kindertageseinrichtungen haben nahezu alle Bundesländer *Bildungs- und Erziehungspläne* oder zumindest entsprechende Leitlinien herausgegeben. Kinder mit Behinderung sind hier durchweg mit berücksichtigt. Eine explizite Ausrichtung der Bildungs- und Erziehungspläne für Kindertageseinrichtungen an der neuen Idee der Inklusion erfolgt gleichwohl nicht (vgl. z. B. Bayerisches Staatsministerium für Arbeit und Sozialordnung, Familie und Frauen/Staatsinstitut für Frühpädagogik 2006).

Ebenso klar ist auch zu konstatieren, dass in den Bundesländern für den Elementarbereich *eher verhaltene Reaktionen auf die UN-Konvention und die Forderung nach einem inklusiven Bildungssystem auf allen Ebenen* zu verzeichnen sind. Insofern ist es durchaus angemessen, auf den neu entstehenden Bedarf an gesetzlichen Regelungen zur Inklusion in Kindertageseinrichtungen hinzuweisen. Dabei sollten insbesondere die verschiedenen *Heterogenitätsdimensionen* (einschließlich der Behinderung) noch expliziter berücksichtigt werden. Außerdem gilt es das Leitbild der Inklusion an zentraler Stelle in der Sozialgesetzgebung des Bundes und der Länder zu verankern. Ebenfalls sollte die *Elternbeteiligung* und die *Arbeit an der pädagogischen Konzeption* der Kindertageseinrichtungen besonders akzentuiert werden. Ein offenes Problem ist unter inklusivem Aspekt in der *Gestaltung von Übergängen* zu sehen. Das gilt vor allem bezogen auf die Kooperation mit der Grundschule.

> **In einem Satz gesagt**
>
> *Inklusive Kindertageseinrichtungen werden nicht umhin kommen, ein regionales Netzwerk an Kontakten zu begleitenden sozialen Diensten und anderen inklusiven Bildungseinrichtungen aufzubauen.*

Dazu zählt dann auch die enge Zusammenarbeit mit den Frühförderstellen, den Sonderpädagogischen Förderzentren (SFZ) und den Sozialpädiatrischen Zentren (SPZ).

Letztlich ist mit dem neuen Leitbild »Inklusion« das *Ausbauziel des flächendeckenden Angebotes inklusiver Kindertageseinrichtungen* angesprochen. Dabei ist zugleich an das Veränderungspotenzial von Heilpädagogischen Tagesstätten (HPT) zu denken, die sich beispielsweise in Hessen für Kinder ohne Behinderung geöffnet haben und so zu integrativen bzw. inklusiven Kindertageseinrichtungen mit einer guten Ausstattung geworden sind. Die Entwicklung von inklusiven Kindertageseinrichtungen erfordert sicher auch die *Einbeziehung der kommunalen Jugendhilfeplanung*. In diesem Zusammenhang wäre das Konzept einer inklusiven Kindertageseinrichtung in seinen Grundzügen genauer zu bestimmen. Dies erfordert durchaus einen Prozess der konzeptionellen Neuorientierung, der über die bisherige Integrationspraxis in den Kindertageseinrichtungen hinausweist. Diese Notwendigkeit der Öffnung des Blickwinkels scheint jedoch noch wenig anerkannt zu sein. Es dominiert eher die Einschätzung, dass im Elementarbereich des Bildungssystems bereits alle Voraussetzungen für ein inklusives System geschaffen sind.

Festzuhalten bleibt, dass bundesweit eine eindeutige Tendenz zur Reduzierung der Gruppengröße besteht, wenn ein Kind mit einer Behinderung aufgenommen wird (vgl. Heimlich 1995, S. 43ff.). Ein Ausschluss von Kindern bei bestimmten Behinderungsarten (z. B. schweren Behinderungen) ist grundsätzlich in keinem Bundesland vorgesehen. Die Gruppengrößen gleichen sich gegenwärtig jedoch meist der jeweiligen Normalgröße an. In der Regel arbeiten die Einrichtungen jedoch mit einer Doppelbesetzung, wobei eine frühpädagogische Fachkraft über die heilpädagogische Zusatzqualifikation verfügen sollte. Angestrebt wird ebenfalls eine enge Zusammenarbeit im Team der frühpäd-

2.1 Kindertageseinrichtungen (Elementarbereich)

agogischen Fachkräfte, möglichst mit fachlicher Begleitung durch Fachberatung oder professionelle Supervision. Hinsichtlich der Ausstattung hat sich ein zusätzlicher Kleingruppenraum zur Differenzierung sowie ein großer Mehrzweckraum für bewegungsintensive Angebote als sinnvoll erwiesen. Vielen inklusiv arbeitenden Einrichtungen ist in der Vergangenheit bereits die Einbindung von externen therapeutischen Fachkräften gelungen. Häufig ist damit ebenfalls ein speziell ausgestatteter Therapieraum verbunden, den die Kinder begleitend zum Angebot in der jeweiligen Gruppe aufsuchen können. Aus dem angloamerikanischen Raum ist in diesem Zusammenhang beispielsweise bei Kindern mit Autismus-Spektrum-Störungen das Angebot der inklusiven Spielgruppe bekannt geworden, weil beispielsweise bewegungsorientierte Angebote für alle Kinder eine hohe Attraktivität beinhalten und sich Kinder ohne Behinderung gern daran beteiligen (vgl. Heimlich 2017a, S. 32ff.). Auch in dieser Hinsicht zeigt sich, dass die Entwicklung eines inklusiven Bildungssystems im Elementarbereich eine Vielfalt an inklusiven Settings benötigt, um den heterogenen Bedürfnissen unterschiedlicher Kinder gerecht werden zu können. Dazu zählt dann möglicherweise ebenfalls eine Eins-zu-Eins-Situation in einem eher therapeutischen Setting in der inklusiven Kindertageseinrichtung.

Mit dem »Index für Inklusion« für Kindertageseinrichtungen ist bereits im Jahre 2005 in deutschsprachiger Übersetzung (vgl. Booth/Ainscow/Kingston 2006) ein Entwicklungsinstrument bereitgestellt worden, das die praktische Umsetzung des Leitbildes Inklusion im Elementarbereich möglichst nah an die Praxis herantragen sollte. Der »Leitfaden für inklusive Kindertageseinrichtungen« (vgl. Heimlich/Ueffing 2018a) enthält auf der Basis einer alltagsnahen Erprobungsphase darüber hinaus das praxisnahe Angebot, den Aspekt der Qualitätsentwicklung in inklusiven Kindertageseinrichtungen in den Mittelpunkt eines selbstgesteuerten Entwicklungsprozesses in den Einrichtungsteams zu stellen[4].

---

4 Der »Leitfaden für inklusive Kindertageseinrichtungen« (vgl. Heimlich/Ueffing 2018) ist im Rahmen der »Weiterbildungsinitiative Frühpädagogische Fachkräfte (WiFF)« zum kostenlosen Download auf der Homepage des Deutschen Jugendinstituts (DJI) zur Verfügung gestellt worden (URL: https://www.weiterbildungsinitiative.de/publikationen/details/data/leitfaden-fuer-inklusive-kindertageseinrichtungen/?L=0, letzter Aufruf: 20.09.2018)

2.1.4 Unterstützungssysteme inklusiver Bildung im Elementarbereich

Kindertageseinrichtungen, die sich für inklusive Bildung öffnen, sind auf die Kooperation mit externen Partnern angewiesen. Dazu zählen beispielsweise Therapeutinnen und Therapeuten, aber auch die Frühförderung und insbesondere die Fachberatung des jeweiligen Trägers der Einrichtung.

Frühförderung inklusiv

Inklusive Frühförderung findet zunächst einmal an einem anderen Förderort statt (vgl. Heimlich 2000c). Aus der Sicht der Frühförderstellen und Sozialpädiatrischen Zentren (SPZ) ist damit der ambulante Förderbereich angesprochen. Diagnostik-, Förder- und Therapiekompetenzen können auch in inklusiven Tageseinrichtungen bereitgestellt werden. Sie sind nicht an einen besonderen Förderort gebunden. Umfangreiche Erfahrungen liegen uns dazu aus Hessen und Bayern vor. So haben schon Ende der 1980er Jahre etwa 80 % der Frühförderinnen und Frühförderer in Bayern zumindest Kontakt zu Regelkindergärten. Knapp die Hälfte der Frühförderinnen und Frühförderer arbeitet seinerzeit sogar im Regelkindergarten (vgl. Peterander/Speck 1990). In Hessen sieht die Rechtsverordnung zur gemeinsamen Erziehung schon 1991[5] die Beteiligung des landesweiten Netzes der Frühförderstellen an der gemeinsamen Erziehung in Tageseinrichtungen vor. Martin Thurmair von der Münchener Arbeitsstelle für Frühförderung kommt in einem Überblick zur integrativen Frühförderung zu dem Schluss:

> »Frühförderstellen engagieren sich zu einem guten Teil für die Integration von Kindern mit besonderen Bedürfnissen in die allgemeinen Kindergärten vor allem dadurch, daß sie die dort auch notwendigen therapeutischen, pädagogischen und beratenden Angebote zur Verfügung stellen können.« (Thurmair 1998, S.65)

Zwischenzeitlich liegen ausgearbeitete pädagogische Konzepte zur integrativen Früherziehung vor (vgl. Tietze-Fritz 1997). Die Integration

---

[5] Richtlinien für die gemeinsame Förderung behinderter und nichtbehinderter Kinder in Kindertagesstätten von 07.02.1991 (StAnz, Nr. 10, 1991, S. 684)

2.1 Kindertageseinrichtungen (Elementarbereich)

zählt zu den etablierten Zielsetzungen der Frühförderung (vgl. Thurmair/Naggl 2000, S. 22). Dabei wird allerdings deutlich, dass sich nicht nur der Ort der Förderung verändert. Auch das pädagogische Konzept der Frühförderung steht unter inklusivem Aspekt vor einer Weiterentwicklung (vgl. Heimlich 1998b). Das zeigt sich beispielsweise an der Erwartungshaltung von frühpädagogischen Fachkräften und Eltern. Frühförderung soll danach in der Kindergartengruppe unter Einbeziehung anderer Kinder stattfinden und nicht mehr in einem separaten Raum als Einzelförderung.

Bezogen auf das Mehrebenenmodell der Qualitätsentwicklung inklusiver Bildung (▶ Abb. 3), können die Aufgaben inklusiver Frühförderung nun genauer beschrieben werden. Für die Kinder mit Behinderung in inklusiven Kindertageseinrichtungen werden von der inklusiven Frühförderung im Rahmen einer Kind-Umfeld-Analyse die jeweiligen Entwicklungsschwerpunkte und vorhandenen Förderressourcen in einen gemeinsamen Förderplan mit dem Ziel der Inklusion eingebracht. Im Bereich der inklusiven Spielsituationen in inklusiven Kindertageseinrichtungen ist inklusive Frühförderung in den Gruppenalltag einbezogen und flankiert die inklusiven Prozesse durch spezielle Fördermaterialien hinsichtlich der jeweiligen Behinderungsarten, eine fortlaufende Entwicklungsdiagnostik sowie spezielle Förder- bzw. Therapiemaßnahmen oder auch Beratungsangebote. Die Frühförderstellen gelten als multiprofessionelle Kompetenzzentren, in denen spezifische Qualifikationen und unterschiedliche Professionen gebündelt werden. Außerdem wird auf dieser regionalen Ebene von Unterstützungssystemen ein Pool von Förder- und Therapiematerialien bereitgehalten, die den verschiedenen Förderschwerpunkten zugeordnet sind (wie Sprache, Motorik, Wahrnehmung, Kognition, Interaktion usf.). Die Frühförderstellen nehmen darüber hinaus Beratungsaufgaben bezogen auf Eltern und Kindertageseinrichtungen wahr. Außerdem wird von den Frühförderstellen aus der Einsatz des mobilen und ambulanten Personals geplant. SPZ können demgegenüber eher der Ebene der überregionalen Unterstützungssysteme einer inklusiven Bildung im Elementarbereich zugeordnet werden. Hier sind spezielle Kompetenzen in der Frühdiagnostik und Frühtherapie wie beispielsweise medizinische sowie eine entsprechende apparative Ausstattung angesiedelt, möglicherweise in Verbindung mit einer Kinderklinik. Auch hier müssen die mobilen und ambulanten Dienste besonders akzentuiert werden (vgl. Schlack 2000). Neben dem weiteren Ausbau der institutionellen Strukturen von Frühförderung und Sozialpädiatrie stellt sich gegenwärtig die Aufgabe einer Weiterentwicklung der Beziehungen zwischen diesen Strukturen. Koordinierungsbeauftragte, Kooperationsverträge, gemeinsame Hilfepläne – all das ist Ausdruck dieses neuen Entwicklungsstadiums der inklusiven Frühförderung. Als Zielsetzung könnte mit Hans Thiersch (1998) das Bild von den »befreundeten Nachbarn« herangezogen werden. Tageseinrichtungen für Kinder, Frühförderstelle und Sozialpädiatrische Zentren bilden gemeinsam ein Netzwerk früher Hilfen aus, um Inklusion zwischen Kindern mit und ohne Behinderung zu ermöglichen.

Fachberatung für inklusive Kindertageseinrichtungen

Eine nachgerade klassische Netzwerkfunktion für die inklusive Kindertageseinrichtungen übernimmt die Fachberatung, wie auch Helga Merker vom Sozialpädagogischen Institut (SPI) in Köln im Jahre 1993 seinerzeit in einer ersten, noch eher allgemeinen Bestandsaufnahme unter dem Aspekt der Integration festhält. Die Notwendigkeit der fachlichen Begleitung von frühpädagogischen Fachkräften wird hier bereits angemerkt (vgl. Marte 1990). Allerdings gilt auch für die Fachberatung allgemein, dass die intensive Fachdiskussion zur Integration erst in den 1990er Jahren beginnt (vgl. Irskens/Engler 1992; Devivere/Irskens 1996). Die Schwierigkeit in der Ausgestaltung der Funktion »Fachberatung für inklusive Kindertageseinrichtungen« besteht vor allem darin, dass die Fachberaterin zwischen höchst unterschiedlichen Erwartungshaltungen vermitteln muss. Im Rahmen des Qualifikationsprojektes »Multiplikatorenfortbildung Tageseinrichtungen für Kinder (MFT)«, das von 1992 bis 1996 in den östlichen Bundesländern durchgeführt wurde, entstanden dazu einige interessante Ergebnisse (vgl. Diller-Murschall/Haucke/Breuer 1997), die auch für die Inklusionsentwicklung von Bedeutung sind. So weist Wolf, einer der Moderatoren in diesem Projekt, darauf hin, dass Fachberatung in einem »magischen Viereck« zwischen Träger-, Eltern-, Mitarbeiterinnen- und Fachinteressen verortet werden kann.

2.1 Kindertageseinrichtungen (Elementarbereich)

Für die Fachberatung in inklusiven Kindertageseinrichtungen kann dies nach wie vor entsprechend gelten.

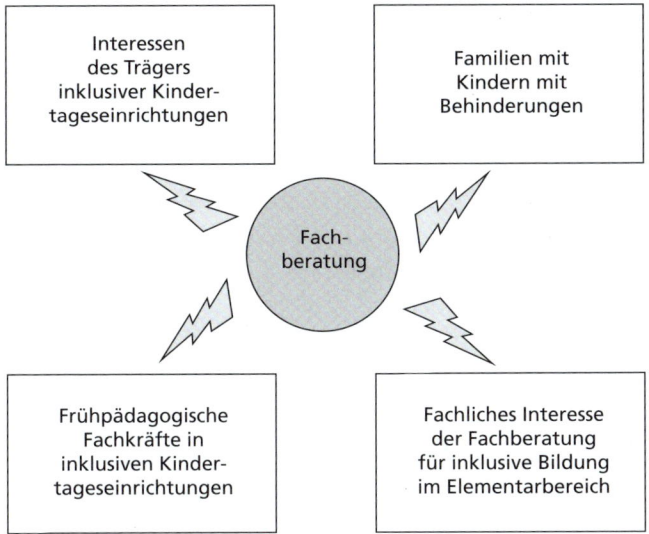

Abb. 4: Fachberatung für inklusive Kindertageseinrichtungen im Interessenkonflikt

Der oder möglicherweise sogar die Träger (also z. B. Kommunen, Diakonisches Werk, Caritasverband, Arbeiterwohlfahrt, Volkssolidarität usf.), mit denen die Fachberatung kooperiert bzw. bei der die Fachberaterin angestellt ist, erwartet die möglichst reibungslose verwaltungstechnische Organisation des Personaleinsatzes und der Aufnahme von Kindern mit Behinderung bei gleichzeitig möglichst sparsamem Einsatz der in der Regel begrenzten Mittel. Eltern und Kinder mit Behinderung erwarten hingegen, dass sie entsprechend ihres Wunsches in die Kindertageseinrichtung ihrer Wahl aufgenommen werden und dort eine möglichst optimale personelle und sachliche Ausstattung vorfinden. Die Mitarbeiterinnen und Einrichtungen erwarten wiederum Unterstützung bei der Sicherstellung der Ressourcen, bei der Entwicklung von Förder- bzw. Hilfeplänen und bei Schwierigkeiten in der Teamentwicklung.

Das eigene fachliche Interesse der Fachberatung richtet sich schließlich häufig eher auf die Unterstützung bei der Entwicklung des pädagogischen Konzeptes einer Kindertageseinrichtung sowie die Mitgestaltung der Fort- und Weiterbildung der frühpädagogischen Fachkräften zu speziellen Fragen inklusiver Bildung im Elementarbereich.

> **In einem Satz gesagt**
>
> *Die Fachberatung für inklusive Kindertageseinrichtungen steht potenziell immer im Konflikt zwischen knappen Ressourcen des Trägers und einer weiter steigenden Zahl von Eltern mit Inklusionswunsch, zwischen verwaltungstechnischen und heilpädagogischen Erfordernissen – letztlich zwischen Beratung und Kontrolle.*

Es gibt Fachberaterinnen und Fachberater, die in langen Berufsjahren eine Balance zwischen diesen widerstreitenden Interessen erreicht haben. Ilse Keppler, eine Fachberaterin aus Baden-Württemberg, die im Jahre 1996 nach 27 Jahren in den Ruhestand ging, berichtet beispielsweise über ihre Berufserfahrung:

> »So ist die wesentlichste Aufgabe einer Fachberatung zu schauen, wie sie sich den Zugang zum Träger und damit zu den Einrichtungen immer offen hält und gleichzeitig alle Probleme offensiv angeht. Dabei hüte ich mich, vorzeitig einseitig Partei zu ergreifen« (Kercher/Behrends 1996, S. 21).

Zusätzlich erschwert wird die Anforderung an die Fachberatung, wenn man den quantitativen Umfang der Arbeit bedenkt. In der Befragung von 143 Fachberaterinnen kommen Wassilios E. Fthenakis u. a. (1995, zit. n. Hoffmann 1999, S. 200) zu dem Ergebnis, dass mehr als die Hälfte der Fachberaterinnen 230 Fachkräfte und mehr zu betreuen haben. Insofern ist auch der Hinweis auf die Grenzen der Fachberatung und das in diesen Grenzen Leistbare erlaubt.

Zusammenfassend lassen sich bezogen auf den Elementarbereich eines inklusiven Bildungssystems für die Bundesrepublik Deutschland folgende ungelösten Probleme konstatieren:

> **Baustellen inklusiver Bildung**
>
> Durch die Mischfinanzierung zwischen Sozialhilfemitteln (SGB IX) und Kinder- und Jugendhilfemitteln (SGB VIII) entsteht für inklusive Kindertageseinrichtungen nach wie vor ein hoher Verwaltungsaufwand. Ungelöst ist ebenfalls das Problem des erhöhten diagnostischen Aufwands in inklusiven Kindertageseinrichtungen, der von den frühpädagogischen Fachkräften allein nicht bewältigt werden kann. Hier wird es auf die intensive Kooperation mit begleitenden Fachdiensten (wie die Frühförderung) ankommen, damit die Inklusionsentwicklung in Kindertageseinrichtungen gelingt. Außerdem entsteht in inklusiven Kindertageseinrichtungen ein erhöhter kommunikativer Aufwand mit allen Beteiligten, der entsprechende organisatorische Maßnahmen in der Zeitplanung einer Kindertageseinrichtung und in der Raumplanung erfordert. Änderungen in diesem Zusammenhang scheitern nicht selten an einer unzureichenden Ressourcenausstattung in personeller und räumlicher Hinsicht.

Verfolgen wir den inklusiven Lebensweg der Kinder mit Behinderung nun weiter, so steht als nächste Hürde der Eintritt in die Grundschule an.

2.2 Allgemeine Schulen (Primar- und Sekundarbereich)

Aufgrund der positiven Erfahrungen mit der integrativen Arbeit in Kindertageseinrichtungen wenden sich in der BRD seit Anfang der 1970er Jahre Eltern von Kindern mit Behinderung an die jeweilige Grundschule in ihrem Stadtteil bzw. Sprengel und versuchen, bei der Schulleitung die Aufnahme ihrer Kinder und damit eine wohnortnahe Form der schulischen Förderung zu erreichen. Einzelne Grundschullehrkräfte und sonderpädagogische Lehrkräfte erklären sich bereit, sich auf diesen Versuch einzulassen. Am Anfang dieses Schulentwicklungsprozesses stehen beispielsweise die Fläming-Schule (ab 1975, vgl. Projektgruppe Integrationsversuch 1988) und die Uckermark-Schule in Berlin (ab 1982, vgl. Heyer/Preuss-Lausitz/Zielke 1990), gefolgt von zahlreichen Modellversuchen an einzelnen Schulen in den westlichen Bundesländern. In Ostdeutschland setzt die Entwicklung des gemeinsamen Unterrichts erst nach 1989 ein (vgl. Heimlich 2000a).

Seit 1999 weist das Sekretariat der Kultusministerkonferenz in seinen amtlichen Daten zur sonderpädagogischen Förderung auch die Schülerinnen und Schüler mit sonderpädagogischem Förderbedarf (SPF) in den allgemeinen Schulen aus. Im Vergleich zum Jahr 2005 ist die Förderquote (die Zahl von Schülerinnen und Schüler mit SPF bezogen auf alle Schülerinnen und Schüler eines Jahrgangs) von 5,7 % auf 7,0 % gestiegen (vgl. Sekretariat der Kultusministerkonferenz 2014, S. XIV). Die größte Gruppe umfasst nach wie vor der Förderschwerpunkt Lernen mit insgesamt 191.546 Schülerinnen und Schülern bzw. 37,7 % der Schülerinnen und Schüler mit SPF oder 2,62 % aller Schülerinnen und Schüler (vgl. a. a. O., S. XV). 173.400 Schülerinnen und Schüler mit SPF werden 2014 in allgemeinen Schulen unterrichtet. Das entspricht einem Anteil von 34,1 % (2005: 14,5 %). Der größte Anteil dieser Schülerinnen und Schüler befindet sich in Grundschulen (76.800 bzw. 44,3 %) gegenüber 31.800 (18,2 %) in Integrierten Gesamtschulen, 19.700 (11,3 %) in Hauptschulen sowie 17.100 (9,8 %) in Schularten mit mehreren Bildungsgängen (vgl. a. a. O., S. XVIII). Die meisten Schülerinnen und Schüler mit SPF in allgemeinen Schulen werden dem Förderschwerpunkt Lernen zugerechnet (75.700 oder 43,6 %), gefolgt vom Förderschwerpunkt emotionale und soziale Entwicklung (43.000 oder 24,8 %) und dem Förderschwerpunkt Sprache (23.300 oder 13,4 %), so dass diese drei Förderschwerpunkte bereits mehr als 80 % der Schülerinnen und Schüler mit SPF in allgemeinen Schulen ausmachen. Im Förderschwerpunkt emotionale und soziale Entwicklung besuchen mehr als die Hälfte der Schülerinnen und Schüler eine allgemeine Schule. Dies ist insofern bemerkenswert, als gerade dieser Förderschwerpunkt von den Lehrkräften der allgemeinen Schulen als größte Herausforderung bei der Entwicklung einer inklusiven Schule gesehen wird. Allerdings sind Schülerinnen und Schüler mit SPF im Förderschwerpunkt geistige Entwicklung nach wie vor zu erheblichen geringeren Anteilen in den allgemeinen Schulen. Insgesamt ist bei den Daten der amtlichen Schulstatistik, auf denen die KMK-Daten beruhen, allerdings kritisch einzuwenden, dass diese über statistische Erhebungsbögen bei den Schulleitungen der Schulen in den Bundesländern ermittelt werden. Auch diese Daten verzeichnen lediglich die Anwesenheit von Schülerinnen und Schülern SPF in den allgemeinen Schulen und beinhalten keine Aussagen über die Qualität des inklusiven Bildungsangebotes dort. Ausgehend von der Praxis des inklusiven Unterrichts in allgemeinen Schulen soll nun dieser Blick auf die Qualität im Vordergrund stehen. Auch die schulische Inklusionsentwicklung wird nunmehr ausgehend vom Mehrebenenmodell der Inklusionsentwicklung (▶ Abb. 3) dargestellt. Dabei sollen die Erfahrungen mit dem integrativen Unterricht in den vergangenen Jahrzehnten nicht ausgeblendet werden.

2.2.1 Praxis des inklusiven Unterrichts

Im Schulalltag fällt der inklusive Unterricht besonders durch seine Unterschiede zum herkömmlichen Frontalunterricht auf. Alle Schülerinnen und Schüler sind aktiv in das Unterrichtsgeschehen einbezogen. Lehrerzentrierte Phasen wechseln sich mit schüleraktiven Elementen ab. Schülerinnen und Schüler haben die Gelegenheit, untereinander in unterschiedlichen sozialen Konstellationen zusammenzuarbeiten. Der Klassenraum ist im Idealfall in verschiedene Zonen aufgeteilt, die unterschiedliche Lerntätigkeiten ermöglichen (Experimentierecke, Leseecke, Spielecke usf.). Das Arbeitsmaterial für die Hand der Schülerinnen und Schüler ist frei zugänglich und wird flexibel in den Lernprozess einbezogen. Insofern ist ein inklusiver Unterricht durchaus mit den Kriterien des guten Unterrichts (vgl. Helmke 2004; Meyer 2016) in Verbindung zu bringen. Letztlich geht es um die Herausforderung, die Heterogenität der Schülerinnen und Schüler in einer inklusiven Klasse zu bewältigen und deren unterschiedliche Lernvoraussetzungen in einen gemeinsamen Lernprozess einzubinden. Zur entscheidenden Frage im inklusiven Unterricht gerät dabei die Entwicklung eines gemeinsamen Lerngegenstandes, an dem alle Schülerinnen und Schüler partizipieren können. Eine Lösung dieser didaktisch-methodischen Problematik besteht darin, dass der Unterrichtsinhalt auf verschiedenen Repräsentationsstufen aufbereitet wird. So kann es für ein Thema eine symbolische Lösung (z. B. im Sinne von Texten oder mathematischen Formeln) geben oder eine ikonische (z. B. im Sinne von Zeichnungen und bildlichen Darstellungen) oder eine enaktive (z. B. im Sinne einer handelnden Auseinandersetzung mit dem Thema), wie Jerome S. Bruner (vgl. Oerter/Montada 2002, S. 166f.) das in seinem sog. »EIS-Modell« (für Enaktiv, Ikonisch, Symbolisch) dargestellt hat. Eine Reihe von Unterrichtsfächern bzw. Lernbereichen wie Naturwissenschaften, Kunst, Musik oder Arbeitslehre (Werken, Hauswirtschaft) eignen sich besonders gut für eine solche Differenzierung des Repräsentationsniveaus. Andere Fächer wie Deutsch und Mathematik sind dagegen sehr rasch auf einer symbolischen Ebene angekommen (Symbole im Sinne von Buchstaben und Zahlen). Schülerinnen und Schüler mit SPF sind bei einer einseitigen Konzentration auf die abstrakt-symbolische Darstellung häufig benachteiligt, weil sie länger auf der Stufe des handelnden Lernens verweilen und längere Zeit Anschauungsmittel für ihren Lernprozess benötigen. An einem bewusst abstrakten Unterrichtsthema soll das nun verdeutlicht werden:

Inklusive Situation

In einer inklusiven Hauptschul- (bzw. Mittelschul-)Klasse steht der »Satz des Pythagoras« auf dem Stundenplan. In der Unterrichtsstunde wird nun zunächst das Ausgangsproblem vorgestellt: Vermessung des Schulgartens und Aufteilung in gleich große Beete für die neue Gartensaison, so dass jede Klasse eine gleich große Parzelle bekommt. Die Schülerinnen und Schüler vermessen zunächst eine Länge und eine Breite des Schulgartens und stecken diese ab. Dann verbinden sie die Pflöcke mit einem Bindfaden. Soweit hat ihnen die Lehrkraft geholfen. Aber wie könnte es weitergehen? Die Schülerinnen und Schüler erkennen nun gemeinsam, dass sie ein rechtwinkliges Dreieck gelegt haben und überlegen, wie es weitergehen könnte. Die Lösung besteht darin, dass sie das Dreieck an der Diagonale spiegeln und so die anderen Begrenzungspunkte für den Schulgarten finden. Dazu müssen sie nur noch eine Seite noch einmal nachmessen und mit der gegenüberliegenden Seite des Schulgartens abgleichen. So entsteht ein gleichmäßiges Rechteck, das nun aufgeteilt werden kann. Dies kann auch wieder mit dem Maßband geschehen. Aber die Parzellen können nun auch berechnet werden. Als Tipp für die Berechnung führt die Lehrkraft den Satz des Pythagoras mit Hilfe des Montessori-Materials ein, bei dem die Quadrate über dem Dreieck mit Quadratzentimeter-Plättchen ausgefüllt sind, die so den Vergleich der Größe der Quadrate über den Seiten des Dreiecks durch Verschieben der Plättchen erlaubt *(enaktive Ebene)*. Die Schülerinnen und Schüler überprüfen mit Hilfe der Plättchen, ob das stimmt. Dann wird am Overhead-Projektor eine maßstabsgerechte Zeichnung des Schulgartens auf der Basis der Messung der Schülerinnen und Schüler angefertigt (1 m = 1 cm) und mit einem Quadratzentimeter-Messblatt (auf Folie) erneut überprüft *(ikonische Ebene)*. Erst im letzten Schritt wird dann die Formel präsentiert ($c^2 = a^2 + b^2$ oder ausformuliert: Das Quadrat über der Hypothenuse ist im rechtwinkligen Dreieck gleich der Summer der Quadrate über den Katheten.), die eine Berechnung der Beete des Schulgartens erlaubt *(symbolische Ebene)*. Zeichnung und Berechnung werden von den Schülerinnen und Schüler dann selbst nachvollzogen. Dabei werden differenzierende Arbeitsblätter mit Aufgaben eingesetzt, die unterschiedliche Schwierigkeitsgrade enthalten (Zeichnung und Berechnung selbstständig ausführen, Zeichnung mit Quadratzentimetern ohne Formel zum Auszählen, Zeichnung des Schulgartens zum Ausmalen). Zusätzlich gibt es individuelle Lernhilfen der Lehrkraft für Schülerinnen und Schüler mit SPF, die ausschließlich mit dem Montessori-Material arbeiten. Abschließend berichtet die Lehrkraft noch, vor welchen Problemen die alten Griechen bei der Vermessung von Straßen oder Wasserleitungen standen, in einer Zeit also, in der es noch keine Satelliten und kein Global Positioning System (GPS) gab. So stellt sie sicher, dass die Schülerinnen und Schüler auch Anwendungsmöglichkeiten für den »Satz des Pythagoras« kennenlernen. Inklusiv ist dieser Unterricht, weil alle Schülerinnen und Schüler alle Repräsentationsstufen erfahren (vgl. Alsina 2016).

Die Entwicklung eines solchen inklusiven Unterrichts unterscheidet sich allerdings bezogen auf die verschiedenen Ebenen des Bildungssystems sehr deutlich. Deshalb werden nun spezifische Anforderungen im Primarbereich und im Sekundarbereich getrennt beschrieben.

Inklusion im Primarbereich

Durch das Klassenlehrerprinzip bieten sich in den Grundschulen ungleich bessere Voraussetzungen für die Entwicklung eines inklusiven Unterrichtes als im Sekundarbereich. Die Klassenlehrkraft verantwortet nicht nur den größten Teil des Unterrichts in den Unterrichtsfächern. Sie kann dadurch auch einen intensiven Kontakt zu den Schülerinnen und Schülern aufbauen, der gerade in dieser Altersgruppe und auch bezogen auf Schülerinnen und Schüler mit SPF von entscheidender Bedeutung für das Gelingen von Inklusion im Primarbereich ist. Durch die Bewegung zur Reform der Grundschule seit Ende der 1970er Jahre (vgl. Faust-Siehl u. a. 1996) haben zahlreiche *reformpädagogische Unterrichtsmethoden wie Freiarbeit, Wochenplanunterricht, Stationenlernen und Gesprächskreise* bereits einen festen Platz im Unterricht der Primarstufe. Diese Ausgangssituation kommt der Entwicklung des inklusiven Unterrichts sehr entgegen, da damit bereits eine Aktivierung der Lernenden möglich ist. Durch die eher überschaubare Schulgröße ist auch der Kontakt im Lehrerkollegium sehr viel direkter herstellbar und eine Teamkooperation leichter aufzubauen, als das in größeren Schulsystemen der Fall ist. Außerdem bieten Grundschulen durch den eher kleineren Einzugsbereich sehr viel bessere Möglichkeiten für Kontakte der Schülerinnen und Schüler außerhalb der Schule, was sich sicher erleichternd auf die soziale Inklusion insgesamt auswirkt (vgl. Hellmich/Blumberg 2017; Kahlert 2019).

Vor dem Hintergrund der empirischen Unterrichtsforschung zum integrativen Unterricht in Grundschulen kann rückblickend auf die vergangenen Jahrzehnte festgestellt werden, dass die Hoffnungen auf einen vollständig reformpädagogisch ausgerichteten Unterricht bezogen auf Schülerinnen und Schüler mit und ohne SPF sich nicht erfüllt haben. Elemente des offenen Unterrichts wie Freiarbeit, Wochenplan, Gesprächskreise usf. sind im integrativen Unterricht durchaus gefunden worden, aber bei weitem nicht in dem erwarteten Umfang. Auch lehrerzentrierte Phasen im Sinne der direkten Instruktion prägen den integrativen Unterricht. Nachgewiesen ist ebenfalls ein höherer Anteil an *Lernhilfen*, sowohl der Schülerinnen und Schüler untereinander als auch von Seiten der Lehrkräfte. Zusätzlich werden die Schülerinnen und Schüler im integrativen Unterricht auch häufiger zu selbstgesteuertem Lernen und zu kooperativen Lernprozessen angeregt. Aber strukturiert-lehrerzentrierte Phasen sind auch im integrativen Unterricht stets präsent gewesen, nicht ohne Berechtigung, wie seit der Studie von John Hattie (2013) bekannt sein dürfte. Auch wenn diese Befunde sich vorrangig auf den Förderschwerpunkt Lernen beziehen, so kann doch davon ausgegangen werden, dass hier ein realistisches Bild des integrativen Unterrichts gezeigt wird (vgl. zur Praxis des gemeinsamen Unterrichts: Bews 1992; Heyer u. a. 1993; Jaumann-Graumann/Riedinger 1996; Schöler 1999).

Empirische Studien in Verbindung mit Schulversuchen (Feuser/Meyer 1987; Wocken/Antor 1987; Dumke 1993; Krawitz 1995) zeigen überdies, dass Schülerinnen und Schüler mit und ohne Behinderung vom integrativen Unterricht auch hinsichtlich ihrer Leistungen profitieren. Die Schulleistungen von Schülerinnen und Schüler ohne Behinderung sind mit denen in Regelklassen ohne Integration vergleichbar. Die *Schulleistungen* von Schülerinnen und Schülern mit Behinderung sind in einzelnen Lernbereichen sogar besser (z .B. die Mathematikleistungen von Schülerinnen und Schülern mit dem Förderschwerpunkt »Lernen« im Vergleich zur Förderschule – zumindest jedoch gleich gut. Der Schulleistungsvergleich darf jedoch nicht unabhängig von den sozialen Kompetenzen und der impliziten Werteerziehung des integrativen Unterrichts gesehen werden. Bei gleich guten Schulleistungen verbucht der integrative Unterricht für sich immer noch einen Kompetenzvorteil auf Seiten der Schülerinnen und Schüler im Bereich grundlegender Bildungs- und Erziehungsziele wie Toleranz, Solidarität und Akzeptanz von individuellen Unterschieden. Insofern wird auch verständlich, wenn sich immer mehr Eltern von Kindern ohne Behinderung für den integrativen Unterricht bewusst und gezielt entschieden haben.

Die Wirkungen des integrativen Unterrichts sind in zahlreichen empirischen Studien bestens erforscht, sodass an dieser Stelle rückblickend auf einige *Forschungsübersichten* (vgl. die Arbeiten der INTSEP-Forschungsgruppe in Fribourg/Schweiz, Haeberlin u. a. 1991 und Bless 1995; Hildeschmidt/Schnell 1998) sowie die umfassende Studie von Dumke (1993) verwiesen werden kann. Anfängliche Probleme bei der sozialen Integration erweisen sich späterhin als Effekte unterschiedlicher Organisationsformen des integrativen Unterrichts. So wird etwa in der Schweiz unter dem Rahmenkonzept Integration in der allgemeinen Schule auch die individuelle Förderung von Schülerinnen und Schülern außerhalb der Jahrgangsklasse in einem separaten Raum auf ihre integrativen Effekte hin untersucht (vgl. Haeberlin u. a. 1991, S. 46). Während sich dabei erneut die Schulleistungsvorteile für den integrativen Unterricht in dieser individualisierten Form bestätigen lassen, werden gleichzeitig *Prozesse der sozialen Ausgrenzung* beobachtet. Die soziale Ausgrenzung von Kindern und Jugendlichen mit massiven Verhaltensproblemen ist insofern nachvollziehbar, weil gerade die gestörte soziale Interaktion das zentrale Merkmal ihres sonderpädagogischen Förderbedarfs darstellt und entsprechende Fördermaßnahmen wie Rückzugsmöglichkeiten außerhalb des Klassenraums, verhaltenstherapeutische Maßnahmen usf. erfordern (vgl. Myschker 1999; Stein/Müller 2018).

In einer Studie des »*Instituts für Qualitätsentwicklung im Bildungswesen (IQB)*« in Berlin ist im Jahre 2014 erneut ein Vergleich zwischen Grundschulen und Förderschulen auf der Basis des IQB-Ländervergleichs von 2011 durchgeführt worden. Bei einer Stichprobe von n=658 Regelschulen und n=413 Förderschulen sind standardisierte Schulleistungstests zum Einsatz gekommen. Schülerinnen und Schüler mit SPF zeigen an Grundschulen demnach signifikant höhere Kompetenzen im Lesen, Zuhören und in der Mathematik. Dieser Effekt gilt ganz besonders für den Förderschwerpunkt Lernen, weniger für den Förderschwerpunkt Sprache (vgl. Kocaj/Kuhl/Kroth/Pant/Stanat 2014).

Forschung inklusiv

In der »Bielefelder Längsschnittstudie zum Lernen in inklusiven und exklusiven Förderarrangements (BeLief)« unter der Leitung von Margit Wild, Birgit Lütje-Klose und Malte Schwinger werden Schülerinnen und Schüler mit dem Förderschwerpunkt Lernen in drei verschiedenen Settings begleitet: 1. Förderschulen mit dem Förderschwerpunkt Lernen, 2. Gemeinsamer Unterricht in Integrationsklassen, 3. Grundschulen mit Unterstützung durch ein Sonderpädagogisches Förderzentrum. Das Lernen der Schülerinnen und Schüler wird mit Hilfe von Fragebogen und standardisierten Tests im 3. und 4. Schuljahr untersucht. Sowohl das Selbstwertgefühlt als auch das Wohlbefinden in der Schule, die Lernmotivation sowie die Schulleistungen in der Schriftsprache wurden zwischen den Settings verglichen. Insgesamt liegt eine Stichprobe von N=455 Schülerinnen und Schüler von der 3. bis zu 5. Klasse vor. Auch Eltern, Lehrkräfte und Schulleitungen sind befragt worden. Zusätzlich werden an sieben Schulen Fallstudien durchgeführt. Im Längsschnitt zeigt sich, dass die drei verschiedenen Settings nur geringe Leistungsunterschiede bei den Schülerinnen und Schülern hervorbringen. Unterschiede ergeben sich eher auf der Ebene eines Vergleichs einzelner Schulen innerhalb eines bestimmten Settings. Lernfreude und Wohlbefinden sind in allen Settings bei Schülerinnen und Schülern im Förderschwerpunkt Lernen sehr gut ausgeprägt (vgl. URL: http://empirische-bildungsforschung-bmbf.de/de/517.php, letzter Aufruf: 28.03.2018 sowie die Projekthomepage: http://www.uni-bielefeld.de/inklusion/).

Ungelöst erscheint in neueren Studien bei Schülerinnen und Schülern mit SPF im Bereich der Grundschule jedoch nach wie vor die Wirkung des inklusiven Unterrichts auf die soziale Akzeptanz. So stellen Ewald und Huber (2017) in ihrem Forschungsüberblick fest, dass 47,7 % der Schülerinnen und Schüler mit SPF in inklusiven Klassen von sozialer Ausgrenzung betroffen sind. Das gilt besonders für Schülerinnen und Schüler mit Lernschwierigkeiten und solche mit Verhaltensproblemen und ist schon in der ersten Klasse wahrnehmbar. Insofern folgert Huber, dass die heterogene Zusammensetzung einer Lerngruppe allein noch keine Garantie für mehr soziale Akzeptanz ist. Dies wird auch in internationalen Meta-Analysen bestätigt (vgl. Ewald/Huber 2017, S. 67). Huber verbindet diese kritische Einschätzung der sozialen Wirkungen von inklusivem Unterricht in der Grundschule auf der Basis der *Kontakt-Hypothese* (vgl. Cloerkes 1997, S. 120ff.) mit eigenen Vorschlägen zur Förderung der sozialen Teilhabe. Kurz gefasst besagt die Kontakt-Hypothese, dass soziale Akzeptanz und der Abbau von Vorurteilen zwischen unterschiedlichen Menschen nicht in erster Linie durch die Zahl der Kontakte beeinflusst wird, sondern v. a. durch die Qualität der sozialen Begegnung. Ansatzpunkte für solche Kontakte sieht Huber nun im Konzept des kooperativen Lernens (vgl. Weidner 2003). Das entscheidende Bindeglied zwischen Kontakthypothese und kooperativem Lernen ist u. a. das »Kriterium der positiven Abhängigkeit« (Ewald/Huber 2017, S. 71).

> **In einem Satz gesagt**
>
> *Soziale Akzeptanz im inklusiven Unterricht gelingt dann am besten, wenn Schülerinnen und Schüler mit und ohne SPF aufeinander angewiesen sind, um eine Aufgabe oder ein Problem zu lösen, wie das beim kooperativen Lernen intendiert ist (z. B. mit der Jigsaw- bzw. Puzzle-Methode).*

Der Zusammenhang wird auch durch empirische Forschung gestützt (vgl. a. a. O., S. 76f.). Soziale Teilhabe von Schülerinnen und Schülern mit SPF ist deshalb auch in inklusiven Grundschulklassen kein Selbstläufer, bedarf vielmehr einer entsprechenden Didaktik und Methodik, mit der die sozialen Beziehungen der Schülerinnen und Schüler untereinander (*peer-to-peer*-Kontakte) gezielt gefördert werden.

In einem umfassenden Forschungsüberblick haben Clemens Hillenbrand und Conny Melzer (2018) den internationalen Forschungsstand zur Inklusion im Förderschwerpunkt Lernen zusammengefasst. Sie kommen zu dem Schluss, dass die empirische Bildungsforschung zur Inklusion in diesem Bereich keine eindeutige Befundlage erbringt, in der sich klare Vor- bzw. Nachteile für separierende oder inkludierende Bildungsangebote verzeichnen ließen. Sie heben zusammenfassend hervor, dass die *vorhandenen Organisationsformen (inklusive Schulen, individuelle Förderung in der allgemeinen Schule, spezielle Klassen und spezielle Schulen) als Organisationsformen nebeneinander* bestehen sollten, so wie es in den meisten Ländern auch vorzufinden ist (vgl. Hillenbrand/Melzer 2018, S. 76).

2.2 Allgemeine Schulen (Primar- und Sekundarbereich)

In einem mehrgliedrigen Schulsystem, wie dem der BRD, steht auch die Entwicklung eines inklusiven Bildungssystems ab der 5. Klasse vor neuen Herausforderungen. Von daher erscheint es durchaus plausibel, wenn die quantitative Entwicklung inklusiver Bildungsangebote im Sekundarbereich deutlich abnimmt.

Inklusion im Sekundarbereich

Beim Übergang in den Sekundarbereich verändert sich in der BRD durch das mehrgliedrige Schulsystem die Situation für die Schülerinnen und Schüler grundlegend. Das Klassenlehrerprinzip kann nicht mehr für alle Stunden des Wochenplans aufrechterhalten werden, auch Fachlehrer verantworten nun einen größeren Anteil des Unterrichts. Hinzu kommt, dass Sekundarschulen in der Regel eine größere Schülerzahl aufnehmen und insofern häufig große Schulsysteme entstehen. Von daher verändert sich die Beziehung zwischen Lehrkräften sowie Schülerinnen und Schülern. Dies schafft gerade für Schülerinnen und Schüler mit SPF neue Herausforderungen. Sekundarschulen, die sich inklusiv weiterentwickeln wollen, reagieren darauf mit der Einrichtung von Patenschaftsprojekten der Schülerinnen und Schüler untereinander und mit Begegnungsmöglichkeiten sowie kreativen Projekten außerhalb des Unterrichts. Hier wird das Schulleben noch bedeutsamer als in Schulen des Primarbereichs. Bedingt durch die Schulgröße bedarf die *Kooperation im Lehrerkollegium* besonderer Vorkehrungen. Durch die große Zahl an Lehrkräften von häufig mehr als 50 haben integrative Schulen im Sekundarbereich eher dezentrale Teamstrukturen in Jahrgangsstufenteams ausgebildet, die eine direktere Kooperation der Lehrkräfte und weiterer Fachkräfte bezogen auf eine Jahrgangsstufe erleichtern. Außerdem haben Sekundarschulen in der Regel umfassendere Einzugsbereiche, wodurch wohnortnahe Kontakte der Schülerinnen und Schüler untereinander in der Freizeit sich nicht mehr ohne weiteres einstellen (vgl. Kiel 2015).

Besonders die *Gesamtschulen* konnten sich in der Vergangenheit als integrationsfähige Systeme im Bereich der weiterführenden Schulen (vgl. Schley/Boban/Hinz 1989; Schley/Köbberling 1994; Preuss-Lausitz/Maikowski 1998) erweisen. Ähnlich wie die Grundschulen sind die Gesamtschulen in einigen Bundesländern als »Schulen für alle« konzipiert. So entwickeln beispielsweise die Gesamtschulen in Köln-Holweide und Bonn-Beuel integrative Schulprogramme, in denen die Aufnahme von Jugendlichen mit Behinderung fest verankert wird. Bezogen auf den integrativen Unterricht lernen die Gesamtschulen von den Grundschulen und übernehmen wesentliche Elemente der dort entstandenen Konzepte (vgl. Liebert 1995). Allerdings zeigt sich, dass die reformpädagogischen Unterrichtskonzepte aus den Grundschulen nicht ohne weiteres in die Gesamtschulen übernommen werden können. Viele Sekundarschullehrkräfte erleben in Verbindung mit dem integrativen Unterricht zunächst einen Prozess der Weiterqualifizierung, in dessen Verlauf sie sich von dem stark fachorientierten Unterricht mehr und mehr einem kindzentrierten pädagogischen Konzept zuwenden. Zur Koordination des integrativen Unterrichts in den mehrzügigen Jahrgangsstufen (mit mehreren Jahrgangsklassen) eignet sich die *Wochenplanarbeit* ganz besonders. Der Wochenplan ist nicht nur für die Schülerinnen und Schüler die wichtigste Grundlage in Bezug auf ihren eigenen Lernprozess. Vielmehr organisieren auch die Lehrkräfte im Sekundarbereich ihre gemeinsame pädagogische Arbeit in der Jahrgangsstufe über den Wochenplan und benutzen ihn so als »Drehscheibe« des integrativen Unterrichts im Sekundarbereich. Für Schülerinnen und Schüler mit SPF können die Wochenpläne individuell differenziert ausgeführt werden. Ergänzt wird dieser didaktisch-methodische Grundbaustein durch Elemente wie Freiarbeit, differenzierten Fachunterricht, Gruppen- und Projektunterricht sowie fächerverbindendes Lernen (vgl. Heimlich/Jacobs 2001, S. 92ff.).

Empirische Studien bestätigen, dass Sekundarschulsysteme die *Probleme der sozialen Integration* bewältigen können (vgl. Hildeschmidt/Sander 1995). Aus Langzeitstudien wird überdies deutlich, dass die soziale Entwicklung von Schülerinnen und Schülern in Integrationsklassen des Sekundarbereichs einen normalen Verlauf nimmt: Der Betonung von individuellen Differenzen und der Suche nach der eigenen Identität in der Phase der Pubertät folgt in den höheren Altersgruppen wiederum ein Gefühl der Zusammengehörigkeit im Bewusstsein der Unterschiede zwischen den Einzelnen – gleichsam auf einem höheren, stärker reflektierten Niveau (vgl. Köbberling/Schley 2000).

2.2 Allgemeine Schulen (Primar- und Sekundarbereich)

Die Weiterentwicklung hin zu einem inklusiven Unterricht konzentriert sich derzeit noch auf die Gesamtschulen sowie die Haupt- bzw. Mittelschulen. Es gibt zwar auch erste Realschulen und Gymnasien, die inklusiv arbeiten. Allerdings wirken sich die Bildungsabschlüsse dieser Schulformen (Mittlere Reife, Abitur) in der Regel stark selektiv aus, so dass nur Schülerinnen und Schüler mit SPF aufgenommen werden, die diese Bildungsabschlüsse auch erreichen können (*zielgleiche Integration*). Bundesweit bekannt geworden ist der *Fall Henri* in Baden-Württemberg, ein Junge mit Down-Syndrom, der nach vier Jahren Unterricht in einer inklusiven Grundschule mit seinen Freunden in das Gymnasium wechseln wollte (vgl. Ehrhardt 2015). Dies ist allerdings vom Kollegium des Gymnasiums abgelehnt worden. Insofern stößt die Inklusionsentwicklung im Sekundarbereich des bundesdeutschen Schulsystems rasch an strukturelle Grenzen. Zu bedenken ist dabei, dass in Realschulen und Gymnasien derzeit mehr als 50 % der Schülerinnen und Schüler lernen. Sollten diese Schulformen weiter aus der Inklusionsentwicklung ausgenommen sein, so würde das bedeuten, dass sich die Entwicklung eines inklusiven Schulsystems in der BRD allenfalls auf eine Hälfte der Schülerschaft beziehen könnte. Dies würde den Zielen der Umsetzung der UN-BRK im Schulbereich allerdings zuwiderlaufen.

In einer Überblicksarbeit fasst Markus Gebhardt (2015) den aktuellen Forschungsstand zum inklusiven Unterricht im Sekundarbereich zusammen.

> **In einem Satz gesagt**
>
> *Es ist festzuhalten, dass Schülerinnen und Schüler mit SPF in inklusiven Klassen des Sekundarbereichs bessere Schulleistungen als in Förderschulen haben, was sich auch positiv auf ihre berufliche Ausbildung auswirkt, wo sie in der Regel eine höhere berufliche Qualifikation erreichen.*

Allerdings haben Schülerinnen und Schüler mit SPF im Förderschwerpunkt Lernen durchweg einen Leistungsrückstand von drei bis fünf Jahren. Für Schülerinnen und Schüler ohne SPF kann als bestätigt gelten, dass sie keine Nachteile im Bereich der Schulleistungen durch den inklusiven Unterricht aufweisen. Auch die Entwicklung des Selbstkonzepts von Schülerinnen und Schülern mit SPF in inklusiven Klassen gelingt offensichtlich mittlerweile sehr viel besser, als das ältere Studien (vgl. Haeberlin u. a. 1991) noch ausgewiesen haben. Die Schülerinnen und Schüler mit SPF sind sich ihrer Lernschwierigkeiten durchaus bewusst, das wirkt sich aber nicht negativ auf ihr Wohlbefinden und ihr Selbstkonzept aus. Ein offenes Problem stellt hingegen auch im Sekundarbereich die soziale Teilhabe in inklusiven Klassen dar. Diese ergibt sich nicht von selbst und bedarf der entsprechenden Förderung.

Forschung inklusiv

Im Projekt »Schulische Integration im Längsschnitt-Kompetenz-Entwicklung (SILKE)«, die in den Jahren 2011 bis 2012 in Graz (Österreich) stattfindet, werden in insgesamt drei Erhebungswellen Schülerinnen und Schüler der 5. und 6. Schulstufe im Hinblick auf Schulleistungen und soziale Integration mit Hilfe eines Fragebogens und standardisierter Tests überprüft. Auch die Lehrkräfte (Regelschullehrkräfte, sonderpädagogische Lehrkräfte) werden mit Hilfe eines Fragebogens einbezogen. Die erste Erhebungswelle bezieht sich auf 9 Klassen mit 144 Schülerinnen und Schülern ohne SPF und 43 Schülerinnen und Schüler mit SPF (2. Welle: 143 ohne SPF, 48 mit SPF, 3. Welle: 128 ohne SPF, 41 mit SPF). Im Längsschnitt zeigt sich schließlich, dass die Schülerinnen und Schüler mit SPF in ihren Schulleistungen im Durchschnitt eine Standardabweichung unterhalb des Durchschnittswertes für die Schülerinnen und Schüler ohne SPF liegen und sich zwischen den Messzeitpunkten kaum verändert haben. Im Wohlbefinden unterscheiden sich die beiden Schülergruppen nicht voneinander *(emotionale Integration)*. Während die soziale Integration im ersten Erhebungszeitpunkt bei den Schülerinnen und Schülern mit SPF signifikant schlechter bewertet worden ist, kann dies zum zweiten Erhebungszeitpunkt nicht mehr festgestellt werden. Zusammenfassend ist mit dieser Studie für den Sekundarbereich also festzuhalten, dass die Schulleistungsunterschiede zwischen Schülerinnen und Schülern mit und ohne SPF auch in inklusiven Settings nicht

2.2 Allgemeine Schulen (Primar- und Sekundarbereich)

> verschwinden, die Schülerinnen und Schüler mit SPF sich trotzdem wohlfühlen in den inklusiven Klassen und mit zunehmender Dauer des Aufenthaltes in der allgemeinen Schule auch zunehmend besser sozial integriert werden können. Als entwicklungsfähig auf dem Weg zur inklusiven Schule erscheint der Lehrkräften laut dieser Studie besonders die Kooperation und Vernetzung (vgl. Gebhardt 2013).

Offen bleiben in der Inklusionsforschung zunächst die *Langzeitwirkungen der schulischen Inklusion* über die Schule hinaus. Der Schweizer INT-SEP-Forschergruppe ist es allerdings im Jahr 2011 gelungen, erwachsene Teilnehmerinnen und Teilnehmer aus vorhergehenden Studien (n=452) mit Hilfe einer telefonischen Befragung zu ihrem Einstieg in den Beruf und ihren sozialen Kontakten zu interviewen (vgl. Eckhart u.a. 2011). Im Ergebnis zeigt sich, dass die befragten jungen Erwachsenen (alle 18 Jahre oder älter), die ihre schulische Bildung in integrativen Settings erhalten haben, häufiger in ein Ausbildungsverhältnis hineingelangt sind und über ein größeres soziales Netzwerk verfügten als ihre ehemaligen gleichaltrigen Mitschülerinnen und Mitschüler aus separierenden Settings. Auch wenn diese Befunde auf dem strengen Paarvergleich (sog. »*Match-Sample*-Technik«) von nur 33 Paaren beruhen, so ist es damit in der Inklusionsforschung im deutschsprachigen Raum doch erstmals gelungen nachzuweisen, dass Absolventinnen und Absolventen von integrativen bzw. inklusiven Bildungsgängen ihre berufliche und soziale Teilhabe erfolgreicher gestalten.

Dieser Einblick in die Praxis des inklusiven Unterrichts in Verbindung mit ausgewählten empirischen Befunden verweist bereits auf einige erfolgreiche Elemente des inklusiven Unterrichts. Diese sollen nun im Überblick dargestellt werden.

2.2.2 Konzeptionelle Bausteine des inklusiven Unterrichts

Aus der Praxis des integrativen Unterrichts heraus erweisen sich bestimmte Methoden als besonders geeignet. Insofern entwickelt sich parallel zu den Schulversuchen in Berlin, Bremen, Hamburg, Hessen, Nordrhein-Westfalen, Rheinland-Pfalz und Saarland ab Mitte der 1980er Jahre rasch ein pragmatischer Grundkonsens zu Bausteinen des integrativen Unterrichts. Dabei lassen sich im Wesentlichen zwei Richtungen mit vielen Parallelen und Überschneidungen unterscheiden: der offene Unterricht und der Projektunterricht.

Meist wird in der Unterrichtspraxis zum integrativen Unterricht auf die Parallelen zum »Offenen Unterricht« hingewiesen (vgl. Wocken 1987a, S. 72ff.; Wallrabenstein 1991; Schöler 1999, S. 78f. und S. 239 ff.).

> **In einem Satz gesagt**
>
> *Inklusiver Unterricht beinhaltet eine Öffnung des Unterrichts für eine Vielfalt an Methoden und Lernwegen (Öffnung der Schule nach innen) und eine Öffnung zum sozialräumlichen Umfeld (Öffnung der Schule nach außen).*

Begründet wird der offene Unterricht in der Regel mit veränderten Sozialisationsbedingungen von Kindern in modernen Gesellschaften (vgl. Wopp 1994). Lehrkräfte berichten immer wieder, dass die homogene Lerngruppe einfach nicht mehr vorhanden ist. Kinder und Jugendliche werden offenbar immer unterschiedlicher. Kinder mit SPF sind vor diesem Hintergrund also lediglich ein weiteres Element der ohnehin vorhandenen Heterogenität in Schulklassen (vgl. Hinz 1993). Grundbausteine des offenen Unterrichts sind Freie Arbeit, Wochenplan, Stuhl- bzw. Gesprächskreis und der strukturierte Klassenraum einschließlich der Ausstattung mit entsprechenden Lernmaterialien für selbsttätige Lernprozesse. Parallelen ergeben sich hier insbesondere zum Werkstattunterricht (vgl. Wiater u. a. 2002) und zum schülerorientierten Unterricht (vgl. für den heil- und sonderpädagogischen Bereich: Reiß/Eberle 1994; Heimlich 1997).

Zum Problem gerät im differenzierenden und individualisierenden Unterricht häufig der Versuch, gemeinsame inhaltliche Bezugspunkte mit den Schülerinnen und Schülern zu entwickeln und soziale Lernprozesse zu ermöglichen. Dies ist auch ein Ansatzpunkt der Kritik bezogen

2.2 Allgemeine Schulen (Primar- und Sekundarbereich)

auf den offenen Unterricht. Das Lernen in Projekten ermöglicht im Unterschied dazu gleichsam *a priori* die *Konstruktion von gemeinsamen Lerngegenständen* in der Schüler-Lehrer-Interaktion (vgl. Jaumann-Graumann 2001). Von daher hat der Projektunterricht auch den Vorteil, dass die *Kooperation aller auf der Basis ihrer jeweiligen Kompetenzen an einem gemeinsamen Lerngegenstand* möglich wird – wie Georg Feuser (vgl. Feuser/Meyer 1987) es in seiner weithin bekannt gewordenen Kurzformel festgehalten hat. Irene Demmer-Dieckmann (1991) macht in ihrem Erfahrungsbericht zum gemeinsamen Unterricht darauf aufmerksam, dass Projektlernen und innere Differenzierung nicht in Widerspruch zueinander stehen. Das Lernen in Projekten erfordert durch die Vielfalt der Lernwege geradezu Differenzierung und Individualisierung (vgl. Heimlich 1999b).

Die Bedeutung reformpädagogischer Unterrichtskonzepte in Verbindung mit dem Projektlernen im integrativen Unterricht bestätigen auch die Lehrkräfte aus Integrationsklassen. Ulf Preuss-Lausitz (1997a, S. 135) kommt in seiner Befragung der Integrationsklassenlehrkäfte der Jahrgangsstufen eins bis sechs in Brandenburg (sechsjährige Grundschule wie in Berlin) zu dem Ergebnis, dass die Mehrheit der Lehrkräfte die innere Differenzierung (98,4 %), die Freie Arbeit (85,7 %), den fächerübergreifenden Unterricht (71,4 %), den Morgenkreis (69,8 %) und Projekte (65,1 %) im integrativen Unterricht für unverzichtbar halten. Untersuchungen im Sekundarbereich bestätigen diese Einschätzung im Wesentlichen, auch wenn der Stellenwert des Wochenplans in der Gesamtschule deutlich höher eingestuft wird (vgl. Heimlich/Jacobs 2001, S. 122ff.).

Eine eigenständige didaktisch-methodische Problematik ergibt sich im integrativen Unterricht häufig bezogen auf die *Leistungsmessung und -bewertung*. Insbesondere wenn Kinder und Jugendliche mit Behinderung die Ziele und curricularen Anforderungen der allgemeinen Schulen nicht erreichen, wird eine differenzierte Form der Leistungsbewertung unabdingbar (vgl. Weinert 2002). Die verbale Leistungsbeurteilung bis hin zu den *Lernentwicklungsgesprächen*, die in den ersten Grundschuljahren in allen Bundesländern zum Standard zählen, eröffnen hier noch weitreichende Möglichkeiten einer individualisierten Rückmeldung über die erzielten Lernfortschritte für Schülerinnen und Schüler sowie deren Eltern (*individuelle Bezugsnorm*). Die Kinder und Jugendlichen schätzen dabei besonders die gemeinsame Form, die für alle verbindlich ist und sichtbare Formen der Ausgrenzung nicht zulässt. Spätestens beim Übergang in den Sekundarbereich stehen die Zensuren wieder im Mittelpunkt. Die Kinder werden nun nicht mehr nur mit ihrem eigenen Leistungspotenzial verglichen, sondern ebenso mit den Schulleistungen ihrer Mitschülerinnen und Mitschüler (*soziale Bezugsnorm*). Lernen die Schülerinnen und Schüler im integrativen Unterricht nach unterschiedlichen curricularen Anforderungen (also z. B. Grundschule und Förderschule), wird die Leistungsbewertung durch differenzierte *sachliche Bezugsnormen* erweitert. Schülerinnen und Schüler berichten hier über Ungerechtigkeiten, wenn sie nun bemerken, dass ein Mitschüler bzw. eine Mitschülerin für einfachere Leistungen die gleiche Zensur wie andere für komplexere Leistungen erhalten. Lehrkräfte halten deshalb im integrativen Unterricht in der Regel an der schriftlichen Leistungsbewertung in Ergänzung zur Zensurenbenotung fest (vgl. für die Primarstufe: Schöler 1999 S. 243ff. und für die Sekundarstufe: Heimlich/Jacobs 2001, S. 129ff.). Insofern entspricht die Praxis der Leistungsbewertung im integrativen Unterricht den neueren Anforderungen an eine Bezugsnormen-Vielfalt mit einem Schwerpunkt bei den curricularen Anforderungen und unter Einbeziehung der Selbstbeurteilung der Schülerinnen und Schüler (vgl. Rheinberg 2002).

Mit der Entwicklung eines inklusiven Unterrichts stellt sich nun gegenwärtig die Aufgabe, nicht nur Maßnahmen der sonderpädagogischen Förderung in den Unterricht der allgemeinen Schulen einzubeziehen. Vielmehr geht es darum, einen qualitativ guten Unterricht zu entwickeln, der allen Schülerinnen und Schülern in ihrer Unterschiedlichkeit zugute kommt. Die Einbeziehung von Kindern und Jugendlichen mit SPF erweist sich dabei häufig als erster Schritt, ähnlich wie die Einrichtung von jahrgangsgemischten Klassen. In beiden Fällen kann ein »Lernen im Gleichschritt« im Unterricht nicht mehr umgesetzt werden.

2.2 Allgemeine Schulen (Primar- und Sekundarbereich)

> **In einem Satz gesagt**
>
> *Inklusiver Unterricht bedarf eines Unterrichtskonzeptes, in dem die Bedürfnisse aller Schülerinnen und Schüler regelmäßig erfasst und ihre Lernentwicklung fortlaufend dokumentiert wird.*

In der Praxis des inklusiven Unterrichts zeigt sich gegenwärtig immer wieder, dass diese Aufgabe ohne sonderpädagogische Förderung und ohne sonderpädagogische Fachkompetenz nicht zu bewältigen ist. In diesem Zusammenhang erweist sich das Konzept »*Response-to-Intervention (RTI)*«, wie es in den USA entwickelt worden ist und dort flächendeckend eingesetzt wird (ebenso in Finnland), als eine wirksame Strategie, um sonderpädagogisches Know-How in allgemeine Schulen zu implementieren. Im »*Rügener Inklusionsmodell (RIM)*« hat die Forschungsgruppe um Bodo Hartke von der Universität Rostock (vgl. Voß u. a. 2016) das Konzept RTI für das bundesdeutsche Schulsystem adaptiert. Demnach gelingt es den Unterricht für alle Schülerinnen und Schüler durch Fortbildung, Beratung der Lehrkräfte und entsprechende Unterrichtsmaterialien so weiter zu entwickeln, dass ein Großteil der Schülerinnen und Schüler im Grundschulbereich davon profitiert. Alle Schülerinnen und Schüler werden regelmäßig mit Verfahren des »*Curriculum Based Measurement (CBM)*« in den Schulleistungsbereichen überprüft und im Rahmen einer Lernverlaufsdiagnostik begleitet. Einige Schülerinnen und Schüler zählen zu den »*Non-Respondern*«, die auf dieses Angebot eines qualitativ guten Unterrichts nicht ohne zusätzliche Hilfe reagieren. Sie benötigen vorübergehend individuelle Hilfen (*part-time-special-needs-education*). In Finnland zeigt sich gegenwärtig, dass nach der landesweiten Einführung des RTI-Konzeptes besonders dieser Bereich der vorübergehenden Hilfen stark ausgebaut worden ist, so dass mittlerweile nahezu 20 % der finnischen Schülerinnen und Schüler sonderpädagogische Förderung erhalten. Im Rügener Inklusionsmodell erhält nur eine kleine Gruppe von Schülerinnen und Schülern dauerhaft sonderpädagogische Förderung, teilweise auch in Kleingruppen oder gar in der Einzelförderung. In der Evaluation des Modells kommt die Rostocker Forschergruppe zu dem Schluss, dass bezogen auf die Schulleistungen keine Nachteile zu verzeichnen sind im Vergleich zur Arbeit in den Diagnose-Förderklassen eines Sonderpädagogischen Förderzentrums (in Stralsund) (vgl. a. a. O., S. 126ff.). Kritisiert wird an dem RTI-Konzept der große diagnostische Aufwand. Durch die computergestützte Erhebung der Lernentwicklung aller Schülerinnen und Schüler scheint dies jedoch bewältigbar zu sein. Ebenfalls kritisch betrachtet wird die Gefahr der Aussonderung und sozialen Ausgrenzung innerhalb der Schülerschaft einer Schule, die nach dem RTI-Konzept arbeitet. Diese Gefahr muss sicher gesehen werden. Allerdings dürfte dies auch durch die Struktur des mehrgliedrigen Schulsystems der BRD bedingt sein, weil sich die Implementation des RTI-Konzeptes beispielsweise in Gesamtschulsystemen wie in Finnland und den USA anders darstellt (vgl. Björn u. a. 2018).

> **In einem Satz gesagt**
>
> *Gerade für die Einbeziehung der diagnostischen Kompetenzen in den inklusiven Unterricht sowie die Erstellung von Förderplänen einschließlich des Einsatzes differenzierter Unterrichts- und Fördermaterialien erweist sich sonderpädagogische Fachkompetenz als unverzichtbar.*

Letztlich stellt uns der inklusive Unterricht allerdings vor die Frage, inwieweit es weiterhin gerechtfertigt erscheint, dass für die unterschiedlichen Schulformen jeweils separate Richtlinien erlassen werden. Inzwischen zeigen zahlreiche Nachbarländer wie der PISA-2000-Spitzenreiter Finnland, dass ein nationales Basis-Curriculum für alle Schulformen nicht in Widerspruch zu hervorragenden Schulleistungen steht und außerdem den Vorteil mit sich bringt, dass eine Reduktion auf das Wesentliche unabdingbar wird (so auch der Lehrplan für die schwedische Folkeskole, vgl. Berger/Berger 2004). *Inklusive Curricula*, die auch Schülerinnen und Schüler mit den Förderschwerpunkten »Lernen« und »geistige Entwicklung« einbeziehen, zählen gegenwärtig noch zu den Zukunftsaufgaben einer inklusiven Pädagogik in der BRD (vgl. Podlesch 1998, S. 118ff.). Mittlerweile liegen jedoch Beispiele aus den Bundesländern vor, die zeigen, dass inklusive Curricula, die die Spezifika der jeweiligen Schulform sowie Unterrichtsfächer auf der einen Seite und der sonderpädagogischen Förderschwerpunkte auf der anderen Seite verbinden, durchaus möglich sind. So wird im »Rahmenlehrplan für den Förderschwerpunkt Lernen« in Bayern auf Richtlinien zu den einzelnen Unterrichtsfächern bzw. Lernbereichen verzichtet und von vornherein auf die entsprechenden Ausführungen in den Lehrplänen der Grund- und Mittelschulen verwiesen. Gleichzeitig werden im Rahmenlehrplan allerdings die spezifischen Förderbedürfnisse der Schülerinnen und Schüler im Förderschwerpunkt Lernen über diagnostische Leitfragen und entwicklungsorientierte Fördermaßnahmen konkret benannt. Insofern richtet sich dieser Rahmenlehrplan nicht mehr an eine Schulform, sondern er bezieht sich vielmehr auf die Schülerinnen und Schüler an den unterschiedlichen Förderorten bis hinein in die allgemeinen Schulen. Durch eine Online-Version ist im Übrigen die Vernetzung mit den anderen Schulformen gewährleistet (vgl. Bayerisches Staatsministerium für Unterricht und Kultus 2012).

Damit sind wir bereits bei den Rahmenbedingungen des inklusiven Unterrichts angelangt. Auch inklusive Pädagogik in der Schule erfordert nicht nur pädagogisch-konzeptionelle Innovationen. Sie steht und fällt gleichzeitig mit der Gestaltung eines Förderortes in der allgemeinen Schule durch eine angemessene personelle und materielle Ausstattung.

2.2.3 Organisation des inklusiven Unterrichts

In der Umsetzung der UN-BRK sind in den vergangenen zehn Jahren in allen Bundesländern der BRD vielfältige inklusive Innovationsprojekte auf den Weg gebracht worden. Insofern hat sich der organisatorische Kontext des inklusiven Unterrichts stark gewandelt. Sowohl die Rechts- und Finanzgrundlagen als auch die personellen sowie materiellen Rahmenbedingungen mussten neu geregelt werden und haben zu einer Vielfalt an Organisationsformen für den inklusiven Unterricht geführt.

Rechtsgrundlagen und Finanzierung

Die *schulrechtlichen Grundlagen* des inklusiven Unterrichts sind im Wesentlichen in die Kulturhoheit der Länder hineingestellt und zeigen im Überblick ein vielfältiges Bild. Wolf-Thorsten Saalfrank und Klaus Zierer haben 2017 die statistischen und schulrechtlichen Grundlagen für alle 16 Bundesländer in Kurzporträts zusammengefasst, so dass an dieser Stelle darauf verwiesen werden kann (vgl. Saalfrank/Zierer 2017, S. 89-120).

Auf der Bundesebene hat bereits die *Änderung des Grundgesetzes* (GG) von 1994 eine schulrechtliche Relevanz für den integrativen Unterricht. Der Anti-Diskriminierungs-Grundsatz in Artikel 3, Abs. (3) wird in der Rechtsprechung des Bundesverfassungsgerichts vom 8. Oktober 1997 so ausgelegt, dass nunmehr alle Bundesländer verpflichtet sind, auch Maßnahmen der Integration in Schulen vorzuhalten. Einschränkend erfolgt allerdings der Hinweis auf die vorhandenen Haushaltsmittel (sog. »Haushaltsvorbehalt«). Gleichwohl nutzen viele Eltern in den Folgejahren diese höchstrichterliche Rechtsprechung als Grundlage für Petitionen in den Landtagen (z. B. Sachsen, Bayern), um ihren Antrag auf integrativen Unterricht durchzusetzen. So ist nicht zuletzt ein Grundrecht mit dafür verantwortlich, dass die Bundesländer seit den 1990er Jahren rechtliche Regelungen zum integrativen Unterricht fixiert haben.

Ein weiterer Impuls für einen bundesweiten Rechtsrahmen geht von der *Kultusministerkonferenz der Länder (KMK)* aus. Obwohl die Verlautbarungen der KMK weder den Charakter eines Gesetzes noch einer Verordnung haben, so kann doch von einer gewissen Verbindlichkeit ausgegangen werden. Die »Empfehlungen zur sonderpädagogischen Förderung in den Ländern der BRD« von 1994 (vgl. Sekretariat ... 1994a) tragen jedenfalls in den folgenden Jahren maßgeblich dazu bei, dass in allen Bundesländern die Bemühungen um integrativen Unterricht in der allgemeinen Schule verstärkt werden. Sonderpädagogische Förderung kann nach diesem bundesweiten Minimalkonsens der Kultusminister der Länder nun auch an allgemeinen Schulen stattfinden. Die Förderung an den Sonder- bzw. Förderschulen und damit die Sonderpädagogik insgesamt soll zukünftig lediglich subsidiären (also nachrangigen) Charakter haben (vgl. Heimlich 1999a). Daraus folgt, dass auch bei festgestelltem sonderpäd-

2.2 Allgemeine Schulen (Primar- und Sekundarbereich)

agogischen Förderbedarf zunächst die Förderung an der allgemeinen Schule erprobt werden muss – gegebenenfalls mit sonderpädagogischer Unterstützung. Ein SPF zieht seither nicht mehr ohne weiteres eine Überweisung an den besonderen Förderort (Sonder- bzw. Förderschule) nach sich. Die sonderpädagogische Förderung ist damit als Aufgabe aller Schulformen festgelegt.

In den offen gehaltenen Empfehlung zur inklusiven Bildung der Kultusministerkonferenz (KMK) von 2011 (vgl. Sekretariat ... 2011) wird die allgemeine Schule und die Entwicklung des inklusiven Unterrichts in Verbindung mit der Bereitstellung sonderpädagogischer Bildungs-, Beratungs- und Unterstützungsangebote in allgemeinen Schulen gebracht. Der entsprechende Beschluss der KMK vom 20.10.2011 hat erneut, wie schon in der Vergangenheit, intensive gesetzgeberische Veränderungsprozesse in den Bundesländern in Gang gebracht, obwohl die Beschlüsse der KMK lediglich empfehlenden Charakter für die Länder haben, die im Rahmen der föderalistischen Struktur der BRD weiterhin die Bildungspolitik selbst bestimmen können. Allerdings bedarf es über die KMK der Koordination der verschiedenen Entwicklungen im Bildungsbereich in den Ländern. Da Beschlüsse der KMK stets einstimmig fallen, handelt es sich also jeweils um einen Minimalkonsens. Insofern ist es hoch bedeutsam, dass die Schaffung eines inklusiven Bildungssystems auf der Basis des Art. 24 der UN-BRK nunmehr auch von den Kultusministern aller Bundesländer der BRD als vorrangige Aufgabe angesehen wird. Damit ist jedoch keineswegs eine Entscheidung für ein einheitliches System gefallen. Die Bundesländer setzen vielmehr auch im Bereich der Entwicklung eines inklusiven Schulsystems weiterhin eigene Akzente.

Zur entscheidenden Voraussetzung für die quantitative Weiterentwicklung des inklusiven Unterrichts in der BRD zählen die *finanziellen Grundlagen*. Zunächst dominierte die Einschätzung, dass der integrative Unterricht in jedem Fall Mehrkosten nach sich zieht, da ja neben dem System der Sonder- bzw. Förderschulen nun auch integrative Angebote zu finanzieren waren (sog. »duales System sonderpädagogischer Förderung«). In einem Gutachten für die Max-Träger-Stiftung kommt Ulf Preuss-Lausitz (2000) allerdings zu dem Schluss, dass bei dieser Sichtweise nur die Personalkosten der Lehrkräfte berücksichtigt sind. Neben dieser Kostengruppe seien aber in jedem Fall die Beförderungskosten und die Betriebs- und Verwaltungskosten einzubeziehen (a. a. O., S. 10f.). Ein bundesweiter Vergleich der Finanzierung des integrativen Unterrichts wird hier zusätzlich durch die unterschiedlichen Kostenträger erschwert. Während die Kosten für Lehrkräfte in der Regel das Land trägt (also die Personalkosten im Jahreshaushalt des jeweiligen Kultusministeriums), werden die Beförderungskosten und die Betriebs- und Verwaltungskosten häufig vom Schulträger finanziert (also die jeweilige Kommune oder der Landkreis, allerdings vielfach auch mit Unterstützung durch Landesmittel). Preuss-Lausitz schlägt nun vor, die Kosten pro Schüler bzw. Schülerin als Summe aus den drei genannten Kostenbereichen an einer Schule (allgemeine Schule bzw. Sonder- oder Förderschule) dividiert durch die Anzahl der Schülerinnen und Schüler zu bilden (sog. »*unit costs*«). Bei Schülerinnen und Schülern mit SPF in der allgemeinen Schule kommen die Kosten für das sonderpädagogische Personal und die Beförderungskosten hinzu. In einem Vergleich dreier Regionen in Berlin, Brandenburg und Schleswig-Holstein kommt Preuss-Lausitz zu dem Ergebnis, dass integrativer Unterricht nicht kostenträchtiger ist als der Unterricht in einer Sonder- bzw. Förderschule. Während die Personalkosten bei integrativem Unterricht in der Regel steigen, hat vor allem die wohnortnahe Integration (Aufnahme der Kinder und Jugendlichen mit SPF in die allgemeine Schule des Stadtteils bzw. Sprengels) eine deutliche Reduktion der Beförderungskosten zur Folge, da Sonder- bzw. Förderschulen meist Schulen mit einem großen Einzugsbereich sind. Besonders bei kleinen Sonder- bzw. Förderschulstandorten erscheint die Relation zwischen den Betriebs- und Verwaltungskosten und der Zahl der Schülerinnen und Schüler mit SPF problematisch. Inwieweit allerdings der integrative Unterricht ein »Einsparpotenzial« beinhaltet, muss bezweifelt werden, da gleichzeitig mit der Ausweitung der sonderpädagogischen Förderangebote auf die allgemeinen Schulen offenbar auch die Zahl der Schülerinnen und Schüler mit SPF weiter ansteigt. Parallel dazu entwickelt sich der Bedarf an pädagogischem Personal im sonderpädagogischen Bereich ebenfalls nach oben. So werden die eingesparten Beförderungskosten wieder ausgeglichen. Insofern konnte realistisch betrachtet eine Patt-Situation in Bezug auf die Finanzierung des integrativen Unterrichts festgestellt werden,

d. h. die Kosten für integrativen Unterricht an der allgemeinen Schule liegen nicht höher als in Sonder- bzw. Förderschulen.

In Bezug auf die Finanzierung des inklusiven Unterrichts im Sinne eines flächendeckenden Systems stellt Klaus Klemm (2012) mehrere unterschiedliche Szenarien gegenüber. Würden alle Schülerinnen und Schüler mit SPF und alle sonderpädagogischen Lehrkräfte in die allgemeine Schulen übernommen und so ein kompletter Ressourcentransfer aus den Förderschulen in die allgemeinen Schulen vollzogen, so ergäben sich nach Klemm keine zusätzlichen Kosten. Dort wo Förderschulen geschlossen worden sind (z. B. Bremen, Nordrhein-Westfalen), haben sich im Gegenteil sogar Einsparmöglichkeiten für die Kommunen ergeben, da die leerstehende Schulgebäude veräußert werden konnten. Dies steht offensichtlich im Gegensatz zu allen bildungspolitischen Verlautbarungen, nach denen mit der Inklusion keine Einsparungen gerechtfertigt werden sollten. Die teuerste Variante sieht Klemm schließlich in einem dualen System, in dem sowohl inklusive Schulen als auch Förderschulen nebeneinander bestehen.

Demgegenüber steht der Hinweis von Otto Speck (2011) auf eine Studie des *Berliner Forschungsinstituts für Bildungs- und Sozialökonomie (Fibs)* aus dem Jahre 2009 im Auftrag der *Fraktion Die Grünen im Deutschen Bundestag*, nach der Kosten für die Entwicklung eines inklusiven Bildungssystems in der BRD bei über 30 Milliarden Euro liegen würden. Auftrag dieses Gutachtens war allerdings, die sog. »demographische Rendite« auszurechnen, die sich durch den erwarteten Schülerrückgang bis zum Jahre 2020 ergeben würde und sodann Vorschläge zu entwickeln, wie die eingesparten Bildungsausgaben sinnvoll eingesetzt werden könnten. Angesichts der chronischen Unterfinanzierung des bundesdeutschen Bildungssystems wäre eine solche Investition in Bildung im Umfang von mehr als 30 Milliarden Euro sicher sinnvoll. Daraus allerdings zu schließen, die Entwicklung eines inklusiven Bildungssystems koste über 30 Milliarden Euro verbunden mit dem Zusatz, dass diese Mittel für Investitionen in Bildung in einem der reichsten Länder der Welt nicht zur Verfügung stünden, ist nichts weiter als Rhetorik. Im Übrigen kann für Grundrechte wie für Menschenrechte allgemein wohl nicht gelten, dass sie nur so lange gelten, wie sie finanzierbar sind.

Kritisch wird nach wie vor die Notwendigkeit der Feststellung des sonderpädagogischen Förderbedarfs als Voraussetzung für die Finanzierung des inklusiven Unterrichts gesehen (sog. »*Etikettierungs-Ressourcen-Dilemma*«, vgl. Füssel/Kretschmann 1993, S. 43ff.). Um an die notwendigen Ressourcen (personeller oder sachlicher Art) zu gelangen, ist es erforderlich, dass Schülerinnen und Schüler mit dem Etikett »sonderpädagogischer Förderbedarf« belegt werden. Aus der Sicht der Bildungsplanung ist es allerdings durchaus möglich, den potenziellen Anteil der Schülerinnen und Schülern mit SPF bezogen auf eine Schule zu schätzen. Wenn der Anteil der Schülerinnen und Schüler mit SPF an der Gesamtzahl der Schülerinnen und Schüler eines Jahrgangs bei derzeit gut 7 % liegt, wären dann bei einer Schülerzahl pro Klasse zwischen 20 und 30 etwa 1,4 bis 2,1 Schülerinnen und Schüler mit SPF pro Klasse zu erwarten (vgl. Schöler 1999, S. 22). Insofern liegt es nahe, den allgemeinen Schulen im Sinne einer bildungsplanerischen Entscheidung die entsprechenden Stunden für sonderpädagogische Lehrkräfte zuzuweisen, ohne dass jeweils der Förderbedarf festgestellt werden müsste. Dies würde einen Verzicht auf die Etikettierung ermöglichen und zugleich verhindern, dass die Etikettierung lediglich als Ressourcenbeschaffung missbraucht würde (sog. »*systembezogene Ressourcenzuweisung*«, vgl. Füssel/Kretschmann 1993, S. 101). In Zusammenhang mit der Entwicklung inklusiver Regionen (z. B. im Bundesland Steiermark in Österreich) und in einigen Bundesländern bereits bezogen auf die ersten Grundschulklassen werden derzeit genau diese Steuerungsmodell für Bildungsausgabe erprobt (▶ Kap. 2.5.2).

Rahmenbedingungen und Organisationsformen

Maßgeblich beeinflusst sind die *Empfehlungen zur personellen und sachlichen Ausstattung* von den ersten Modellstandorten des integrativen Unterrichts in Berlin. Bei der Zusammensetzung der Lerngruppen wird das 15+5-Modell der Flämingschule in Berlin (15 Kinder ohne Behinderung, 5 Kinder mit Behinderung) dem 18+2-Modell der Uckermarkschule in Berlin (18 Kinder ohne Behinderung, 2 Kinder mit Behinderung) gegenübergestellt. Dabei ist keine Behinderungsart ausgeschlossen. In der Regel werden diese Klassen im *Zwei-Pädagogen-System* geführt (sog. »Doppelbesetzung«), d. h. eine Grundschullehrkraft und eine sonderpädagogische Lehrkraft sind gemeinsam für den Unterricht und die Förderung der Schülerinnen und Schüler zuständig. Zusätzlich erfolgt je nach Förderbedarf auch der Einsatz weiterer Kräfte im Bereich der Pflege (z. B. in der Vergangenheit Zivildienstleistende, später Bundesfreiwilligendienst, Freiwilliges soziales Jahr). In einzelnen Bundesländern wird zunehmend auch heilpädagogisches Personal (z. B. frühpädagogische Fachkräfte, Förderlehrkräfte) in den integrativen Unterricht einbezogen.

Die Reduzierung der Schülerzahl pro Klasse bei gleichzeitiger Doppelbesetzung ist jedoch immer weniger realisierbar gewesen. Besonders dort, wo integrativer Unterricht über geringe Anteile hinaus quantitativ erheblich ausgeweitet wird, erfolgt gleichzeitig eine Einschränkung der personellen Versorgung. Insofern entsteht hier ein »Qualitäts-Exklusivitäts-Dilemma« (vgl. Füssel/Kretschmann 1993, S. 43). Wird an dem Qualitätsstandard »Zwei-Pädagogen-System« festgehalten, so ist dies nur bezogen auf wenige, exklusive Standorte umsetzbar gewesen. Demgegenüber wird mehr und mehr die Forderung der *Gleichbehandlung zwischen der Förderung in Förderschulen und der Förderung in der allgemeinen Schule* laut. Schülerinnen und Schüler mit SPF haben von daher einen (»verwaltungstechnischen«) Anspruch auf eine bestimmte Zahl an Förderstunden pro Woche.[6] Werden nun mehrere Schülerinnen und Schüler mit SPF in eine Klasse der allgemeinen Schule aufgenommen, so steht ihnen auch dort die Zahl der Förderstunden zur Verfügung. Durch die Bündelung dieser Förderstunden in einzelnen Klassen kann zumindest eine teilweise Doppelbesetzung im integrativen Unterricht erreicht werden. Die sonderpädagogischen Lehrkräfte bieten hier ihre

---

6 Die Zahl der Förderstunden wird berechnet auf der Basis der Gesamtzahl der Förderschullehrerstunden pro Sonder- bzw. Förderschulklasse (also z. B. 27 Stunden) dividiert durch die Anzahl der Schülerinnen und Schüler mit SPF in einer Klasse der Förderschule. Aufgrund der unterschiedlichen, schulrechtlich festgelegten Klassenfrequenzen (z. B. eine Lehrkraft für 11 Schülerinnen und Schüler mit SPF im Förderschwerpunkt Lernen) entsteht dann die jeweilige wöchentliche Zahl der Förderstunden (z. B. 27:11=2,46 Förderstunden im Förderschwerpunkt Lernen pro Schülerin und Schüler). Bei 5 Schülerinnen bzw. Schülern mit Förderschwerpunkt »Lernen« in einer inklusiven Klasse wären das 12,27 Förderschullehrerstunden. Bei einem Grundschulwochenplan ist das bereits eine halbe Doppelbesetzung.

Beratungs-, Diagnose- und Förderkompetenz flexibel bezogen auf mehrere Klassen der allgemeinen Schulen an. Insofern entsteht zwischenzeitlich eher ein »*Beratungs- und Ambulanzlehrersystem*«, in dem die sonderpädagogischen Lehrkräfte mit mehreren Lehrkräften der allgemeinen Schulen und mit mehreren Lerngruppen zusammenarbeiten (vgl. Heimlich/Jacobs 2001, S. 25).

Bezüglich der *Raumausstattung* wird beim inklusiven Unterricht ein strukturierter Klassenraum mit mehreren Funktionszonen bevorzugt, die das differenzierte und individualisierte Unterrichtskonzept unterstützen (z. B. Leseecke, Experimentierecke, Gemeinschaftsfläche usf.). Als hilfreich hat sich die Abteilung eines Gruppenarbeitsraumes (möglichst mit Fenstern) erwiesen, in dem die inklusive Einzel- und Kleingruppenförderung (Förderung einer Gruppe von bis zu fünf Schülerinnen und Schülern mit und ohne SPF) stattfinden kann. Neben einer flexiblen Ausstattung mit Schülerarbeitsplätzen (möglichst als Gruppentische, die bei Bedarf für verschiedene Sozialformen zusammengestellt werden können) sind offene Regale mit Unterrichts- und Fördermaterialien für die Freie Arbeit und die Unterstützung von Spielphasen unabdingbar. Auch die Diagnose- und Fördermaterialien für die sonderpädagogische Förderung sollten je nach Förderschwerpunkt im Klassenraum verfügbar sein. Da die Schulgebäude nicht in jedem Fall bereits nach dem Grundsatz der *Barrierefreiheit* architektonisch gestaltet worden sind, sollten die Klassenräume für den inklusiven Unterricht möglichst im Erdgeschoss liegen. Meist werden die Einschränkungen in diesem Bereich jedoch überschätzt, da die Barrieren häufig mit einfachen Mitteln (z. B. Einbau einer Rampe für Rollstühle) überwunden werden können.

In einem Satz gesagt

Aufbauend auf den langjährigen Vorerfahrungen mit der Gestaltung angemessener Rahmenbedingungen für den integrativen Unterricht stellt sich angesichts des Ziels der Entwicklung eines inklusiven Schulsystems die Aufgabe, Schulen so zu gestalten, dass alle Schülerinnen und Schüler willkommen sind.

Das betrifft nicht mehr nur den inklusiven Unterricht oder die individuelle Diagnose und Förderung der Schülerinnen und Schüler. Eine inklusive Schule zu gestalten macht Weiterentwicklungen der Schule als System erforderlich. Von daher ergeben sich hier enge Verbindungen zum Prozess der inklusiven Schulentwicklung (▶ Kap. 3.3), in den alle Ebenen der Schule als System eingebunden sind. Da in einigen Bundesländern in der Umsetzung der UN-BRK Schülerinnen und Schüler mit SPF relativ rasch in allgemeine Schulen zurückgeführt worden sind, ergeben sich derzeit allerdings bei den Rahmenbedingungen möglicherweise eher weitere Einschränkungen bei den zur Verfügung stehenden Ressourcen. Häufig wachsen die zur Verfügung stehenden Lehrerstunden nicht weiter mit der steigenden Zahl von Schülerinnen und Schülern mit SPF in den allgemeinen Schulen. Die inklusive Haltung der Lehrkräfte allein reicht allerdings als Ressource für die Entwicklung einer inklusiven Schule nicht aus. Lehrerkollegien klagen immer deutlicher die Bereitstellung guter Rahmenbedingungen für die Bereitstellung eines inklusiven Bildungsangebotes ein. Gleichzeitig bestehen sie darauf, dass sie die Entwicklung der einzelnen Schule im Sinne einer höheren Schulautonomie selbst in die Hand nehmen dürfen. Ohne einen konsequenten Ressourcentransfer aus dem Förderschulbereich in den Bereich der allgemeinen Schulen (Förderschullehrerstunden, Fördermaterialien, Förderdiagnostische Materialien) wird es zukünftig nicht gelingen, angemessene Rahmenbedingungen für die Entwicklung eines inklusiven Schulsystems bereitzustellen.

> **In einem Satz gesagt**
>
> *Inklusiver Unterricht wird in der allgemeinen Schule in einer Vielfalt an inklusiven Settings praktiziert.*

Ein inklusives Schulsystem besteht allen vorhandenen Praxiserfahrungen zufolge auch im globalen Maßstab aus einem Zusammenspiel mehrerer inklusiver Settings (vgl. Hillenbrand/Melzer 2018, S. 76). Prinzipiell lassen sie sich über das jeweilige Ausmaß der Begegnung zwischen Schülerinnen und Schülern mit und ohne SPF in der allgemeinen Schule sowie den jeweiligen Anteil an sonderpädagogischer Förderung differenzieren. Dabei ist in der Praxis durchaus nicht von einem starren System unterschiedlicher organisatorischer Realisierungen auszugehen. Vielmehr führen Schulentwicklungsprozesse nicht selten zu Übergängen zwischen den einzelnen Organisationsformen. An dieser Stelle sind nur solche Organisationsformen aufgeführt, die als Beitrag zur inklusiven Bildung bewertet werden können.

- *Sonderpädagogische Förderzentren* öffnen sich in einigen Bundesländern für Schülerinnen und Schüler ohne SPF und begeben sich so auf den Weg zu einer inklusiven Schule. Meist beginnt dieser Prozess mit ersten Kontakten zwischen allgemeinen und Förderschulen, aus denen gemeinsame Projekte wie Schulfeste oder Theateraufführungen entstehen. Gegenseitige Besuche in der jeweils anderen Schule können darüber hinaus zum Wechsel einzelner Klassen an den Standort der Partnerschule nach sich ziehen. Es gibt aber mittlerweile auch Sonderpädagogische Förderzentren, die inklusive Klassen bestehend aus Schülerinnen und Schülern mit und ohne SPF gebildet haben (z. B. die Jakob-Muth-Schule als Förderzentrum für Schülerinnen und Schüler mit dem Förderschwerpunkt geistige Entwicklung in Nürnberg). Auch ganze inklusive Grundschulen entstehen bereits am Standort eines Sonderpädagogischen Förderzentrums. Der Vorteil dieser Öffnung besteht allerdings auch darin, dass die personelle und räumliche Ausstattung des Förderzentrums weiterhin für die Entwicklung inklusiver Bildungsangebote genutzt werden kann. Das kann im Einzelfall bis hin zu einer 1:1-Zuordnung im Rahmen eines therapeutischen Settings reichen, wenn z. B. ein Schüler mit dem Förderschwerpunkt emotionale und soziale Entwicklung nicht mehr als eine erwachsene Bezugsperson in einem Raum erträgt. Diese 1:1-Settings werden auch in einem inklusiven Schulsystem benötigt und sind in der Regel in allgemeinen Schulen nicht vorhanden (vgl. Heimlich 2017a).
- *Sonderpädagogische Diagnose-Förderklassen* (bzw. Förderklassen oder Kleinklassen) fassen Schülerinnen und Schüler mit SPF zu einer Lerngruppe zusammen. Sie sind in einigen Bundesländern weiterhin Bestandteil der Förderschulen (z. B. in Bayern), könnten aber von ihrem Grundkonzept her ebenso am Förderort Grundschule eingerichtet werden (z. B. die Förderklassen in Bremen). Der Unterricht

erfolgt in dem bayrischen Konzept nach den Richtlinien der Grundschule. Allerdings werden die stofflichen Anforderungen der ersten beiden Grundschuljahre auf drei Schuljahre ausgedehnt. Nach den drei Schuljahren in der Diagnose-Förderklasse sollen möglichst viele Schülerinnen und Schüler wieder in die Grundschule zurückgeführt werden, um in der Jahrgangsstufe 3 erneut am Unterricht der Grundschule teilzunehmen. Eine intensive Förderdiagnostik unterstützt diesen Prozess der Wiedereingliederung. Aufgrund der reduzierten Klassenfrequenzen und der guten personellen sowie sächlichen Ausstattung der Diagnose-Förderklassen ist die Rücküberweisungsquote offenbar zu Beginn der Einführung dieser Organisationsform relativ hoch gewesen. Die Angaben schwanken zwischen ca. 30 und 50 %. Allerdings ist die Zahl der zurückgeführten Kinder im Rahmen der bayrischen Schulversuche nicht systematisch erhoben worden (vgl. Breitenbach 1992). Viele Eltern verbinden gleichwohl mit dieser Organisationsform die Hoffnung, dass ihre Kinder den Anschluss an die Anforderungen der Grundschule doch noch bewältigen (vgl. Biewer 2001). Insofern erscheint es gerechtfertigt, die Diagnose-Förderklassen ebenfalls als Organisationsform inklusiver Bildung zu betrachten. Kritisiert wird an den Förderklassen besonders die Gefahr der sozialen Ausgrenzung und damit der Diskriminierung der Schülerinnen und Schüler (vgl. Bless 1999). Unbestritten ist hingegen, dass die sonderpädagogische Diagnostik vor Einrichtung der Diagnose-Förderklassen offenbar bis zur Hälfte der Schülerinnen und Schüler fälschlicherweise für eine Überweisung in die Förderschule herangezogen worden ist, obwohl diese Kinder bei entsprechender Unterstützung den Anschluss an die Anforderungen der Grundschule wieder erreicht hätten (so auch in der Studie in Mecklenburg-Vorpommern, vgl. Blumenthal u. a. 2009).

- *Kooperationsklassen* (bzw. in Bayern Partnerklassen) sind Förderschulklassen, die an die allgemeine Schule ausgelagert werden. Sie bestehen ausschließlich aus Schülerinnen und Schülern mit SPF und werden in der Regel von einer Förderschullehrkraft unterrichtet. Im Vergleich zu den großen Einzugsbereichen der Förderschulen können durch die Kooperationsklassen lange Fahrtzeiten vermieden werden. Durch die räumliche Nähe in einem Schulgebäude ergeben sich vielfältige Möglichkeiten der sozialen Begegnung. Angefangen bei Partnerklassen, mit denen sich die Schülerinnen und Schüler der Kooperationsklasse beispielsweise auf dem Schulhof oder bei gemeinsamen Festen und Feiern treffen, ergeben sich meist auch Möglichkeiten des inklusiven Unterrichts. Hier sind in der Regel die musischen Fächer oder der Sportunterricht angesprochen. Der inklusive Unterricht kann sich jedoch auch für bestimmte Schülerinnen und Schüler auf die Kernfächer ausweiten, soweit sie die Anforderungen der jeweiligen Schulform der allgemeinen Schule erfüllen. So kommt es beispielsweise durchaus vor, dass Schülerinnen und Schüler mit dem Förderschwerpunkt »geistige Entwicklung« in der Mathematik am Grundschulunterricht teilnehmen können (vgl. Sucharowski 1999). Bundesweit bekannt geworden sind die Bremer »Nashornklassen«, die mit einer öffentlichkeitswirksamen Aktion erreichen, dass sie auch in der Sekundarstufe gemeinsam mit ihren »geistigbehinderten« Mitschülerinnen und -schülern im Rahmen des Kooperationsklassenmodells unterrichtet werden (vgl. Vaudlet 2001). Hier zeigt sich auch, dass Kooperationsklassen durchaus vielfältige soziale Begegnungen ermöglichen und so als Angebot inklusiver Bildung gelten können. Als Vorteil wird allgemein anerkannt, dass Kooperationsklassen neben den Phasen des gemeinsamen Lernens auch die Möglichkeit des Rückzugs erlauben. Dies erscheint insbesondere für Schülerinnen und Schüler mit dem Förderschwerpunkt »geistige Entwicklung« bedeutsam (vgl. Mühl 1999). Bestätigt wird dieses Modell auch durch die »Kontakthypothese« von Cloerkes (1997, S. 120ff.). Im Rahmen seiner Vorurteilsforschung weist er nach, dass nicht die Zahl und die Dauer der Kontakte zwischen Menschen mit und ohne Behinderung zu einem Abbau von Vorurteilen führt, sondern vielmehr die Qualität. Für den inklusiven Unterricht bedeutet dies, dass die Schülerinnen und Schüler nicht ständig kooperieren müssen, damit wir von gemeinsamem Lernen sprechen können. Allerdings kommt es bei den Kooperationsklassen meist nicht zu einer Differenzierung der schulischen Leistungsanforderungen. Insofern bleiben die Kooperationsklassen als System der Förderschule bestehen.

- *Inklusive Klassen* sind Jahrgangsklassen der allgemeinen Schule, in die mehrere Kinder bzw. Jugendliche mit sonderpädagogischem Förder-

2.2 Allgemeine Schulen (Primar- und Sekundarbereich)

bedarf aufgenommen werden (in Bayern: Tandemklassen). Beim *Integrationsklassenmodell* ist in der Vergangenheit die Klassenfrequenz meist abgesenkt worden, wobei in der Praxis die Vorgaben der Schulversuche aus den 1970er und 1980er Jahren (maximal 20 Schülerinnen und Schüler) in der Regel nicht mehr erreicht werden können. Auch die Integrationsklassen näherten sich immer mehr den normalen Klassenfrequenzen. Zielsetzung war hier die vollständige Doppelbesetzung im Rahmen des Zwei-Pädagogen-Systems, d. h. eine Lehrkraft der allgemeinen Schule und eine Lehrkraft der Förderschule arbeiten gemeinsam in der Klasse (vgl. Feuser/Meyer 1987; Wocken/Antor 1987; Schöler 1999). Die Praxis der inklusiven Klassen zeigt hingegen, dass diese Doppelbesetzung meist nur noch für einen Teil des Wochenstundenplans erreicht wird. Das Unterrichtskonzept der inklusiven Klassen wird differenziert und individualisiert gestaltet, so dass der gemeinsame Lerngegenstand für alle Schülerinnen und Schüler so aufbereitet ist, dass jeder auf der Basis der jeweiligen Kompetenzen am gemeinsamen Lernen teilnehmen kann. In inklusiven Klassen wird somit auch die Unterscheidung zwischen zielgleicher und zieldifferenter Förderung hinfällig, weil der Unterricht hier *per definitionem* auf die individuellen Lernvoraussetzungen der Schülerinnen und Schüler ausgerichtet sein soll. Die einschlägigen Schulversuche haben zu den Effekten dieser Organisationsform eine durchweg positive Bestätigung geliefert. Die Schulleistungen der Schülerinnen und Schüler mit und ohne SPF weichen nicht negativ von den Klassen der Förderschule bzw. der allgemeinen Schule ab. Die Schulleistungen der Schülerinnen und Schüler mit SPF sind in einigen Bereichen sogar besser als in Förderschulen (vgl. Hildeschmidt/Sander 1996). Durch das gemeinsame Lernen in der heterogenen Lerngruppe sind auch Probleme der sozialen Integration hier nicht bekannt. Schülerinnen und Schüler mit SPF haben allerdings eher ein negatives Selbstkonzept, d. h. sie schätzen ihre eigene Leistungsfähigkeit im Vergleich zu ihren Mitschülerinnen und -schülern ohne SPF geringer ein. Von Vorteil ist dabei sicherlich, dass die Schülerinnen und Schüler mit SPF möglichst frühzeitig eine realistische Selbsteinschätzung erwerben. In diesem Prozess können sie zudem pädagogisch begleitet werden. Schülerinnen und Schüler in Förderschulen beginnen hingegen in der Regel erst beim Übergang in den Beruf mit der Erarbeitung eines realistischen Selbstkonzeptes und starten in die Phase der beruflichen Eingliederung häufig mit völlig unrealistischen Vorstellungen. Inklusive Klassen haben gerade zum Ziel, den Schülerinnen und Schülern einen »Erfahrungsraum« zu bieten, in dem sie lernen können, mit sozialen Unterschieden umzugehen und sich auf ihre spätere Lebenssituation möglichst frühzeitig einzustellen. Die soziale Begegnung ist hier gleichsam zu jeder Zeit auch in spontaner und selbstgewählter Weise auf Initiative aller Schülerinnen und Schüler möglich. Neben den häufig nicht zu realisierenden exklusiven Rahmenbedingungen wird an inklusiven Klassen meist auch der große Einzugsbereich kritisiert, der immer dann entstehen kann, wenn mehrere Kinder bzw. Jugendliche mit SPF in eine Klasse der allgemeinen Schule aufgenommen werden müssen. Das Modell der *Integrativen Regelklassen* (in Bayern *Kooperationsklassen)* ist als Weiterentwicklung der Integrationsklassen überall dort entstanden, wo die wohnortnahe Integration im Mittelpunkt der schulischen Integrationsentwicklung stand. Sie blieben als Jahrgangsstufenklasse der allgemeinen Schule unverändert bestehen und nahmen auch einzelne Kinder bzw. Jugendliche mit SPF auf. Die Klassenfrequenzen wurden nicht abgesenkt, und die sonderpädagogische Unterstützung erfolgte ebenfalls nur stundenweise bezogen auf die jeweiligen Kinder bzw. Jugendlichen mit SPF. In Hamburg ist diese Organisationsform bezogen auf einen sozialen Brennpunkt als Einzugsbereich einer Grundschule untersucht worden (vgl. Hinz u. a. 1998). Dabei hat sich gezeigt, dass die soziale Integration keine Probleme bereitet. Die Schulleistungseffekte können allerdings für sozial benachteiligte Kinder nicht in der gleichen Weise wie in Integrationsklassen bestätigt werden. Hier erweist sich erneut, dass auch der gemeinsame Unterricht nicht in der Lage ist, beispielsweise einen erheblichen Förderbedarf im Förderschwerpunkt »Lernen« aufzuheben. Sicher ist in diesem Zusammenhang noch ein umfassender Forschungsbedarf hinsichtlich der konkreten Unterrichtskonzepte gegeben. Inklusive Klassen nähern sich derzeit mehr dem Modell der integrativen Regelklasse an (nur stundenweise Doppelbesetzung und nicht abgesenkte Klassenfrequenz bei gleichzeitiger Aufnahme von Schülerinnen und Schüler mit SPF).

2.2 Allgemeine Schulen (Primar- und Sekundarbereich)

- *Regelklassen mit heil- bzw. sonderpädagogischer Unterstützung* (z. B. durch Beratungs- und Ambulanzlehrkräfte, die heilpädagogische Schülerhilfe in der Schweiz bzw. den Mobilen Sonderpädagogischen Dienst in Bayern) unterscheiden sich von integrativen Regelklassen dadurch, dass hier die sonderpädagogische Förderung als abnehmende Größe vorgesehen ist. Die Klassenfrequenzen der Jahrgangsklasse der allgemeinen Schule bleiben unverändert. Sonderpädagogische Förderung erfolgt bezogen auf die Kinder bzw. Jugendlichen mit SPF stundenweise. Erste Erfahrungen beispielsweise bezogen auf den Mobilen Sonderpädagogischen Dienst in Bayern zeigen, dass bis zur Hälfte der geförderten Kinder bzw. Jugendlichen nach 1 bis 2 Schuljahren wieder ohne zusätzliche Förderung am Unterricht der Jahrgangsstufenklasse teilnehmen können. Meist schließt sich hier eine Phase der sonderpädagogischen Beratung an (vgl. Heimlich/Röbe 2005). Kinder und Jugendliche mit den Förderschwerpunkten »Hören« und »Sehen« benötigen beispielsweise nach einer Phase der Entwicklung und Umsetzung des Förderkonzeptes meist nur noch eine gelegentliche technische Beratung. Diese Organisationsform inklusiver schulischer Bildung eignet sich wohl am besten für die zielgleiche Förderung. Sobald die Kinder und Jugendlichen mit SPF jedoch aus dem Klassenverband herausgelöst werden, stellen sich wiederum die Probleme der sozialen Ausgrenzung ein (vgl. Haeberlin u. a. 1991).
- *Regelklassen ohne heil- bzw. sonderpädagogische Unterstützung* sind Jahrgangsstufenklassen der allgemeinen Schule, die Kinder und Jugendliche mit SPF aufnehmen, ohne dass eine sonderpädagogischem Förderung erfolgt. In den Schweizer Untersuchungen zu den Effekten dieser Organisationsform sind zunächst bezogen auf die Jahrgangsstufen 4 und 5 keine Unterschiede zu den Regelklassen mit sonderpädagogischer Unterstützung nachweisbar (vgl. Haeberlin u. a. 1991). Folgestudien bezogen auf die Jahrgangsstufen 2 und 3 zeigen allerdings, dass die sonderpädagogische Förderung dann Effekte nach sich zieht, wenn sie rechtzeitig in der Schullaufbahn der Kinder einsetzt (vgl. Bless 1995). Möglicherweise kann jedoch bei den Regelklassen ohne sonderpädagogische Unterstützung von einer besonders gelungenen Inklusion ausgegangen werden, da sie offenbar auch Erfolge aufweisen, wenn die sonderpädagogische Unterstützung nicht

2 Teilhabe entwickeln – Arbeitsfelder inklusiver Pädagogik

mehr angeboten wird. Dies wäre immer dann der Fall, wenn sonderpädagogische Förderung als abnehmende Größe nach Erreichen der Förderziele beendet wird. Von entscheidender Bedeutung dürfte in dieser Form der inklusiven schulischen Bildung das Konzept des inklusiven Unterrichts und die inklusive pädagogische Kompetenz der Klassenleitung sein.

Die folgende Abbildung fasst die einzelnen Formen noch einmal systematisch zusammen:

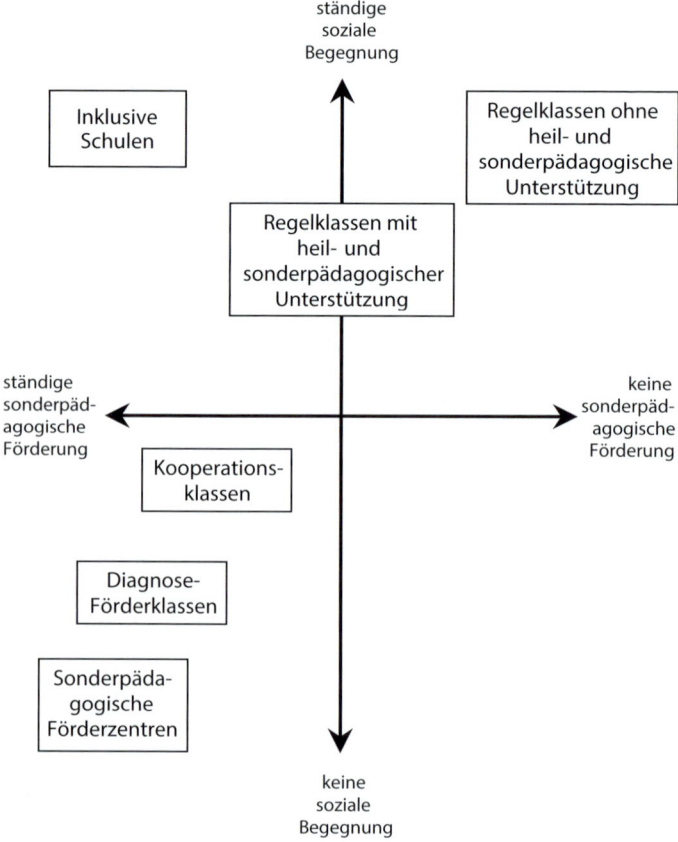

Abb. 5: Inklusive Settings in einem inklusiven Schulsystem

2.2 Allgemeine Schulen (Primar- und Sekundarbereich)

Damit sind jedoch allenfalls die Grundformen der Organisation des inklusiven Unterrichts in der BRD benannt. Kooperative Schulzentren entstehen nach dem Modell des Deutschen Bildungsrates von 1974 z. B. dort, wo unterschiedliche Schulformen sich einen gemeinsamen Standort oder gar ein gemeinsames Schulgebäude teilen als *inklusiver Schulcampus*. Besonders die überregionalen Sonderpädagogischen Förderzentren spielen bei der Weiterentwicklung wohnortnaher Formen der Förderung eine eminent wichtige Rolle. Sie tragen u. a. dazu bei, dass sonderpädagogische Förderung nicht mehr nur einem rein institutionellen Förderauftrag folgt, sondern mehr und mehr mit einem regionalen Förderauftrag verbunden wird.

> **In einem Satz gesagt**
>
> *Das organisatorische Bild der inklusiven Bildung im schulischen Bereich gleicht gegenwärtig zunehmend einem regionalen Netzwerk mit vielfältigen Formen.*

Gerade aufgrund der Finanzierungsprobleme in Verbindung mit inklusiven Schulen zeigt sich dabei umso deutlicher, dass wir auf ein *Kontinuum an unterschiedlichen Organisationsformen inklusiver schulischer Bildung* angewiesen sind. Diese sind über das jeweils mögliche Maß an sozialer Begegnung und das jeweils notwendige Maß an sonderpädagogischer Unterstützung auszudifferenzieren und als System mit hoher Durchlässigkeit sowie Flexibilität zu gestalten, wie es die skandinavischen Länder (z. B. Norwegen, Finnland) vormachen. Ein Blick in andere EU-Länder zeigt im Übrigen auch, dass kein Land – auch nicht bei weitreichenden Inklusionsentwicklungen – Förderschulen vollständig abgeschafft hat (vgl. Gebhardt 2015, S. 40f.).

Bislang haben wir die Inklusionsentwicklung der einzelnen Schule bzw. Jahrgangsstufenklasse analysiert. Auch die Bildungsforschung geht lange Zeit davon aus, dass dies die Entwicklungseinheit der Schulentwicklung sei (vgl. Fend 1998). Schulen, die sich für den inklusiven Unterricht geöffnet haben, versuchen über kurz oder lang aber auch durch eine verstärkte Kooperation die neuen Entwicklungsaufgaben zu bewältigen und auf diese Weise die Rahmenbedingungen für inklusive Bildung systematisch zu verbessern.

2.2.4 Unterstützungssysteme für inklusiven Unterricht

Der inklusive Unterricht ist kein Feld für Einzelkämpferinnen und Einzelkmämpfer. In der Zusammenarbeit der Lehrkräfte liegt eine der entscheidenden Voraussetzungen zur Bewältigung der vielfältigen pädagogischen Anforderungen in heterogenen Lerngruppen. Schulen, die sich für die Inklusionsentwicklung entschieden haben, bilden deshalb in der Regel bereits in der Phase der konzeptionellen Vorbereitung Teamstrukturen aus, zu denen neben den Lehrkräften (*interne Kooperation*) nicht selten auch Eltern und weitere externe Fachkräfte (*externe Kooperation*) hinzugezogen werden.

Interne Kooperation

Der inklusive Unterricht erfordert phasenweise auch Prozesse des *team-teaching*. Dies ist für viele Lehrkräfte ungewohnt und kann deshalb durchaus zu einer gewissen Verunsicherung und Zurückhaltung beitragen. Beim *team-teaching* arbeiten zwei oder mehr Lehrkräfte mit einer Lerngruppe zusammen. Neben der gemeinsamen Planung des Unterrichts und der genauen Koordination der Zusammenarbeit in der Klasse ermöglicht das *team-teaching* ein weitaus höheres Maß an Flexibilität in der Unterrichtsorganisation. Zugleich eröffnen sich damit größere Chancen für Individualisierung und Differenzierung (vgl. Apel 1994, S. 331f., Kricke/Reich 2016).

In mehrzügigen Schulsystemen mit mehreren Jahrgangsklassen erweitern sich die Kooperationsaufgaben meist auf alle Lehrkräfte einer Jahrgangsstufe oder Schulstufe. Auch fachbezogene Formen der Zusammenarbeit werden entwickelt, wenn beispielsweise die Lehrkräfte eines bestimmten Unterrichtsfaches zu mehr Koordination in Bezug auf einen schulinternen Stoffverteilungsplan beitragen wollen. In diesen Fällen sehen sich die Lehrkräfte mit der Aufgabe der *Teamentwick-*

lung konfrontiert (vgl. Philipp 2005). Solche Prozesse benötigen erfahrungsgemäß vor allem Zeit, da nicht nur die Sachaspekte, sondern auch die Beziehungsaspekte dieser neuen Kommunikationssituation zu entwickeln sind. Beginnen Lehrkräfte mit der Zusammenarbeit in einem Team und bezogen auf eine konkrete Aufgabenstellung (Phase 1: *forming*), so stellen sich nicht selten Konflikte und Spannungen ein (Phase 2: *storming*). Im Prozess der weiteren Zusammenarbeit kommt es jedoch in der Regel zu einer gemeinsamen Interpretation der Aufgabenstellung, die eine bestimmte Rollendifferenzierung und Aufgabenteilung ermöglicht (Phase 3: *norming*). Schließlich sollte ein Team in der Lage sein, die gemeinsame Aufgabe in strukturierter Weise anzugehen und entstehende Konflikte selbstständig zu lösen (Phase 4: *performing*). Inhaltlich können sich Teamprozesse um konzeptionell-organisatorische oder eher fallbezogene Schwerpunkte gruppieren. Häufig wird die Teamarbeit in den Jahrgangsstufenteams einer inklusiven Schule durch die alltägliche Notwendigkeit zu organisatorischen Absprachen dominiert. Darüber hinaus sollte besonders die Gelegenheit zur gemeinsamen und selbstorganisierten Fortbildung genutzt werden, um so Zugänge zu einer kontinuierlichen schulinternen Lehrerfortbildung (SCHILF) zu erreichen. Themen können dabei die gemeinsame Weiterentwicklung des didaktisch-methodischen Repertoires im inklusiven Unterricht sein (z. B. Differenzierungsmöglichkeiten im Unterricht, Neugestaltung der Wochenpläne, Erweiterung des Angebotes für die Freie Arbeit), aber auch vertiefende Einblicke in unterschiedliche sonderpädagogische Förderschwerpunkte sowie damit verbundene Aspekte der Diagnose und Förderung. Demgegenüber steht die Notwendigkeit zu verstärkten Teamfallbesprechungen bezogen auf einzelne Schülerinnen und Schüler. Dabei kann es beispielsweise um die gemeinsame Erarbeitung eines Förderplans für die Schülerinnen und Schülern mit SPF gehen, der von allen Lehrkräften einer Jahrgangsstufe gemeinsam getragen wird. Auf diesem Weg erfährt das Jahrgangsstufenteam auch die Kinder und Jugendlichen mit SPF als gemeinsame Aufgabenstellung.

> **In einem Satz gesagt**
>
> *Erfahrungen mit Teamentwicklung in inklusiven Schulen bestätigen, dass besonders in großen Schulsystemen (etwa im Sekundarbereich) hier ein entscheidendes Unterstützungssystem für inklusive schulische Bildung gesehen werden muss.*

Jahrgangsstufenteams ermöglichen die Einbettung des inklusiven Unterrichts in das Schulsystem und entlasten die einzelnen Lehrkräfte wirksam (vgl. Heimlich/Jacobs 2001, S. 140ff.).

Eine Weiterentwicklung der Jahrgangsstufenteams ergibt sich im sog. »*Teamkleingruppenmodell*« der Gesamtschule (vgl. Ratzki u. a. 1994). Hier sind über die Pädagogenteams hinaus auch die Schülerinnen und Schüler zu Teams zusammengeschlossen, die in kontinuierlichen Tischgruppen gemeinsam lernen. Außerdem sind die Lehrkräfte des Jahrgangsstufenteams als autonome Einheit innerhalb der Gesamtschule konzipiert, die den gesamten inklusiven Unterricht sowohl inhaltlich als auch organisatorisch (z. B. Stundenplan) abdecken sollen. Gerade im Sekundarbereich erweist sich dies als Vorteil für die Entwicklung einer inklusiven Schule (▶ Kap. 3.3).

Externe Kooperation

Aber der inklusive Unterricht führt Lehrkräfte unter Umständen an ihre professionellen Grenzen. Inklusive Schulen beziehen deshalb auch *Schulbegleitungen (bzw. Inklusionshelferinnen und -helfer)* in die Arbeit mit ein. Diese werden entweder über die Eltern oder über den Schulträger eingestellt. Die Finanzierung erfolgt über die Eingliederungshilfe im Rahmen des Sozialgesetzbuches XII (▶ Kap. 1.2). Sie übernehmen vor allem betreuende und pflegerische Aufgaben bei Kindern und Jugendlichen mit erheblichem Förderbedarf (sog. »Schwer- bzw. Mehrfachbehinderte«). Schulbegleitungen werden von inklusiven Schulen als zusätzliche personelle Ressource sehr begrüßt. Es ergeben sich allerdings zunehmend Probleme in Bezug auf die Qualifikation der Schulbegleitungen und den konkreten Einsatzbereich, da sie grundsätzlich eigentlich nur für das Kind mit SPF zuständig sind (vgl. Dworschak 2012).

Inklusive Schulen unterhalten darüber hinaus regelmäßige *Kontakte zu anderen Berufsgruppen* (medizinische, therapeutische, psychologische und sozialpädagogische Fachkräfte) und arbeiten in *multiprofessionellen Teams*. Teilweise bestehen diese Kontakte bereits bei der Aufnahme eines Kindes mit SPF und sind von den Eltern des Kindes aufgebaut worden (z. B. Kinderärztinnen und Kinderärzte, Logopädinnen und Logopäden usf.). In besonders schwierigen Erziehungssituationen suchen inklusive Schulen jedoch auch den Kontakt zu Erziehungsberatungsstellen bzw. Schulpsychologischen Beratungsstellen.

> **In einem Satz gesagt**
>
> *Gerade die Einbeziehung der inklusiven schulischen Bildung in das sozialräumliche Umfeld einer Schule im Rahmen eines wohnortnahen Modells macht darüber hinaus die Zusammenarbeit mit Fachkräften aus dem Bereich Soziale Arbeit/ Sozialpädagogik erforderlich.*

Neben Freizeitangeboten innerhalb und außerhalb der Schule ist hier auch an begleitende Maßnahmen bezogen auf einzelne Kinder und Jugendliche in erschwerten Lebenssituationen und deren Familien zu denken (z. B. im Rahmen des Allgemeinen Sozialdienstes [ASD] insbesondere städtischen Einzugsbereichen).

Gerade in Bezug auf die inklusive schulische Bildung gewinnt die Zusammenarbeit mit den *Eltern* eine neue Dimension. Bei Eintritt der Kinder in die Grundschule haben die Eltern meist schon umfangreiche Erfahrungen mit Fachleuten in der Zusammenarbeit mit ihren Kindern gesammelt. Außerdem verfügen sie über umfangreiche Kenntnisse über den bisherigen Lebensweg des Kindes, seine persönlichen Vorlieben und Interessen. Nicht zu unterschätzen ist ebenfalls das fachliche Wissen, das sich Eltern bezogen auf spezielle Förderschwerpunkte ihrer Kinder angeeignet haben. Lehrkräfte sollten diese Vorerfahrungen und Vorkenntnisse der Eltern ernst nehmen und möglichst mit in ihre Förderplanung und Konzeptionsentwicklung aufnehmen. Im Idealfall wird das so entstandene Förderkonzept von Elternhaus und Schule gemeinsam getragen. Die vorliegenden Erfahrungen deuten darauf hin, dass sich eine positiv gestaltete Kooperation zwischen Eltern und Lehrkräften sogar auf die Qualität der Lernprozesse und ihre Effekte förderlich auswirkt. Bei den Eltern der Kinder ohne Behinderung kann es anfänglich zu Skepsis und Zurückhaltung bezogen auf die Möglichkeiten des inklusiven Unterrichts kommen. Befragungen der Eltern zum integrativen Unterricht haben allerdings bereits in der Vergangenheit belegt, dass sich der überwiegende Teil erneut für den integrativen Unterricht entscheiden würde (vgl. zusammenfassend Preuss-Lausitz 1997b, S. 152ff.). Sie benötigen aber ebenso wie ihre Kinder einen gewissen Erfahrungsprozess mit der Integration bzw. Inklusion. Diesen Erfahrungsprozess sollten inklusive Schulen ihren Eltern ebenfalls ermöglichen.

Häufig wird bei der Inklusionsentwicklung die Bedeutung der verschiedenen Ebenen der *Schulaufsicht und Bildungsverwaltung* übersehen. Gerade im Zuge der gegenwärtigen Neustrukturierung dieses Bereichs im Bildungs- und Erziehungssystem (mehr Beratung als Kontrolle, mehr Schulautonomie als Hierarchisierung, vgl. Rolff 1993, S. 197ff.; Bildungskommission NRW 1995, S. 191ff.) übernahm die Schulaufsicht bereits eine wichtige Funktion im Rahmen der Integrationsentwicklung (vgl. insbesondere den Schleswig-Holsteinischen Weg: Pluhar 1998). Hier könnte insbesondere der Bereich der Evaluation und Qualitätssicherung des inklusiven Unterrichts angesiedelt sein – allerdings in einer veränderten Aufgabenstellung von Schulaufsicht.

> **In einem Satz gesagt**
>
> *Während bisher Kontrolle und dienstliche Beurteilung häufig im Vordergrund stehen, erkennt man nun zunehmend, dass eine unterstützende Rolle der Schulaufsicht für die inklusive Schulentwicklung nur dann wirksam wird, wenn der Beratungsauftrag im Vordergrund steht.*

Schulaufsicht könnte dann die interne Evaluation des inklusiven Unterrichts durch die Teams der Lehrkräfte in Form von Berichten und Präsentationen (*Innen-Perspektive*) um Maßnahmen der externen Evaluation in

Form von standardisierten Instrumenten wie Befragungen (*Außen-Perspektive*) ergänzen (s. dazu die Qualitätsskala zur inklusiven Schulentwicklung, QU!S, vgl. Heimlich u. a. 2018b). Aus der veränderten Rolle der Schulaufsicht folgt allerdings auch ein verändertes Kooperationsverhältnis, in dem nunmehr die Partnerschaftlichkeit betont werden müsste. Letztlich zeichnet die oberste Ebene der Schulaufsicht in den Bundesländern (in der Regel die Fachministerien) auch für die Rahmenbedingungen des inklusiven Unterrichts verantwortlich (über Gesetze, Verordnungen, Erlasse usf.). Insofern entstehen auf dieser Ebene der Schulaufsicht auch landesweite Aufgaben der Koordination in Bezug auf den inklusiven Unterricht. Inklusionsentwicklung kann im schulischen Bereich ohne eine beratende und unterstützende Schulaufsicht kaum auf den Weg zu einem flächendeckenden Angebot gebracht werden.

> **Baustellen der Inklusion**
>
> Unsicherheiten ergeben sich bei der Entwicklung eines inklusiven Schulsystems bereits bezogen auf Schülerinnen und Schüler mit SPF. Häufig verfügen allgemeine Schulen nicht über das notwendige förderdiagnostische Know-How, um die individuellen Förderbedürfnisse der Schülerinnen und Schüler zu erfassen. Hier ergibt sich die Notwendigkeit der Kooperation mit sonderpädagogischen Lehrkräften in den unterschiedlichen Förderschwerpunkten, die allerdings nach wie vor nicht in der notwendigen Zahl in allgemeinen Schulen präsent sind. Auch die Weiterentwicklung des inklusiven Unterrichts fällt Lehrkräften der allgemeinen Schulen ohne eine entsprechende Unterstützung über Fortbildung und Beratung schwer. Hinzu kommt, dass die Teamkooperation nicht in allen Schulformen bereits so ausgebildet ist, dass sie für die einzelnen Lehrkräfte z. B. über kollegiale Fallberatungen eine entlastende Wirkung entfalten könnte. Schließlich hängt die Entwicklung einer inklusiven Schule stark von einer aktiven Rolle der Schulleitung ab, die jedoch über Unterrichtsverpflichtungen und einen immer weiter erhöhten Verwaltungsaufwand im schulischen Bereich häufig anderweitig gebunden ist. Insgesamt ist festzuhalten, dass der Kommunikationsauf-

> wand in inklusiven Schulen in exorbitanter Weise steigt, ohne dass dies in Bezug auf die Lehrerstunden anerkannt würde. So ist es in inklusiven Schulen vielfach nach wie vor der Phantasie des Kollegiums überlassen, wie gemeinsame Besprechungszeiten organisiert werden können. Letztlich ergibt sich derzeit bildungspolitisch die konkrete Gefahr, dass Inklusion möglichst keine zusätzlichen Kosten verursachen soll und möglicherweise sogar als Einsparpotenzial missbraucht wird. Gerade weil es in der Entwicklung eines inklusiven Schulsystems nicht mehr um die Frage geht, ob Inklusion der Weg der Zukunft ist, sondern nur noch um die Frage, wie dieser Weg in einer möglichst qualitätsvollen Weise gestaltet werden kann, wird die Lösung des Ressourcenproblems im Sinne von Ressourcengerechtigkeit zwischen den parallelen Systemen und letztlich verbunden mit dem Ziel des Ressourcentransfers eine entscheidende Weichenstellung für die Zukunft beinhalten.

Da die UN-BRK in Art. 24 auf das gesamte Bildungs- und Erziehungssystem abzielt und auch den weiteren Lebenslauf von Menschen mit Behinderung in den Blick nimmt, soll nun auch der Tertiärbereich einbezogen werden.

2.3 Hochschulen und Erwachsenenbildung (Tertiär- und Quartärbereich)

Mit dem Besuch der inklusiven Schule ist das Angebot eines inklusiven Bildungssystems keineswegs beendet. Ein Teil der Schülerinnen und Schüler mit Behinderung wechselt zum Studium an die Hochschulen oder nimmt begleitend zur Berufsbildung Angebote der Erwachsenenbildung in Anspruch. Erste Erfahrungen mit der Entwicklung inklusiver Bildungsangebote in diesem Bereich des Bildungssystems liegen zwischenzeitlich ebenfalls vor. In der UN-BRK heißt es überdies in Art.

2.3 Hochschulen und Erwachsenenbildung (Tertiär- und Quartärbereich)

24, Abs. 5, dass der Zugang zur allgemeinen Hochschulbildung, Erwachsenenbildung und zum lebenslangem Lernen ebenfalls ohne Diskriminierung und gleichberechtigt mit anderen zu gestalten sei. Dazu werden erneut entsprechende Vorkehrungen angemahnt.

2.3.1 Inklusive Erwachsenenbildung/Weiterbildung

Die Anfänge der Integrationsbemühungen im Bereich der Erwachsenenbildung/Weiterbildung reichen in der BRD bis in die 1970er Jahre zurück. In dieser Phase der Entwicklung von integrativen Angeboten in der Erwachsenenbildung/Weiterbildung ging es vor allem um die Ermöglichung von sozialer Begegnung. Erst im Laufe der 1980er Jahre wurde jedoch deutlich, dass Integration in der Erwachsenenbildung auf mehreren Ebenen verankert werden muss und nicht nur auf der Ebene der sozialen Interaktion. Unter der Zielperspektive der Inklusion wird schließlich ersichtlich, dass diese Aufgabe im Bereich der Erwachsenenbildung/Weiterbildung ein grundlegendes Umdenken in der Gestaltung aller regulären Angebote erforderlich macht (vgl. Heimlich/Behr 2018).

Erwachsenenbildung/Weiterbildung als Begegnung

Im Rahmen des bis heute in der Erwachsenenbildung/Weiterbildung zentralen Ansatzes der *Zielgruppenorientierung* (vgl. Tippelt 2004) wurden in den 1970er Jahren auch Menschen mit Behinderungen als Zielgruppe entdeckt. Der Anspruch einer Weiterbildung für alle, wie er im Strukturplan für das Bildungswesen des Deutschen Bildungsrates von 1970 formuliert ist, galt zwar prinzipiell auch für Menschen mit Behinderung. Die Praxis war jedoch weit von diesem Anspruch entfernt (vgl. den Rückblick bei Christian Lindmeier 1998a, 1998b). Wenn überhaupt Bildungsangebote für erwachsene Menschen mit Behinderung existierten, so waren sie an die klassischen Sonderinstitutionen (Werkstatt für Behinderte, Wohnheim für Behinderte) angegliedert. Es ist jedoch eher davon auszugehen, dass über die Anleitung am Arbeitsplatz der Werkstatt für Behinderte (im weitesten Sinne also im Bereich der beruflichen

Weiterbildung) hinaus erwachsene Menschen mit Behinderungen kaum in Bildungsangebote einbezogen waren. Zu sehr dominierte der Ansatz der spezifischen Betreuung.

> **In einem Satz gesagt**
>
> *Ein erster Schritt der Teilhabe von Menschen mit Behinderung in der Erwachsenenbildung Weiterbildung muss zweifellos darin gesehen werden, dass überhaupt entsprechende Angebote für Menschen mit Behinderung geschaffen wurden, auch wenn diese Angebote zunächst eher separierenden Charakter hatten.*

Allerdings führte dies bis heute nicht zu Bemühungen um eine »Sonder-Andragogik« oder eine »Sonder-Volkshochschule« (vgl. Schuchardt 2009, S. 268; Arnold/Nolda/Nuissl 2001).

> **Inklusive Situation**
>
> In der Zeit von 1980 bis 1983 veranstaltet die Volkshochschule (VHS) Dortmund einen Gesprächskreis für Menschen mit und ohne Behinderung (Leitung: Brigitta und Ulrich Heimlich). Einmal wöchentlich kommen hier seinerzeit nachmittags Erwachsene aus der Werkstatt für behinderte Menschen (WfB) mit Menschen ohne Behinderung zusammen, um ihre Lebenssituation in der Freizeit gemeinsam zu verändern. Der Gesprächskreis war dem Themengebiet »Mit der Behinderung leben« zugeordnet und wurde von dem zuständigen Sachbearbeiter der VHS zusammen mit weiteren Angeboten für die Zielgruppe »Menschen mit Behinderung« organisatorisch begleitet. Der Gesprächskreis fand in den Räumen einer Kirchengemeinde statt, die auch von anderen Gruppen der Gemeinde genutzt wurden. In dem Gesprächskreis entwickelten sich um die Freizeitgestaltung herum mehrere Arbeitsschwerpunkte. So hatten die Teilnehmerinnen und Teilnehmer die Gelegenheit, in Gesprächsrunden und bei gemeinsamen Festen und Feiern ihre sozialen Kompetenzen zu erweitern. Um eine handlungsorientierte Grundlage für die Bil-

2.3 Hochschulen und Erwachsenenbildung (Tertiär- und Quartärbereich)

> dungsangebote bezogen auf Erwachsene mit einer geistigen Behinderung zu schaffen, wurden regelmäßig kreative Angebote in den Kurs einbezogen. Dabei ging es vor allem darum, Alltagsgegenstände mit einfachen Mitteln kreativ umzugestalten. Schließlich fanden im Laufe des Kursus in regelmäßigen Abständen gemeinsame Erkundungsgänge statt. So wurden Ausstellungen und Museen sowie verschiedene Einrichtungen im Stadtteil besucht und größere Studienfahrten zu weiter entfernten Zielen (z. B. Besuch des Freilichtmuseums in Hagen als Tagesausflug) unternommen. Für diese Erkundungen wurden bewusst nur öffentliche Verkehrsmittel genutzt, um alltägliche Integrationserfahrungen zu ermöglichen, auch wenn diese erwartungsgemäß nicht immer konfliktfrei verliefen (z. B. die Ablehnung neben einem Menschen mit Behinderung in der Straßenbahn zu sitzen). Auch die Überwindung von Barrieren konnte dabei erprobt werden, wenn beispielsweise die Kursgruppe gemeinsam ein öffentliches Café besuchte. Durch die Anbindung des VHS-Kurses an die Räume der Kirchengemeinde kam es überdies immer wieder zu Kontakten bei Gemeindefesten und anderen Feierlichkeiten, wobei sich zeigte, dass die Anwesenheit von Menschen mit Behinderung durchaus nicht selbstverständlich war.

Ende der 1970er Jahre wird in der BRD die Forderung nach Bildungsangeboten zur Unterstützung der sozialen Integration von Menschen mit Behinderungen laut. Sonderinstitutionen im Bildungsbereich werden in dieser Zeit zunehmend in ihrer Tendenz zur Verstärkung von Stigmatisierung und Vorurteilsbildung erkannt. Erika Schuchardt hat die in diesem Zusammenhang sich stellende Aufgabe der humanen Annahme als Prozess der Krisenverarbeitung dargestellt. Auf der Basis der Ergebnisse eines umfassenden Biographieforschungsprojektes (vgl. die Übersicht bei Schuchardt 2002, S. 270ff. und die weiterführende Literatur dort) unterscheidet sie acht Spiralphasen dieser Krisenverarbeitung: 1. Ungewissheit, 2. Gewissheit, 3. Aggression, 4. Verhandlung, 5. Depression, 6. Annahme, 7. Aktivität, 8. Solidarität. Dabei erweitert sich im Laufe dieses Verarbeitungsprozesses die eher kognitiv-reaktive Dimension der Fremdsteuerung um eine eher ungesteuerte emotionale Dimension, bis das Ziel der reflexiv-aktionalen Selbststeuerung erreicht ist. Aus diesem sonderpädagogischen Beitrag zur Weiterbildungsforschung heraus entwickelt Schuchardt schließlich die Konzeption einer integrativen Weiterbildung, in der die soziale Interaktion im Mittelpunkt steht, um den Prozess der Krisenverarbeitung wirksam zu begleiten. Vorausgegangen ist dieser Konzeptentwicklung unter anderem auch eine Analyse des Angebotes der Weiterbildung in den Jahren 1979, 1981 und 1983. Die so entstandene »*Zielgruppen-Interaktions-Konzeption (ZIP)*« soll Menschen mit Behinderung als Adressatinnen und Adressaten von Erwachsenenbildung/Weiterbildung in drei Schritten didaktisch-methodische Unterstützung bei der Realisierung von mehr Begegnung anbieten. Ausgehend von Angeboten zur *Stabilisierung* (1) der Betroffenen bezogen auf den Krisenverarbeitungsprozess mit dem Ziel der Selbstfindung und Selbstbestimmung erfolgt die bewusste institutionalisierte Zusammenführung mit Menschen ohne Behinderung im Sinne der *Integration* (2), um so eine selbstständige und selbstbestimmte Teilhabe von Menschen mit Behinderung als umfassende *Partizipation* (3) zu gewährleisten.

Als besonders problematisch erweist sich in diesem Zusammenhang die intervenierende Variable der Abwehrmechanismen gegenüber Behinderungen und dem Anderssein allgemein. Voraussetzung für einen gemeinsamen Prozess der Krisenverarbeitung von Menschen mit und ohne Behinderung bleibt die Bereitschaft zum Lernen auf beiden Seiten. Diese kann jedoch nicht prinzipiell vorausgesetzt werden, da gerade das Leid des Anderen und das abweichende Verhalten nicht selten Verdrängungen unterliegt, die einer bewussten Auseinandersetzung eher abträglich sind. Gerade in Verbindung mit dem Prinzip der Freiwilligkeit in der Erwachsenenbildung/Weiterbildung kann die erforderliche soziale Begegnung naturgemäß nicht auf dem Verordnungswege erreicht werden. Mitteleinsparungen im Bereich der Erwachsenenbildung/Weiterbildung und eine nach wie vor unzureichende Schulung der Mitarbeiterinnen und Mitarbeiter bezogen auf die Zielgruppe »Menschen mit Behinderung« mögen zusätzliche Gründe dafür liefern, dass die soziale Begegnung von Menschen mit und ohne Behinderung in der Erwachsenenbildung/Weiterbildung nach wie vor als defizitär betrachtet werden muss. Auch Schuchardt (2002, S. 275) weist darauf hin, dass soziale Integration sich nicht nur in der Begegnung erschöpft, sondern darüber hinaus auf weiteren Ebenen verankert werden muss.

Erwachsenenbildung/Weiterbildung als Normalisierung

Nachhaltige Impulse erhielt diese Forderung nach einem Mehrebenenmodell der integrativen Erwachsenenbildung/Weiterbildung aus dem Normalisierungsprinzip (▶ Kap. 3.4), wie es sich ausgehend von einer veränderten Sozialgesetzgebung für Menschen mit Behinderung in den 1950er Jahren in Dänemark über die skandinavischen Länder und Nordamerika auch in der BRD ausgewirkt hat (vgl. Thimm 1994a). Bengt Nirje (1924-2006), der schwedische Sozialpolitiker, formulierte Ende der 1960er Jahre unter der Maxime »Ein Leben so normal wie möglich« die Perspektive eines Lebens für Menschen mit Behinderung, das sich durch Selbstbestimmung und soziale Integration auszeichnet.

Die hier zugrundeliegende Idee der sozialen Integration hat auch die integrative Erwachsenenbildung/Weiterbildung in der BRD stark beeinflusst. Christian Lindmeier (2003, S. 189ff.) entwickelt in kritischer Distanzierung zum Zielgruppenkonzept vor dem Hintergrund des Normalisierungsprinzips ein *Mehrebenenmodell der integrativen Erwachsenenbildung*. Über die Ebene der *sozialen Integration* hinaus ist es demnach erforderlich, auch für eine *räumliche Integration* der Angebote in die Lernorte der regulären Erwachsenenbildung/Weiterbildung zu sorgen. Von daher besteht die Notwendigkeit, Verbesserungen im Bereich der *funktionalen Integration* vorzunehmen und die Einrichtungen der Erwachsenenbildung beispielsweise barrierefrei zu gestalten sowie entsprechende Lernhilfen bereitzuhalten, die auch Menschen mit Behinderung einen Zugang zu den Kursangeboten ermöglichen. Ebenso darf die *personale Integration* nicht vernachlässigt werden, damit die Chance auf »sinngebende und identitätsfördernde Beziehungen« (a. a. O., S. 194) für Menschen mit Behinderungen gewahrt bleibt. Integrative Erwachsenenbildung/Weiterbildung gewinnt in dieser Hinsicht die Rolle eines Gegengewichts (vgl. ebd.) zu Arbeitstätigkeiten, die möglicherweise als monoton und fremdbestimmt erfahren werden. *Gesellschaftliche Integration* wirkt als Anspruch ebenfalls auf die Erwachsenenbildung/Weiterbildung zurück und richtet das Augenmerk insbesondere auf Prozesse der Mitbestimmung, Wahlfreiheit und Freiwilligkeit (vgl. ebd.), die auch für Menschen mit Behinderung gelten. Zur Realisierung dieses Mehrebenenmodells der Integration ist es letztlich erforderlich, eine *organisatorische Integration* der integrativen Erwachsenenbildung/Weiterbildung zu erreichen und sie in ein umfassendes Qualitätskonzept einzubinden, um so den Qualitätsstandards der regulären Angebote in diesem Bereich ebenfalls Geltung zu verschaffen. Inwieweit ein Angebot tatsächlich in der Einzelveranstaltung den Anspruch der Teilhabe von Menschen mit Behinderung erfüllt, entscheidet sich wiederum auf der Ebene der *didaktischen Integration* (vgl. a. a. O., S. 195ff.). Nicht nur die Angebotsplanung, sondern ebenso die konkrete Kurs- und Unterrichtsplanung sind vor die Aufgabe gestellt, Integration durch entsprechende didaktisch-methodische Arrangements zu ermöglichen. Besonders bedeutsam ist in diesem Zusammenhang die praktische Erfahrung, dass Menschen mit Behinderung häufig nur dann an Kursen teilnehmen können, wenn für sie die Möglichkeit besteht, auf persönliche Assistenz zurückzugreifen, die sie bei der Überwindung der zahlreichen noch vorhandenen Barrieren unterstützen (vgl. a. a. O., S. 197).

Auch wenn dieses Konzept besonders bei Lindmeier mittlerweile bis hinein in die organisatorische und didaktische Feinplanung ausgearbeitet worden ist und an konkrete Projekte angebunden werden kann, so lässt sich doch nicht übersehen, dass viele Dimensionen dieses Mehrebenenmodells integrativer Erwachsenenbildung/Weiterbildung Programm geblieben sind. Es gilt zu fragen, warum ein als konsensfähig erkanntes und praxisnah ausgearbeitetes Konzept nicht zu einem Ausbau der integrativen Erwachsenenbildung/Weiterbildung geführt hat? Eine der zahlreichen möglichen Antworten dazu zielt darauf ab, dass wir es möglicherweise versäumt haben, die erforderlichen Einstellungsänderungen direkt anzugehen. Diesen Weg beschreibt die internationale Bewegung der *inclusive education*, die auch der Erwachsenenbildung/Weiterbildung neue Impulse zu geben vermag.

Erwachsenenbildung/Weiterbildung als Inklusion

Die Idee der Inklusion ist sicher ohne das Normalisierungsprinzip nicht denkbar (▶ Kap. 3.4). Personale und soziale Aspekte der Teilhabe sind zweifellos auch für inklusive Bildungssituationen eine unabdingbare Voraussetzung. In den ersten Praxisprojekten einer inklusiven Erwachsenenbildung zeigt sich jedoch bereits, dass sich Inklusion ebenfalls auf die Gestaltung des Umfeldes auswirkt. Dieses ökologische Denken liegt beispielsweise dem Konzept »*Promoting a Lifetime of Inclusion*« (vgl. Renzaglia/Karvonen/Drasgow/Stoxen 2003) zugrunde. Ganz im Sinne der Kind-Umfeld-Analyse, die sich in der Bundesrepublik Deutschland bereits für die sonderpädagogische Förderdiagnostik als zentrales Handlungskonzept erwiesen hat, wird hier danach gefragt, wie das jeweilige *setting* eines Bildungsangebotes so gestaltet werden kann, dass alle potenziellen Nutzerinnen und Nutzer mit einbezogen sind (*environmental considerations*). Um Inklusion als Bestandteil eines lebenslangen Lernprozesses zu etablieren, wird darüber hinaus eine personenzentrierte Zukunftsplanung (*person-centered planning*) angeregt und ein Umfeldinventar (*ecological inventory*) angelegt, in dem die vorhandenen Ressourcen zur Umsetzung der persönlichen Zukunftsplanung aufgelistet sind. Hinzu treten schließlich unmittelbare Hilfen zur Entwicklung von Selbstbestimmungsfähigkeiten (*self-determination*) und zur Unterstützung entsprechender Verhaltensansätze (*positive behavior support*). Auch bei Durchsicht des entsprechenden Leitfadens zeigt sich, dass Inklusion ein Prozess ist, in dem ganz im Sinne des Normalisierungsprinzips Chancengleichheit, Lebensqualität und Menschenrechte für Menschen mit Behinderung verwirklicht werden sollen.

Die Übertragung der Idee der Inklusion auf die Weiterbildung deutet auf die Notwendigkeit einer stärkeren Öffnung von Angeboten der Erwachsenenbildung/Weiterbildung hin (vgl. Babilon/Goeke/Terfloth 2007). In jedem Fall wird die Bedeutung von informellen und nicht-formalen Bildungsprozessen im Rahmen einer inklusiven Erwachsenenbildung steigen. Im Gegensatz zur weiter dominanten Zielgruppenorientierung in der Erwachsenenbildung/Weiterbildung erfordert der Gedanke der Inklusion eher eine *Themenorientierung* als zentrales Prinzip (vgl. a.a.O. S, 19). So würde das gemeinsame Interesse an einem

Thema für eine sicher heterogene Gruppe von Teilnehmerinnen und Teilnehmern zum konstituierenden Prinzip. Schließlich müsste sich der Umgang mit Heterogenität durch den Ansatz der *offenen Didaktik* (vgl. a. a. O., S. 20) auszeichnen:

> »Grundsätzlich förderlich für Inklusion können offene Lernangebote sein, die flexibel auf die Lernenden (zeitlicher Umfang, konkrete Auswahl und Schwerpunktsetzung der Themen, Art der Bearbeitung) abgestimmt werden können« (ebd.).

Dazu gehören dann auch Wahlmöglichkeiten bezogen auf verschiedene Teilthemen sowie unterschiedliche Lernwege und Sprachniveaus. Sicher weist die Idee einer inklusiven Erwachsenenbildung/Weiterbildung noch in die Zukunft. Gleichwohl zeigt sich in vielen Praxisprojekten bereits, dass der Weg zur inklusiven Erwachsenenbildung/Weiterbildung beschritten wird (vgl. Bettina Lindmeier u. a. 2000). Die Hochschulen beginnen allerdings erst zu einem Ort der inklusiven Bildung geworden.

2.3.2 Inklusive Hochschule

Laut einer Erhebung des Deutschen Studentenwerks im Wintersemester 2016/2017 studieren derzeit etwa 11 % Menschen mit Behinderung an den bundesdeutschen Hochschulen (vgl. Deutsches Studentenwerk 2018). Im Vergleich zu den früheren Sozialerhebungen steigt der Anteil sogar an. Die Hochschulen haben sich auf der Basis des Hochschulrahmengesetzes (§ 2, Abs. 4) in den Hochschulgesetzen der Bundesländer zum Ziel gesetzt, dass Studierende mit Behinderung nicht benachteiligt werden und alle Angebote und Einrichtungen der Hochschulen selbstständig und ohne fremde Hilfe wahrnehmen können. Studierende mit Behinderung sind jedoch nach wie vor vielfältigen Nachteilen in ihrem Studium ausgesetzt. Das beginnt bereits bei der Bewerbung um einen Studienplatz, wenn eine *Härtefallregelung* beantragt werden soll und darauf bezogene Beratungsangebote benötigt werden. Studierende mit Behinderung stehen hier häufig vor der großen Unsicherheit, inwieweit das Studienangebot hinreichend barrierefrei ausgerichtet ist und die Hochschulen sich in ausreichender Weise auf individuelle Bedürfnisse

2.3 Hochschulen und Erwachsenenbildung (Tertiär- und Quartärbereich)

von Studierenden mit Behinderung einzustellen bereit sind. Ein offenes Problem stellt sich ebenfalls in Bezug auf die Gestaltung der *Barrierefreiheit* in Hochschulgebäuden ein. Bei Neubauten öffentlicher Gebäude schreiben die entsprechenden Landesbauordnungen die barrierefreie Gestaltung vor. Dazu liegen sogar entsprechende DIN-Vorschriften vor (▶ Kap. 2.5). Ungelöst ist allerdings vielfach die Umgestaltung älterer Hochschulgebäude, zumal wenn diese unter Denkmalschutz stehen. Hier bedarf es teilweise der Kompromissfähigkeit aller Beteiligten in Verbindung mit entsprechenden Assistenzdiensten, um das anspruchsvolle Ziel der selbstständigen Nutzung der Studienangebote erfüllen zu können. Insofern kommt den *Beauftragten für Studierende mit Behinderung und chronischer Erkrankung* eine bedeutende Rolle bei der Gestaltung einer inklusiven Hochschule zu (vgl. Dannenbeck u. a. 2016; Klein 2016).

Im Jahre 2009 wird seitens der Hochschulrektorenkonferenz (HRK) eine Empfehlung »Eine Hochschule für alle« veröffentlicht (vgl. Hochschulrektorenkonferenz 2009). Darin heißt es, dass die Hochschulen die Belange von Studierenden mit Behinderung und chronischer Erkrankung noch nicht ausreichend berücksichtigen. Die HRK gibt sodann Empfehlungen zur Gestaltung der Barrierefreiheit im Studium, zu den Prüfungs- und Studienordnungen und zum *Nachteilsausgleich*. Der gesamte Verlauf des Studiums soll durch entsprechende Beratungsangebote begleitet und unterstützt werden.

Forschung inklusiv

Im Jahre 2012 erfolgt eine Evaluation der Empfehlungen der HRK von 2009 (vgl. Hochschulrektorenkonferenz 2013). Die 267 Mitgliedshochschulen erhalten einen Online-Fragebogen, den schließlich 135 Hochschulen ausfüllen (also etwas mehr als die Hälfte der Mitgliedshochschulen). Im Ergebnis zeigt sich, dass die meisten Hochschulen inzwischen Beauftragte für Studierende mit Behinderung und chronischer Erkrankung ernannt haben, diese allerdings im Ehrenamt tätig sind und kein eigenes Budget zur Verfügung haben. Auch Beratungsangebote für Studierende mit Behinderung und chronischer Erkrankung werden vorgehalten. Barrierefreie Informationsmaterialien auf den Internet-Seiten der Hochschulen liegen allerdings nur bei etwa der Hälfte vor. Eine flächendeckende Umsetzung der Barrierefreiheit ist erst bei ca. einem Viertel der Hochschulen geplant. Besonders Studierende mit Seh- und Hörbeeinträchtigungen werden bei der Gestaltung der Barrierefreiheit noch nicht ausreichend berücksichtigt.

Als zusätzliches Problem stellt sich zudem die mangelnde Information der Lehrenden über die Situation von Studierenden mit Behinderung und chronischer Erkrankung dar:

Inklusive Situation

Im »Münchener Inklusionstraining für Lehrende (M!T-L)« werden Lehrende der Ludwig-Maximilians-Universität München einmal pro Semester in einer eintägigen Veranstaltung mit grundlegenden Informationen zum Studieren mit Behinderung und zum Nachteilsausgleich vertraut gemacht. Zusätzlich wird über die regional vorhandenen Beratungsangebote für Studierende informiert. Hinweise zur Gestaltung einer barrierefreien Lehre (z. B. barrierefreie Powerpoint-Präsentationen) werden kleinschrittig erarbeitet. Ganz besonders bedeutsam ist im Rahmen des M!T-L allerdings der Selbsterfahrungsparcours, in dem unterschiedliche Behinderungsarten, die bei Studierenden vorkommen können und teilweise von betroffenen Studierenden oder in Kooperation mit externen Referentinnen und Referenten für die Teilnehmerinnen und Teilnehmer erfahrbar gemacht werden sollen. Insgesamt zeigt sich in dieser Maßnahme, dass der Informationsstand seitens der Lehrenden in Bezug auf Studierende mit Behinderung eher gering ist und die Unterstützungsmöglichkeiten zur Bewältigung konkreter Nachteile sehr positiv aufgenommen werden (URL: http://www.profil.uni-muenchen.de/inklusionstraining/index.html, letzter Aufruf: 29.03.2018).

Eine weitere Hürde stellt sich für Menschen mit Behinderungen nach dem erfolgreich abgeschlossenen Studium bzw. nach dem Verlassen der Schule im Übergang zum Beruf. Nicht immer ist dabei gesichert, dass sie in dem erlernten Beruf ein Beschäftigungsverhältnis finden.

2.4 Inklusion im Beruf

Da nach wie vor die Erwerbstätigkeit als Grundlage der Existenzsicherung anzusehen ist, stellt erst die Einbeziehung in die Arbeitswelt die Nagelprobe auf die gelungene Inklusion im Sinne gesellschaftlicher Teilhabe dar. Allerdings sind die gesellschaftlichen Exklusionstendenzen auf dem Arbeitsmarkt auch besonders spürbar (vgl. Biermann 2015). In Art. 27 der UN-BRK wird der *Zugang zum Arbeitsmarkt für Menschen mit Behinderung* in umfassender Weise geregelt einschließlich der Berufsberatung, Stellenvermittlung sowie der Berufsausbildung und Weiterbildung bis hin zur beruflichen Rehabilitation. Ziel ist auch hier, dass Menschen mit Behinderung ihr Recht auf Teilhabe im Arbeitsleben ohne Diskriminierung und in freier Wahl verwirklichen können, um damit ihren Lebensunterhalt durch Arbeit verdienen zu können.

Das Ziel der beruflichen Inklusion bleibt für alle Jugendlichen und jungen Erwachsenen mit Behinderung die berufliche Qualifikation in einem anerkannten Ausbildungsberuf (*erste Schwelle*), wie es das Berufsbildungsgesetz (BBiG) in § 65 im Rahmen der dualen Ausbildung (in Betrieben und Berufsschulen) vorschreibt und die Übernahme in ein Beschäftigungsverhältnis auf dem allgemeinen Arbeitsmarkt (*zweite Schwelle*). Auch Menschen mit Behinderung haben lt. § 64 BBiG das Recht auf eine Berufsausbildung. Zusätzlich können spezielle Regelungen für Menschen mit Behinderung im Bereich der Berufsausbildung (sog. »Fachpraktiker-Ausbildung«) mit reduzierten Anforderungen in Anspruch genommen werden (§ 66 BBiG bzw. § 42m Handwerksordnung, HwO). Außerdem gibt es die Möglichkeit der *Ausbildungsassistenz* als Begleitung der Auszubildenden. Neben der dualen Ausbildung wird in den Berufsbildungswerken eine außerbetriebliche Möglichkeit der Berufsausbildung für Jugendliche angeboten, verbunden mit einer sechsmonatigen Phase in einem Ausbildungsbetrieb. Der fehlende Haupt- bzw. Mittelschulabschluss ist nach wie vor eine Hürde beim Einstieg in die Berufsausbildung. Etwa drei Viertel dieser Jugendlichen landen im Übergangssystem mit den berufsvorbereitenden Bildungsmaßnahmen (vgl. Bundesministerium für Arbeit und Sozialordnung 2016, S. 119). Repräsentative Daten liegen dazu allerdings nicht vor. Im Jahre 2014 sind etwa 25.000 Auszubildende in einer Berufsausbildung für Menschen mit Behinderung (n. §§ 64ff. BBiG bzw. §42m HwO) bei insgesamt rückläufigen Zahlen im Bereich der Ausbildungsplätze (vgl. a. a. O., S. 120). Etwa 6.500 Schwerbehinderte befinden sich im Jahre 2012 in einem Ausbildungsverhältnis, deren Zahl in den letzten Jahren kontinuierlich angestiegen ist (vgl. a. a. O., S. 121). 2014 sind ca. 9.600 neue Ausbildungsverträge in Berufen für Menschen mit Behinderung abgeschlossen worden (ebd.), deren Zahl aber rückläufig ist. Aus diesen Ausbildungsverhältnissen gelingt den Absolventinnen und Absolventen der Übergang in den Beruf zu etwa 90 % (vgl. a. a. O., S. 123), was im Grundsatz eine Erfolgsmeldung darstellt. Es werden aber gleichwohl erhebliche Schwierigkeiten an dieser zweiten Schwelle berichtet.

> **Forschung inklusiv**
>
> Im Rahmen des Schulversuchs »Inklusive berufliche Bildung (IBB)« wird in Bayern die Kooperation von Berufsschulen und Berufsschulen zur sonderpädagogischen Förderung an sieben Standorten in Form von Schultandems erprobt. Ziel ist ein inklusiver Unterricht von Schülerinnen und Schüler mit und ohne SPF in der Berufsschule mit sonderpädagogischer Unterstützung. Von 21 Klassen mit insgesamt 390 Schülerinnen und Schülern (davon 110 Schülerinnen und Schüler mit SPF) im Schuljahr 2012/2013 erweitert sich die Zahl der beteiligten Klassen auf 45 mit 1023 Schülerinnen und Schülern (davon 242 mir SPF). 204 Schülerinnen und Schüler mit SPF schlossen bis zum Ende des Schulversuchs eine Berufsausbildung erfolgreich ab (vgl. Stiftung Bildungspakt Bayern 2016, S. 12). Als eine

> Konsequenz aus dem Schulversuch werden an den Universitäten München und Würzburg nunmehr Berufsschullehrkräfte zum Thema »Inklusion und Sonderpädagogik« in einem viersemestrigen Weiterbildungsstudium für die veränderte Aufgabenstellung in inklusiven Berufsschulen qualifiziert. Im Schuljahr 2018/2019 werden die beteiligten Standorte ebenfalls als »Schulen mit dem Profil Inklusion« anerkannt. Ein Leitfaden steht für die praktische Umsetzung der inklusiven Schulentwicklungsarbeit in Berufsschulen zur Verfügung (vgl. Bayerisches Staatsministerium Bildung und Kultus, Wissenschaft und Kunst 2016).

Zusammenfassend können in der Bundesrepublik Deutschland zwei Wege zur beruflichen Inklusion unterschieden werden. Zum einen soll durch spezifische Fördermaßnahmen und eigenständige Institutionen das Ziel der beruflichen Inklusion erreicht werden (*indirekte berufliche Inklusion*). Diese Maßnahmen folgen dem Grundsatz: zuerst die Qualifikation, dann die Platzierung auf dem Arbeitsmarkt (vgl. Ciolek 1998, S. 263). Seit einigen Jahren haben sich jedoch auch positive Erfahrungen mit der Umkehrung dieses Prinzips im Anschluss an die nordamerikanische Bewegung der unterstützten Beschäftigung (*supported employment*) ergeben. Menschen mit Behinderung sind mit Hilfe von Arbeitsassistenten in Arbeitsplätze auf dem allgemeinen Arbeitsmarkt vermittelt und begleitend zu ihrer Tätigkeit qualifiziert worden (Prinzip: zuerst die Platzierung, dann die Qualifikation für den Arbeitsplatz, vgl. a. a. O., S. 264). Das ist der Weg zur *direkten beruflichen Inklusion*. Beide Wege sollen nun in den Grundzügen dargestellt werden.

2.4.1 Indirekte berufliche Inklusion

Traditionellerweise werden Jugendliche mit Behinderung bzw. SPF in der BRD beim Übergang von der Schule in den Beruf (*erste Schwelle*) von einem umfassenden Rehabilitationssystem aufgefangen. Neben den berufsvorbereitenden Maßnahmen der Schulen erhält zunächst die *Berufsberatung* im Berufsinformationszentraum (BiZ) der Bundesagentur für Arbeit (BA) einen hohen Stellenwert bei der Überwindung der ersten Schwelle der beruflichen Inklusion. In enger Kooperation zwischen Schulen und Arbeitsagentur kann hier bereits über grundlegende Hilfestellungen informiert werden, so dass nach der Entlassung aus der Schule die beruflichen Fördermöglichkeiten bereits bekannt sind und eine gezielte Vermittlung stattfinden kann. Für all jene Schulabsolventen, die nicht direkt in eine Berufsausbildung übernommen worden sind, steht eine Reihe von *Fördermaßnahmen* zur Verfügung. Einen vollständigen Überblick zum gegenwärtigen System der beruflichen Rehabilitation einschließlich der Rechtsgrundlagen bietet Wolfgang Seyd (2015). Hier soll nur ein erster Überblick erfolgen:

- Im Rahmen der schulischen Berufsvorbereitung bieten die Berufsschulen das Berufsvorbereitungsjahr (BVJ) und das Berufsgrundbildungsjahr (BGJ) insbesondere für Jugendliche, die das 18. Lebensjahr noch nicht erreicht haben (Ende der Berufsschulpflicht) und noch keinen Ausbildungsvertrag haben. Sie können in diesen Klassen auf den Erwerb des Haupt- bzw. Mittelschulabschlusses vorbereitet werden (falls noch nicht vorhanden) und bestimmte Berufsfelder kennenlernen (vgl. Bundesministerium für Bildung und Forschung 2016, S. 56ff.). In Bayern werden zusätzlich Berufsschulen zur sonderpädagogischen Förderung angeboten, in die Absolventinnen und Absolventen der Sonderpädagogischen Förderzentren sowie Schülerinnen und Schüler ohne Haupt- bzw. Mittelschulabschluss aufgenommen werden. Auch hier ist das Ziel, eine Berufsausbildung mit der Prüfung vor der Industrie- und Handelskammer (IHK) abzuschließen und somit einen ersten Schritt zur beruflichen Inklusion zu bewältigen (vgl. Bayerisches Landesamt für Statistik 2016, S. 6).
- Die *Berufsausbildungsvorbereitung* (§§68, 69, 70 BBIG) bzw. die *berufsvorbereitenden Bildungsmaßnahmen* (§ 51, SGB III) sollen auf die Berufsausbildung in einem anerkannten Ausbildungsberuf vorbereiten. Dazu können sog. »Qualifizierungsbausteine« erworben werden. Der Schwerpunkt der Förderung liegt hier neben sprachlichen und sozialen Kompetenzen insbesondere im Bereich fachpraktischer und fachtheoretischer Grundkenntnisse in der Regel bezogen auf bestimmte Berufsfelder. Auch der nachträgliche Erwerb des Haupt- bzw. Mittel-

schulabschlusses ist an dieser Stelle möglich. Zu diesem Zweck wird von den Arbeitsagenturen in Kooperation mit unterschiedlichen Trägern eine Reihe von Maßnahmen angeboten. Hinzu gekommen ist die sog. »*Einstiegsqualifizierung*« (§54a, SGB III), bei der Betriebe für entsprechende Maßnahmen einen monatlichen Zuschuss für die Dauer von 6-12 Monaten erhalten. Kritisiert wird an diesen Maßnahmen immer wieder, dass die Teilnehmerinnen und Teilnehmer für die Zeit der Lehrgänge nicht in der Arbeitslosenstatistik vermerkt sind. Der Erfolg der Lehrgänge (also die Vermittlung in einen Ausbildungsplatz) ist ebenfalls nicht systematisch dokumentiert, so dass die Funktion der Lehrgänge im Bereich der Berufsausbildungsvorbereitung durchaus unterschiedlich betrachtet werden kann.

- Als überbetriebliche Ausbildungsstätten sind die *Berufsbildungswerke* (BBW) gegründet worden. In den bundesweit 52 Einrichtungen dieses Typs sind vielfältige Maßnahmen der beruflichen Rehabilitation für Jugendliche und junge Erwachsene gebündelt, inzwischen in engerer Verzahnung mit Betrieben (vgl. Bundesministerium für Arbeit und Soziales 2016, S. 290). Der Schwerpunkt der BBW liegt bei der beruflichen Ersteingliederung. Im Unterschied zur dualen Ausbildung sind der betriebliche Teil und der Berufsschulteil der Berufsausbildung kombiniert und häufig mit internatsmäßiger Unterbringung verbunden. Vorteilhaft wirkt sich diese Organisationsform insbesondere hinsichtlich der Verknüpfung verschiedenster Fördermaßnahmen aus. Auch die sozialpädagogische Betreuung ist hier in der Regel unproblematisch zu gewährleisten. Allerdings führt der überregionale Einzugsbereich zu einer großen Distanz zum sozialen Umfeld der jungen Erwachsenen und gefährdet so wiederum selbst bei erfolgreicher beruflicher Rehabilitation die gesellschaftliche Teilhabe.
- In den bundesweit 28 *Berufsförderungswerken* (BFW) werden Erwachsene mit Behinderung auf die Wiedereingliederung in den Beruf vorbereitet (vgl. a. a. O., S. 291). Dazu dienen eine Reihe von Fortbildungs-, Anpassungs- und Umschulungsmaßnahmen – meist verbunden mit internatsmäßiger Unterbringung. Die Einrichtungen dieses Typs verfügen ebenfalls über eine hochspezialisierte Ausstattung und ein breites Verbundsystem von einzelnen Rehabilitationsleistungen. Aus der Sicht der Betroffenen wird kritisch angemerkt, dass sie

in der Regel für zwei Jahre ihre Familie und ihr soziales Umfeld verlassen müssen. Dies wirkt sich besonders für Frauen nachteilig aus und führt nicht selten zu einem Verzicht auf die Rehabilitationsmaßnahme. Etwa 72 % der Absolventinnen und Absolventen einer BFW-Maßnahme finden im ersten Jahr nach Abschluss der Maßnahme einen Arbeitsplatz.

- Sollten die Ausbildungsanforderungen insgesamt zu hoch sein, so ist es möglich, *Erleichterungen und Lernhilfen* in die Berufsausbildung einzubeziehen (Nachteilsausgleich z. B. bei Seh- und Hörbeeinträchtigungen). Neben besonderen Hilfen bei Prüfungen werden auch besondere Ausbildungsgänge (sog. »Werker« bzw. »Fachpraktiker«) bezogen auf berufliche Tätigkeiten in den Bereichen Metall, Büro, Holz und Farbe angeboten. Die Rechtsgrundlage dafür bieten die §§ 44/48 Berufsbildungsgesetz und die §§ 41/42 der Handwerksordnung. Bei der Umsetzung dieser Möglichkeit sind die Industrie- und Handelskammern besonders gefragt. So kommen auch große regionale Unterschiede in den einzelnen Regelungen zustande.

- *Werkstätten für behinderte Menschen* (WfBM) nehmen solche junge Menschen mit Behinderung auf, die ein Mindestmaß an verwertbarer Arbeitsleistung entwickeln können und von einer regulären Berufsausbildung überfordert wären. Nach einem vierwöchigen Eingangsverfahren folgt ein Arbeitstrainingsbereich, in dem eine bis zu zweijährige Förderung bezogen auf bestimmte Arbeitsanforderungen angeboten wird. Der sich anschließende Arbeitsbereich zeichnet sich vor allem durch spezifische Arbeitstätigkeiten an besonders eingerichteten Arbeitsplätzen aus. Menschen mit Behinderung haben in der Vergangenheit insbesondere die geringe Entlohnung kritisiert, die ein selbstständiges Leben nahezu ausschließe. In § 138 des SGB IX ist das Arbeitsentgelt im Jahre 2001 neu geregelt worden und setzt sich nunmehr aus einem Grundbetrag in Höhe des Ausbildungsgeldes der Bundesagentur für Arbeit und einem leistungsabhängigen Zusatzbetrag zusammen. Es ist erklärte Aufgabe der WfBM, Menschen mit Behinderung wieder auf den allgemeinen Arbeitsmarkt zurückzuführen (s. § 136 SGB IX, Abs. 1). Allerdings liegen kaum verlässliche Daten über die Erfolgsquote vor. Dies mag auch ein Grund dafür gewesen sein, dass an dieser Stelle alternative Fördermaßnahmen entwickelt worden sind (Integrationsfachdienste, Integrationsprojekte, s. u.).

Eine besondere Problematik ergibt sich bei der *beruflichen Inklusion von Schwerbehinderten*. Öffentliche und private Arbeitgeber mit mindestens 20 Arbeitsplätzen müssen lt. § 71 des SGB IX 5 % ihrer Arbeitsplätze für Schwerbehinderte vorhalten (sog. »Arbeitsplatzpflicht«). Viele Betriebe scheuen allerdings den Aufwand und zahlen für die unbesetzten Pflichtarbeitsplätze eine »Schwerbehindertenausgleichsabgabe«. Die Ausgleichsabgabe wird an die »Integrationsämter« abgeführt und kommt so zwar Beschäftigungsmaßnahmen für Schwerbehinderte erneut zugute (§ 77 SGB IX, Abs. 6). Aber letztlich wird auf diese Weise die direkte Einrichtung von Schwerbehindertenarbeitsplätzen umgangen. Folglich ist die Arbeitslosenquote bei Schwerbehinderten nach wie vor überproportional hoch. Der besondere Kündigungsschutz und die besondere Interessenvertretung wird demnach nur für einen geringen Teil der Schwerbehinderten praktisch wirksam. Gerade an diesen Problemstellen des traditionellen Systems der beruflichen Rehabilitation ist die Suche nach Alternativen entstanden, die inzwischen bis zu gesetzlich geregelten Ansprüchen weiterentwickelt worden sind (SGB IX).

2.4.2 Direkte berufliche Inklusion

In Modellprojekten wird ab 1992 zunächst das Modell der »Unterstützten Beschäftigung« (*supported employment*) nach nordamerikanischem Vorbild erprobt (vgl. HORIZON-Arbeitsgruppe 1995). Bundesweit bekannt geworden ist die »Hamburger Arbeitsassistenz« (vgl. Ciolek 1998). Auch hier stehen erneut Eltern am Beginn einer Integrationsentwicklung, die zwischenzeitlich zur Gründung einer »Bundesarbeitsgemeinschaft Unterstützte Beschäftigung« führt. Besonders für Erwachsene mit geistiger Behinderung und psychisch Behinderte entwickelt, setzt sich die *Hamburger Arbeitsassistenz* zum Ziel, direkt in den Arbeitsmarkt hinein tätig zu werden. Interessierte Erwachsene aus den WfB werden bei der Integration in den allgemeinen Arbeitsmarkt unterstützt (zum Verfahren vgl. a.a.O., S. 260ff.). Dazu erfolgt zunächst die *Erstel-*

lung eines individuellen Fähigkeitsprofiles (1), damit ein individuell passender Arbeitsplatz gesucht werden kann. Auf dieser Grundlage wird die *Erschließung von Arbeitsplätzen* (2) angegangen, die in der Regel mit einer genauen Arbeitsplatzanalyse bezogen auf die konkreten Anforderungen einhergeht. Wenn der passende Arbeitsplatz gefunden ist und die Bereitschaft der Beteiligten vorausgesetzt werden kann, so schließt sich eine direkte *Qualifizierung am Arbeitsplatz* (3) an – möglicherweise auch verbunden mit einem Mobilitätstraining (z. B. bezogen auf die selbstständige Nutzung von öffentlichen Nahverkehrsmitteln auf dem Weg zur Arbeit). Hier werden die Erwachsenen mit Behinderung also umfassend in ihre Arbeitstätigkeit durch Arbeitsassistenten eingeführt und im Prozess der Verselbstständigung kontinuierlich unterstützt. Eine umfangreiche *Nachsorge* (4) soll verhindern, dass der erreichte Stand wieder gefährdet wird, und bei Krisensituationen Hilfestellungen bereit halten (vgl. zur Evaluation der Hamburger Arbeitsassistenz: Hinz/Boban 2001). Mit der Änderung des SGB IX sind diese Maßnahmen der direkten beruflichen Integration mittlerweile zur Regelform geworden.

- In § 102 schreibt das SGB IX fest, dass nunmehr *Integrationsämter* die Maßnahmen der direkten beruflichen Integration von Menschen mit schweren Behinderungen koordinieren. Sie verwalten die Ausgleichsabgabe, wachen über den Kündigungsschutz und sorgen für begleitende Hilfe im Arbeitsleben. Zu diesen begleitenden Hilfen zählt ebenso der Anspruch auf Übernahme der Kosten für die Arbeitsassistenz, so dass hier ein Rechtsanspruch gegeben ist. Ein beratender Ausschuss bei den Integrationsämtern begleitet und unterstützt unter Beteiligung der Arbeitenden mit schwerer Behinderung die Arbeit der Integrationsämter, so dass auch Formen der demokratischen Beteiligung berücksichtigt sind.
- *Integrationsfachdienste* (§ 109, SGB IX) sollen die Teilhabe von Menschen mit schweren Behinderungen auf dem allgemeinen Arbeitsmarkt direkt fördern. Hier sind größtenteils freie Träger und Vereine im Auftrag der Bundesagentur für Arbeit, der Rehabilitationsträger bzw. der Integrationsämter tätig, um beispielsweise Maßnahmen der Arbeitsassistenz durchzuführen (Mindestdauer: drei Jahre). Integra-

tionsfachdienste (IFD) können allerdings auch für Menschen mit Behinderung allgemein eingesetzt werden (also z. B. Jugendliche und junge Erwachsene mit dem Förderschwerpunkt »Lernen« bzw. mit Lernbehinderung). Neben der Vorbereitung und Unterstützung der Menschen mit schweren Behinderung bezogen auf einen entsprechenden Arbeitsplatz haben Integrationsfachdienste auch die Aufgabe, die Arbeitgeber zu informieren und zu beraten (§ 110, SGB IX). Konkretisiert wird die Arbeit der Integrationsfachdienste über das Grundmodell der unterstützten Beschäftigung (s. o.).
- Darüber hinaus ist es lt. SGB IX auch möglich, eigene Unternehmen, Betriebe oder Abteilungen zur direkten beruflichen Inklusion zu gründen. Aufgrund der Vielfalt an Initiativen hat der Gesetzgeber den Begriff *Integrationsprojekte* (§ 132, SGB IX) als Sammelbegriff geprägt. Integrationsunternehmen beschäftigen mindestens 25 %, in der Regel nicht mehr als 50 % Menschen mit schweren Behinderungen. Zu den Aufgaben der Integrationsprojekte zählt die Weiterbildung und Vorbereitung auf eine Beschäftigung auf dem allgemeinen Arbeitsmarkt. Sie werden ebenfalls über die Ausgleichsabgabe finanziert und sollen wohl im Wesentlichen als gezielter Anreiz für Unternehmen zur Schaffung von Arbeitsplätzen für Menschen mit schweren Behinderung dienen.

Erfahrungen mit diesen Angeboten liegen bislang allenfalls regional vor. Insofern wird die praktische Umsetzung des Gesetzes sicher noch einige Zeit in Anspruch nehmen. Festzuhalten bleibt gleichwohl, dass nach nordamerikanischem Vorbild die unterstützte Beschäftigung auch in der BRD viele Nachahmer gefunden hat. Ebenfalls aus Nordamerika stammt die Erweiterung zum *supported living* (wörtlich: unterstütztes Leben), in dem nicht mehr nur die berufliche Inklusion, sondern ebenso die gesellschaftliche Inklusion direkt angestrebt wird. Letztlich stehen wir damit ausgehend von den Prinzipien einer inklusive Pädagogik vor der Aufgabe, eine inklusive Gesellschaft zu gestalten.

2.5 Inklusion im Gemeinwesen

Gesellschaftliche Teilhabe und ein selbstbestimmtes Leben der Menschen mit Behinderung ist letztlich nicht nur eine Aufgabe des Bildungs- und Erziehungssystems oder besonderer Institutionen der Hilfe und Unterstützung. Sie findet an konkreten Orten, im Stadtteil, in der Nachbarschaft und in einem bestimmten sozialräumlichen Umfeld statt. Auch im gesellschaftlichen Sinne gilt es von daher Orte zu schaffen, an denen dieses Miteinander-Leben-Lernen (von Lüpke 1994, S. 5) möglich wird. Wir benötigen also ebenfalls im Bereich des öffentlichen Lebens Begegnungsmöglichkeiten. Dazu müssen vorhandene Barrieren abgebaut werden. Nach wie vor gibt es zahlreiche Hindernisse, die Menschen mit Behinderungen ein selbstbestimmtes Leben verwehren und sie damit eindeutig benachteiligen. Insofern ist es nur folgerichtig, wenn im Jahre 2002 in der Umsetzung des Diskriminierungsverbotes in Artikel 3, Abs. 3 GG ein »*Gesetz zur Gleichstellung behinderter Menschen* ...« auf Bundesebene verabschiedet worden ist und die Bundesländer mit Ländergleichstellungsgesetzen nachgezogen haben. Das Gleichstellungsgesetz zielt auf die Beseitigung und Verhinderung von Benachteiligungen und soll ein gleichberechtigtes Miteinander sowie eine selbstbestimmte Lebensführung ermöglichen (§ 1). Auf die doppelte Benachteiligung von Frauen mit Behinderung weist der Gesetzgeber gesondert hin (§ 2). Barrierefreiheit im Sinne des Gesetzes (§ 4) ist dann gegeben, wenn alle Lebensbereiche für Menschen mit Behinderung »ohne besondere Erschwernis und grundsätzlich ohne fremde Hilfe zugänglich und nutzbar sind«. Zur Umsetzung dieser gesetzlichen Regelungen werden konkrete Zielvereinbarungen gefordert, die z. B. zwischen Unternehmen und Verbänden vereinbart werden (einschließlich der Festlegung von Mindestbedingungen für Barrierefreiheit und eines entsprechenden Zeitplans). Inhaltliche Schwerpunkte des Gesetzes beziehen sich z. B. auf die Barrierefreiheit in den Bereichen Bau und Verkehr (§ 8), die Verwendung der Gebärdensprache und anderer Kommunikationshilfen (§ 9), die Gestaltung von Bescheiden und Vordrucken (§ 10) und eine barrierefreie Informationstechnik. Außerdem führt das Gesetz das Verbandsklagerecht (Recht auf Klageführung seitens der Behindertenverbände, bisher nur Individualklage) und eine gesetzliche Grundlage für die Funktion der Beauftragten für die Belange behinderter Menschen auf Bundesebene ein (§ 14).

Die UN-BRK weist nun in Art. 9 darauf hin, dass Menschen mit Behinderung eine »unabhängige Lebensführung und die volle Teilhabe in allen Lebensbereichen« ermöglicht werden soll. Dazu gehören ebenfalls die »gleichen Wahlmöglichkeiten« (Art. 19) bezogen auf das Leben in der Gemeinschaft und ebenso hinsichtlich der Mobilität (Art. 20). Dieses Wunsch- und Wahlrecht ist auch in § 9, SGB IX festgeschrieben.

Mittlerweile führen die regionalen Inklusionsbemühungen bis hin zu einer kommunalen Teilhabeplanung und zeigen so auf, dass die Gemeinde im Sinne einer sozialen Gemeinschaft der Ort sein wird, wo Inklusion letztlich erfahrbar werden muss (vgl. Beck 2016). Auch der Index für Inklusion ist auf diese kommunale Perspektive ausgeweitet worden (vgl. Montag Stiftung 2011).

Aus einer Vielzahl von möglichen Arbeitsfeldern einer inklusiven Pädagogik über Schule und Beruf hinaus wird nun der Bereich Wohnen hervorgehoben.

2.5.1 Inklusives Wohnen

Erwachsene mit Behinderung und ihre Familien streben mittlerweile ein Höchstmaß an Normalität an und entwickeln die inklusiven Wohnformen weiter. Eine Elterninitiative in Essen sucht z. B. ab 1991 nach einer Wohnung für eine Wohngemeinschaft für ihre erwachsenen Töchter und Söhne mit geistiger und körperlicher Behinderung. Mit Hilfe eines großen Wohnheimträgers sowie einer Kirchengemeinde und durch die Einbeziehung in die Planung gelingt es den Eltern schließlich 1995, das Wohnprojekt in einem neu errichteten Mietshaus zu realisieren. Zum Gebäude gehören ebenfalls Sozialwohnungen und Appartments, aber eben auch die gemeinsam gestalteten Wohngruppen-Etagen mit Einzelzimmern für alle Menschen mit Behinderungen, großzügigen sanitären Anlagen und Gemeinschaftsräumen (vgl. Elterngruppe Integratives Wohnen e.V. 1996). Der Ablösungsprozess fällt den Eltern zwar nicht leicht, aber die erreichte Selbstständigkeit für ihre Töchter und Söhne bestätigt sie schließlich, wie auch die folgende Szene veranschaulicht:

> **Inklusive Situation**
>
> Heute fahre ich Bernd (33 Jahre), einen jungen Mann mit einem cerebralen Anfallsleiden, von seiner Arbeit in einem Integrationscafé heim in seine Wohngruppe. Er freut sich schon auf die Autofahrt, weil er normalerweise mit dem Bus fahren muss. Ich weiß nicht, wo es lang geht. Aber Bernd hat alles im Griff. Wir biegen unzählige Male rechts und links ab. Bernd weist mich jedes Mal sehr umsichtig auf die Gefahren hinter der nächsten Ecke hin und gibt mir Tipps, wo ich mich einordnen muss. Nach einer guten halben Stunde sind wir endlich da und parken auf Bernds Anweisung direkt vor einem nagelneuen Wohnhaus. Hier wohnt Bernd seit einiger Zeit in der Wohngruppe. Sein Zimmer muss er mir unbedingt noch zeigen. Es fehlt wirklich an nichts, und er hat sich alles nach seinem Geschmack eingerichtet. Im gemeinsamen Aufenthaltsraum wird Bernd mit großem Hallo begrüßt. Nach einem kleinen Schwatz mit der Sozialarbeiterin verabschiede ich mich. Ich bin froh, als ich den Rückweg allein wiedergefunden habe.

Inklusive Wohnformen stehen bislang noch nicht in ausreichendem Maße zur Verfügung. Laut *Bundesteilhabebericht* von 2016 hat sich zwar die Förderung der ambulant betreuten Wohnformen zwischen 2008 und 2014 nahezu verdoppelt, die Zahl der Menschen mit Beeinträchtigungen in betreuten Wohneinrichtungen ist allerdings im gleichen Zeitraum ebenfalls gestiegen (vgl. Bundesministerium für Arbeit und Soziales 2016, S. 261) – mit erheblichen Unterschieden zwischen den Bundesländern. Neben den Wohn- und Pflegeheimen wird die *Barrierefreiheit in Wohnungen und im unmittelbaren Wohnumfeld* in der DIN 18040-2 »Barrierefreies Bauen – Planungsgrundlagen – Teil 2: Wohnungen« beschrieben. Die DIN-Norm unterscheidet barrierefrei nutzbare Wohnungen sowie barrierefrei und uneingeschränkt mit dem Rollstuhl nutzbare Wohnungen, wobei auch sensorische Bedürfnisse besonders zu berücksichtigen sind (vgl. a.a.O., S.258). Daten zur Umsetzung dieser sehr anspruchsvollen Norm liegen allerdings nicht vor.

Mit dem »*Persönlichen Budget*« besteht lt. SGB IX, § 29 seit 2008 für Menschen mit Behinderung die Möglichkeit, benötigte Unterstützungsleistungen selbstständig zu organisieren. Das gilt insbesondere für die Teilhabe am Leben in der Gemeinschaft, für die Teilhabe am Arbeitsleben und für die medizinische Rehabilitation. Ende 2014 haben das 9.473 Personen in Anspruch genommen, mit steigender Tendenz (vgl. a.a.O., S.291). Es ergeben sich allerdings deutliche Probleme bei der ersten Antragsstellung, bei der ebenfalls Assistenz benötigt wird.

2.5.2 Inklusive Regionen

Über die Wohnung hinaus gilt es ebenfalls, das Wohnumfeld im Nahbereich und in der weiteren Nachbarschaft des Stadtteils oder Sprengels barrierefrei zu gestalten. Auf der Basis der DIN 18040 – 1: »Barrierefreies Bauen – Planungsgrundlagen – Teil 1: Öffentlich zugänglich Gebäude« und der DIN 18040 – 3: »Barrierefreies Bauen – Planungsgrundlagen – Teil 3: Öffentlicher Verkehrs- und Freiraum« soll der gesamte Lebensraum barrierefrei gestaltet sein. Die Anstrengungen zur Umsetzung dieser Zielvorstellungen sind regional derzeit höchst unterschiedlich.

Orte für das Miteinander-Lebenlernen sind deshalb vielfach noch eine Zukunftsvorstellung. Aber in einigen Kommunen wird nach konkreten Veränderungsmöglichkeiten gefragt, und es entwickeln sich Visionen von einem menschenwürdigen Zusammenleben, wie sie in den Worten von von Lüpke zum Ausdruck kommen:

> »Städte sind von Menschen gemacht; die Gestaltung unseres Lebensortes ist von uns selbst zu verantworten. Da können wir Träume verwirklichen oder uns Alpträume auflasten. Ich habe einen Traum von einer menschlicheren Stadt ...« (von Lüpke 1994, S.157).

Dieser Traum hat in Essen (Nordrhein-Westfalen) zur »*Aktion Menschenstadt*« geführt. In dieser Aktion laufen alle Aktivitäten zur Förderung des Miteinander-Lebens zusammen: Integrationshelferinnen und -helfer für den gemeinsamen Unterricht sowie inklusive Arbeits-, Wohn- und

Freizeitprojekte. Auf diese Weise ist ein dichtes Netz an Ansprechpartnern und Institutionen entstanden, die sich der gemeinsamen Aufgabe stellen, mehr Begegnung zwischen Menschen mit und ohne Behinderung zu gewährleisten. Letztlich knüpft die inklusive Pädagogik damit auch an die Normalisierungsidee an, wie sie Thimm unter der Perspektive »Leben in Nachbarschaften« in aktualisierter Form gekennzeichnet hat (▶ Kap. 3.4).

Neue Impulse für die regionale Inklusionsentwicklung ergeben sich derzeit mit dem Konzept der »inklusiven Regionen« (vgl. Gasteiger-Klicpera, 2015; Feyerer, 2013). Dabei stehen v. a. systemische Modelle der Ressourcenzuweisung im Bereich der Behindertenhilfe im Raum. Zur Vermeidung des Etikettierungs-Ressourcen-Dilemmas soll die jeweilige Region gemäß einem statistisch ermittelten Anteil von Menschen mit Behinderung entsprechende finanzielle Mittel pauschal erhalten, um sie dann in der jeweiligen Region bedarfsgerecht einsetzen zu können (vgl. Montag Stiftung 2011; Deutscher Verein für öffentliche und private Fürsorge e. V./Berufs- und Fachverband Heilpädagogik e. V., 2015; Hartwig/Kronenberg, 2014).

> **Forschung inklusiv**
>
> Am 09.06.2016 hat der Kemptener Stadtrat (Bayern) den Kommunalen Aktionsplan zur Umsetzung der UN-Behindertenrechtskonvention (UN-BRK) mit dem Titel »Miteinander inklusiv in Kempten (MIK)« beschlossen. In dem Entstehungsprozess des Aktionsplans kommt bereits das breite Interesse aller Verantwortlichen an der Inklusion besonders im Bereich der Behindertenhilfe zum Ausdruck. Mit Beginn des Schuljahres 2016/2017 ist die Stadt Kempten als inklusive Modellregion vom Bayerischen Staatsministerium für Unterricht und Kultus (StMUK) anerkannt worden. Damit wird zum einen die intensive Kooperation zwischen verschiedenen Schulformen in den vergangenen Jahren und die Entwicklung von derzeit neun Schulen mit dem Profil Inklusion gewürdigt. Zum anderen wird ebenfalls die bereits jetzt bestehende intensive Kooperation zwischen der Kommune, der Kinder- und Jugendhilfe, der Jugendarbeit sowie

> weiterer sozialer Dienste in Kempten besonders hervorgehoben. Die Beratungsstelle Inklusion beim Schulamt der Stadt Kempten übernimmt zusätzlich eine Netzwerkfunktion, indem sie sich als Bindeglied für die zahlreichen bestehenden Beratungssysteme versteht. Das Projekt »Modellregion Inklusion Kempten (M!K)« soll von daher Zugänge zur Inklusion in das Gemeinwesen (vgl. Beck 2016) aufzeigen helfen und somit zur Weiterentwicklung der inklusiven Strukturen im Sinne flächendeckender Modelle in Bayern beitragen. Eine erste Sekundäranalyse der amtlichen Schuldaten auf regionaler Ebene verbunden mit einer Befragung der Schulleitungen aller Grund- und Mittelschulen in Kempten (n=20) zeigt die Notwendigkeit einer sozialräumlichen Betrachtungsweise bis hinunter auf die Ebene von Stadtteilen bereits auf (vgl. Heimlich/Wittko 2018d). Geplant sind darüber hinaus ebenfalls eine Qualitätsanalyse der inklusiven Schulen in Kempten und eine Netzwerkanalyse ausgewählter Schulen.

2.6 Zusammenfassung: Inklusionsnetzwerke

Im Überblick zu den Arbeitsfeldern einer inklusiven Pädagogik erweist sich so die regionale Betrachtungsweise als zusammenführend. Inklusionsentwicklungen sind nicht auf Institutionen beschränkt, sondern verändern Strukturen und Beziehungen bezogen auf bestimmte sozialräumliche Zusammenhänge. Arbeitsfelder inklusiver Pädagogik zu entwickeln bedeutet von daher, Netzwerke aufzubauen. Sie bestehen zum einen aus regionalen Verbundsystemen inklusiver Bildungsangebote. Zum anderen lassen sie sich auf mehreren Ebenen verorten. Inklusive Bildung zieht ausgehend von den individualisierten Förderangeboten für Kinder, Jugendliche und Erwachsene mit Behinderung immer weitere Kreise. Sie erfordert Veränderungen im Bereich der pädagogischen Gestaltung von Spiel-, Lern-, Arbeits- und Lebenssituationen. Sie be-

2 Teilhabe entwickeln – Arbeitsfelder inklusiver Pädagogik

zieht professionelle pädagogische (und auch sonderpädagogische) Hilfen mit ein und versichert sich externer Unterstützungssysteme. Begleitend zum Lebenslauf von Menschen mit Behinderung wird es von daher immer wieder zur Aufgabe einer inklusiven Pädagogik, Inklusionsnetzwerke zu gestalten, um das Miteinander-Leben möglich werden zu lassen.

Kommentierte Literaturempfehlungen

Albers, Timm: Mittendrin statt nur dabei. Inklusion in Krippe und Kindergarten. München: Reinhardt, 2011
Aus dem Inhalt:
Sowohl auf Kinderkrippen als auch auf Kindergärten bezieht Timm Albers seine Ausführungen zur Inklusion. Nach der Darstellung des Perspektivenwechsels von der Integration zur Inklusion gibt der Autor einen kurzen Überblick über die rechtlichen Grundlagen der Inklusion in Kindertageseinrichtungen in Deutschland. Dabei werden sowohl die UN-Kinderrechtskonvention als auch die UN-Behindertenrechtskonvention mit einbezogen. In Kap. 3 widmet sich der Autor den Dimensionen der Vielfalt bei den Kindern und stellt von den Entwicklungsgefährdungen über Verhaltensstörungen, Armutslagen bis hin zu verschiedenen Formen der Beeinträchtigung im Bereich der Sprache, des Hörens, des Sehens, der Bewegung und des Denkens die ganze Bandbreite der Aufgabenstellungen in inklusiven Kindertageseinrichtungen vor. Bezogen auf die konkrete pädagogische Arbeit werden die sozialen Beziehungen der Kinder neben der individuellen Entwicklungsplanung und den Beobachtungs- sowie Dokumentationsverfahren besonders betont. Auch die Kooperation mit den Familien erhält ein eigenes Kapitel. Abgeschlossen wird der gut überschaubare und lesenswerte Band durch Empfehlungen zur Qualität von inklusiven Kindertageseinrichtungen.

Hellmich, Frank/Blumberg, Eva (Hrsg.): Inklusiver Unterricht in der Grundschule. Stuttgart: Kohlhammer, 2017
Aus dem Inhalt:

Mit einem Fokus auf inklusives Lernen werden in dieser Publikation zunächst grundlegende Aspekte des inklusiven Unterrichts in der Grundschule abgehandelt. Das Spektrum reicht hier von der Unterrichtentwicklung über ideologiekritische Anmerkungen bis hin zu Fragen des Assessments, des kooperativen Lernens, der Verhaltensentwicklung sowie der sozialen Einstellungen der Schülerinnen und Schüler untereinander. In den darauf folgenden Kapiteln werden die fachdidaktischen Aspekte eines inklusiven Lernens in den Unterrichtsfächern Deutsch, Mathematik und Sachunterricht jeweils in mehreren Beiträgen praxisbezogen und auf der Basis empirischer Forschungsbefunde dargestellt.

Kiel, Ewald (Hrsg.): Inklusion im Sekundarbereich. Reihe: Inklusion in Schule und Gesellschaft, Bd. 2. Stuttgart: Kohlhammer, 2015
Aus dem Inhalt:
Ausgehend von der Feststellung des Herausgebers, dass angesichts des mehrgliedrigen Schulsystems im Sekundarbereich des Bildungssystems der Bundesrepublik Deutschland Lehrkräfte in diesem Bereich erhebliche Berührungsängste mit dem Thema Inklusion signalisieren, werden zunächst die Anforderungen an Lehrkräfte in inklusiven Kontexten analysiert. Es folgt eine umfassende Darstellung der Ergebnisse aus der empirischen Bildungsforschung zur Inklusion in Sekundarschulen, ergänzt durch Beiträge zur Unterrichts- und Schulentwicklung. Abschließend werden Konsequenzen für die Lehrerbildung thematisiert.

Klein, Uta (Hrsg.): Inklusive Hochschule. Neue Perspektiven für Praxis und Forschung. In Zusammenarbeit mit der Informations- und Beratungsstelle Studium und Behinderung (IBS) des Deutschen Studentenwerks. Reihe: Diversity und Hochschule. Weinheim u. Basel: Beltz Juventa, 2016
Aus dem Inhalt:
Ausgehend von der Feststellung, dass die barrierefreie Gestaltung des Studiums an den bundesdeutschen Hochschulen nach wie vor noch aussteht, werden in dem Band in drei größeren Schwerpunkten die bisherigen Bemühungen um eine inklusive Hochschule vorgestellt.

Zunächst erfolgt die Darstellung vorhandener Strategien und Instrumente für eine inklusive Hochschule vom Diversitätsmanagement über Aktionspläne bis hin zum Nachteilsausgleich. Im zweiten Abschnitt sind die empirischen Befunde aus der Sicht von Studierenden mit Beeinträchtigungen hinsichtlich ihrer Studienerfahrungen und ihres Studienerfolges bis hin zu Einzelfallstudien dargestellt. Abschließend werden die Probleme beim Übergang vom Studium in den Beruf einschließlich der wissenschaftlichen Qualifikationsmöglichkeiten für Studierende mit Behinderung (Promotion) und der Situation auf dem akademischen Arbeitsmarkt untersucht.

Biermann, Horst (Hrsg.): Inklusion im Beruf. Reihe: Inklusion in Schule und Gesellschaft. Bd. 3. Stuttgart: Kohlhammer, 2015
Aus dem Inhalt:
Im Bereich der beruflichen Inklusion treffen die Bemühungen um mehr gesellschaftliche Teilhabe von Menschen mit Behinderung auf ein Arbeitsleben, in dem Exklusionsprozesse ebenfalls alltäglich sind. Zunächst zeichnet der Herausgeber im einleitenden Beitrag den »langen Weg zur Inklusion im Beruf« (S. 15) nach und geht insbesondere auf den spezifischen Weg zur beruflichen Rehabilitation in der Bundesrepublik Deutschland ein. Sodann werden die spezifischen Lehr-Lernprozesse beim beruflichen Lernen ebenso wie das Konzept des *»Universal Design for Learning (UDL)«* in seiner Bedeutung für die duale Berufsausbildung erläutert. Angesichts der Komplexität des bundesdeutschen Rehabilitationssystems werden auch die vorhandenen Institutionen wie Berufsbildungswerke, Berufsförderungswerke und Werkstätten für behinderte Menschen vorgestellt. Abgeschlossen wird der Band durch einen Blick in die konkrete Praxis der beruflichen Inklusion mit ihren Barrieren aber auch Möglichkeiten und Chancen für Menschen mit Behinderung.

Beck, Iris (Hrsg.): Inklusion im Gemeinwesen. Reihe: Inklusion in Schule und Gesellschaft, Bd. 4. Stuttgart: Kohlhammer, 2016
Aus dem Inhalt:
Mit dem Übergang vom Bildungssystem in das Gemeinwesen geht

es letztlich um alle Lebensbezüge und Lebensphasen von Menschen mit Behinderung. Die Gemeinde als Ort des Zusammenlebens in einem überschaubaren Raum führt die Inklusionsbemühungen wie in einem Brennglas zusammen. Wie der Zugang zum Gemeinwesen für Menschen mit Behinderung inklusiv gestaltet werden kann, dazu werden in diesem Band zentrale Grundfragen erörtert: Inklusion und Partizipation in der Gemeinde, Vernetzung von Bildungseinrichtungen, regionaler und kommunaler Rahmen für Inklusion, kommunale und regionale Bildungslandschaften, soziale Räume als Orte der Lebensführung. Dem liegt insgesamt ein sozialwissenschaftliches Verständnis von Inklusion zugrunde, das im Spannungsfeld zum normativen Anliegen der Menschenrechtsperspektive in der UN-BRK (Soll-Perspektive) auch die konkreten gesellschaftlichen Bedingungen von Inklusion (Ist-Perspektive) sichtbar macht.

Dialogfragen

Ist das gemeinsame Spielen der Kinder in inklusiven Kindertageseinrichtungen eine gute Vorbereitung auf den Eintritt in die Grundschule?

Sollen Kinder bzw. Jugendliche mit SPF auch in inklusive Schulen gehen, wenn sie den Bildungsabschluss der jeweiligen Schulform (z. B. Mittlere Reife, Abitur) nicht erreichen können?

Haben junge Erwachsene mit Behinderung eine Chance auf dem ersten Arbeitsmarkt und zur Inklusion in einem anerkannten Ausbildungsberuf?

Wie können Schulen und Kindertageseinrichtungen die Idee der Inklusion in ihr Umfeld in Städten, Gemeinden und Landkreisen im Sinne einer Inklusion im Gemeinwesen hineintragen?

3 Gemeinsamkeit erfahren – Handlungskonzepte inklusiver Pädagogik

> »Gemeinsamkeit, die so sehr gemeinsam ist, daß sie nicht mehr mein Meinen und dein Meinen ist, sondern gemeinsame Ausgelegtheit der Welt, macht erst sittliche und soziale Solidarität möglich.« (Gadamer 1990, S. 188)

Zum Einstieg

Die Inklusionsentwicklung in den verschiedenen gesellschaftlichen Bereichen einschließlich der Erziehungs- und Bildungseinrichtungen zeigt im Überblick den Bedarf an professioneller pädagogischer Unterstützung auf. Inklusive Pädagogik hat inzwischen viele Orte gefunden, an denen pädagogisch gehandelt wird, um gesellschaftliche Teilhabe und ein selbstbestimmtes Leben von Menschen mit Behinderung zu ermöglichen. Damit ist die Frage nach dem Wie, den Methoden der inklusiven Pädagogik gestellt. Deshalb werden nun quer zu den Arbeitsfeldern die zentralen Handlungskonzepte einer inklusiven Pädagogik beschrieben. Für den Elementarbereich steht das Konzept der inklusiven Spielförderung im Mittelpunkt (▶ Kap. 3.1). Im Primar- und Sekundarbereich hat sich eine Didaktik des inklusiven Unterrichts herausgebildet (▶ Kap. 3.2). Große Schulsysteme entwickeln meist kooperative Strukturen, in denen über kurz oder lang die gesamte Organisation einer Bildungs- und Erziehungseinrichtung gemeinsam umgestaltet wird. Am Beispiel der inklusiven Schulentwicklung sollen die dabei erforderlichen Handlungskonzepte zusammengefasst werden (▶ Kap. 3.3). Außerhalb von Bildungs- und Erziehungseinrichtungen gerät die Gestaltung inklusiver Lebenswelten mehr und mehr in den Blickpunkt. Damit ist das Konzept

> der Normalisierung angesprochen, das hier auf sein inklusives Potenzial überprüft werden soll (▶ Kap. 3.4). Inklusion beruht in all diesen Ausprägungen letztlich auf gemeinsamen Erfahrungen. Das Leitbild der Inklusion besteht von daher stets in einer selbst bestimmten sozialen Teilhabe aller Mitglieder einer Gemeinschaft.

Pädagogische Handlungskonzepte einer inklusiven Pädagogik entstehen immer dann, wenn die konkreten pädagogischen Tätigkeiten im Sinne von Förderung, Begleitung, Beratung und Unterstützung in einen systematisch begründeten Zusammenhang von Zielen, Inhalten, Methoden und Organisationsformen gestellt sind (vgl. Jank/Meyer 2002; Gröschke 1997; Geißler/Hege 2007; Greving/Schäper 2013). Solche Konzepte reichen also über Praxiserfahrungen und Alltagstheorien weit hinaus. Sie sind in der Regel bildungs- und erziehungswissenschaftlich fundierte Verfahren, die durch eine spezifische Systematik, eine theoretische Grundlegung und im Idealfall auch durch eine empirische Effektivitätskontrolle gekennzeichnet werden. Betrachten wir Inklusion nun also unter dem Aspekt der Handlungskonzepte, so beziehen wir uns nach wie vor auf eine inklusive Erziehungswirklichkeit, versuchen diese allerdings im erziehungswissenschaftlichen Sinne zu rekonstruieren.

3.1 Inklusive Spielförderung[7]

Auch in Kindertageseinrichtungen entwickelt sich die inklusive Bildung nicht von selbst. Frühpädagogische Fachkräfte stehen vor der Aufgabe,

---

7 Das folgende Kapitel beruht auf meiner Expertise »Das Spiel von Gleichaltrigen in Kindertageseinrichtungen. Teilhabechancen für Kinder mit Behinderung«, die im Rahmen der »Weiterbildungsinitiative Frühpädagogische Fachkräfte (WiFF)« entstanden ist und auf der Homepage des Deutschen Jugendinstituts (DJI) zum kostenlosen Download zur Verfügung steht (URL: https://www.

sich für kooperative Spieltätigkeiten von Kindern mit und ohne Behinderung zu sensibilisieren, diese gezielt zu unterstützen und eine Umgebung anzubieten, in denen alle Kinder zum gemeinsamen Spiel angeregt werden.

3.1.1 Inklusive Spielsituationen

Kinder mit und ohne Behinderung begegnen sich im gemeinsamen Spiel. Sie bringen in die damit verbundenen Spieltätigkeiten ihre Kompetenzen ein und fragen danach, was jeder von ihnen zum gemeinsamen Spiel beitragen kann. Gerade im Bereich der Tageseinrichtungen für Kinder entwickeln Kinder eine große Selbstverständlichkeit im Umgang mit Unterschieden und die Bereitschaft, sich auf die spezifischen Eigenarten des anderen einzustellen. Durch diese gemeinsamen Spieltätigkeiten entstehen inklusive Spielsituationen (vgl. Heimlich 1995; 2017). Diese Situationen zeichnen sich auf einer prinzipiellen Ebene durch eine bestimmte Erfahrungsqualität aus. Kinder mit und ohne Behinderung partizipieren an dieser Situation, und sie tragen zu dieser Situation bei. Der amerikanische Reformpädagoge und Erziehungsphilosoph John Dewey (1859-1962) sieht in dieser Erfahrung den Kern dessen, was er demokratische Erziehung nennt.

> **In einem Satz gesagt**
>
> *Eine Spielerfahrung, die alle teilen und zu der alle beitragen, das ist auch der Kern inklusiver Spielsituationen und damit zugleich die Basis für alle weiteren Förder- und Therapieangebote.*

Betrachten wir inklusive Spielförderung als pädagogisches Handlungskonzept, so ergibt sich vor diesem Hintergrund die folgende Systematik:

---

weiterbildungsinitiative.de/publikationen/details/data/das-spiel-mit-gleichaltrigen-in-kindertageseinrichtungen/?L=0, letzter Aufruf: 21.09.2018)

3.1 Inklusive Spielförderung

Komponente	Einzelmerkmale
1. Ziele	• Spielerfahrungen, die alle teilen können und zu denen alle beitragen können • Toleranz gegenüber den spezifischen Fähigkeiten anderer • »Spielen mit allen Sinnen«
2. Inhalte	• soziale Spieltätigkeiten als Ausgangspunkt • Fähigkeiten und Bedürfnisse aller Kinder • Alltagserfahrungen aller Kinder
3. Methoden/Medien	• Unterstützung der sozialen Spieltätigkeit • Unterstützung der Kontaktinitiierung • Inklusive Spielmittel • Inklusive Spielräume • Spielbeobachtung
4. Organisationsformen	• Inklusive Kindertageseinrichtung • Inklusive Gruppen in Tageseinrichtungen für Kinder • Inklusive Kleingruppen • Inklusive Spielfeste • Inklusive Spielplätze
5. Begründungszusammenhang	• Theorie inklusiver Spielsituationen • Ökologische Spielpädagogik • Modell der heil- und sonderpädagogischen Spielförderung

Abb. 6: Konzept inklusiver Spielförderung

Vielfach wird die Wirksamkeit einer am Spiel orientierten Pädagogik der frühen Kindheit für die Vorbereitung auf die Schule – besonders von Elternseite – mit Skepsis betrachtet. Sowohl entwicklungspsychologische Befunde als auch Forschungen zu den Effekten von intensiven Spielerlebnissen bezogen auf schulische Lernprozesse bestätigen allerdings diese grundlegenden Zusammenhänge (vgl. Einsiedler 1999; Heimlich 2015a). Das kindliche Spiel in seiner entfalteten Form ist nahezu an allen Entwicklungsprozessen beteiligt. Es lassen sich empirisch gestützte Nachweise für eine Förderung von kognitiven, sozialen emotionalen, sensomotorischen und biologischen Entwicklungsaspekten durch

Spieltätigkeiten anführen (vgl. Oerter 1993). Sogar auf den Prozess des Schriftspracherwerbs im engeren Sinne haben Phantasiespieltätigkeiten einen nachweisbaren Einfluss, wie James F. Christie (1991) in seinen Forschungen zum frühen Spracherwerb (*early literacy*) gezeigt hat.

> **In einem Satz gesagt**
>
> *Inklusive Spielsituationen entstehen dann, wenn alle Kinder auf der Basis ihrer jeweiligen Fähigkeiten und Bedürfnisse solche Spieltätigkeiten hervorbringen können, die ihre persönliche Unverwechselbarkeit im Verhältnis zu ihrer sozialen Umwelt zum Ausdruck bringen und ihnen eine Vielfalt an leiblich-sinnlichen Erfahrungsmöglichkeiten eröffnen.*

Solche Spielsituationen zeichnen sich durch ein hohes Maß an Offenheit aus und bieten so einen Rahmen, in dem Kinder gestaltend teilnehmen können, in Beziehung zu anderen stehen sowie an der Veränderung der Situation teilhaben. Besonders für Kinder mit Behinderung sollte sichergestellt sein, dass sie ebenfalls einen produktiven Anteil an der Gestaltung inklusiver Spielsituationen haben, denn nur so kann verhindert werden, dass Inklusion auf Anpassung an Bestehendes reduziert wird. Diese komplexe Aufgabe bedarf offensichtlich der professionellen pädagogischen Begleitung.

3.1.2   Methoden inklusiver Spielförderung

Welche Aufgabe hat aber nun die frühpädagogische Fachkraft bei der Förderung von inklusiven Spieltätigkeiten und -situationen? Auf den ersten Blick erscheinen die Anforderungen eher widersprüchlich. Die frühpädagogische Fachkraft soll das gemeinsame Spiel der Kinder begleiten, aber nicht bevormunden. Sie soll die Kinder anregen, aber auch ihre spontanen Einfälle nicht unterdrücken. Sie soll den Kindern helfen, aber das Phantasieelement des kindlichen Spiels nicht zerstören. Zur Lösung dieser Dilemmata wird in der Spielpädagogik auf die Formel von der »aktiven Passivität« hingewiesen (vgl. Heimlich 2015a, S. 195f.). Damit ist eine Tätigkeit z. B. von frühpädagogischen Fachkräften gemeint, die sich am Rande kindlicher Spieltätigkeiten ereignet und sich je nach den Anforderungen des jeweiligen Spielprozesses entweder passiv-beobachtend oder aktiv-spielerisch zum Spielgeschehen verhält. Aktivität und Passivität werden so immer wieder neu je nach den Anforderungen der Situation ausgerichtet. Die Anregung und Unterstützung von inklusiven Spielsituationen erfordert von frühpädagogischen Fachkräften also so etwas wie eine »Halbdistanz« bzw. »begleitende Nähe« zum eigentlichen Spielgeschehen. Ideen, Vorschläge, Anregungen zum gemeinsamen Spielen kommen immer wieder von den Kindern selbst. Zur Intensivierung und Aufrechterhaltung des gemeinsamen Spielerlebnisses benötigen sie jedoch auch die Unterstützung von außen. Idealerweise versuchen frühpädagogische Fachkräfte diese Angebote auf der Ebene der Spielsituation zu geben. Sie bieten sich beispielsweise als Mitspielerinnen an, indem sie eine bestimmte Rolle übernehmen und aus dieser Rolle heraus versuchen, dem Spiel neue Impulse zu geben. Sie können aber auch durch Vorspielen ihrer Ideen das Spiel der Kinder beleben. All dies setzt im Übrigen eine gut ausgeprägte Fähigkeit zur Beobachtung inklusiver Spieltätigkeiten und zur Einfühlung in die gemeinsamen Spielsituationen voraus.

> **In einem Satz gesagt**
>
> *Mitspielen* und *Vorspielen* sind *Elemente einer direkten Förderung des gemeinsamen Spiels*.

Darüber hinaus sind frühpädagogische Fachkräfte jedoch auch im Rahmen der *indirekten Spielförderung* tätig. Bereits mit der Auswahl bestimmter Spielmittel (z. B. großformatige Schaumstoffklötze) zur Unterstützung des gemeinsamen Spiels im Vorfeld inklusiver Spielprozesse sind sie im spielpädagogischen Sinne tätig. Eine flexible Raumgestaltung für unterschiedliche und häufig wechselnde Bedürfnisse ermöglichen nachweislich eher gemeinsames Spiel (vgl. zur Praxis der Spielförderung: Heimlich/Höltershinken 1994). Aus diesen praktischen Erfahrungen und empirischen Befunden lassen sich in Anlehnung an das »Integrated Preschool Curriculum (IPC)« (vgl. Odom

u. a. 1982) die folgenden methodischen Realisierungsformen inklusiver Spielförderung ableiten (vgl. Heimlich 1995, S. 269ff.).

Abb. 7: Komponenten inklusiver Spielförderung

- Besonders im ersten Kindergartenjahr benötigen Kinder die Begleitung eines Erwachsenen, um den Anteil an sozialen Spieltätigkeiten erhöhen zu können. Sie sind zwar am gemeinsamen Spiel von vornherein interessiert, und es entstehen immer wieder auch spontane Spielkontakte. Sie bedürfen allerdings ebenso der Anregung, um aus dem Beobachtungs- und Alleinspiel heraus in die Nähe zu anderen Kindern zu kommen. Rollenspielmaterialien, Knetmaterialien, aber auch gemeinsames Musikhören eignen sich in Verbindung mit einem gut strukturierten Raumkonzept nach vorliegenden Erfahrungen besonders gut für diese allgemeine Form der *Unterstützung der sozialen Spieltätigkeiten* von Kindern mit und ohne Behinderung. Das Kooperationsspiel der Kinder ist zwar auch hier weiter die Zielvorstellung des gemeinsamen Spiels. Die tatsächlich beobachtbaren Anteile dieser Spielform sind jedoch besonders im ersten Kindergartenjahr nicht so dominant. Die sozialen Spieltätigkeiten werden in dieser Zeit vielmehr durch das Parallelspiel geprägt, bei dem die Kin-

der sich nebeneinander an ähnlichen Spielthemen und -materialien betätigen.
- Für die Phase der Kontaktaufnahme im gemeinsamen Spiel lassen sich mehrere Verhaltensweisen unterscheiden. Während einige Kinder spontan und selbstständig Kontakt aufnehmen, verharren andere Kinder lange in einer beobachtenden Haltung. Aber auch Aggressionen können als Versuch der Kontaktaufnahme beobachtet werden, wenn andere Verhaltensweisen nicht zur Verfügung stehen, allerdings mit sehr eingeschränktem Erfolg. Frühpädagogische Fachkräfte haben bei der *Unterstützung der Kontaktinitiierung* für das gemeinsame Spiel die Aufgabe, diese individuellen Unterschiede wahrzunehmen und ihre Hilfestellung auf die persönlichen Bedürfnisse des einzelnen Kindes auszurichten, um ihnen zu helfen, ihren Wunsch nach sozialen Spielkontakten zu realisieren. Dabei kann die Kontaktinitiierung zum einen durch einzelne Kinder ohne Behinderung gezielt gefördert werden, indem diese auf bestimmte Verhaltensweisen zur Kontaktaufnahme aufmerksam gemacht werden (vgl. Strain/Odom 1986). Zum anderen kann auch eine inklusive Gruppe insgesamt auf Möglichkeiten der Kontaktaufnahme im Spiel hingewiesen werden. Im nordamerikanischen Raum liegen dazu regelrechte Trainingsprogramme vor, die sich als hocheffektiv erwiesen haben. Im deutschen Sprachraum stoßen diese Formen von »Spieltraining« auf dem Hintergrund einer reichen Tradition in der Pädagogik der frühen Kindheit nach wie vor auf Skepsis und haben praktisch kaum Bedeutung.
- Gemeinsames Spielen erfordert eine reichhaltige Ausstattung der jeweiligen Einrichtung mit Spielmitteln im weitesten Sinne, die vielfältige sinnliche Erfahrungen ermöglichen. Nur so können alle Kinder mit ihren unterschiedlichen Fähigkeiten an inklusiven Spielsituationen teilnehmen. Frühpädagogische Fachkräfte berichten immer wieder, dass sich die Ausstattung des Gruppenraums durch die Aufnahme von Kindern mit Behinderung in dieser multisensorischen Dimension verändert hat. Aus den praktischen Erfahrungen heraus lassen sich bestimmte Kriterien für *inklusive Spielmittel* ableiten. Spielmittel für alle Kinder sollten möglichst verschiedene Spielformen zulassen, viele Sinne gleichzeitig ansprechen, das Zusam-

menspiel anregen und gestaltbar sein im Sinne einer Veränderung ihrer Form (vgl. zur Vertiefung: Steiner/Steiner 1993; Heimlich 2017a).[8]
- Viele inklusive Kindertageseinrichtungen überprüfen früher oder später ihre Raumgestaltungskonzepte und realisieren in der Regel Alternativen. Besonders der Einbau einer zweiten Spielebene und die damit verbundene Einleitung eines Prozesses der flexiblen Raumgestaltung unter Einbeziehung der Eingangsbereiche und Gemeinschaftsräume hat sich als hilfreich für die inklusive Arbeit herausgestellt. *Inklusive Spielräume* sollten auf jeden Fall barrierefrei für alle Kinder zugänglich sein. Neben der sensorischen Vielfalt gilt es besonders die Flexibilität als Kriterium für die Raumgestaltung zu berücksichtigen, da sich angesichts der Heterogenität der Bedürfnisse und Fähigkeiten innerhalb einer inklusiven Gruppe auch die Spielinteressen entsprechend vervielfältigen. Wichtig sind ebenfalls Begegnungs- aber auch Rückzugs- und Versteckmöglichkeiten, um der gesamten Bandbreite an sozialen Spieltätigkeiten gerecht werden zu können (vgl. zur Raumgestaltung auch Mahlke/Schwarte 1997). Ähnliche Kriterien gelten im Übrigen auch für Außenspielflächen (vgl. Philippen 1992; Opp 1992a) .
- Eine der grundlegendsten spielpädagogischen Qualifikationen besteht in der differenzierten und sensiblen Beobachtung der Kinder beim Spiel (vgl. Heimlich 2015a, S. 231ff.). Das gilt besonders für inklusive Gruppen. Vielfach kann die frühpädagogische Fachkraft bereits aus den alltäglichen Spielsituationen heraus Anhaltspunkte für ergänzende Förderangebote bezogen auf Kinder mit besonderen Förderbedürfnissen ableiten. Häufig nehmen auch ganze Einrichtungsteams die Gelegenheit zur Teamfallbesprechung wahr, um gemeinsam über die Förderung einzelnen Kinder zu beraten. Die *Spielbeobachtung und Dokumentation* zählt deshalb zu den Basiselementen des Konzeptes der inklusiven Spielförderung. Neben einfachen Spielprotokollen auf der Ebene subjektiver Aufzeichnungen im Sinne von pädagogischen Tage-

---

8 Elfriede Pauli, eine Heilpädagogin aus Kolbermoor (Bayern), gibt ihr selbst entwickeltes und selbst produziertes inklusives Spielmaterial im eigenen Verlag »Via Spiele« heraus (www.via-spiele.de).

büchern liegen mittlerweile auch erprobte Beobachtungsinstrumente zur sozialen Spieltätigkeit, zum spielmittelbezogenen Spiel und zur Spielintensität vor (a. a. O., S. 232ff.).

Darüber hinaus liegen inzwischen Berichte über *inklusive Spielprojekte* mit einer Ausrichtung auf das Gemeinwesen vor, die also deutlich über die Kindertageseinrichtungen hinausweisen. Im »*Play Inclusive (P.inc) Action Research Project*« in Edinburgh (GB) erprobt Theresa Casey (2005, 2008), zugleich Vorsitzende der *International Play Association (IPA) e. V.*, ein umfassendes Konzept zur Implementation inklusiver Spielprozesse bei 3–8jährigen Kindern im öffentlichen Raum. Nicht nur Kindertageseinrichtungen und Spielplätze, sondern die gesamte Kommune wird einbezogen. Für die begleitend tätigen Erwachsenen stellt es nach den Erfahrungen von Casey die größte Herausforderung dar, die inklusiven Spieltätigkeiten von Kindern nicht vorschnell zu be- oder gar zu verurteilen, sondern zunächst einmal die von den Kindern vereinbarte größtenteils unterschwellige Bedeutung zu verstehen. Flexibel nutzbare Spielmittel kommen dabei ebenso zum Einsatz wie Naturmaterialien und eine möglichst offene Raumgestaltung, die Platz für die Ideen der Kinder schafft. Erwachsene stehen vor der Aufgabe, Kinder beim inklusiven Spiel intensiv zu beobachten und möglicherweise sogar über Gespräche mit den Kindern den subjektiven Sinn einer Spielsituation nachzuvollziehen. Besonders auf dieser kommunikativen Ebene können Kindern nach den Erfahrungen in diesem Projekt bei der Gestaltung inklusiver Spielsituationen im öffentlichen Raum wirksam unterstützt werden.

Forschung inklusiv

Bezogen auf Kinder mit Autismus-Spektrum-Störungen (ASS) liegen Erfahrungen mit dem Angebot von inklusiven Spielgruppen vor (vgl. Wolfberg u. a. 2015). Kinder mit ASS und Kinder ohne Behinderung werden in einer Kleingruppe (4–5 Kinder) in einem separaten Raum von einer frühpädagogischen Fachkraft etwa 40 Minuten täglich gezielt in ihrer sozialen Spieltätigkeit unterstützt und ange-

> regt, auf die Bedürfnisse von anderen Kindern in einfühlsamer Weise einzugehen. Dabei ist das Handlungsmuster der »guided participation« von großer Bedeutung. In aufwändigen Evaluationsstudien auf der Basis von Videomitschnitten bezogen auf n=48 Kinder (ca. 300 Videoclips pro Kind) zeigt sich, dass das Fantasiespiel und das Funktionsspiel ausgeweitet werden, das Alleinspiel der Kinder mit ASS signifikant zurückgeht und sie mehr Parallelspiel mit anderen erfahren. Diese Effekte erweisen sich in einer Follow-up-Studie als stabil.

Von daher wird nachvollziehbar, wenn angesichts der vielfältigen Anforderungen an die frühpädagogischen Fachkräfte im Rahmen des Konzeptes inklusiver Spielförderung der Ruf nach einer weiteren Professionalisierung dieses pädagogischen Berufes erneut bestätigt wird. Inklusive Spielförderung erfordert einen entsprechenden Qualifizierungsprozess, der in die vorhandenen Ausbildungsstrukturen der Ausbildung frühpädagogischer Fachkräfte und der Ausbildung von Heilpädagoginnen und -pädagogen integriert werden sollte (s. die Modulstruktur bei Heimlich 2017a). Inklusive Spielförderung enthält aber ebenso ein Plädoyer für die weitere Akademisierung der Ausbildung frühpädagogischer Fachkräfte (▶ Kap. 5.2).

3.2 Inklusive Didaktik

Auch im schulischen Bereich wird zwar weiterhin gespielt. Und sicher hat das gemeinsame Spiel im Bereich der Primarstufe nach wie vor seine Bedeutung. In den Vordergrund geraten mit dem Schuleintritt jedoch nunmehr gezielt organisierte Lehr-Lernprozesse im Rahmen des inklusiven Unterrichts. Aufbauend auf den langjährigen praktischen Erfahrungen im integrativen Unterricht verbunden mit den zahlreichen wissenschaftlich begleiteten Modellprojekten liegen grundlegende Hinweise für eine Weiterentwicklung im Hinblick auf den inklusiven Unterricht mittlerweile vor. Damit betreten wird das Feld einer inklusiven Didaktik im Sinne eines pädagogischen Handlungskonzeptes (vgl. Luder/Kunz/Müller Bösch 2014; Metzger/Weigl 2012).

Die Rekonstruktion des Alltags im integrativen Unterricht (▶ Kap. 2.2) führt bereits zur Dekonstruktion des didaktischen Leitbildes von der homogenen Lerngruppe. Wie aber können wir den inklusiven Unterricht in heterogenen Lerngruppen nunmehr auf der Ebene der didaktisch-methodischen Theoriebildung konstruieren? Damit stehen wir vor dem Problem, den inklusiven Unterricht als Unterrrichtskonzept näher zu bestimmen. Legen wir die Definition von Hilbert Meyer (2009) zu Grunde, so stellen Unterrichtskonzepte einen systematischen Begründungszusammenhang von Ziel-, Inhalts- und Methodenentscheidungen dar, der sich in Unterrichtsprinzipien, organisatorischen Rahmenbedingungen, Unterrichtsformen und Prozessmodellen äußert. Ein Unterrichtskonzept des inklusiven Unterrichts ist somit bereits normativ, es enthält Vorstellungen von einer guten Qualität dieses spezifischen Lehr-Lernprozesses. Im Hinblick auf eine Theorie des inklusiven Unterrichts haben sich zwischenzeitlich einige Prinzipien, Methoden und Begründungszusammenhänge als besonders bedeutsam herauskristallisiert.

3.2.1 Prinzipien des inklusiven Unterrichts

Prinzipien (lat. *principium* = Anfang, Ursprung, Grundlage) des Unterrichts sind:

> »… übergreifende Handlungsempfehlungen oder Inszenierungshinweise für die Gestaltung von Unterricht als Lernangebot, die sich auf ausgewiesene normative, empirische und theoretische Prämissen gründen; …« (Kiel 2013, S. 199).

Diese Grundsätze haben für Lehrkräfte im inklusiven Unterricht deshalb eine so große Bedeutung, weil sie grundlegende Handlungsorientierungen ermöglichen. In der Unterrichtssituation, die unter unmittelbarem Handlungsdruck steht, entlasten Unterrichtsprinzipien also von theoriebezogenen Reflexionen, die im beruflichen Alltag nicht immer geleistet werden können. Sie ermöglichen überdies Kontinuität, müssen aber auch an die Lernvoraussetzungen der Schülerinnen und Schüler jeweils angepasst werden und sind keineswegs eine Garantie für erfolgreiche Lernprozesse (vgl. ebd.; Werning 1996). Gleichzeitig stehen sie für eine bestimmte Qualität des inklusiven Unterrichts. In Anlehnung an Herbert Gudjons (2014) können auf der Basis des Projektlernens folgenden Prinzipien inklusiven Unterrichts unterschieden werden:

Abb. 8: Prinzipien des inklusiven Unterrichts

- *Handlungsorientierung:* Der inklusive Unterricht sollte *handlungsorientiert* sein, damit alle Schülerinnen und Schüler die Möglichkeit zu einer aktiven Auseinandersetzung mit dem gemeinsamen Lerngegenstand auf der Basis ihrer individuellen Kompetenzen haben (vgl. Gudjons 2014). Häufig entstehen in Projekten auch konkrete Produkte, wobei als Projektergebnis auch eine veränderte Haltung bzw. Einstellung angestrebt werden kann.
- *Alltagsnähe:* Die Themen und Inhalte des inklusiven Unterrichts sollten zur *Erfahrungswelt der Schülerinnen und Schüler* in Beziehung gesetzt werden und idealerweise aus deren Lebenswelt stammen, d. h.

gesellschaftliche Praxisrelevanz besitzen (vgl. Heimlich 1994; Hiller 2010).
- *Differenzierung und Individualisierung* : Im inklusiven Unterricht müssen die individuellen Förderbedürfnisse aller Schülerinnen und Schüler durch ein *individualisiertes und differenziertes Lernangebot* beantwortet werden (vgl. Kiel/Syring 2018).
- *Lernen mit vielen Sinnen*: Aufgrund der Vielfalt der Lernbedürfnisse der Schülerinnen und Schüler ist das Lernangebot des inklusiven Unterrichts *multisensorisch und bewegungsorientiert* auszurichten (vgl. Ayres 1991; Vester 1996; Kahlert 2007).
- *Soziales Lernen:* Ein qualitativ guter inklusiver Unterricht schafft in wechselnden Sozialformen umfangreiche Gelegenheiten zur Kooperation der Schülerinnen und Schüler untereinander, um den entwicklungsbedeutsamen *Prozessen des »Voneinander-Lernens«* in der *peer-group* Raum zu geben (vgl. Benkmann 1998).
- *Fächerverbindung*: Inklusiver Unterricht sollte zur Überwindung von starren Grenzen zwischen Unterrichtsfächern beitragen und übergreifende Themenstellungen (z. B. Umweltbildung) aufgreifen. Er sollte *Zusammenhänge und Vernetzungen* zwischen den verschiedenen Rahmencurricula stärker betonen (vgl. Peterßen 2000).
- *Selbsttätigkeit:* Im inklusiven Unterricht werden Schülerinnen und Schüler aufgefordert, ihr Lernen stärker selbst zu planen und zu kontrollieren, um so zu mehr *Selbstbestimmung* zu gelangen (vgl. Heimlich 1997; Hecht 2008).
- *Zielorientierung*: Der inklusive Unterricht sollte an differenzierten Zielsetzungen ausgerichtet sein und die gemeinsamen Lerngegenstände mit entsprechenden sonderpädagogischen Förderangeboten auf die jeweiligen Entwicklungsniveaus beziehen (vgl. Bach/Pfirrmann 1994; Heimlich 2016).

> **In einem Satz gesagt**
>
> *Ein Unterricht, in dem nach diesen Prinzipien gelehrt und gelernt wird, kommt nach vorliegenden Erfahrungen allen Kindern und Jugendlichen zugute – nicht nur den Schülerinnen und Schülern mit SPF.*

Für sonderpädagogische Lehrkräfte sind allerdings die Prinzipien Handlungsorientierung, Differenzierung und Individualisierung sowie das Lernen mit vielen Sinnen von besonderem Interesse. Über die Realisierung dieser Prinzipien im inklusiven Unterricht können die Möglichkeiten der Teilhabe aller Schülerinnen und Schüler an inklusiven Bildungsangeboten angestrebt werden.

Fragen wir nun weiter nach der äußeren Gestalt dieser Lehr-Lernprozesse, die wir als inklusiven Unterricht bezeichnet haben, so gelangen wir zu den Methoden des inklusiven Unterrichts.

3.2.2 Methoden des inklusiven Unterrichts

Unterrichtsformen im Sinne von Methoden (griech. *meta hodos* = »Weg zu etwas hin«) gelten im Anschluss an Hilbert Meyer (2009, S. 45) als Handlungsmuster:

> »Unterrichtsmethoden sind die Formen und Verfahren, in und mit denen sicher Lehrer und Schüler die sie umgebende natürliche und gesellschaftliche Wirklichkeit unter institutionellen Rahmenbedingungen aneignen.«

Aus der Sicht der Lehrenden sind sie Lehrformen, aus der Sicht der Lernenden eher Lernformen (vgl. Glöckel 1996, S. 59f.). Zu ihnen zählen neben den Sozialformen auch methodische Großformen wie Vorhaben, Lehrgang und Projekt. Bezogen auf den inklusiven Unterricht lassen sich die folgenden Methoden unterscheiden:

- Im Mittelpunkt des inklusiven Unterrichts steht der *gemeinsame Lerngegenstand* bzw. das *Projektthema*. Das Unterrichtsthema wird im Projektunterricht mit den Schülerinnen und Schülern gemeinsam ausgehandelt. Es kann aber auch aus den Richtlinien stammen. Entscheidend ist die gemeinsame Planungsphase ausgehend von einer gemeinsam festgelegten Problemstellung unter Einbeziehung der Kompetenzen auf Seiten der Lernenden (vgl. Frey 2002). Das gemeinsame Unterrichsthema wird bei der Projektplanung als Problemstellung unter der Perspektive der möglichst vielfältigen Zugangsweisen betrachtet. Das Projekt stellt *das* thematische und soziale Zentrum des inklusiven Unterrichts dar, so wie es schon für den integrativen Unterricht empfohlen worden ist (vgl. Feuser/Meyer 1987; Heimlich 1996b).

3.2 Inklusive Didaktik

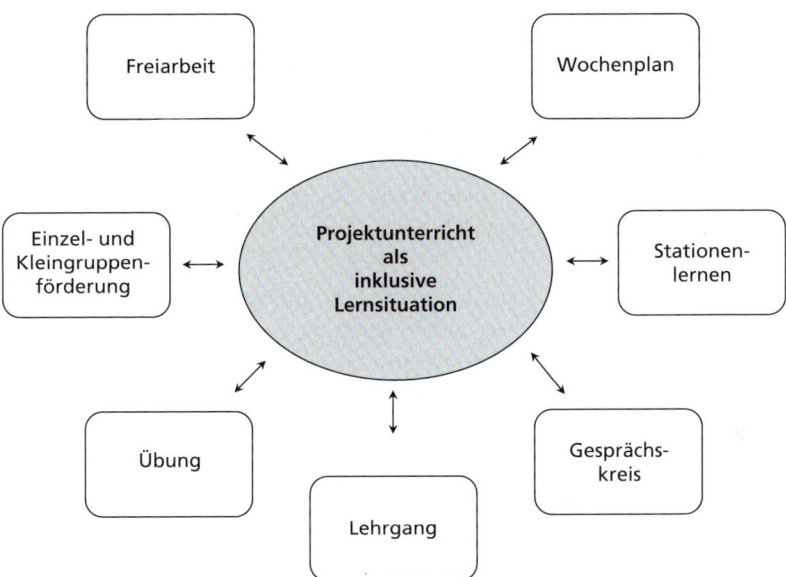

Abb. 9: Methoden des inklusiven Unterrichts

Das Konzept des Projektunterrichts deckt jedoch keineswegs den gesamten Bereich des inklusiven Unterrichts ab. Um dieses Zentrum herum sind weitere Methoden angesiedelt, auf die in Ergänzung zum gemeinsamen Lerngegenstand immer wieder zurückgegriffen wird.

- *Freiarbeit:* Regelmäßige Freiarbeitsphasen beispielsweise zu Beginn eines Unterrichtstages bieten ein Höchstmaß an Möglichkeiten zur Differenzierung, Individualisierung und vor allem Selbsttätigkeit (vgl. Montessori 1987).
- *Wochenplan:* Das Unterrichten mit Wochenplänen erleichtert die Organisation eines Unterrichtsgeschehens, das auf individuelle Lernwege ausgerichtet ist und bis hin zu Tages- und Förderplänen reicht (vgl. Moosecker 2008; Reiß/Werner 2017).
- *Stationenlernen:* Die Lerninhalte einer Unterrichtseinheit müssen im inklusiven Unterricht nicht immer in stundenweisen »Häppchen« nacheinander präsentiert werden. Sie können mit einem ähnlichen Arbeitsaufwand auch gleichzeitig als Stationen zum Selbstentdecken

163

angeboten werden. Diese ermöglichen so eine gute Vorbereitung für selbsttätige Lernphasen (vgl. Hegele 1996; Siedenbiedel/Theurer 2015).
- *Gesprächskreis:* Der Gesprächskreis bildet im inklusiven Unterricht häufig eine Art Drehscheibe für das soziale Geschehen im Klassenraum und ergänzt auf diese Weise das gemeinsame Lernen am gemeinsamen Lerngegenstand noch einmal um soziale Lernprozesse (vgl. Schall 1995).
- *Lehrgang:* Aber auch ein handwerklich gut gemachter Frontalunterricht, in dem mit innerer Differenzierung gearbeitet wird, hat weiter seine Berechtigung im inklusiven Unterricht insbesondere in der Sekundarstufe I und II und wenn es z. B. um die gemeinsame Erarbeitung eines neuen Lerninhaltes für eine Lerngruppe geht (vgl. Gudjons 2007).
- *Übung:* Ein reformpädagogischer Unterricht – und als solcher wird der inklusive Unterricht verstanden – enthält auch ein verändertes Verständnis von Übung und Wiederholung. Dieses veränderte Übungsverständnis besteht insbesondere darin, dass nicht nur reproduktive, sondern insbesondere auch produktive Methoden des Übens angewandt werden (vgl. Meier u. a. 2000).
- *Einzel- und Kleingruppenförderung:* Bei allem Bemühen um ein kooperatives Lerngeschehen im inklusiven Unterricht kann es gleichwohl notwendig werden, dass besondere Förder- und Therapieangebote in kleinen Gruppen oder für einzelne Kinder angeboten werden. Allerdings verändern sich diese Förder- und Therapiekonzepte gegenwärtig auch insofern, als sie verstärkt von den Bedürfnissen der Schülerinnen und Schülern nach Selbsttätigkeit ausgehen (vgl. Heimlich 1997).

> **In einem Satz gesagt**
>
> *Der Versuch, das Lernen in Projekten in einer didaktischen Systematik der Prinzipien und Methoden des inklusiven Unterrichts zu verankern, führt uns letztlich zur Entwicklung von Qualitätsstandards.*

Ein guter inklusiver Unterricht ist insbesondere durch Rückbezug auf den Projektunterricht zu gewährleisten, auch wenn damit lediglich das Zentrum der vielfältigen Unterrichtsformen bezeichnet ist. Sonderpädagogischen Lehrkräften kommt hier die Funktion zu, in den genannten Methoden des inklusiven Unterrichts unterschiedliche Muster der Lernbegleitung anzubieten. In der Einzel- und Kleingruppenförderung sowie im Stationenlernen, bei der Übung und in Bezug auf die Wochenpläne lassen sich auch Maßnahmen der sonderpädagogischen Förderung im inklusiven Unterricht verankern. Zusammenfassend kann festgehalten werden, dass der inklusive Unterricht nicht in einem eigenen Unterrichtskonzept fundiert wird. Auf der konzeptionellen Ebene werden vielmehr Anleihen bei reformpädagogischen Entwürfen erforderlich. Das Konzept des Projektlernens enthält z. B. ein Handlungswissen, dass es erlaubt, die Praxis des inklusiven Unterrichts unter normativen Aspekten zu betrachten und weiterzuentwickeln. Insgesamt entsteht so auf dieser eher praktischen Ebene das Bild eines guten Unterrichts. Erfahrungsgemäß fördert die Entwicklung eines inklusiven Unterrichts zugleich dessen Qualität. Guter Unterricht ist eine gute Voraussetzung für inklusiven Unterricht (vgl. Helmke 2004; Meyer 2016)

3.2.3 Didaktische Modelle des inklusiven Unterrichts

Im erziehungswissenschaftlichen Zusammenhang sind wir darauf verwiesen, den Alltag und das Handlungskonzept des inklusiven Unterrichts in ein Verhältnis zu den didaktischen Modellen zu bringen (vgl. Sünkel 1996). Erst auf dieser Ebene können wir zu anthropologischen und sozialphilosophischen Begründungszusammenhängen des inklusiven Unterrichts gelangen (vgl. Jantzen 2000).

Materialistische Didaktik des inklusiven Unterrichts

Den ersten Schritt in dieser Richtung hat Georg Feuser aufbauend auf langjährigen Vorerfahrungen im integrativen Unterricht im Jahre 1998 getan. Er begründet den integrativen Unterricht hier in Anlehnung an das kritisch-konstruktive Modell der Didaktik von Wolfgang Klafki (1927-2016) und die materialistische Behindertenpädagogik. *Gemeinsames Lernen am gemeinsamen Lerngegenstand* ist danach deshalb erforderlich, weil – so Feuser – nur auf diesem Wege ein humanes und demokratisches Bildungs- und Erziehungssystem zu realisieren sei. Zugleich ist damit die Notwendigkeit einer inneren Differenzierung im inklusiven Unterricht angesprochen, die erst die Voraussetzung für ein Eingehen auf die individuellen Lernbedürfnisse aller Schülerinnen und Schüler zulässt. Feuser knüpft inbesondere an das Modell »Zone der nächsten Entwicklung (ZNE)« von Lev S. Vygotskij (1896–1934) an. Demnach sind auch im inklusiven Unterricht die Lernangebote ausgehend von der »Zone der aktuellen Entwicklung« im Sinne der jeweiligen Ausgangslage so zu gestalten, dass jedes Kind da abgeholt wird, wo es sich in seiner Lernentwicklung aktuell befindet.

Einen weiteren Schritt in Richtung auf eine inklusive Didaktik vollzieht Simone Seitz in ihrer Studie *»Zeit für inklusiven Sachunterricht«* (2005). Nach einer kritischen Würdigung der seinerzeitigen Bemühungen um eine integrative Didaktik knüpft sie zunächst bei Feusers entwicklungslogischer Didaktik an und zeigt am Beispiel des Themas »Zeit« im Sachunterricht der Grundschule auf, wie inklusiver Unterricht didaktisch aufbereitet werden kann. Aus der Sicht der Kinder wird die Kategorie »Zeit« zu einem Bestandteil ihrer Identität und erhält so eine »fraktale, d.h. selbstähnliche Denkfigur« (Seitz 2005, S. 157). Dabei spiegeln sich große und kleine Strukturen ineinander. Dieses Prinzip überträgt sie auch auf den inklusiven Unterricht, indem sie letztlich eine Spiralstruktur des gemeinsamen Lerngegenstands annimmt, in der auch Teilaspekte einer Thematik stets zugleich die Gesamtheit des Gegenstands repräsentieren. In einem inklusiven Unterricht ginge es demnach letztlich darum, solche *fraktale Strukturen im gemeinsamen Lerngegenstand* aufzudecken, die es allen Schülerinnen und Schülern ermöglichen, einen Zugang zu erfahren. Erst damit wäre eine Individualisierung des gemeinsamen Lerngegenstandes tatsächlich duchrführbar.

3.2 Inklusive Didaktik

> **In einem Satz gesagt**
>
> *Ein erstes Qualitätskriterium für den inklusiven Unterricht ist deshalb in einer konsequenten Orientierung an der individuellen Entwicklung aller Schülerinnen und Schüler zu sehen (Entwicklungsorientierung).*

Interaktionistische Didaktik des inklusiven Unterrichts

Hans Wocken (1998) entwickelt in kritischer Diskussion mit Feuser eine Theorie gemeinsamer Lernsituationen. Aus der Tradition des symbolischen Interaktionismus im Anschluss an Georg Herbert Mead (1863-1931) differenziert er vornehmlich die soziale Dimension von gemeinsamen Lernsituationen und unterscheidet koexistente, kommunikative, subsidiäre und kooperative Lernsituationen. Kooperativen Lernsituationen im Sinne von Feuser sind nach Wocken durchaus im inklusiven Unterricht anzutreffen. Aber sie zählen zu den seltenen »Sternstunden« des inklusiven Unterrichts. Darüber hinaus lernen Schülerinnen und Schüler im inklusiven Unterricht auch nebeneinander ohne unmittelbaren Bezug zueinander oder ebenso dadurch, dass Schülerinnen und Schüler als Helfer für andere tätig sind. Es kommt jedoch auch vor, dass Schülerinnen und Schüler einfach nur miteinander in Kontakt sind, ohne direkten Bezug zu einem Lerngegenstand. Situationen des indviduellen Rückzugs können im inklusiven Unterricht ebenfalls beobachten werden und aus Schülersicht durchaus sinnvoll und notwendig sein (vgl. Markowetz/Reich 2016).

Auf dem Hintergrund seiner konstruktivistischen Didaktik entwickelt Kersten Reich (2014) ein Konzept inklusiver Didaktik, das auf einer umfassenden Theorie einer inklusiven Schule beruht (▶ Kap. 3.3). In insgesamt 10 Bausteinen fasst er sodann die praktischen Anforderungen an den inklusiven Unterricht zusammen. Dabei steht ebenfalls die Beziehungsgestaltung und Teambildung im Vordergrund, die durch die Gestaltung der Lernumgebung und die Barrierefreiheit im Schulgebäude flankiert wird (vgl. a. a. O., S. 59). Die methodische Umsetzung konzentriert er schließlich um die Elemente Instruktion, Projekte, Lernlandschaft und Werkstätten, wobei auch hier der jeweilige Lernkontext zu berücksichtigen ist (vgl. a.a.O., S. 315). Besonders im Konzept der Lernlandschaften kommt hier bereits zum Ausdruck, welche große Bedeutung der Lernumgebung im inklusiven Unterricht zukommt.

> **In einem Satz gesagt:**
>
> *Inklusiver Unterricht benötigt eine Vielfalt an sozialen Beziehungen, deshalb erscheint die Orientierung an Interaktion als weiteres Qualitätskriterium für den inklusiven Unterricht (Interaktionsorientierung).*

Ökologische Didaktik des inklusiven Unterrichts

Die Vielschichtigkeit der Lernerfahrungen erweitert sich im inklusiver Unterricht deutlich über diese personalen und sozialen Aspekte hinaus. Es dominiert im ersten Fall die kognitive, im zweiten Fall die soziale Dimension inklusiver Lernerfahrungen. Dabei werden mindestens die sensomotorischen bzw. die leiblich-sinnlichen Dimensionen gemeinsamen Lernens ausgeblendet (vgl. dazu die phänomenologische Denktradition bei Merleau-Ponty 1966; Laing 1969; Meyer-Drawe 1987). Auf der Ebene der Konstruktion eines Begründungszusammenhanges des inklusiven Unterrichts soll deshalb nun die Unterrichts- und Schultheorie von John Dewey herangezogen werden (vgl. Krüger/Lersch 1993). Damit ist im Übrigen nicht die viel zitierte Formel »*learning by doing*« gemeint, die bekanntlich überhaupt nicht von Dewey selbst stammt. Vielmehr wird der Erfahrungsbegriff zum entscheidenden Zugang zu Deweys Erziehungsphilosophie.

Deweys Demokratieverständnis zielt auf eine bestimmte Qualität des Umgangs zwischen Menschen und meint nicht nur eine bestimmte Staatsform, sondern vor allem eine Lebensform (vgl. Putnam 1997). Die damit verbundenen Erfahrungsmöglichkeiten enthalten einen aktiven, handelnden und einen passiven, eher wahrnehmenden Teil (vgl. Dewey 1916/1993). Der Phänomenologe Bernhard Waldenfels spricht in ähnlicher Weise vom produktiv-reproduktiven Lebensweltbezug (vgl. Waldenfels 1985, S. 140). Damit wird zugleich ein Zugang zu einer ökologischen Didaktik eröffnet, in der die leiblich-sinnliche Situiertheit des Lernenden im Mittelpunkt steht, die seine individuelle Entwicklung und die soziale Eingebundenheit umgreift und den Ort des inklusiven Unterrichts zum Gegenstand inklusionsdidaktischer Reflexionen macht.

Bei Hartmut von Hentig finden wir aufbauend auf Dewey das Konzept einer »*Schule als Lebens- und Erfahrungsraum*«, wie er es bekanntlich in der Bielefelder Laborschule entwickelt hat und in seiner weithin bekannt gewordenen Schrift »Die Schule neu denken« (1993) noch einmal zusammenfasst. Die »Schule als Lebens- und Erfahrungsraum« ist letztlich eine inklusive Schule, die alle Schülerinnen und Schüler eines Wohnbezirks mit all ihren spezifischen Kompetenzen aufnimmt und sie möglichst lange gemeinsam unterrichtet (vgl. das Schulporträt bei Demmer-Dieckmann/Struck 2001). Damit soll das realisiert werden, was von Hentig in seinem Essay »Bildung« als »Bildung für alle« entfaltet (vgl. 1996, S. 61ff.). Diese »Bildung für alle« ist an bestimmte Erfahrungen gebunden, aus denen idealerweise die Bildungsinhalte stammen sollen. Zumindest sollten die Bildungsgehalte mit den Erfahrungen der Schülerinnen und Schüler in Beziehung gesetzt werden (vgl. das Modell eines erfahrungsorientierten Unterrichts bei Ingo Scheller 1987).

> **In einem Satz gesagt**
>
> *Inklusive Lernsituationen bieten eine Vielfalt an Lernerfahrungen im kognitiven, sozialen, emotionalen und sensomotorischen Bereich in einer entsprechend gestalteten Lernumgebung an, damit alle am gemeinsamen Lernen partizipieren können und alle etwas dazu beitragen (Situationsorientierung).*

Inklusive Didaktik wird hier als »Bildung für alle« letztlich ethisch fundiert in einem demokratischen Wertekonsens (vgl. Antor 1999). So können wir auch Wolfgang Klafkis *Neuen Studien zur Bildungstheorie und Didaktik* (2007) als Beitrag zu einer inklusiven Bildungs- und Erziehungstheorie auffassen (▶ Ausblick). Bekanntlich betrachtet er den Umgang von Kindern und Jugendlichen mit und ohne Behinderung als eines der Schlüsselprobleme einer zeitgemäßen Bildung. Seine Bildungsziele, nämlich Selbstbestimmungs-, Mitbestimmungs- und Solidaritätsfähigkeit repräsentieren letztlich die demokratischen Grundwerte der Freiheit, der gleichberechtigten Partizipation und der Solidarität (vgl. Krawitz 2001). Es kommt daher nicht von ungefähr, wenn diese Bildungsziele auf einen breiten Konsens im didaktischen Theoriediskurs stoßen (vgl. Jank/Meyer 2002; Haag u. a. 2013). Offen bleibt in diesen Versuchen einer didaktischen Begründung des inklusiven Unterrichts noch die Frage, wie dieser Unterricht konkret vorbereitet werden kann.

3.2.4 Planung des inklusiven Unterrichts mit Hilfe der inklusionsdidaktischen Netze

Die Formel Feusers vom gemeinsamen Lernen am gemeinsamen Gegenstand als Kern des integrativen (und inklusiven) Unterrichts zählt weiterhin zum Grundbestandteil didaktischer Theoriebildung in diesem Bereich. Offen bleibt allerdings bislang die Frage, wie ein solcher Unterricht geplant und vorbereitet werden kann. Reich (2014, S. 325ff.) bietet zwar in seinem kontruktivistischen Konzept einer inklusiven Didaktik auch Hinweise zur Unterrichtsplanung. Sie bleiben jedoch eher auf die Unterrichtsmethoden bezogen und klären nicht, wie der gemeinsame Lerngegenstand im inklusiven Unterricht so aufbereitet werden kann, dass auch die fachwissenschaftlichen und fachdidaktischen Ansprüche des jeweiligen Unterrichtsthemas und Unterrichtsfaches angemessen Berücksichtigung finden sollen. Ein erster Hinweis auf eine Lösung dieses Planungsproblemes ist aus dem »Rahmenlehrplan für den Förderschwerpunkt Lernen« in Bayern (vgl. Bayerisches Staatsministerium für Unterricht und Kultus 2012) hervorgegangen. Hier wird ein kompetenzorientiertes Curriculum für Schülerinnen und Schüler mit gravierenden Lernschwierigkeiten vorgelegt, das konsequent auf die Unterrichtsinhalte und -themen der allgemeinen Schulen (Grund- und Mittelschulen) bezogen ist. Im Kern besteht der Rahmenlehrplan aus einer Verbindung zwischen den jeweiligen Lernbereichen (bzw. Unterrichtsfächern) und den Entwicklungsbereichen der Schülerinnen und Schüler. Das Planungsmodell der inklusionsdidaktischen Netze beruht in basaler Weise auf dieser Grundlage einer Verbindung zwischen Lern-

und Entwicklungsbereichen. Die leitende Annahme bei der Entwicklung des Modells war die Erfahrung aus der Schulbegleitforschung, dass ein inklusiver Unterricht dann in einer guten Qualität entwickelt werden kann, wenn die vielfältigen fachlichen Perspektiven eines Lernbereiches mit den unterschiedlichen Entwicklungsbereichen der Schülerinnen und Schüler möglichst unmittelbar vernetzt werden (vgl. Kahlert/Heimlich 2014, S. 174). Auf der Basis des Perspektivrahmens Sachunterricht (vgl. Kahlert 2009, S. 21) können z. B. die naturwissenschaftlichen, technischenn, geographische, historischen, sozialwissenschaftlichen und ethischen Perspektiven eines Unterrichtsthemas aus diesem Lernbereich unterschieden werden. Auf der Basis einer modernen Entwicklungspsychologie werden gemeinhin die Entwicklungsbereiche unter kognitiven, kommunikativen, emotionalen, sozialen und senso-motorischen Aspekten strukturiert (vgl. aus entwicklungspsychologischer Sicht: Oerter/Montada 2002 und aus der Sicht eines erweiterten Lernbegriffs: Faulstich 2013).

Aus fachdidaktischer Sicht erfolgt nun in einem ersten Schritt die Analyse eines Lerngegenstands im inklusiven Sachunterricht zunächst über die fachlichen Perspektiven. So entsteht bereits ein vielschichtiges Bild möglicher Unterrichtsthemen. Dieser »Überschuss an Ideen« ist durchaus gewollt, damit deutlich wird, welches fachliche Potenzial in einem Lerngegenstand steckt und so bereits einengende Blickwinkel in Bezug auf ein Unterrichtsthema vermieden werden. In einem zweiten Schritt ist es sodann erforderlich, die Entwicklunsgbereiche auf die Unterrichsthematik zu beziehen. Dabei fällt es erfahrungsgemäß relativ leicht, die kognitiven und kommunikativen Anforderungen einer Thematik zu erfassen. Schwieriger wird es schon, die sozialen Anforderungen einer Unterrichsthematik in den Blick zu bekommen, will man nicht bei allgemeinen Feststellungen wie Gruppen- oder Partnerarbeit stehen bleiben. Endgültig ungewohnt ist allerdings für viele Lehrkräfte und auch für Lehramtsstudierende oder Studienreferendare die Frage, welche emotionalen und sensomotorischen Anforderungen in einem Unterrichtsthema stecken. Dies ist allerdings aus sonderpädagogischer Sicht die entscheidende Frage, wenn ernst gemacht werden soll mit dem Bildungsanspruch, alle Schülerinnen und Schüler in das Unterrichtsgeschehen einzubeziehen.

3 Gemeinsamkeit erfahren – Handlungskonzepte inklusiver Pädagogik

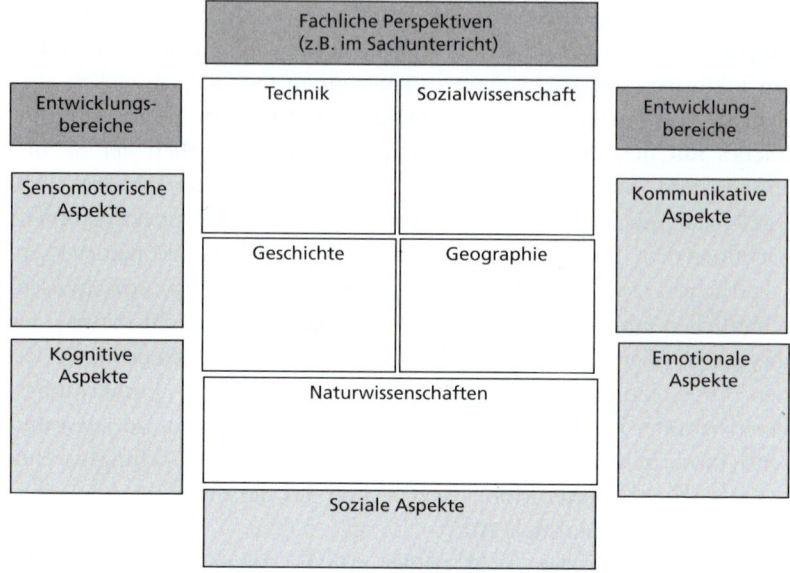

Abb. 10: Inklusionsdidaktische Netze (n. Heimlich/Kahlert 2014, S. 181)

Sind nun die fachlichen Perspektiven und die entwicklungsorientierten Anforderungen eines Unterrichtsthemas aufgefächert, so folgt in einem dritten Schritt die Auswahl der Lerninhalte und didaktisch-methodischen Ideen, die in einer inklusiven Unterrichtsstunde oder einer mehrstündigen inklusiven Unterrichtseinheit umgesetzt werden sollen. Durch die Verbindung der ausgewählten fachlichen Perspektiven und der Entwicklungsbereiche entsteht das inklusionsdidaktische Netz. Der Planungsaufwand für ein solches Netz entspricht in etwa dem Arbeitsaufwand für die Planung einer längeren Unterrichtsreihe mit mehreren Stunden. Für eine konkrete Unterrichtsstunde wird nur ein Teil der gefundenen Ideen umgesetzt. Eine Überprüfung der inklusionsdidaktischen Netze anhand anderer Lernbereiche hat ergeben, dass sich das Planungsmodell prinzipiell für alle Unterrichtsfächer bzw. -lernbereiche eignet. Nur die fachlichen Perspektiven des jeweiligen Faches ändern sich. Auch in unterschiedlichen Schulformen (Grund-, Mittelschulen und Berufsschulen) sind die inklusionsdidaktischen Netze schon erfolgreich als Arbeitshilfe zur Planung des inklusiven Unterrichts genutzt werden.

Zusammenfassend ist darauf hinzuweisen, dass eine didaktische Theorie des inklusiven Unterrichts gegenwärtig erst entwickelt wird. Wollen wir jedoch – beispielsweise gegenüber kritischen Rückfragen, also auch in höchst praxisbezogenen Zusammenhängen – das Konzept des inklusiven Unterrichts begründen, so sind wir auf ein Wissen angewiesen, wie es uns von Theorien des Erziehungs- und Bildungsprozesses bereitgestellt wird. Diese theoretische Betrachtung bietet auch die Chance zur Weiterentwicklung vorhandener Handlungskonzepte sowie zur Überprüfung bzw. Konstruktion neuer Handlungskonzepte.

Besonders im Sekundarbereich mit seinen großen Schulsystemen hat sich neben der Entwicklung eines Konzeptes für den inklusiven Unterricht gezeigt, dass schulische Inklusion nicht allein durch eine veränderte Didaktik erreicht werden kann. Vielmehr ist die Schule als System mit einzubeziehen, wenn der Weg zur inklusive Schule beschritten werden soll. Auch die Einrichtung von inklusiven Klassen bleibt in den meisten Fällen keine isolierte Maßnahme, sondern erfasst über kurz oder lang die gesamte Schule. Mittlerweile haben einige Schulen, wie die Gesamtschule Bonn-Beuel, inklusive Schulprogramme entwickelt und so den Gedanken der »*inclusive schools*« aus dem nordamerikanischen Raum aufgegriffen. Der Weg zur inklusiven Schule führt über Prozesse der Schulentwicklung.

3.3 Inklusive Schulentwicklung

Meist stehen in der Vergangenheit zu Beginn der integrativen Öffnung allgemeiner Schulen die Schülerinnen und Schüler mit SPF im Vordergrund der Innovationsarbeit (z. B. Durchführung der Kind-Umfeld-Analyse, Entwicklung der Förderpläne). Ausgehend von diesem Mittelpunkt lässt sich die Vielfalt der Entwicklungsprozesse in integrativen Schulen seinerzeit aber nicht mehr allein mit didaktisch-methodischen Kategorien beschreiben (also etwa reformpädagogisches Unterrichtskonzept, individualisierte Förderung usf.). Vielmehr ergeben sich auch über den Unterricht hinaus innovative Prozesse auf weiteren Entwicklungsebenen (vgl. auch Köbberling/Schley 2000; Moser/Lütje-Klose 2016; Sturm/Wagner-Willi 2018).

3.3.1 Pädagogische Schulentwicklung und Inklusion

Allen voran ist die Zusammenarbeit der Pädagoginnen und Pädagogen in den Jahrgangsstufenteams zu nennen. Damit wird bereits die Ebene der Schule als System erreicht. Inklusive Schulen erfordern auch Veränderungen auf dieser systemischen Ebene. Dabei wird deutlich, dass die jeweilige Einzelschule in ein Bildungs- und Erziehungssystem eingebettet ist, das über spezifische Rahmenbedingungen (z. B. Richtlinien, Erlasse usf.) in die Arbeit der jeweiligen Schule hineinwirkt. Die Aufnahme von Kindern und Jugendlichen mit SPF in allgemeine Schulen zieht innovative Prozesse auf verschiedenen Ebenen schulischer Handlungsstrukturen nach sich, die am ehesten im Rahmen von Schulentwicklungskonzepten beschrieben werden können. Dies wird auch von der empirischen Schulforschung im Wesentlichen bestätigt. So geht Helmut Fend (1998) zunächst davon aus, dass die jeweilige Einzelschule der Motor für Innovationen ist. Zahlreiche Schulentwicklungsprojekte einzelner Schulen belegen jedoch, wie zentral die Bedeutung des Bildungs- und Erziehungssystems insgesamt für die Entwicklung der einzelnen Schule ist.

> **In einem Satz gesagt**
>
> *Bezogen auf inklusive Schulentwicklungsprozesse wird zwischen Mikro-, Meso- und Makro-Ebene unterschieden.*

Die *Mikroebene inklusiver Schulentwicklung* wird demnach durch den inklusiven Unterricht repräsentiert. Die didaktisch-methodische Innovation setzt allerdings weitere Entwicklungen im Bereich der Kooperation von Lehrkräften in Gang. Das Zwei-Lehrer-System im Rahmen des *team-teaching*, die Zusammenarbeit in Jahrgangsstufenteams und Formen der jahrgangsübergreifenden Zusammenarbeit von Lehrkräften sowie die Unterstützung und Begleitung durch die jeweilige Schulleitung zählen mit zu den unverzichtbaren Merkmalen von *inclusive schools* (vgl. Thomas/Walker/Webb 1998; Wilhelm/Eggertsdóttir/Marinósson 2006; Metzger/Weigl 2010; Lienhard-Tuggener/Joller-Graf/Mettauer Szaday 2011; Wocken 2011; mittendrin e.V. 2012; Benkmann/Chilla/Stapf 2012). Auf dieser *Meso-Ebene inklusiver Schulentwicklung* stellt sich das Problem der Qualität von einzelnen Schulen (vgl. zur inklusiven Qualität auch Speck 1999; Moser 2012; Steffens/Bargel 2016). Diese ist nach vorliegenden Erfahrungen nicht auf dem Verordnungswege zu erreichen, sondern stets das Ergebnis einer Entwicklung von unten und deshalb auch das Ergebnis der Entwicklung von einzelnen Schulen. Allerdings unterliegt die Einzelschule wiederum administrativ geregelten Rahmenbedingungen. Auf einer *Makroebene inklusiver Schulentwicklung* haben einige Bundesländer inzwischen schulrechtliche Voraussetzungen für die inklusiven Schulen geschaffen und dabei bestimmte Ausstattungsmerkmale in personeller und sächlicher Hinsicht festgeschrieben. Allerdings entsteht durch die Kulturhoheit der 16 Bundesländer im Rahmen des Föderalismus dazu derzeit ein sehr vielschichtiges Bild (vgl. Saalfrank/Zierer 2017).

Inklusive Schulentwicklung lässt sich nun am ehesten in Modellen der »Pädagogischen Schulentwicklung (PSE)« beschreiben (vgl. Bastian 1998; Klippert 2000). Im Gegensatz zur Organisationsentwicklung (OE), wie sie von Hans-Günter Rolff u.a. (1993) im Dortmunder Institut für Schulentwicklungsforschung (ISEP) zunächst bevorzugt wurde, geht PSE von der Veränderung des Unterrichts aus. Erst daran anschließend und stets darauf bezogen werden die schulischen Kommunikationsstrukturen systematisch verändert. Inklusive Schulentwicklung umfasst so im Rahmen eines Mehrebenenmodells eine Bewegung von Innen nach Außen:

Dieses Modell inklusiver Schulentwicklung folgt im Wesentlichen einem ökologischen Theoriekonzept, wie es im Anschluss an den nordamerikanischen Sozialforscher und Entwicklungspsychologen Urie Bronfenbrenner (1917–2005) beispielsweise von Anne Hildeschmidt und Alfred Sander (1995, 1999 und Sander 1999) seinerzeit auf die Integra-

3 Gemeinsamkeit erfahren – Handlungskonzepte inklusiver Pädagogik

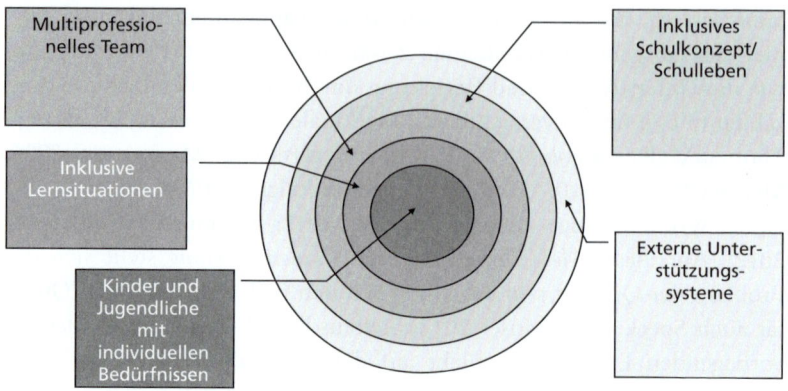

Abb. 11: Ökologisches Mehrebenenmodell der inklusiven Schulentwicklung

tion im Sekundarbereich übertragen wurde. In der brandenburgischen Integrationsentwicklung (vgl. Preuss-Lausitz 1997c) und in dem schleswig-holsteinischen Weg zur Einbeziehung der Schulaufsicht in die Integrationsentwicklung (vgl. Pluhar 1998) liegen ähnliche Schulentwicklungskonzepte zugrunde. Impulse gehen ebenfalls von dem Mehrebenenmodell integrativer Prozesse im Anschluss an Helmut Reiser u. a. (1986) aus. Mit dem Leitfaden »Profilbildung inklusive Schule« (vgl. Fischer/Heimlich/Lelgemann/Kahlert 2012) des Wissenschaftlichen Beirats Inklusion beim Bayerischen Landtag liegt dazu eine Arbeitshilfe vor, die im Rahmen des »Begleitforschungsprojektes inklusive Schulentwicklung (B!S)« allen Schulen in Bayern zur selbstständigen Nutzung zur Verfügung gestellt worden ist.[9] Rückmeldungen besonders aus Grund- und Mittelschulen zeigen, dass der Prozess der inklusiven Schulentwicklung in der einzelnen Schule wirksam unterstützt werden kann. Auf den fünf Ebenen der inklusiven Schulentwicklung (Kinder und Jugendliche mit individuellen Bedürfnissen, inklusiver Unterricht, multiprofessionelle Teams, inklusives Schulkonzept und Schulleben, externe Unterstützung und sozialräumliche Vernetzung)

---

9 Der Leitfaden »Profilbildung inklusive Schule« kann beim Bayerischen Staatsministerium für Unterricht und Kultus« kostenlos von der Homepage heruntergeladen werden (URL: www.km.bayern.de, letztere Aufruf: 08.10.2018).

sind jeweils mehrere Qualitätsstandards im Sinne einer Mindestqualität einer inklusiven Schule in einem Experten-Rating formuliert worden und mit Leitfragen für die inklusive Schulentwicklung vor Ort versehen worden. Im Unterschied zum »Index für Inklusion« (vgl. Booth/ Ainscow 2017; zur praktischen Umsetzung: Boban/Hinz 2015) mit ca. 1.500 Items zur inklusiven Schulentwicklung ist mit dem Leitfaden »Profilbildung inklusive Schule« ein handhabbares und praxistaugliches Instrument geschaffen worden, das in den Schulen selbstständig und ohne externe Schulentwicklungsberatung für einen selbstgesteuerten Schulentwicklungsprozess genutzt werden kann. Mittlerweile liegen zahlreiche Schulporträts von inklusiven Schulen vor, in denen auch die Bedeutung der Raumgestaltung und Schularchitektur deutlich wird (vgl. Schönig/Schmidtlein-Mauderer 2015). Hervorzuheben ist hier insbesondere das »Modell der inklusiven Universitätsschule Köln«, wie es Kersten Reich in Kooperation mit der Montag Stiftung derzeit aufbaut (vgl. Reich/Asselhoven/Kargl 2015).

Übertragen auf die inklusive Schulentwicklung ergibt sich nun erneut im Rückgriff auf das Projektlernen, das auch für das Lernen der Lehrkräfte und aller weiteren Beteiligten zugrunde gelegt werden kann, ein Phasenablauf.

3.3.2 Inklusive Schulentwicklung als Projektlernen

Der Schulentwicklungsprozess hin zu einer inklusiven Schule lässt sich ebenfalls als Prozess des Projektlernens darstellen (vgl. Bastian/Schnack 1997; Heimlich 1999a). Auch hier kann wieder auf das Modell der denkenden Erfahrung von John Dewey mit den Phasen »problemhaltige Sachlage«, »gemeinsame Planung der Problemlösung«, »handelnde und kooperative Auseinandersetzung mit der Problemlösung« und »Überprüfung der Problemlösung an der Wirklichkeit« zurückgegriffen werden (vgl. auch Heimlich 1999b, S. 182ff.).

Inklusive Schulentwicklung beginnt meist mit der Anfrage von Eltern an die Schulleitung und der Anregung, Kinder und Jugendliche mit SPF aufzunehmen. Finden sich Lehrkräfte, die sich dafür engagieren wollen, so könnte ein Jahrgangsstufenteam gebildet werden, um die

3 Gemeinsamkeit erfahren – Handlungskonzepte inklusiver Pädagogik

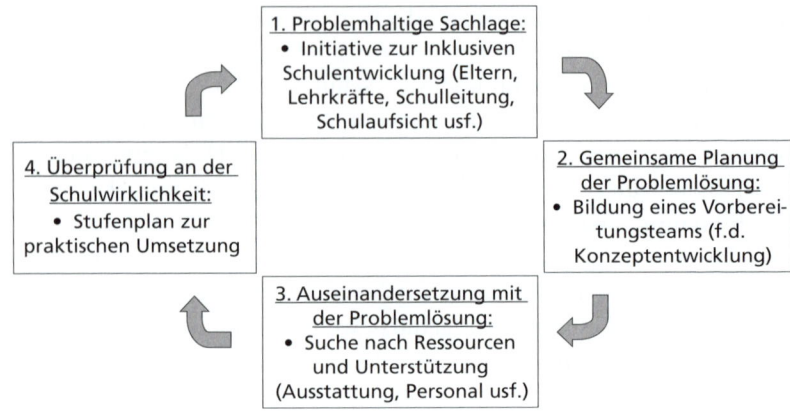

Abb. 12: Projektlernen im Rahmen inklusiver Schulentwicklung

weitere Vorbereitung auf den Weg zu bringen. Dieses Team setzt sich – möglichst unter Einbeziehung der Eltern – mit dem Grundanliegen des inklusiven Unterrichts auseinander und macht die Entwicklung einer inklusiven Schule zur gemeinsamen Zielsetzung. Es wird festgelegt, in welchem Zeitraum und von wem ein entsprechendes Konzept zu erstellen ist. Nun wird das Konzept für den inklusiven Unterricht entwickelt. Dazu zählen die zentralen Zielsetzungen, die Beschreibung der Unterrichtsmethoden und ein Organisationsmodell zur zeitlichen, räumlichen sowie personellen Realisierung. Es geht dabei vor allem um eine Übersicht über die vorhandenen und noch zu erschließenden Ressourcen. Die Umsetzung steht und fällt mit der Sicherstellung der Ressourcen, wobei hier in der Vergangenheit vielfach gezeigt werden konnte, dass der Weg zu den Ressourcen entsteht, in dem er begangen wird. Da jedoch zwischenzeitlich in vielen Bundesländern rechtliche Grundlagen für die Umsetzung der UN-BRK und die Arbeit in inklusiven Schulen vorliegen, sollten diese auch zur Realisierung des Konzeptes in Anspruch genommen werden. Gute Erfahrungen zu solchen projektorientierten Schulentwicklungsmodellen liegen uns aus inklusiven Schulen vor, die bereits über mehrere Schuljahre an einem integrativen bzw. inklusiven Schulkonzept arbeiten (vgl. das Beispiel der Integrierten Gesamtschule in Halle/S. bei Heimlich/Jacobs 2001; Heimlich/Kahlert/Lelgemann/Fischer 2016).

> **Inklusive Situation**
>
> Das Jahrgangsstufenteam der 5. Klassen einer Gesamtschule macht in einer Teamfallberatung die Förderung von Tina (11 Jahre) zum gemeinsamen Thema. Zunächst berichtet die sonderpädagogische Lehrkraft über den bisherigen Lern- und Entwicklungsstand von Tina und ihre Lernprobleme. Das Jahrgangsstufenteam kann nun Rückfragen zum Fallbericht stellen. In einem zweiten Schritt schildern alle Beteiligten ihre Eindrücke von Tinas Lernverhalten. Dabei treten viele unterschiedliche und auch überraschende Sichtweisen zutage. Gemeinsam wird überlegt, wie die Förderung von Tina im inklusiven Unterricht noch intensiver auf ihre individuellen Lernbedürfnisse ausgerichtet werden kann. Es zeigt sich, dass Tina auf unmittelbares Feedback zu ihren Lernfortschritten angewiesen ist und mehr Lernzeit benötigt, um die Aufgaben zu bewältigen. Das Jahrgangsstufenteam beschließt, dass Tina statt der Wochenpläne nun Tagespläne erhält, in denen ihre Aufgaben im Überblick für einen Tag beschrieben sind und mit ihr jeweils morgens besprochen werden. Ziel ist, dass sie lernt, sich den Tag in ihrem individuellen Lerntempo möglichst selbsständig einzuteilen.

In inklusiven Schulentwicklungsprozessen übernehmen die beteiligten Teams zunehmend die Verantwortung für das gesamte Bildungsangebot. Auch die individuelle Förderung kann so zu einer Aufgabe des gesamten Teams der beteiligten Fachkräfte werden. Gerade in Sekundarschulen mit einem größeren Anteil an Fachunterricht und häufigeren Lehrerwechseln ist es notwendig, dass Unterrichts- und Förderkonzepte eng abgestimmt werden und alle beteiligten Lehrkräfte diese Konzepte in unterschiedlichen Situationen anwenden. Solche Absprachen bilden die Grundlage für die gemeinsame Arbeit an dem Leitbild Inklusion.

> **In einem Satz gesagt**
>
> *Ergebnis eines mehrjährigen Schulentwicklungsprozesses kann in inklusiven Schulen auch ein inklusives Schulprogramm sein.*

Das Leitbild der Inklusion ist hier an zentraler Stelle im Schulprofil verankert und auch schriftlich fixiert. Nach Beatrix Lumer kann bereits integrative Schulprogrammarbeit als Prozess begriffen werden, in dem alle Beteiligten in der Schule langfristig und in Kooperation miteinander ihre Position zum gemeinsamen Unterricht klären und Entwicklungsziele sowie Evaluationsansätze dazu festschreiben (vgl. Lumer 2001b, S. 116ff.). In inklusiven Schulen ist dies unverzichtbare Gelingensbedingung, da die Schule als System verändert werden muss, um sich zunehmend inklusiv ausrichten zu können.

3.3.3 Qualitätssicherung und Evaluation in der inklusiven Schulentwicklung

Die Evaluation von inklusiven Schulentwicklungsprozessen auf den verschiedenen Innovationsebenen kann kein punktuelles Ereignis sein, das sich in der Fremdevaluation etwa durch wissenschaftliche Begleitforschung oder externe Schulberatung erschöpft. Evaluation meint im ursprünglichen Wortsinne (von frz. *évaluation*) die sachgerechte Beurteilung und Bewertung. Im Rahmen von Modellen der Qualitätsentwicklung (vgl. Spiess 1997, S. 27ff.) gerät Evaluation zum Bestandteil von Qualitätssicherung bezogen auf den inklusiven Unterricht und wird selbst zum Prozess. Evaluation inklusiver Schulentwicklung umfasst von daher immer formative und summative sowie interne und externe Formen (vgl. Bauer 2007).

Zum Verständnis der erforderlichen Innovationsprozesse bezogen auf inklusive Schulen ist eine Form der praxisbegleitenden Evaluation erforderlich (*formative Evaluation*, vgl. a. a. O.). Meist zeigen sich gerade in den ersten Monaten der Entwicklung einer inklusiven Schule vielfältige Alltagsprobleme, die häufig *ad hoc* zu bewältigen sind. In dieser

Situation empfiehlt es sich, dass der Prozess der Konzeptumsetzung regelmäßig im Jahrgangsstufenteam reflektiert wird. Hilfreich sind dabei externe Berater, die aber eher Moderations- und Servicefunktionen übernehmen sollten (z. B. Gestaltung von Teamfallbesprechungen, Vorbereitung von Schulinternen Fortbildungsveranstaltungen und Bereitstellung von Unterrichts- und Fördermaterialien bzw. förderdiagnostischen Materialien). Die Entwicklungsarbeit sollte weiterhin vom Team der pädagogisch Tätigen verantwortet und gesteuert werden.

Der Rückblick auf einen längeren Abschnitt der Schulentwicklung eröffnet demgegenüber wiederum neue Perspektiven (*summative Evaluation*). Von Zeit zu Zeit empfiehlt es sich deshalb innezuhalten, um auch die Nachhaltigkeit der inklusiven Schulentwicklung überprüfen zu können. Neben dialogischen Ansätzen bieten sich hier allerdings auch standardisierte Evaluationsinstrumente (z. B. Lehrer- und Schülerbefragungen) an, über die ein Vergleich mit anderen Schulentwicklungsprozessen möglich wird. Mit der »Qualitätsskala zur inklusiven Schulentwicklung (QU!S)« liegt ein solches standardisiertes Evaluationsinstrument vor. Aufbauend auf dem Leitfaden »Profilbildung inklusive Schule« sind hier auf den fünf Ebenen der inklusiven Schulentwicklung (Kinder und Jugendliche, Unterricht, Team, Schulkonzept, Externe Vernetzung) auf der Basis eines Expertenratings jeweils fünf Qualitätsstandards festgelegt worden, denen wiederum fünf ausformulierte Ausprägungsgrade zugeordnet sind. So entsteht ein Raster von 125 Items, mit dem der jeweilige Stand der inklusiven Schulentwicklung durch externe Schulentwicklungsberatungen abgebildet werden kann (vgl. Heimlich/Ilfert/Ostertag/Geppert 2018b; 2018c). Die so entstandene Skala hat Skalogramm-Qualität (vgl. Bortz/Döring 2006, S. 224ff.) und kann somit als gut evaluiertes Instrument gelten. Auch diese summative Evaluation mit Hilfe der QU!S sollte allerdings nur mit Einverständnis des Entwicklungsteams erfolgen.

> **Forschung inklusiv**
>
> Im Rahmen des »Begleitforschungsprojektes inklusive Schulentwicklung (B!S)« in Bayern ist die »Qualitätsskala zur inklusiven Schulent-

wicklung (QU!S)« in über 70 Grund- und Mittelschulen mit dem Profil Inklusion erprobt worden. Die Schulen mussten mindestens ein Jahr Erfahrung mit der inklusiven Schulentwicklung aufweisen. Zunächst haben Beurteilerteams ein mehrtägiges Training durchlaufen, in dem sie in die Items der QU!S sowie in die Beobachtungs- und Gesprächssituation zur Durchführung der QU!S eingeführt worden sind. Die Schulbesuche umfassen aufbauend darauf eine zweistündige Unterrichtshospitation, ein Interview mit der Klassenleitung und der sonderpädagogischen Lehrkraft sowie ein Interview mit der Schulleitung. Die Ergebnisse der Beurteilungen bezogen auf die 125 Items der QU!S werden im Beurteilerteam miteinander verglichen und die Interbeurteilerübereinstimmung errechnet. Nur Werte, bei denen die Übereinstimmung mehr als 75 % beträgt, gehen in die Auswertung ein. Insgesamt zeigt sich, dass die Schulen mit dem Profil Inklusion gut drei Viertel der 125 Items der QU!S erfüllen und somit über eine gute inklusive Qualität verfügen. Die Schulen erhalten als Rückmeldung ein Poster mit den eigenen Ergebnissen und eine ausführliche Beschreibung der erreichten Qualitätsstandards. Diese Informationen dienen wiederum als Grundlage für die gezielte Fortsetzung des inklusiven Schulentwicklungsprozesses in der jeweiligen Schule.

Das Grundverständnis von Evaluation im Bereich von Schulentwicklungsprozessen hat sich bereits seit einiger Zeit nachhaltig gewandelt. Zunächst steht die Fremdevaluation durch externe Experten im Vordergrund. Allerdings entwickelt sich in den 1980er Jahren zunehmend ein Bewusstsein für die Einbeziehung der Akteurinnen und Akteure in die Schulentwicklung. In Verbindung mit der Forderung nach mehr Schulautonomie gerät die Evaluation zum Bestandteil von festgeschriebenen Qualitätssicherungsmodellen (vgl. Bildungskommission NRW 1995). Für die einzelne Schule soll die Qualitätssicherung mehr Entscheidungsspielraum eröffnen. In diesem Zusammenhang gibt es zur kontinuierlichen Selbstevaluation (*interne Evaluation*) im Rahmen inklusiver Schulentwicklung wohl keine Alternative. Aus diesem Grunde ist die QU!S auch als Arbeitsmappe für die Hand der Lehrerkollegien in inklusiven Schulen im Rahmen eines Prozesses der Selbstevaluation aufbereitet worden. Gerade zu Beginn eines solchen Schulentwicklungsprozesses kann allerdings auch ein externes Korrektiv erforderlich werden, um möglichst umgehend eine objektive Rückmeldung über den Stand der Umsetzung eines Konzeptes der inklusiven Schulentwicklung zu erhalten. Hier kann es hilfreich sein, eine Fremdevaluation der inklusiven Schulentwicklung durchzuführen (*externe Evaluation*) und sich möglicherweise mit einer beratenden Schulaufsicht bzw. mit benachbarten Schulkollegien (sog. »*critical friends*«) über den Stand der Entwicklungsarbeit auszutauschen.

> **In einem Satz gesagt**
>
> *Letztlich erfordert die Evaluation inklusiver Schulentwicklung mit dem Ziel der Qualitätsentwicklung und -sicherung ein Gespräch aller Beteiligten.*

In diese dialogische Evaluation sollten alle schulischen Gruppen (Lehrkräfte, Eltern, Schülerinnen und Schüler, weiteres Personal in der Schule und externe Fachkräfte) zumindest in größeren Abschnitten einbezogen sein, um ein Bewusstsein für die Gemeinsamkeit der Aufgabe inklusiver Schulentwicklung zu schaffen.

Schon die Schulentwicklung als Handlungskonzept inklusiver Pädagogik hat den Blick auf den gesamten Lebenslauf von Menschen mit Behinderung geöffnet. Inklusive Bildung umfasst von daher nicht nur Problemstellungen innerhalb von Bildungs- und Erziehungsinstitutionen. Gesellschaftliche Teilhabe und ein selbstbestimmtes Leben als Bestandteile des Leitbildes Inklusion als Zielsetzung deuten vielmehr auf die gesamte Lebenswelt von Menschen mit Behinderung hin. Von daher ist auch das Normalisierungsprinzip für eine inklusive Pädagogik von grundlegender Bedeutung.

3.4 Normalisierung und Inklusion

Normalisierung von Menschen mit Behinderung wäre als Anpassung an die Gesellschaft gründlich missverstanden. Vielmehr wird die Leitidee in der Formulierung des dänischen Juristen und Sozialpolitikers Niels Erik Bank-Mikkelsen gesehen, dass Menschen mit Behinderung ein »Leben so normal wie möglich« führen können (zit. n. Thimm 1994a, S. 35). Ausgangspunkt ist in den 1950er Jahren die Situation in den großen Heimen für Menschen mit geistiger Behinderung und psychisch Kranke in Dänemark. Die weitgehende soziale Isolation und der Verlust jeglicher Form von Privatsphäre wird hier seinerzeit als menschenunwürdig kritisiert. Nach der Aufnahme des Normalisierungsgedankens in das Dänische Sozialgesetz von 1959 weichen die großen stationären Einrichtungen zunehmend kleinen teilstationären Institutionen. Die Idee der Normalisierung dringt rasch in die schwedische Sozialpolitik ein und wird von Bengt Nirje Ende der 1960er Jahre in ihren wesentlichen Grundelementen erstmals ausformuliert. Durch Kontakte nach Nordamerika breitet sich das Normalisierungskonzept hier ebenfalls aus. Wolf Wolfensberger wird in den USA der große Anreger der Normalisierungsbewegung (vgl. den historischen Abriss bei Thimm 1994a, S. 34–37). In der BRD hat Walter Thimm das Normalisierungskonzept in einer groß angelegten vergleichenden Studie (gemeinsam mit Christian von Ferber) bekannt gemacht.

Letztendlich zielt auch Normalisierung auf gesellschaftliche Teilhabe von Menschen mit Behinderung (vgl. Thimm 1994b, S. 27). Allerdings wird immer wieder kritisch eingewendet, dass Normalisierung auch als »Normal-machen« interpretiert werden kann, ohne dass sich die gesellschaftlichen Bedingungen für das Leben von Menschen mit Behinderung verändern müssten (vgl. Schildmann 1997, 2001). Eine ähnliche Gefahr droht allerdings auch dem Bemühen um Inklusion, stellt sich doch dabei ebenso die Frage, ob die Inklusion der Menschen mit Behinderung ohne gesellschaftliche Veränderungen nicht lediglich als möglichst optimale Anpassung an die Gesellschaft realisiert würde. Gesellschaftliche Teilhabe würde demnach ohne ein selbstbestimmtes Leben als Zielsetzung zu kurz greifen. Insofern ist wohl davon auszugehen, dass das Normalisierungsprinzip den Bemühungen um Inklusion von Menschen mit Behinderung in allen gesellschaftlichen Bereichen den Boden bereitet hat. Inzwischen werden jedoch unter der Perspektive des »*supported living*« und des »*community caring*« Schritte über die Normalisierung hinaus unternommen (vgl. Beck 2016b).

3.4.1 Elemente und Ebenen des Normalisierungskonzepts

Nirje arbeitet das Normalisierungskonzept erstmals noch in praxisbezogener Perspektive aus und beschreibt die *Grundelemente*. Er sieht Normalisierung

> »… als Mittel an, das dem geistig Behinderten gestattet, Errungenschaften und Bedingungen des täglichen Lebens, so wie sie der Masse der übrigen Bevölkerung zur Verfügung stehen, weitgehend zu nutzen.« (zit. n. Thimm 1994a, S. 37)

Nach Nirje folgt daraus, dass Menschen mit Behinderung einen normalen Tages-, Wochen- und Jahresrhythmus haben sollten. Dabei ist vor allem eine Trennung der Bereiche Arbeiten, Freizeit und Wohnen anzustreben (z.B. Abtrennung einer Privatsphäre, in den Urlaub fahren können usf.). Häufig werden erwachsene Menschen mit Behinderung wie Kinder behandelt. Ihr Recht auf einen normalen Lebenszyklus muss demgegenüber immer wieder behauptet werden. Ihre Bedürfnisse sind zu respektieren, so dass sie auch in der Lage sind, selbstständig Entscheidungen zu treffen. Dies gilt ebenso für sexuelle Bedürfnisse, die häufig in Behinderteneinrichtungen noch ausgeklammert werden. Menschen mit Behinderung sollten ebenfalls in normalen wirtschaftlichen Verhältnissen leben können und für ihre Arbeitstätigkeit auch angemessen entlohnt werden. Letztlich ist der Standard zur Beurteilung der Qualität von Einrichtungen für Menschen mit Behinderung in den Vorstellungen der übrigen Gesellschaftsmitglieder bezogen auf deren Bedürfnisse zu sehen. Was die Gesellschaft als angemessen ansieht, das sollte normalerweise auch Menschen mit Behinderung zur Verfügung stehen.

Im Bundesteilhabegesetz (BTHG)[10] vom 23.12.2016 wird ein Systemwechsel in der Behindertenhilfe und Rehabilitation insofern vorgenommen, als für Maßnahmen der Eingliederung und gesellschaftlichen Teilhabe nun das persönliche Vermögen nicht mehr vollständig herangezogen werden kann. Die Eingliederungshilfe wird damit aus der Sozialhilfe herausgelöst. Auch Menschen mit Behinderung können nun in gewissen Grenzen ein persönliches Vermögen ansparen. Offen bleibt allerdings auch dabei noch, ob damit eine private Altersvorsorge für Menschen mit Behinderung möglich wird und folglich Normalität im Sinne einer persönlichen Lebensplanung.

Diese Basiselemente des Normalisierungskonzeptes sind noch ganz aus der praktischen Behindertenarbeit heraus entwickelt. Systematisch ausgearbeitet wird das Konzept erst von Wolfensberger im Zusammenhang mit seinen Studien zur Umsetzung des Normalisierungsprinzips in verschiedenen Gemeinden der USA (vgl. Schildmann 2007). Wolfensberger findet dabei heraus, dass sich der Prozess der Normalisierung auf verschiedenen *Systemebenen* (Person, primäre soziale Systeme, Gesellschaftssysteme) und in verschiedenen *Dimensionen* (Interaktion, Interpretation) vollziehen muss, um erfolgreich zu sein (zit. n. Thimm 1994b, S. 26–33). Auf der Ebene der Person sind Verhaltensweisen zu erlernen, die die Nutzung der normalen Errungenschaften und Bedingungen des täglichen Lebens ermöglichen. Zugleich sollten Menschen mit Behinderung in der Öffentlichkeit wie jeder andere akzeptiert werden. Die primären sozialen Systeme wie Familie, Nachbarschaft, Schulen und Heime können diesen Prozess unterstützen, in dem sie möglichst normale Verhaltensweisen anstreben und sich selbst von ihrem Sonderstatus zu befreien suchen. Auch die großen Gesellschaftssysteme wie das Bildungs- und Erziehungssystem oder das Rechtssystem können von der Möglichkeit normaler Fähigkeiten bei Menschen mit Behinderung ausgehen und versuchen, die vorhandenen gesellschaftlichen Wertvorstellungen in diesem Sinne zu verändern. Von Vorteil ist dieses Mehrebenenmodell der Normalisierung schon allein deshalb, weil es nicht nur

---

10 (URL: https://www.bmas.de/SharedDocs/Downloads/DE/PDF-Publikationen/a7 66-das-neue-bundesteilhabegesetz.pdf?__blob=publicationFile&v=5, letzter Aufruf: 22.02.2019)

beim Menschen mit Behinderung ansetzt. Wäre Normalisierung darauf eingeschränkt, so ließe sich allerdings die Gefahr einer einseitigen Anpassung von Menschen mit Behinderung an die Gesellschaft nicht ausschließen. Sind jedoch die weiteren Umfeldsysteme mit in den Normalisierungsprozess hineingenommen, so ist von vornherein auch eine gesellschaftliche Veränderung angestrebt. Praktisch gewendet steuern wir damit auf kleine sozialräumliche Einheiten zu, in denen wohnortnahe ambulante Hilfen zur Verfügung stehen, die Menschen mit Behinderung in ihrem Alltag (im Rahmen des »persönlichen Budgets«) möglichst selbstbestimmt abrufen können (z. B. einen Wohnassistenten). Damit erweist sich die Normalisierung in der Fassung bei Wolfensberger als interaktionistisches Konzept.

3.4.2 Entwicklungsperspektiven des Normalisierungskonzepts

Auch Thimm stellt das Normalisierungskonzept in einen Interaktionszusammenhang und knüpft dabei vor allem beim Stigma-Konzept von Erving Goffman (1999) an. Mit Normalisierung wäre demnach keine Anpassung, sondern eher die Möglichkeit zur Herausbildung der Ich-Identität gemeint. Diese besteht nach Goffman in der stets neu zu findenden Balance zwischen der persönlichen Identität (der einzigartigen Person) und der sozialen Identität (der gesellschaftlich akzeptierten Person) (▶ Kap. 4.2.2). Jeder Mensch versucht, diese Leistung zu vollbringen. Auch Menschen mit Behinderung sollten die Chance dazu haben. Vor diesem Hintergrund definiert Thimm:

> »Mitbürgerinnen und Mitbürger mit geistigen, körperlichen oder psychischen Beeinträchtigungen sollen ein Leben führen können, das dem ihrer nichtbeeinträchtigten Mitbürgerinnen/Mitbürger entspricht. ... Dieses ist am ehesten erreichbar, wenn die dabei eingesetzten Mittel so normal wie möglich sind« (Thimm 1994a, S. 67f.).

Die Normalisierung zielt nunmehr nicht nur auf eine Gleichstellung in den Lebensbedingungen, sondern auch auf die Mittel, die zu ihrer Erreichung erforderlich sind. Damit verändert sich der Interventionsansatz von einer personenbezogenen Orientierung hin zu einer Person-Umfeld-Orientierung. Gegenstand des Normalisierungskonzepts sind somit nicht die Menschen mit Behinderung allein, sondern vielmehr ihre sozialen Interaktionen und alle daran Beteiligten (Personen und Institutionen). Von daher ergeben sich nach Thimm weitreichende Entwicklungsperspektiven für das Normalisierungskonzept.

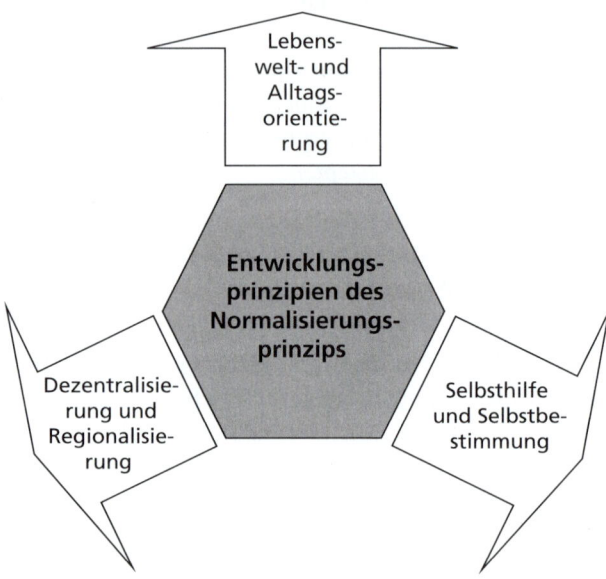

Abb. 13: Entwicklungsperspektiven des Normalisierungskonzeptes (n. Thimm 1994a, S. 68)

Normalisierung als Konzept in der Behindertenhilfe führt zu einer Orientierung am Alltag von Menschen mit Behinderung und an ihrer Lebenswelt. Behindertenhilfe ist *Hilfe zur Bewältigung des Alltags* und Beitrag zur Gestaltung eines gelingenderen Alltagslebens (vgl. Thiersch 1986). Diese eigenständigen alltäglichen Lebensbezüge sind zu respektieren und als Grundlage einer möglichst *selbstbestimmten Lebensführung* anzuerkennen. Dieser Anspruch kann nur durch eine konsequente *Dezentralisierung* der Behindertenhilfe geschehen. Die Unterstützungsangebote kommen zum Menschen mit Behinderung in den Stadtteil bzw.

die Region. Das bedeutet gleichzeitig einen weitgehenden Verzicht auf zentrale Behinderteneinrichtungen und das Akzeptieren von kleinen Lösungen. Außerdem sollten Menschen mit Behinderung wie jeder andere die Möglichkeit haben, Beginn und Ende von Hilfemaßnahmen weitgehend selbst zu bestimmen. *Alltagsorientierung, Dezentralisierung und Selbstbestimmung* folgen von daher aus einer interaktionistischen Interpretation des Normalisierungskonzepts, wie sie Thimm vorgenommen hat.

Damit ist zugleich das Arbeitsprogramm einer inklusiven Gesellschaft umrissen. Soll Inklusion von Menschen mit Behinderung auch im Arbeits-, Wohn- und Freizeitbereich gelingen, so sind intensive Bemühungen um eine Normalisierung der Lebenswelten erforderlich. Beispiele für konkrete Maßnahmen zur Inklusion in diesem Zusammenhang sind die Familienentlastenden Dienste. Sie verstehen sich konsequent als ambulante Hilfeleistungen, die z. B. medizinische und pflegerische Grundversorgung auch in der Privatwohnung anbieten (vgl. Bundesvereinigung Lebenshilfe für geistig Behinderte e. V. 1995a,b). Diese persönlichen Assistenzdienste, wie sie aus der Bewegung des »*supported living*« entstanden sind, übernehmen zukünftig eine Schlüsselrolle bei der Weiterentwicklung von Inklusion im Sinne von Teilhabe und Selbstbestimmung. Letztlich werden sie dazu beitragen, dass ein System von gemeindenahen Diensten für Menschen mit Behinderung entsteht. Insofern entwickelt sich die Behindertenhilfe unter der Leitidee der Normalisierung gegenwärtig in sozialraumorientierter Perspektive weiter zur Gemeinwesenarbeit (von Lüpke 1994, S. 104ff.). Sozialraumorientierung in der Inklusionsentwicklung erscheint denn auch als weiterführende Perspektive des Normalisierungsprinzips. Offenbar ist dazu eine Wiederentdeckung des Ortes und des Nahraumes erforderlich, verbunden mit der Einsicht, dass zur Realisierung sozialer Teilhabe und gesellschaftlichen Miteinanders öffentliche Begegnungsräume geschaffen werden müssen (vgl. Beck 2016; Hinte 2019).

3.5 Zusammenfassung: Inklusive Erfahrungen

Die Handlungskonzepte einer inklusiven Pädagogik zeigen, dass die Zielsetzung der selbstbestimmten gesellschaftlichen Teilhabe bei allen Bemühungen um Inklusion möglichst ständig erfahrbar sein muss. Im Sinne dieser inklusiven Leitvorstellung pädagogisch zu handeln bedeutet deshalb, die Möglichkeit zu schaffen, Teilhabe und Selbstbestimmung von Anfang zu erleben, zu erproben und einzuüben. Durch die Gestaltung von Spiel-, Lern- und Lebenssituationen, in denen die Gemeinsamkeit trotz aller Verschiedenheit erfahrbar wird, kann erst eine Vorbereitung auf ein gemeinsames Leben in einer inklusiven Gesellschaft stattfinden. Inklusive Pädagogik erschöpft sich von daher weder in institutionellen Handlungskonzepten noch gar in ausschließlich schulpädagogischen. Vielmehr sind alle gesellschaftlichen Bereiche mit der Aufgabe konfrontiert, aus der Unterschiedlichkeit wieder in eine neue Gemeinsamkeit einzutreten.

> **Literaturempfehlungen**
>
> *Heimlich, Ulrich: Das Spiel mit Gleichaltrigen in Kindertageseinrichtungen. Teilhabechancen für Kinder mit Behinderung. München: Deutsches Jugendinstitut, 2017 (kostenloser Download unter:* https://www.weiterbildungsinitiative.de/publikationen/details/data/das-spiel-mit-gleichaltrigen-in-kindertageseinrichtungen/?L=0, *letzter Auruf: 11.10.2018)*
> *Aus dem Inhalt*
> Auf der Basis einer umfassenden Literaturrecherche werden in dieser Expertise Nr. 49 für die »Weiterbildungsinitiative Frühpädagogische Fachkräfte (WiFF)« beim Deutschen Jugendinstitut (DJI) die internationalen Forschungsbefunde zum gemeinsamen Spiel von Kindern mit und ohne Behinderung in Kindertageseinrichtungen in der Altersgruppe der 0–6-Jährigen zusammengetragen. Im Ergebnis zeigt sich, dass auch im Rahmen einer inklusiven Spielförderung neben der inklusiven Umgestaltung der Kindertageseinrichtungen die individuellen Bedürfnisse der Kinder, insbesondere der Kinder mit Be-

hinderung, berücksichtigt werden müssen. Für die praktische Umsetzung der inklusiven Spielförderung bedeutet dies, dass die Beobachtung und Dokumentation inklusiver Spielprozesse intensiviert werden sollte und über die Auswahl von Spielmitteln sowie die Gestaltung von Spielumgebungen für alle Kinder hinaus auch spezifische Kleingruppenangebote im Sinne von inklusiven Spielgruppen entwickelt werden sollten.

Reich, Kersten: Inklusive Didaktik. Bausteine für eine inklusive Schule. Weinheim u. Basel: Beltz, 2014
Aus dem Inhalt
Vor dem Hintergrund der Einrichtung der inklusiven Universitätsschule in Köln entwickelt der Autor im Rahmen eines umfassenden Schulentwicklungskonzeptes einen konstruktivistischen Ansatz für den inklusiven Unterricht. Dabei werden auch die Rahmenbedingungen wie Teamkooperation, Demokratie in der Schule, Ganztag, Schularchitektur und die Einbindung der Schule in die Lebenswelt ausführlich beschrieben. Bezogen auf den inklusiven Unterricht wird neben der curricularen Orientierung konkret auf förderliche Lernumgebungen, Lernende mit Förderbedarf, die Leistungsbeurteilung und die Anforderungen im Bereich der begleitenden Beratung, Supervision sowie Evaluation eingegangen. In methodischer Hinsicht werden neben den weiterhin erforderlichen Instruktionsanteilen im inklusiven Unterricht besonders Aspekte des konstruktiven Lernens in Projekten und Werkstätten betont. Letztlich läuft ein solches Konzept des inklusiven Unterrichts auf die Gestaltung von Lernlandschaften hinaus und eine intensive Berücksichtigung des jeweiligen Lernkontextes.

Wilhelm, Marianne/Eggertsdottir, Rosa/Marinossonl, Gretar L. (Hrsg.): Inklusive Schulentwicklung. Planungs- und Arbeitshilfen zur neuen Schulkultur. Weinheim u. Basel: Beltz, 2006
Aus dem Inhalt
Inklusion verändert die Schule als System. Im internationalen Kontext ist dies nach der Salamanca-Erklärung von 1994 sehr schnell er-

kannt worden. Insofern können die Autoren dieser Publikation bereits auf Erfahrungen in inklusiven Schulen zurückgreifen, bevor die UN-BRK im Jahre 2009 in der BRD inkraft getreten ist. Inklusive Schulen, so zeigt sich seither, stehen vor der Aufgabe, einen Schulentwicklungsprozess in Gang zu setzen, der alle Gruppen (Schülerinnen und Schüler, Eltern, Lehrkräfte, weitere Fachkräfte, externe Partner) einbezieht. In dem Band werden die Aspekte Vorbereitung auf die Schule, Lehrpläne und Leitbilder, Unterrichtspraxis, Zusammenarbeit, Interaktion, Eltern, Evaluation, sonderpädagogische Förderung und Personalentwicklung in einzelnen Kapiteln behandelt. Jedes Kapitel enthält Hinweise auf die jeweiligen Ziele des Kapitels sowie die Rubriken Wissenswertes, Umsetzung, Aktivitäten und weiterführende Literatur.

Dialogfragen

Was ist von Seiten frühpädagogischer Fachkräfte zu berücksichtigen, damit eine inklusive Spielförderung nicht den besonderen Charakter des Spiels von Kindern im Kindergartenalter zerstört?

Wie kann das Verhältnis von Instruktion und Konstruktion im inklusiven Unterricht gestaltet werden?

Warum sollte die inklusive Schulentwicklung auf der Basis eines Mehrebenenmodells erfolgen?

Wie kann es im Rahmen des Normalisierungskonzeptes vermieden werden, dass Menschen mit Behinderung nur einseitig an die Gesellschaft angepasst werden?

4 Voneinander lernen – Theoriemodelle inklusiver Pädagogik

> »Als Vis-à-vis habe ich den Anderen in lebendiger Gegenwart, an der er und ich teilhaben kann, vor mir. ... Mein und sein ›Jetzt und Hier‹ fallen zusammen, solange die Situation andauert.«
> (Berger/Luckmann 2001, S. 31)

Zum Einstieg

Begeben wir uns nun auf die Ebene der Betrachtung einer inklusiven Erziehungswirklichkeit, so verlassen wir den Bereich des unmittelbaren Handelns in den inklusiven Arbeitsfeldern vorübergehend. Der Prozess der Inklusion wird gleichsam angehalten, um ihn der genaueren Analyse zu unterziehen. Wir fragen nunmehr nicht nur nach den praktischen Möglichkeiten inklusiver Bildung und den darauf bezogenen Methoden. Vielmehr stehen wir vor dem Problem, inklusive Pädagogik zu legitimieren. Die Frage lautet dann: Warum soll inklusive Bildung von Menschen mit und ohne Behinderung zukünftig vorrangig realisiert werden? Damit stehen wir vor der Aufgabe, die Begründungszusammenhänge einer inklusiven Pädagogik aufzudecken und sie einer kritischen Prüfung zu unterziehen. Zunächst ist aus diesem Grunde das zentrale Begriffspaar »Behinderung und Inklusion« zu klären (▶ Kap. 4.1), bevor rückblickend auf die Theoriemodelle integrativer Pädagogik und ihre inklusive Relevanz im Einzelnen eingegangen werden kann (▶ Kap. 4.2). Davon sollte bei der Entwicklung einer inklusiven Pädagogik ausgegangen werden. Neuere Versuche der Begründung einer inklusiven Pädagogik dokumentieren schließlich gegenwärtig noch eine konzeptionelle

> Suchbewegung (▶ Kap. 4.3), die uns letztlich mit der Frage konfrontiert, was wir denn unter inklusiver Bildung verstehen wollen.

Begleitend zu den umfassenden Praxiserfahrungen mit Integration und Inklusion und im Zuge der zahlreichen Projekte der wissenschaftlichen Begleitung im deutschsprachigen Raum hat sich zwischenzeitlich ein Grundbestand an zentralen Begriffen und Theoriemodellen einer inklusiven Pädagogik herausgebildet, die es berechtigt erscheinen lassen, von einem neuen erziehungswissenschaftlichen Aufgabengebiet zu sprechen. Damit ist allerdings, wie bereits in der Einleitung erwähnt, keine eigenständige pädagogische Teildisziplin gemeint, wie etwa der Begriff »Inklusionspädagogik« unterstellt. Es geht vielmehr um eine Querschnittsaufgabe verschiedener pädagogischer Teildisziplinen.

Wer gegenwärtig inklusive Pädagogik legitimieren will, ist auf die Kenntnis verschiedener Grundkonzeptionen angewiesen, die aus der Phase der Integration entstanden sind (vgl. Biewer 2009). Auch wenn es sich bei dieser fachlichen Kompetenz der Begründung eines pädagogischen Handelns im Sinne des gemeinsamen Zieles der Inklusion um eine höchst praktische und alltägliche Anforderung handelt, aktivieren wir zugleich bei diesem Versuch unsere Menschenbildannahmen und Gesellschaftsmodelle. In einem pluralistischen Wissenschaftsbetrieb wie in der Erziehungswissenschaft verbietet es sich dabei von vornherein, eine letzthin gültige Antwort zu erwarten. Vielmehr gilt es auch auf dem Gebiet der inklusiven Pädagogik, sich in einer Vielfalt von Grundpositionen sowohl auf der theoretischen Ebenen als auch im Bereich der Inklusionsforschung (vgl. Gebhardt/Heimlich 2018) zurechtzufinden. Den Rang einer erziehungswissenschaftlichen Konzeption (im Unterschied zu einer pädagogischen Lehre, vgl. Lenzen 1999, S. 51) gewinnen diese Theoriemodelle erst unter Berücksichtigung einer begrifflichen Systematik und über die Offenlegung der anthropologischen, sozialphilosophischen sowie erkenntnistheoretischen Grundannahmen. Dies ist zugleich der Rahmen, in den die aktuellen Begründungsversuche einer inklusiven Pädagogik nunmehr hineingestellt werden sollen. Wir bewegen uns damit letztlich auf der Ebene einer Metatheorie, auf der wir darüber nachdenken, wie wir zu den Theoriemodellen einer inklusiven Pädagogik gelangen können. Pädagogisches Handeln ist auch im Feld der inklusiven Pädagogik auf das begleitende Reflektieren angewiesen. Und dieses Reflektieren hat wiederum den Beweis seines inklusiven Erklärungswertes zu erbringen, denn auch Begriffe und Theorien können bereits aussondern. Die »Anstrengung des Begriffs« (Hegel 2000, S. 56) steht hier deshalb am Anfang, weil sie die Notwendigkeit der theoretischen Reflexion inklusiver Erziehungswirklichkeit erneut untermauert.

4.1 Behinderung und Inklusion – Begriffliche Klärung

Bislang ist im vorliegenden Zusammenhang konsequent auf die neue Begrifflichkeit in der Heil- und Sonderpädagogik Bezug genommen worden. Im Anschluss an den angloamerikanischen Sprachgebrauch (*special educational needs*) wird in der Bundesrepublik Deutschland seit Mitte der 1990er Jahre der Begriff »sonderpädagogischer Förderbedarf« dem Begriff der Behinderung vorgezogen. Neben dieser Entwicklung soll hier insbesondere gezeigt werden, wie eng die Begriffe Behinderung und Inklusion miteinander verbunden sind.

4.1.1 Von der Behinderung zum sonderpädagogischen Förderbedarf

Im allgemeinen Sprachgebrauch wird zwischen »behindern« als Verb (jemandem oder einer Sache hinderlich sein) und »behindert« als Adjektiv (mit einem Gebrechen behaftet) unterschieden. Das Substantiv »Behinderung« umfasst von der Bedeutung her wiederum sowohl die Tätigkeit des »Behinderns« als auch das Handicap, also das, was jemanden behindert. Auf dem Gebiet der Heil- und Sonderpädagogik erscheint der Begriff »Behinderung« relativ spät. Als sozialrechtliche Kategorie in den 1960er Jahren geprägt (vgl. Sozialgesetzbuch IX, XII), liefert die (in der Regel medizinische) Feststellung eines »*Grades der Schwerbehinderung (GdB)*« nach wie vor die Grundlage für die Zuweisung entsprechender Hilfeleistungen für Menschen mit Behinderung. In die Erziehungswissenschaft wird der Begriff »Behinderung« von Ulrich Bleidick als zentrale Kategorie seiner Behindertenpädagogik (vgl. Bleidick 1983) eingeführt.

Behinderung der Erziehung (Ulrich Bleidick)

Bleidick betrachtet Behinderung unter pädagogischem Aspekt als »intervenierende Variable der Erziehung« (vgl. Bleidick 1998, S. 27ff.). Die Behinderung verändert in dieser Sichtweise den Erziehungsvorgang, macht andere Handlungskonzepte und intensivierte Formen der pädagogischen Förderung erforderlich. So plausibel dieser Ansatz der begrifflichen Klärung zunächst erscheint, so intensiv ist er inzwischen der Kritik ausgesetzt worden. Zu klären bleibt nach wie vor, was sich hinter dem Behinderungsbegriff verbirgt. Handelt es sich um eine individuelle Schädigung, möglicherweise sogar im Sinne der medizinischen Diagnostik um eine Krankheit? Dann wäre es legitim, die Behinderung als Eigenschaft der Person zu betrachten (»Jemand *ist* behindert!«). So hat auch Heinz Bach sein Klassifikationsschema (Schweregrad, Umfang und Dauer einer Beeinträchtigung) zunächst einseitig auf die Person des Menschen mit einer Behinderung gerichtet (vgl. Bach 1995/1975, S. 9). Sehen wir jedoch eher auf die sozialen Folgen einer Schädigung, so verändert sich auch unser Verständnis des Phänomens »Behinderung« . Behinderung ist dann das Ergebnis einer sozialen Ausgrenzung, einer Einschränkung der gesellschaftlichen Teilhabe und damit Produkt einer sozialen Interaktion (»Jemand *wird* behindert!«, vgl. Eberwein/Sasse 1998). So kommt Christian Lindmeier in seiner gründlichen Analyse des Behinderungsbegriffes zu dem Schluss, dass Bleidicks ursprünglicher Definitionsansatz die Behinderung zu sehr als defizitäres Merkmal einer Person begreift und damit ontologisiert, d. h. ausschließlich als Ergebnis einer individuellen Entwicklung ansieht (vgl. 1993, S. 56–62). Der veränderte Erziehungsvorgang wird allerdings nicht nur durch die Merkmale einer Person geprägt, die als »behindert« bezeichnet wird.

Vielmehr sind an der sozialen Interaktion, die wir Erziehung nennen, stets auch erwachsene und gleichaltrige Bezugspersonen beteiligt. Außerdem findet Erziehung von Menschen mit Behinderung stets an einem gesellschaftlichen Ort mit entsprechenden organisatorischen und sozialräumlichen Strukturen statt. Dieses Umfeld des Erziehungsvorgangs ist ebenso verantwortlich für die Entstehung und den Verlauf von Behinderungen. Zur Definition von Behinderung ist also stets mindestens ein personaler, ein sozialer Aspekt und ein ökologischer Aspekt heranzuziehen. Festzuhalten bleibt allerdings, dass Behinderungen immer eine personale Dimension enthalten werden. Auch wenn wir die Behinderung als Folge einer Schädigung eher im Sinne einer sozialen Ausgrenzung begreifen, steht die Person, die als behindert bezeichnet wird, vor der Aufgabe, den Umgang mit einer Schädigung und der daraus folgenden Behinderung zu lernen. Es stellt sich letztlich immer die Frage, welche subjektive Bedeutung eine Schädigung bzw. Behinderung für eine Person hat (*personaler Aspekt der Behinderung*) .

Schädigung, Beeinträchtigung, Behinderung (ICIDH 1)

Die sozialwissenschaftliche Betrachtungsweise des Behinderungsbegriffes ist bereits im Jahre 1980 von der Weltgesundheitsorganisation (vgl. WHO 1980) entwickelt worden (*International Classification of Impairments, Disabilities, und Handicaps*). Wir unterscheiden in diesem Definitionsansatz zwischen Schädigung (*impairment*), Beeinträchtigung (*disability*) und Behinderung (*handicap*). Der Vorteil dieser Differenzierung liegt zunächst in der Trennung dieser drei Teilprozesse. Eine vorliegende Schädigung körperlicher, seelischer oder geistiger Art bei einem Menschen muss demnach nicht zwangsläufig zu einer Beeinträchtigung all seiner Fähigkeiten und Fertigkeiten führen. Und selbst wenn eine Beeinträchtigung im Sinne eingeschränkter Kompetenzen vorliegt, dann bedeutet dies ebenfalls noch nicht zwingend, dass daraus eine Behinderung im Sinne sozialer Benachteiligung folgt. Damit ist zugleich eine Trennung zwischen der individuellen Schädigung (im Sinne eines Defizits oder Mangels) und der daraus entstehenden Behinderung (im Sinne der sozialen Folgen einer Schädigung) vollzogen. Behinderung ist also in diesem Klassifikationsmodell der WHO bereits eine soziale Kategorie. Allerdings hat sich der öffentliche Sprachgebrauch zum Begriff »Behinderung« auch fast 40 Jahre Jahre nach dieser Bekanntmachung der WHO noch nicht grundlegend verändert. Nach wie vor wird der Behinderungsbegriff im öffentlichen Raum als personales Merkmal verwendet und bisweilen sogar mit einer Krankheit gleichgesetzt. Menschen ohne Behinderung werden häufig im Gegensatz dazu gerade von medizinischer Seite als »Gesunde« bezeichnet. Die Gleichsetzung von Behinderung und Krankheit sollte jedoch auch nach Empfehlung der Weltgesundheitsorganisation bereits seit über drei Jahrzehnten ausgeschlossen sein.

Schädigung, Aktivität, Partizipation (ICF)

Im Jahre 1997 entwickelt die WHO ihren eigenen Begriffsansatz von 1980 weiter und ersetzt die Begriffe *impairment, disabiltity* und *handicap* durch *impairment, activity* und *participation*. Kritisiert wird an der ICIDH 1 von 1980 letztlich ebenfalls die defizitorientierte Ausrichtung. Die Schädigung führt zu negativen Abweichungen von einer gesellschaftlichen Verhaltensnorm und setzt so Prozesse der Ausgrenzung in Gang. Diese eher negative Sichtweise soll nunmehr durch einen Blick auf die positiven Möglichkeiten eines Menschen mit einer Schädigung überwunden werden. Demnach gilt es zu fragen, wie der Mensch mit einer Schädigung sein Leben möglichst aktiv und selbstbestimmt gestalten kann (*Aktivität*) und wie seine Teilhabe am gesellschaftlichen Leben gelingen könnte (*Partizipation*). Der neue Klassifikationsansatz der WHO zielt also wesentlich mehr auf die Ermöglichung eines selbstbestimmten Lebens von Menschen mit einer Schädigung bei umfassender Selbstbestimmung und gesellschaftlicher Teilhabe. Dazu ist es ebenfalls erforderlich, dass der gesamte Kontext des individuellen Lebensumfeldes mit in die Betrachtung einbezogen wird. Inklusion gerät so zur Zielperspektive jeglicher pädagogischen Bemühungen um Menschen in deren Auseinandersetzung mit einer Schädigung. Damit ist der Behinderungsbegriff endgültig zu einer relationalen Kategorie geworden (vgl. Lindmeier 1993, S. 225ff.), die nur in Abhängigkeit von den jeweiligen personalen, sozialen und ökologischen Ressourcen eines Menschen genauer gefasst werden kann. Auch Bleidick betont zwischenzeitlich den vorübergehenden Charakter der Zuschreibung einer Behinderung mit dem Ziel, den Zugang zu Hilfesystemen zu ermöglichen (vgl. Bleidick 1999, S. 19). Behinderung ist deshalb stets in einem bestimmten sozialen Kontext definiert, eine Perspektive, die auch die UN-BRK enthält (▶ Kap. 1.1).

Spezielle Erziehungsbedürfnisse (Otto Speck)

Bereits in den 1970er Jahren hat im angloamerikanischen Raum der Begriff *special educational needs* den Begriff *handicap* abgelöst (vgl. den Warnock Report: Department of Education and Science 1978). Otto Speck greift den Terminus in wörtlicher Übersetzung als spezielle Erziehungsbedürfnisse auf und wendet ihn kritisch gegen das Behinderungsverständnis von Bleidick. Speck entwirft somit seine Heilpädagogik nicht aus der individuellen Schädigung und der Störung des Erziehungsvorgangs heraus, wie Bleidick das ursprünglich versucht. Vielmehr geht Speck von dem besonderen Bedarf an Erziehung (bzw. Förderung) aus, der sich im Zusammenhang mit dem Phänomen »Behinderung« ergibt. Folglich steht das »Behinderungsparadigma« grundsätzlich in Frage (vgl. Speck 2008, S. 237). Die besonderen Erziehungsbedürfnisse weisen von vornherein über die Person, die gefördert werden soll, hinaus auf das Umfeld, das in die Förderung mit einbezogen wird. Wenn überhaupt, so ergäbe sich also eine Definition der Behinderung über den besonderen Bedarf an pädagogischer Begleitung und Unterstützung, der bezogen auf die Realisierung des gemeinsamen Ziels eines selbstbestimmten Lebens in sozialer Teilhabe entsteht.

Dieser Wechsel des Blickwinkels von der individuellen Schädigung hin zum besonderen Bedarf an Erziehung und Förderung hat in den 1990er Jahren im Feld der Behindertenhilfe besonders für den schulischen Bereich einen nachhaltigen Wandel bewirkt. So greift die Kultusministerkonferenz der Länder der BRD im Jahre 1994 in ihren »Empfehlungen zur sonderpädagogischen Förderung ...« (vgl. Drave/Rumpler/Wachtel 2000) diesen Perspektivenwechsel auf und entwickelt den Begriff des »sonderpädagogischen Förderbedarfs« in der Nachfolge des traditionellen Behinderungsbegriffes. Es stehen nun vor allem die individuellen Förderbedürfnisse der Schülerinnen und Schüler im Vordergrund, auf die an unterschiedlichen Orten im Bildungs- und Erziehungssystem auch mit sonderpädagogischer Unterstützung eingegangen werden soll. Die Förderbedürfnisse werden in den KMK-Empfehlungen von 1994 zu sonderpädagogischen Förderschwerpunkten gebündelt, ohne dass dabei explizit auf die traditionelle Klassifikation der Behinderungsarten Bezug genommen würde. Sonderpädagogische Förderschwerpunkte können sich ergeben im Lern- und Leistungsverhalten, in der Sprache, in der emotionalen und sozialen Entwicklung, in der geistigen Entwicklung, in der körperlichen und motorischen Entwicklung, im Bereich des Hörens und des Sehens und im Bereich langandauernder Erkrankung. Später wird auch noch der Komplex »Autismus« hinzugefügt (vgl. a. a. O.).

> **In einem Satz gesagt**
>
> *Behinderung wird hier definiert als besonderer Bedarf an Förderung in den genannten Schwerpunkten.*

Inwieweit hier erneut nach Schwere, Umfang und Dauer des Förderbedarfs zu unterscheiden ist, wie Bach es für die Grade der Beeinträchtigung vorgeschlagen hat, erscheint lange Zeit noch offen (vgl. Bach 1999, S. 35). Das Fehlen einer anerkannten Definition dessen, was sonderpädagogische Förderung beinhaltet, und darauf aufbauend, was den SPF umfasst, macht sich in den folgenden Jahren deutlich bemerkbar.

Versäumt worden ist allerdings bis in die Gegenwart hinein, den Begriff der sonderpädagogischen Förderung exakt zu definieren. Umfasst Förderung, wie von Speck kritisch angemerkt wird, nur eine fremdbestimmte Form der pädagogischen Begleitung und Unterstützung im Sinne von »jemand oder etwas wird gefördert«? Im alltäglichen Sprachgebrauch mag diese Bedeutung durchaus vorherrschen. Übersehen wird dabei allerdings leicht, dass mit dem Begriff der Förderung im Wortsinne auch die Bedeutung »sich selbst fördern« einhergeht. »In seiner Entfaltung, bei seinem Vorankommen unterstützen« – so wird »Förderung« von der Wortbedeutung her im Duden umschrieben. Hier ist wiederum das grundlegende pädagogische Spannungsverhältnis zwischen Helfen,

Unterstützen oder gar Anleiten und Lehren auf der einen Seite und der eigenen Entwicklung, der Selbsttätigkeit und des Lernens auf der anderen Seite enthalten. 25 Jahre nach den KMK-Empfehlungen zur sonderpädagogischen Förderung (vgl. Sekretariat ... 1994) kann festgehalten werden, dass der Begriff der sonderpädagogischen Förderung zur zentralen Kategorie einer modernen Heil- und Sonderpädagogik avanciert ist. Der Kern einer eigenständigen bildungs- und erziehungswissenschaftlichen Teildisziplin der Heil- und Sonderpädagogik liegt in dem Prozess der sonderpädagogischen Förderung.

In einem engeren Sinne ist damit die eigentliche *Intervention* in den Lern- und Entwicklungsprozess von Kindern und Jugendlichen mit Schwierigkeiten im Lernen und in der Entwicklung gemeint, die von ihnen nicht mehr selbstständig bewältigt werden können (vgl. Heimlich 2016). Sie benötigen Unterstützung zur Überwindung ihrer Lern- und Entwicklungsschwierigkeiten. Die Intervention fußt im Prozess der sonderpädagogischen Förderung allerdings stets auf einer umfassenden *Förderdiagnostik* der Lern- und Entwicklungsvoraussetzungen als Basis der Intervention. Hier geht es im Rahmen einer modernen Heil- und Sonderpädagogik nicht mehr darum, die Defizite von Kindern und Jugendlichen zu diagnostizieren. Vielmehr soll ihr Lern- und Entwicklungsstand möglichst präzise erfasst werden, um darauf aufbauend Anregungen für die weitere Entwicklung und das weitere Lernen geben zu können. Schließlich stellt sich nach Abschluss einer längeren Phase der Intervention die Frage, welche Wirkungen mit den gewählten Maßnahmen und dem Einsatz entsprechender Materialien tatsächlich erzielt worden sind. Sonderpädagogische Förderung umfasst deshalb stets auch die *Evaluation*. Gerade unter dem Eindruck der Entwicklung einer evidenzbasierten Sonderpädagogik (vgl. Ahrbeck/Ellinger/Hechler/Koch/Schad 2016) und angesichts eines weiter steigenden Legitimationsdrucks für Maßnahmen der sonderpädagogischen Förderung in einem inklusiven Bildungssystem erhält der Bereich der Evaluation eine immer stärkere Bedeutung. Er sollte zudem stets ein originärer Bestandteil sonderpädagogischer Professionalität sein (vgl. Haeberlin 2005, S. 345). Begleitet wird der Dreischritt von Diagnose, Intervention und Evaluation durch Prozesse der Beratung, Kommunikation und Kooperation mit allen Beteiligten in den unterschiedlichen Arbeitsfeldern. Gerade für sonderpädagogische Lehrkräfte in einem inklusiven Bildungssystem erhöht sich der Kommunikationsaufwand zusehends, werden Beratungs- und Gesprächskompetenzen mit unterschiedlichsten Ansprechpartnerinnen und Ansprechpartnern zu einem unverzichtbaren Bestandteil des sonderpädagogischen Tätigkeitsspektrums. Zum Modell der sonderpädagogischen Förderung zählt dann letztlich auch die Fähigkeit, das eigene Handeln zu rechtfertigen, im Gespräch Auskunft darüber zu geben, warum bestimmte Maßnahmen der Diagnostik, Intervention und Evaluation vorgeschlagen werden und wie dies im Einzelnen begründet wird. Sonderpädagogische Förderung steht von daher stets in einem spezifischen Begründungszusammenhang, der bewusst gemacht werden sollte und offenzulegen ist. Vor diesem Hintergrund kann festgehalten werden:

> **In einem Satz gesagt**
>
> *Sonderpädagogische Förderung in einem weiteren Sinne umfasst einen Prozess der Diagnose, Intervention und Evaluation, der von Beratung begleitet wird und für den spezifische Begründungszusammenhänge entwickelt werden.*

Der Perspektivenwechsel von der Behinderungs- zur Förderorientierung führt so letztlich zu der Frage, inwieweit auf den Behinderungsbegriff in Zukunft ganz verzichtet werden kann. Eine solche »Dekategorisierung« (vgl. Benkmann 1994; Ahrbeck 2011) birgt zumindest die Chance, dass die etikettierenden und diskriminierenden Begleiterscheinungen des Behinderungsbegriffes vermieden werden. Und dass auch heil- und sonderpädagogische Begriffe weitreichende reale Folgen haben können, ist spätestens seit der unsäglichen Verbindung zwischen dem Begriff des »lebensunwerten Lebens« (vgl. Binding/Hoche 1920) und den Euthanasie-Programmen der Nazis in seiner ganzen Tragweite bekannt. Fassen wir jedoch den Behinderungsbegriff als soziale Kategorie, so müssen wir *nolens volens* einsehen, dass die soziale Faktizität der Behinderung nicht so ohne weiteres auszublenden ist. Ausgrenzungen im Sinne von sozialen Benachteiligungen finden tatsächlich statt. Sie werden nicht enden, nur weil ein Begriff nicht mehr benutzt wird. Dazu müssten erst die zugrundeliegenden gesellschaftlichen Strukturen und sozialpsychologischen Mechanismen außer Kraft gesetzt werden. Dies mag in einem gesellschaftlichen Zukunftsentwurf gelingen, einstweilen haben wir es jedoch mit einer bestimmten gesellschaftlichen Realität zu tun. Hilfeleistungen werden weiter individuumsbezogen zugewiesen, um basalen Grundsätzen von Verteilungsgerechtigkeit überhaupt noch entsprechen zu können. Eine Zukunftsperspektive kommt allenfalls in den selbstbewussten öffentlichen Äußerungen einer wachsenden Behindertenbewegung zum Ausdruck, die im Sinne der Perspektive »Selbstbestimmt leben« öffentlich artikuliert: »Wir lassen uns nicht behindern!«[11] Die konkrete Utopie einer inklusiven Pädagogik wäre somit die gemeinsame Gestaltung gesellschaftlicher Verhältnisse, in denen auf Ausgrenzung und soziale Benachteiligung verzichtet werden könnte. Da wir uns vermutlich stets auf dem Weg zu diesem Ziel hin befinden, wird auch der Behinderungsbegriff (als soziale Kategorie) einstweilen noch unverzichtbar sein und in bestimmten Kontexten jeweils Verwendung finden (z. B. als Grundlage für die Beantragung von Leistungen der beruflichen Rehabilitation). Insofern stehen alle Personen einer Gesellschaft ebenfalls vor der Aufgabe, den Umgang mit Personen zu lernen, die sich mit Schädigungen und Behinderungen im Sinne sozialer Ausgrenzung und Benachteiligung auseinandersetzen (*sozialer Aspekt der Behinderung*).

Mit der Erweiterung der personalen um die soziale Perspektive sind wir bereits bei dem Komplementärbegriff zur Behinderung angelangt. Integration und Inklusion entstehen als gesellschaftliche Aufgabe aus der Tatsache der Behinderung. Weil damit ebenso wie beim Begriff Behinderung nicht Bezug auf die »*einheimischen Begriffe*« (Herbart 1965, S. 32, Hervorhebung im Original, U.H.) der Pädagogik genommen wird, ist der Versuch einer Begriffsbestimmung umso dringlicher.

---

11 So etwa im gleichnamigen Roman des Schweizers Gérald Métroz: »Ich lasse mich nicht behindern!« Bern, München, Wien: Scherz, 2002.

4.1.2 Von der Integration zur Inklusion

Das Wort »Integration« (von lat. »*integrare*«) stammt aus dem Lateinischen und bedeutet in der wörtlichen Übersetzung so viel wie »Wiederherstellung eines Ganzen«. Neben mathematischen (z. B. Integral), politischen (z. B. europäische Integration) und sprachwissenschaftlichen Begriffsverwendungen interessieren im pädagogischen Zusammenhang insbesondere soziologische und psychologische Bedeutungen. Im soziologischen Sinne bezieht sich Integration auf die Entstehung gesellschaftlicher Einheiten aus einer Vielzahl von Personen und Gruppen und bezeichnet vor allem den Zustand, nach dem jemand oder etwas integriert wurde. Damit sind Prozesse der Integration von Menschen aus anderen Kulturen in eine Gesellschaft ebenfalls gemeint. Im psychologischen Sinne bezeichnet Integration in der Regel die Einheit innerhalb einer Person und innerhalb ihrer Beziehungen zur Umwelt. Inklusion (von lat. *inclusio* = Eingeschlossensein, Enthaltensein) bedeutet im Gegensatz dazu, dass etwas von vornherein enthalten ist und jegliche Form von Aussonderung vermieden werden soll.

Unter erziehungswissenschaftlichem Anspruch stehen wir also vor dem Problem, dass die Begriffe »Integration« und »Inklusion« bereits in vielfältigen alltäglichen Zusammenhängen und Spezialsprachen Verwendung finden. Insofern stellt sich von vornherein die Frage, inwieweit die Entwicklung hin zu einer pädagogischen Kategorie überhaupt sinnvoll erscheint. Gleichwohl lässt sich innerhalb der inklusiven Pädagogik immer wieder das Bemühen finden, diese Begriffe genauer abzugrenzen. Dies geschieht zunächst über die Analyse der Integration und Inklusion als Zielvorstellungen, um davon die integrativen und inklusiven Wege zu unterscheiden.

Indirekte und direkte Integration (Otto Speck)

Vor dem Hintergrund eines historischen Rückblicks auf die pädagogischen Bemühungen um Menschen mit Behinderungen kommt Speck zu dem Schluss, dass zwei Wege zum Ziel der Integration von Menschen mit Behinderung zu unterscheiden seien: der direkte des gemeinsamen Lebens und Lernens und der indirekte der speziellen Förderung (vgl. Speck 2008, S. 387).

4.1 Behinderung und Inklusion – Begriffliche Klärung

> **In einem Satz gesagt**
>
> *Integration von Menschen mit Behinderung als Zielsetzung im Sinne umfassender gesellschaftlicher Teilhabe wird dabei als Merkmal demokratischer Gesellschaften nicht mehr grundsätzlich in Frage gestellt.*

Spätestens mit dem Diskriminierungsverbot in Artikel 3, Abs. (3) des Grundgesetzes in der Fassung von 1994 ist dies auch für die Bundesrepublik Deutschland als eines der zentralen Grundrechte verankert. Eine demokratische Gesellschaft hat keine andere Möglichkeit, als die gleichberechtigte Teilhabe aller Gesellschaftsmitglieder verfassungsmäßig zu garantieren, auch wenn die soziale Realität von Menschen mit Behinderung in demokratischen Gesellschaften sicher in vielen Bereichen von diesem Grundsatz noch abweicht. Das Ziel der gesellschaftlichen Integration von Menschen mit Behinderung dürfte auf der Basis einer demokratischen Verfassung also breite Zustimmung erfahren.

Offen ist in vielen gesellschaftlichen Bereichen und insbesondere im Bildungs- und Erziehungssystem nach wie vor der Weg zu diesem Ziel hin. In der Geschichte der Heil- und Sonderpädagogik wird zunächst der Weg der speziellen Erziehung und Förderung in eigenständigen Sondereinrichtungen bevorzugt (*Separation*). Erst Hilfs- bzw. Sonderschulen bieten demnach die Gewähr dafür, dass eine spezialisierte Förderung durch das entsprechende Fachpersonal (speziell ausgebildete Hilfs- bzw. Sonderschullehrkräfte) in einer angemessenen Sozialform (kleinere und homogene Lerngruppen) mit geeigneten Methoden (Differenzierung und Individualisierung usf.) und bezogen auf eingeschränkte Inhalte (eigenständige und reduzierte Lehrpläne) stattfinden kann (vgl. die Kriterien bei Kniel 1979). Auch diese spezialisierte Förderung in Sondereinrichtungen soll dazu führen, dass beispielsweise Schülerinnen und Schüler bessere Voraussetzungen für die gesellschaftliche Integration erhalten. Nach Durchlaufen der Sondereinrichtungen wird also ebenfalls das Ziel der umfassenden gesellschaftlichen Integration angestrebt. Auch Sonderschulen sind deshalb mit dem Ziel der verbesserten gesellschaftlichen Integration konzipiert worden und streben diese ebenfalls an. Die positiven Möglichkeiten dieses Sonderweges liegen seinerzeit vor allem in den ersten Jahren der schulischen Förderung. Kinder und Jugendliche mit Schulleistungsproblemen erfahren in der Sonderschule zunächst eine grundlegende Akzeptanz, werden bezogen auf ihre vorhandenen Kompetenzen gefördert und entwickeln so auch wieder eine grundlegende Motivationshaltung gegenüber schulischen Leistungsanforderungen. Dies wäre der positive Effekt bezogen auf den *Schonraum »Sonderschule«*. Dadurch, dass die gesellschaftlichen Leistungsanforderungen an Schülerinnen und Schüler mit Behinderung vorübergehend außer Kraft gesetzt werden, haben sie die Chance, sich auf ihrem Leistungsniveau mit schulischen Leistungsanforderungen neu auseinanderzusetzen. Sie erzielen wieder Erfolge beim schulischen Lernen, ihr Selbstkonzept steigt und die Voraussetzungen für schulisches Lernen entwickeln sich zunächst in einer günstigen Weise (vgl. Krug/Rheinberg/Peters 1977). In die Kritik ist dieser *Weg der indirekten Integration* vor allem deshalb geraten, weil die Sondereinrichtung die Diskriminierung und Stigmatisierung von Kindern und Jugendlichen mit Behinderung eher noch verstärken (vgl. Homfeldt 1996). Überdies hat die Überprüfung der Erfolge einer spezialisierten Förderung in Sondereinrichtungen dort, wo sie in empirisch gestützter Weise erfolgt, eher negative Effekte nachweisen können (vgl. beispielsweise den Überblick zu den Effekten der Sonderschule für Lernbehinderte bei Hildeschmidt/Sander 1996). Die Schulleistungen sind in Sonderschulklassen im Vergleich zu Integrationsklassen bestenfalls gleich, teilweise sogar schlechter. Der Abstand zwischen Schülerinnen und Schülern der »Sonderschulen« zu Schülerinnen und Schülern der allgemeinen Schulen vergrößert sich im Laufe der Schulzeit. Teilweise sinkt sogar das Niveau der kognitiven Fähigkeiten. Nach wie vor verlässt eine nennenswerte Gruppe von Schülerinnen und Schüler die »Sonderschule« ohne Schulabschluss bzw. ohne den Erwerb der Schriftsprache. Auch die Erfolge bei der beruflichen Integration stoßen in den folgenden Jahren auf immer größere Schwierigkeiten. Der Schonraumeffekt bleibt nicht über die gesamte Schulzeit in der Sonderschule erhalten. Etwa ab der siebten Jahrgangsstufe sinkt die Leistungsmotivation und das Selbstkonzept der eigenen Fähigkeiten wieder ab. Die Vermutung liegt nahe, dass Schülerinnen und Schüler im Zuge der Auseinandersetzung mit beruflichen Zielen in diesem Alter wieder verstärkt gesellschaftliche Leistungsanforderungen wahrnehmen. Das Problem der Entwicklung realistischer Berufsziele zeigt in dieser Zeit sehr anschaulich, wie schwierig es ist, sich nach Jahren des Schonraums wieder auf eine soziale Wirklichkeit außerhalb der Förderschulen einzustellen. Viele Eltern schätzen die Chancen der Förderschulen, berufliche und gesellschaftliche Integration für ihre Schülerinnen und Schüler zu erreichen, aus diesen Gründen seinerzeit zunehmend negativ ein.

Diese Kritik ist mit ein Antrieb gewesen, nach anderen Wegen zur gesellschaftlichen Integration von Menschen mit Behinderung zu suchen. Eltern und pädagogisch Tätige (auch im Förderschulbereich) entwickeln deshalb die Annahme, dass eine gesellschaftliche Integration von Kindern und Jugendlichen mit Behinderung im Erwachsenenalter dann besser gelingt, wenn sie möglichst frühzeitig mit anderen Kindern und Jugendlichen zusammenkommen. Integration soll *Weg und Ziel* sein. Dies kann häufig in der familiären Lebenswelt noch gewährleistet werden. Im Bildungs- und Erziehungssystem sind dazu pädagogische Handlungskonzepte erforderlich, die gemeinsames Spielen, Lernen und Leben ermöglichen (▶ Kap. 2). Durch die ständige Möglichkeit zu sozialen Kontakten erfahren Kinder und Jugendliche mit und ohne Behinderung etwas über die Unterschiede zwischen Menschen. Sie lernen, mit diesen Unterschieden umzugehen, sie sogar produktiv zu nutzen. Gerade im vorschulischen Alter kann dabei vielfach die Ungezwungenheit der Kinder im Umgang mit Unterschieden noch wie selbstverständlich vorausgesetzt werden. Im schulischen Bereich üben sich die Kinder und Jugendlichen in der Kunst des Voneinander-Lernens. Sie befinden sich in einem *Erfahrungsraum*, der es ihnen ermöglicht, sich rechtzeitig und pädagogisch begleitet mit einer zukünftigen gesellschaftlichen Wirklichkeit auseinanderzusetzen. Das gemeinsame Lernen wirkt sich nach den seinerzeit bereits vorliegenden empirischen Studien (z. B. Wocken 1987b, Haeberlin u. a. 1991, Bless 1995) überwiegend positiv auf den Schulleistungsbereich aus. Probleme der sozialen Integration von Kindern und Jugendlichen mit Behinderung in die Schulklasse entstehen im gemeinsamen Unterricht in der Regel nicht. Erst wenn wiederum besondere Fördermaßnahmen außerhalb einer Lerngruppe stattfinden und die Lerngruppe getrennt wird, ergibt sich erneut die Gefahr der sozialen Ausgrenzung. Bei entsprechendem pädagogischen Geschick kann auch dieser Gefahr rechtzeitig entgegengewirkt werden. Problematisch erscheint beim gemeinsamen Lernen allerdings nach wie vor die Selbsteinschätzung der eigenen Fähigkeiten und der gesamte Bereich der emotionalen Integration. Schülerinnen und Schüler vergleichen sich offenbar stets mit dem Leistungspotenzial einer Lerngruppe und kennen ihre eigene Stellung in diesem Zusammenhang genau (*Bezugsgruppeneffekt*). Kinder und Jugendliche mit Behinderung wissen in Integrationsklassen also, dass sie die Anforderungen der Jahrgangsstufe nicht in der gleichen Weise bewältigen können wie viele andere. Folglich sinkt ihr Selbstwertgefühl, und es können sich negative Effekte für die Leistungsmotivation einstellen. Im Unterschied zur Förderschulklasse beginnen Kinder und Jugendliche mit Behinderung in allgemeinen Schulen also recht frühzeitig, sich mit einem realistischen Selbstkonzept auseinanderzusetzen (und nicht erst in den höheren Klassen, wenn sich die gesellschaftlichen Leistungsanforderungen auch im Schonraum der Förderschule nicht verleugnen lassen). Der *direkte Weg zur Integration* besteht also darin, Kinder und Jugendliche mit und ohne Behinderung über Prozesse des gemeinsamen Spielens und Lernens unmittelbar auf das gemeinsame Leben als Erwachsene vorzubereiten.

Inclusion und Inclusive Education

Seit der Erklärung von Salamanca aus dem Jahre 1994, in der sich 92 Regierungen und 25 internationale Organisationen auf einen Aktionsrahmen zu einer Pädagogik für besondere Bedürfnisse geeinigt haben, bestimmen die neuen Begriffe *inclusion* bzw. *inclusive education* die internationale Diskussion zur Integrationsentwicklung (vgl. Österreichische UNESCO-Kommission 1996)[12]. Geprägt durch die kanadische Bewegung für eine *inclusive school* zu Beginn der 1990er Jahre wird *inclusion* zunächst mit Integration gleichgesetzt (bzw. ›intégration‹ im französischen Sprachgebrauch). Im Deutschen dominiert die Übersetzung von *inclusion* mit Integration. Eine genaue Untersuchung der Ent-

---

12 Der Text der Empfehlungen enthält allerdings im Deutschen – wie von der Übersetzerin auch ausdrücklich angemerkt – statt der Begriffe *inclusion* und *inclusive education* den Begriff der Integration.

wicklung innerhalb der *inclusive education* insbesondere in Kanada, den USA und Großbritannien zeigt jedoch, dass *inclusion* über die Integrationsperspektive hinausweist (vgl. Hinz 2002). Im Deutschen sollte deshalb eher von Inklusion (vgl. Sander 2001) die Rede sein. Ohne genaue Definition entwickelt sich der Begriff der Inklusion gleichwohl seither zu einem Leitbild einer zukünftigen Integrationsentwicklung (vgl. Sander 2001). Inklusion soll über die teils kritisierte Praxis der Integration hinausführen und als neues umfassendes Konzept etabliert werden. Die aktuelle Bedeutung der Inklusion ergibt sich zunächst aus dem Wandel der Begriffe »*mainstreaming*« und »*inclusion*« im angloamerikanischen Sprachraum (vgl. Jülich 1996).

In den USA wird der Begriff »*Mainstreaming*« (wörtlich: »Hauptstrom«) für solche pädagogische Bemühungen verwendet, die dazu beitragen sollen, dass alle Kinder und Jugendlichen in der allgemeinen Schule verbleiben können (vgl. Opp 1992b). Eine wesentliche Grundlage zur Verwirklichung dieser Zielsetzung bildet die Vorstellung von einer ›am wenigsten einschränkenden Umgebung‹ (*Least Restrictive Environment, LRE*). Die Teilhabe an der Regelschule soll möglichst nicht eingeschränkt werden. Allerdings ist in den *mainstreaming*-Programmen nicht nur die Regelklasse ein geeigneter Förderort. Vielmehr entsteht ein Kontinuum an möglichen Förderorten. Diese reichen vom Unterricht in der Regelklasse ohne Unterstützung, über Formen der sonderpädagogischen Unterstützung (*consultant teacher*), die teilweise auch außerhalb des Klassenraums in eigenen Räumlichkeiten stattfinden (*ressource rooms*), bis hin zum Unterricht in Sonderklassen der allgemeinen Schulen oder der Sondereinrichtungen und zum Einzelunterricht im Krankenhaus bzw. in der Familie. In diesem sog. »Kaskadenmodell« verringern sich demnach die Möglichkeiten der sozialen Interaktion von Schülerinnen und Schülern mit und ohne Behinderung bezogen auf die unterschiedlichen Organisationsformen zunehmend. Bei der vollen Integration in die Regelklasse ist die Möglichkeit zur spontanen sozialen Interaktion der Schülerinnen und Schüler untereinander am umfangreichsten gegeben. Beim Einzelunterricht dürfte es kaum noch zu sozialen Interaktionen mit Gleichaltrigen kommen (vgl. Hardman et al. 1987, S. 44, zit. n. Jülich 1996, S. 78). In jedem Fall muss für die Schülerinnen und Schüler ein individueller Erziehungsplan (*individual educatio-*

nal program, IEP) erstellt werden, d. h. auch unabhängig vom Förderort (also ebenfalls bei der vollen Integration in den Unterricht der Regelklasse). Damit soll sichergestellt werden, dass der sonderpädagogische Förderbedarf der Schülernnen und Schüler an den unterschiedlichen Förderorten abgedeckt werden kann.

Kritisiert wird an der Praxis des *mainstreaming* etwa seit Mitte der 1980er Jahre besonders die sog. »*pullout*-Methode« (vgl. a. a. O., S. 290). Wenn Schülerinnen und Schüler für die sonderpädagogische Förderung vorübergehend aus dem Klassenverband herausgenommen werden, so stört das nicht nur den Unterrichtsablauf. Es führt auch dazu, dass sich Lehrkräfte der allgemeinen Schulen aus der Verantwortung für Schülerinnen und Schüler mit SPF wieder zurückziehen. Das System des *mainstreaming* birgt weiterhin die Gefahr in sich, dass Schülerinnen und Schüler von Bildungsmöglichkeiten ausgeschlossen sind *(functional exclusion)* (vgl. a. a. O., S. 69). Aus dieser Kritik an den Tendenzen zur *exclusion* entwickelt sich in den 1980er Jahren die »*inclusive schools movement*«. An den Publikationen von Susan und William Stainback lässt sich der Wandel der Position zur schulischen Integration in den USA gut nachvollziehen. Während beide zunächst auch das Modell eines Kontinuums von abgestuften Fördermaßnahmen bevorzugen, lehnen sie inzwischen die separate Förderung von Schülerinnen und Schülern mit sonderpädagogischem Förderbedarf grundsätzlich ab (vgl. Stainback/Stainback 2000).

> **In einem Satz gesagt**
>
> *Inclusion wird demgegenüber als Teilhabe aller Schülerinnen und Schüler an der allgemeinen Schule verstanden und in der Konsequenz mit dem Verzicht auf jegliche Form von Aussonderung der Schülerinnen und Schüler verbunden.*

Diese Position der *full inclusion* sieht sich jedoch zwischenzeitlich großer Skepsis ausgesetzt. Es etabliert sich demgegenüber eine Position, die als *responsible inclusion* bezeichnet wird und ein Kontinuum inklusiver Fördermöglichkeiten enthält (vgl. Jülich 1996, S. 300). Alfred Sander (2001) kommt in seiner Analyse des Verhältnisses von *inclusion* und Integration vor dem Hintergrund dieser angloamerikanischen Entwicklung zu dem Ergebnis, dass im deutschen Sprachraum beide Begriffe eher synonym verwendet werden. *Inclusion* weist allenfalls auf die Notwendigkeit einer erweiterten und optimierten Integration in der Praxis hin.

Fragt man allerdings nach der konkreten Umsetzung der *inclusion*, so zeigt sich, dass der neue Terminus über ein schulisches Verständnis von Integration weit hinausreicht. *Inclusive schools* bieten die Einbindung in die Gemeinschaft und das Schulumfeld, sie sind barrierefrei, unterstützen die Zusammenarbeit auf allen Ebenen und treten für Gleichheit der Teilhabechancen ein. *Inclusion* wird bereits auf der Ebene schulischer Entwicklungsprozesse in ihrer gesellschaftlichen Dimension gesehen. Letztlich zielt auch Integration auf gesellschaftliche Partizipation. Integration wird aber zu häufig noch auf das gemeinsame Spielen und Lernen im Bildungs- und Erziehungssystem reduziert. *Inclusion* öffnet demgegenüber den Blick für die vielfältigen Prozesse des gemeinsamen Lebens außerhalb von Bildungs- und Erziehungseinrichtungen und begleitend zum Lebenslauf von Menschen mit Behinderung, wie auch in der UN-BRK betont wird (▶ Kap. 1.2)

Insofern liegt es auf der Hand, eine nähere Bestimmung des Begriffes *inclusion* im sozialwissenschaftlichen Zusammenhang zu suchen. Im Diskurs zur Desintegrationsthese (vgl. Heitmeyer 1997) wird auch die Bedeutung der Inklusion in modernen Gesellschaften analysiert. Während traditionale Gesellschaften ihre Integration über die feste Zugehörigkeit zu bestimmten Gruppen oder sozialen Schichten erreichen, entwickeln moderne Gesellschaften einen eigenständigen Modus des gesellschaftlichen Zusammenhalts. Dieser wird im sozialwissenschaftlichen Diskurs besonders im Anschluss an Niklas Luhmann (1991/1984) mit dem Begriff »Inklusion« belegt (vgl. Nassehi 1997). Da moderne Gesellschaften ihre Mitglieder immer weiter individualisieren, muss ein Individuum gegenwärtig seine Teilhabe bezogen auf mehrere Teilsysteme (wie Wirtschaft, Recht, Erziehung ...) weitgehend selbst vollbringen. Inklusion bezeichnet vor diesem Hintergrund

> »... die Art und Weise, wie Kommunikation auf Menschen zugreift, d. h., wie Gesellschaften, Organisationen und Interaktionen Personen thematisieren, in Anspruch nehmen, anschlussfähig halten und nicht zuletzt ansprechbar machen.« (vgl. a. a. O., S. 121).

Insofern kann folgerichtig von einer Multiinklusionsleistung des Individuums gesprochen werden, wie das auch Reiser bereits für die integrativen Prozesse in seinem Mehrebenenmodell gesehen hat (▶ Kap. 4.2.3). Volle Inklusion wird von daher allerdings wohl eher die Ausnahme sein. Und die gegenläufige Tendenz muss im gesellschaftlichen Sinne stets mitgedacht werden. In dem Maße, wie das Individuum versucht, sich selbst zu bestimmen und seine Personalität auszuprägen, wird es sich auch eher von den gesellschaftlichen Teilsystemen entfernen und einen eigenständigen Bereich für sich reklamieren. Individualität führt so letztlich zur Abgrenzung von der Gesellschaft und ihren Teilsystemen. Insofern steht das Individuum in modernen Gesellschaften ständig in einem Spannungsfeld von Einbeziehung (*Inklusion*) und Ausschluss (*Exklusion*). Und dass moderne Gesellschaften selbst in den reichen Industrieländern exklusive Tendenzen haben, zeigt sich nicht zuletzt an dem Dauerbrenner-Thema »Armut und soziale Benachteiligung« (vgl. G. Klein 1996; Weiß 1996; Heimlich 2017c). Offenbar wird nicht nur in der sog. »Dritten Welt«, sondern ebenso in den Industrienationen ein steigender Teil der Bevölkerung vom durchschnittlichen Lebensstandard ausgeschlossen. Auch Menschen mit Behinderung sind von daher in modernen Gesellschaften der Gefahr der Exklusion in besonderer Weise ausgesetzt. Sie sind bei der Sicherstellung ihrer Inklusion in viel höherem Maße auf Unterstützung angewiesen. Wenn sich jedoch traditionale Formen der gesellschaftlichen Teilhabe über feste Gruppen- bzw. Schichtenzugehörigkeiten (*primäre Inklusion*) immer weiter auflösen, benötigen auch Menschen mit Behinderung neue Formen der Unterstützung bei der gesellschaftlichen Teilhabe. Es kommt daher nicht von ungefähr, dass gerade in den letzten zwanzig Jahren des vergangenen Jahrhunderts genau diese neuen Formen einer selbst organisierten Solidarität an Bedeutung gewinnen (*sekundäre Inklusion*). Der Aufschwung der Selbsthilfebewegung für Menschen mit Behinderung (z. B. *Independent living*, *People First* usf.) ist offenbar Ausdruck dieses neuen Kontextes für gesellschaftliche Teilhabe (vgl. Heimlich 2000d).

4.1 Behinderung und Inklusion – Begriffliche Klärung

> **In einem Satz gesagt**
>
> *Als Inklusion im pädagogischen Sinne sind solche Interaktionen zu bezeichnen, die zur Bildung von Gemeinschaften im Sinne von Netzwerken zur Unterstützung der selbstbestimmten sozialen Teilhabe von Menschen mit Behinderung in allen gesellschaftlichen Bereichen beitragen.*

Das Selbstbestimmungsrecht von Menschen mit Behinderung und ihr Recht auf freie Entfaltung wird wiederum zu einer Distanzierung von der Gesellschaft führen und dem Bemühen um Inklusion die reale Möglichkeit zur (möglicherweise auch selbst gewählten) Exklusion gegenüberstellen (vgl. Böttinger 2017; Gercke/Opalinski/Thonagel 2017). Letztlich hat auch ein Mensch mit Behinderung auf der Basis seiner Fähigkeit zur Selbstbestimmung (auf welchem Entwicklungsniveau auch immer) das Recht, nicht teilzuhaben, sich nicht von der Gesellschaft inkludieren zu lassen. Inklusion und Exklusion sind auch für Menschen mit Behinderung stets aufeinander bezogen. Dieses Spannungsverhältnis repräsentiert sowohl das Gleichheitspostulat moderner Gesellschaften (Recht auf gesellschaftliche Teilhabe bzw. Inklusion als normative Idee) als auch die soziale Wirklichkeit der Ab- und Ausgrenzung von Personen oder Gruppen (Faktizität des Ausschlusses bzw. der Exklusion). Insofern lehrt uns ein sozialwissenschaftlicher Begriff von Inklusion, dass die gesellschaftliche Partizipation von Menschen mit Behinderung stets neu auf den Weg gebracht werden muss. Für eine Pädagogik, die sich als inklusiv bezeichnet, gilt deshalb gleichermaßen, dass der Weg das Ziel ist.

Der Versuch der genauen Klärung zentraler Grundbegriffe einer inklusiven Pädagogik hat implizit die Notwendigkeit eines Rückgriffs auf die zugrundeliegenden Theoriemodelle verdeutlicht. Die wesentlichen Entwürfe sollen deshalb nun in einem kurzen Rückblick auf die Grundlagen integrativer Pädagogik vorgestellt und auf ihre Relevanz für die inklusive Pädagogik untersucht werden. Gegenwärtig lassen sich dabei vier große Entwürfe (und ihre Hauptvertreter bzw. Urheber) unterscheiden:

- ein materialistisches Modell bei Georg Feuser,
- ein interaktionistisches Modell von Hans Eberwein,
- ein prozessorientiertes Modell bei Helmut Reiser,
- ein ökosystemisches Modell bei Alfred Sander.

Damit kann zugleich festgehalten werden, dass die theoretische Grundlegung des neuen erziehungswissenschaftlichen Aufgabengebietes einer inklusiven Pädagogik im Wesentlichen aus dem Diskurs zwischen Schulpädagogik bzw. Pädagogik der frühen Kindheit, Sozialpädagogik auf der einen Seite sowie Heil- und Sonderpädagogik auf der anderen Seite geleistet wird.

4.2 Grundkonzeptionen integrativer Pädagogik – ein Rückblick nach vorn[13]

Auf der Ebene der theoretischen Betrachtung einer inklusiven Erziehungswirklichkeit steht nicht mehr nur die Frage nach der Möglichkeit einer inklusiven Pädagogik im Sinne einer gesellschaftlichen Praxis im Vordergrund. Neben die Frage nach dem Wie tritt nunmehr die Frage nach dem Warum einer inklusiven Pädagogik. Hier wird also davon ausgegangen, dass inklusive Pädagogik tatsächlich begründet werden muss. Besonders in Zusammenhang mit der wissenschaftlichen Begleitung von Modellversuchen sind in den letzten vierzig Jahren eine Reihe von Theoriemodellen entstanden, die sich im erziehungswissenschaftlichen Diskurs zur Integration von Menschen mit Behinderung fest etablieren konnten. Im Unterschied zur Rede von dem »Integrationsparadigma« (vgl. Eberwein/Knauer 2009) wird hier im Rückblick von mehreren Paradigmen einer integrativen Pädagogik gesprochen. Es han-

---

13 Übernommen von Hentig, Hartmut von: Rückblick nach vorn. Pädagogische Hoffnungen der Gegenwart auf dem Prüfstand der Erfahrung. Seelze-Velber: Kallmeyer, 1999

delt sich um beispielhafte erziehungswissenschaftliche Theoriekonzepte, die im fachlichen Diskurs Anerkennung gefunden haben. Außerdem verfügen sie über eigenständige theoretische Quellen und entwickeln spezifische Handlungskonzepte. Da inklusive Pädagogik hier nicht ahistorisch entwickelt werden soll, steht die Analyse der Grundkonzepte einer integrativen Pädagogik deshalb zunächst am Anfang. Die Bedeutung des jeweiligen Konzeptes für die Entwicklung einer inklusiven Pädagogik wird darauf aufbauend beschrieben.

4.2.1 Materialistisches Modell der Integration (Georg Feuser)

Aus der Bremer Integrationsforschung im Kindergarten und in der Grundschule (Feuser 1987; Feuser/Meyer 1987) hat Georg Feuser eine entwicklungsorientierte Begründung der Integration von Kindern und Jugendlichen mit Behinderung abgeleitet. Sie wird hier deshalb als materialistisches Modell bezeichnet, weil sie im Zusammenhang mit dem materialistischen Entwurf einer Behindertenpädagogik von Wolfgang Jantzen (1990) entsteht und mit dem materialistischen Ansatz in der Allgemeinen Pädagogik (etwa im Anschluss an Hans Jochen Gamm, vgl. Krüger 1997, S. 101) zumindest in den historischen Quellen Berührungspunkte aufweist. Die materialistische Behindertenpädagogik entsteht in kritischer Auseinandersetzung und Weiterentwicklung des historischen und dialektischen Materialismus von Karl Marx und Friedrich Engels (vgl. Jantzen 1985, S. 322ff). Entscheidende Impulse für die pädagogische Theoriebildung im Allgemeinen und die behindertenpädagogische Theoriebildung im Besonderen gehen jedoch erst von der Erneuerung der russischen Psychologie nach der Revolution im Jahre 1917 aus.

Entwicklungspsychologische Grundlegung (Lev S. Vygotskij)

So entsteht in den Experimenten von Lev S. Vygotskij (1894–1934) am Psychologischen Institut der Universität Moskau ab 1924 eine neue Theorie der menschlichen Entwicklung. Vygotskij zeigt zunächst die Einbettung der individuellen psychischen Entwicklung in die jeweilige gesellschaftliche Situation auf. Demnach ist die Entwicklung des Einzelnen nicht nur abhängig von seinen persönlichen Voraussetzungen, die bis hinein in die körperlichen (materiellen) Grundlagen beispielsweise der genetischen Ausstattung reichen. Auch die konkreten Lebensbedingungen in einer gegebenen gesellschaftlichen Situation liefern ihrerseits die sozialen Voraussetzungen (bzw. materiellen Grundlagen) für die persönliche Entwicklung. In seinem Hauptwerk »Denken und Sprechen«, das erst kurz nach seinem Tod erscheint (1934/2002), werden von Vygotskij in der Folge mehrere Studien zur Entwicklung der Begriffsbildung bei Kindern vorgestellt. In kritischer Auseinandersetzung mit Jean Piaget (1896–1980) und William Stern (1871–1938) formuliert Vygotskij in »Denken und Sprechen« seine in vielen Vorarbeiten bereits angedeutete Theorie von der »Zone der nächsten Entwicklung (ZNE)«. Auf den vorhandenen Fähigkeiten der Begriffsbildung bzw. dem »aktuellen Niveau der Entwicklung« (vgl. Vygotskij 1934/2002, S. 348) aufbauend können Kinder und Jugendliche einen weiteren Entwicklungsschritt unternehmen und die »Zone der nächsten Entwicklung« betreten. Beispielsweise sind bei Kindern die spontanen Begriffe der Alltagssprache eher ausgebildet als die verallgemeinerten wissenschaftlichen Begriffe. Die wissenschaftlichen Begriffe können aber erst erworben werden, wenn sich das Kind sicher mit Hilfe der alltagssprachlichen Begriffe verständigen kann. Dieses im Grunde recht einfache Entwicklungsmodell enthält jedoch eine völlig veränderte Anthropologie, die Vygotskij mit dem Modell der Denkentwicklung von Piaget eng verbindet. Kinder und Jugendliche werden unter dem Aspekt ihrer Kompetenzen und deren Entwicklung betrachtet. Entscheidend ist also hier bereits im psychologischen Zusammenhang die Frage, wie weit ein Kind entwickelt ist und welche Entwicklungsaufgaben sich als nächstes stellen.

Integration als Kooperation

Vor dem Hintergrund der Bremer Modellversuche zur gemeinsamen Erziehung im Kindergarten und zum gemeinsamen Unterricht in der Grundschule entsteht eine weithin akzeptierte Formel, die den Begriff Integration als Weg und Ziel pädagogischen Bemühens näher bestimmen soll. Nach Feuser findet Integration dann statt, wenn

4.2 Grundkonzeptionen integrativer Pädagogik – ein Rückblick nach vorn

»... alle Kinder und Schüler in Kooperation miteinander auf ihrem jeweiligen Entwicklungsniveau ... an und mit einem ›gemeinsamen Gegenstand‹ spielen, lernen und arbeiten.« (Feuser 1995, S. 173f., Hervorhebungen im Original – U.H.)

Die »kooperative Tätigkeit« (a. a. O., S. 174) ist damit der Kern der Integration als Weg und Ziel. Damit ist zum einen die *gemeinsame Tätigkeit der Lernenden am gemeinsamen Gegenstand* gemeint. Insofern wären nur solche Lernsituationen als integrative zu bezeichnen, in denen Schülerinnen und Schüler mit und ohne Behinderung gemeinsam tätig sind. Zum anderen betont Feuser aber auch die *gemeinsame Tätigkeit von Lehrenden und Lernenden*, eine Beziehung, in der letztlich ebenfalls beide Seiten voneinander lernen. Kooperation wird bei Feuser anthropologisch fundiert. Ohne Kooperation könne »menschliche Existenz nicht realisiert werden« (vgl. a. a. O., S. 183).

Hier knüpft Feuser an der dialogischen Philosophie von Martin Buber an und bezieht sich mehrfach auf dessen zentrale Aussage (»Der Mensch wird am Du zum Ich.«, vgl. a. a. O., S. 175). Kooperation ist somit nach Feuser selbst ein basales Merkmal des Mensch-Seins. Ohne Kooperation könne weder der Mensch zu sich selbst kommen, noch die jeweilige Gesellschaft oder Kultur existieren. Aus der kooperativen Tätigkeit entsteht im Idealfall die *Sozialform des Kollektivs*, in der jeder in gleichberechtigter Weise an der Gemeinschaft teilhat.

Auch hier sind Bezüge zur dialogischen Philosophie von Buber deutlich erkennbar (vgl. Buber, 1997, 2000). Zu klären bleibt allerdings noch das grundlegende logische Problem, wie denn Kooperation zugleich Prozess und Produkt bzw. Weg und Ziel pädagogischen Bemühens sein kann. Diesem Widerspruch ist letztlich nur dadurch zu entrinnen, dass eine unterschiedliche Qualität von kooperativen Tätigkeiten auf dem Weg zum Ziel der gelungenen Kooperation im Sinne eines gemeinsamen Einigungsprozesses als Idealtypus angenommen wird. Kooperative Tätigkeiten gelingen nicht stets und ohne Hilfestellung, sie können in ihrer Qualität weiterentwickelt werden. Sie beinhalten auch auf der sozialen Ebene einen gemeinsamen Lernprozess, indem wir uns gemeinsam weiter entwickeln.

Entwicklungslogische Didaktik

Georg Feuser knüpft in seinem Konzept einer integrativen Pädagogik bei der Entwicklungstheorie von Vygotskij und seinen Nachfolgern (wie Leontjew, Galperin, Luria usf.) an und geht davon aus, dass Kinder und Jugendliche mit Behinderungen keine andere Entwicklung durchlaufen als Kinder ohne Behinderung. Ihre Förderung hat sich folglich auch an dieser Entwicklungslogik auszurichten. Zugleich ist die individuelle Entwicklung stets sozial vermittelt. Sie findet im sozialen Kontext statt, in Kooperation aller auf der Basis ihrer jeweiligen Fähigkeiten. Ausgrenzung von Kindern und Jugendlichen mit Behinderung gefährdet deshalb letztlich ihre Entwicklung, nimmt ihnen die Chance zur gemeinsamen Entwicklung mit anderen. Integration wird von Feuser deshalb letztlich über das Spezifische der menschlichen Existenz anthropologisch und sozialphilosophisch begründet:

> »Die kooperative Tätigkeit ist die integrale Einheit der mit unserer menschlichen Existenz immanent bestehenden Bedarf nach der Spiegelung seiner selbst im anderen Menschen und in dem von der Gattung geschaffenen kulturellen Erbe.« (Feuser 1995, S. 184).

Hier klingt erneut die dialogische Philosophie von Martin Buber an (vgl. a. a. O., S. 175). Wenn der Mensch auf ein Gegenüber angewiesen ist, um sich selbst zu erkennen, dann ist zugleich jede persönliche Entwicklung sozial eingebunden. Im ursprünglichen Sinne sind Menschen von daher stets aufeinander bezogen. Trennung und Ausgrenzung von Menschen, die von gesellschaftlichen Erwartungen abweichen, findet so eher im Nachhinein statt. Integrative Pädagogik als Gegenbewegung zu solchen realen Ausgrenzungen von Menschen mit Behinderung wird von Feuser insbesondere als Didaktik ausgearbeitet. Neben die Analyse der Sachstruktur von Lern- und Unterrichtsprozessen tritt allerdings bei Feuser die Tätigkeitsstrukturanalyse. Das »didaktische Feld« der integrativen Pädagogik (vgl. a. a. O., S. 177) besteht also nicht nur aus den Handlungskompetenzen, die zur Auseinandersetzung mit einem bestimmten Sachgegenstand als Bestandteil unserer Kultur erforderlich sind (*Objektseite*). Vielmehr gehen hier ebenfalls die individuellen Voraussetzungen des Einzelnen vor dem Hintergrund einer je spezifischen Biographie als Zone der aktuellen und der nächsten Entwicklung mit ein (*Subjektseite*). Das gemeinsame Lernen und der gemeinsame Unterricht bezieht sich deshalb laut Feuser stets auf einen gemeinsamen Lerngegenstand. Jeder Sachgegenstand als Element unserer überlieferten Kultur ist auf jedem Entwicklungsniveau offen für Aneignungsmöglichkeiten. Die didaktische Struktur dieser gemeinsamen Lerngegenstände vergleicht Feuser mit einem Baum, deren Wurzeln von den Fach- und Humanwissenschaften gebildet werden, während der Stamm als gemeinsamer Gegenstand fungiert und die Äste und Zweige je nach Höhe Themen und Lernziele auf unterschiedlichen Abstraktionsniveaus verkörpern. Im Mittelpunkt seines Unterrichtskonzepts steht folgerichtig das Projekt, das insbesondere aus der nordamerikanischen Reformpädagogik im Anschluss an John Dewey und William H. Kilpatrick hervorgegangen ist (vgl. Oelkers 1996). In Projekten können Lerngegenstände so aufbereitet werden, dass alle Schülerinnen und Schüler einen Zugang zur gemeinsamen Thematik haben (vgl. Heimlich 1999b).

Feuser fordert deshalb für den integrativen Unterricht auch gemeinsame Lerngegenstände, um so die Kooperation aller am gemeinsamen Gegenstand stets zu ermöglichen. Zugleich wird damit die innere Differenzierung des Unterrichts erst auf ihren Kern zurückgeführt – nämlich die unterschiedlichen Zugänge zu einem gemeinsamen Lerngegenstand. Irene Demmer-Dieckmann (1991) hat in ihrer Praxis des gemeinsamen Unterrichts auf der Basis des Konzepts von Feuser eine Fülle von Differenzierungsmöglichkeiten aufgezeigt und so auch die Systematik von Wolfgang Klafki noch einmal erweitern können (vgl. Klafki 2007; Muth 1983). Damit entwickeln sich im Konzept von Feuser schließlich auch Anknüpfungsmöglichkeiten zur erziehungswissenschaftlichen Didaktik-Diskussion. Insbesondere das kritisch-konstruktive Modell der Didaktik bei Klafki und dessen Überlegungen zu einer Allgemeinbildung mit den Grundfähigkeiten »Selbstbestimmung, Mitbestimmung und Solidarität« (vgl. Klafki 2007) wird als Rahmenkonzept herangezogen (vgl. Feuser 1998).

Wirkungen

Das materialistische Modell der Integration bei Feuser zählt nach wie vor zu den einflussreichsten Grundlegungsversuchen einer integrativen

Pädagogik. Es hat sowohl die umfangreiche integrationspraktische Tätigkeit von Jutta Schöler (1999) angeregt als auch zahlreiche Schülerinnen und Schüler hervorgebracht (z. B. Demmer-Dieckmann 1991; Störmer 1998). Zweifellos beschreibt Feuser auf der Basis seiner Integrationsforschungsprojekte und der theoretischen Studien den Kern der Integration von Menschen mit Behinderungen in einer Weise, die bis heute gültig ist. Das Verständnis der Integration als Kooperation aller auf der Basis ihrer Fähigkeiten am gemeinsamen Gegenstand zählt seither zum Grundkonsens im Diskurs der integrativen Pädagogik. Feuser hat damit die Zielvorstellung der integrativen Pädagogik und zugleich ein zentrales Qualitätskriterium für Integration in schlüssiger Weise formuliert. Praktische Überprüfungen dieses zentralen Prinzips ergeben allerdings auch Abweichungen von dieser Zielvorstellung. Weder beim gemeinsamen Spiel (vgl. Heimlich 1995, S. 252ff.) noch beim gemeinsamen Lernen (vgl. Wocken 1998, S. 40) sind Kinder und Jugendliche mit und ohne Behinderung stets in enger Kooperation miteinander an einem gemeinsamen Gegenstand tätig. Vielmehr lassen sich auch individuelle Tätigkeiten und Phasen des Rückzugs aus der Gruppe beobachten, die Kinder und Jugendliche ebenfalls benötigen. Fraglich ist überdies, ob die Entwicklungspsychologie und ihre empirisch-deskriptiven Aussagen zugleich ohne Weiteres für die Ableitung normativer Perspektiven im pädagogischen Zusammenhang herangezogen werden können. Auch Entwicklungslogiken enthalten möglicherweise erneut implizite Normen einer fiktiven Durchschnittsentwicklung, von der Kinder und Jugendliche mit Behinderung wiederum nur negativ abweichen können. Außerdem dominiert in der Entwicklungstheorie von Vygotskij der kognitive Aspekt sehr deutlich. Prozesse des gemeinsamen Spielens und Lernens zeichnen sich jedoch gerade durch ihre multisensorische Qualität aus. Im didaktischen Feld fällt zusätzlich auf, dass der fachwissenschaftliche (und damit ebenfalls der kognitive) Bezug im Konzept von Feuser im Vordergrund steht (im Bild des Baumes die Wurzel, die von den Fachwissenschaften genährt wird). Die Rolle der Lebenswelt als Quelle von Lerngegenständen und Basis der kulturellen Überlieferung bleibt ausgeklammert, so dass insgesamt eine relativ starre, von der Sachstruktur dominierte und in vorgefassten Entwicklungsbahnen ablaufende Unterrichtspraxis entstehen kann. Sowohl Spielprozesse als auch das Projektlernen entfalten in der Praxis jedoch eine hohe Eigendynamik, die möglicherweise nicht mehr über eine vorgegebene Sach- oder Tätigkeitsstruktur gesteuert werden kann.

Relevanz für die inklusive Pädagogik

Mit dem Anspruch, eine basale und allgemeine Pädagogik zu entwickeln, hat Feuser bereits die erziehungs- und bildungswissenschaftliche Aufgabenstellung einer inklusiven Pädagogik vorweggenommen. Mit der Formel vom gemeinsamen Lernen am gemeinsamen Gegenstand ist zugleich der Anspruch an einen inklusiven Unterricht gestellt. Allerdings wird dieser Anspruch in einem inklusiven Bildungssystem nicht im Nachhinein nach erfolgter Trennung verschiedener Gruppen z. B. von Schülerinnen und Schülern wieder hergestellt. Eine inklusive Schule richtet den gesamten Unterricht nach diesem Prinzip aus und betrachtet das gemeinsame Lernen am gemeinsamen Gegenstand als Qualitätsmerkmal jeglichen Unterrichts. Neben dieser *Kooperationsorientierung* inklusiver Pädagogik liefert Feuser allerdings auch die Grundlagen für eine konsequente Orientierung an der Entwicklung der einzelnen Schülerinnen und Schüler. Auf der Basis der »Zone der aktuellen Entwicklung« (z. B. als Ergebnis einer individuellen Förderdiagnostik) liefern darauf abgestimmte individuelle Förderangebote die Voraussetzung für das Erreichen der »Zone der nächsten Entwicklung« im Sinne Vygotsjijs. *Entwicklungsorientierung* zählt unzweifelhaft auch zu den Qualitätskriterien eines inklusiven Unterrichts. Um allerdings eine basale, allgemeine Pädagogik praktisch werden zu lassen, bedarf es letztlich auch eines *Kompetenztransfers* zwischen den verschiedenen Fachkräften, die an der Entwicklung einer inklusiven Schule beteiligt sind. Inklusive Bildungseinrichtungen werden durch multiprofessionelle Teams getragen, aus deren enger interdisziplinärer Kooperation sich eine professionelle Weiterentwicklung ergibt. Sicher wird es in diesem Prozess weiter arbeitsteilige Strukturen und Kompetenzen geben müssen und auch ein Bewusstsein für die Grenzen pädagogischer Professionalität. Allerdings erfordern inklusive Bildungseinrichtungen auch die Übernahme einer gemeinsamen Verantwortung für alle Kinder und Jugendlichen.

4.2.2 Interaktionistisches Modell der Integration (Hans Eberwein)

Ebenfalls beeinflusst von der sozialwissenschaftlichen Wende in der Bildungs- und Erziehungswissenschaft entwickelt Eberwein das »Integrationsparadigma« (vgl. Eberwein/Knauer 2009). Aus der Kritik an der Konzentration der Sonderpädagogik auf den Begriff der Behinderung und das einseitig an den Defiziten von Menschen orientierte »Behinderungsparadigma« (vgl. Eberwein/Knauer 2003) entsteht bei Eberwein eine erste Gesamtkonzeption einer »Integrationspädagogik«, die als neue pädagogische Disziplin aufgefasst werden und die Sonderpädagogik ablösen soll. In mehreren einschlägigen Publikationen fasst Eberwein die integrativen Strömungen ab den 1990er Jahre zusammen und begründet seine Forderung nach Integration von Menschen mit Behinderungen im Wesentlichen auf der Grundlage des symbolischen Interaktionismus im Anschluss an Georg Herbert Mead (1863–1931), auch wenn diese Grundlegung an mehreren Stellen in seinem Werk eher angedeutet wird.

Soziologische Grundlagen (Georg Herbert Mead)

Aus der *Chicagoer Schule der Soziologie* hervorgegangen bezeichnet Mead die von ihm entworfene Theorie des Verhältnisses von Individuum und Gesellschaft zunächst als Sozialbehaviorismus, noch ganz von der Auseinandersetzung mit der seinerzeit vorherrschenden Theorie des Behaviorismus in der Psychologie gekennzeichnet. Herbert Blumer (1900–1987), einer seiner Schüler, entwickelt später den Begriff »symbolischer Interaktionismus« für das Theoriekonzept. Mead hat sich mit der Frage beschäftigt, wie ein Mensch Person werden kann, also ein einzigartiges und unverwechselbares Individuum, das gleichwohl in die Gesellschaft eingebettet ist. Beides steht in einer Art Spannungsverhältnis, das auszubalancieren ist, will der Einzelne nicht sozial isoliert aus der Gesellschaft herausfallen oder sich nur unreflektiert an die Gesellschaft anpassen. Erst in dieser Balance kann sich Identität entwickeln (vgl. Mead 1934/1973). Ausgehend von Mimik und Gestik untersucht Mead Interaktionen zwischen Menschen und kommt zu dem Schluss, dass hier Selbst-

4.2 Grundkonzeptionen integrativer Pädagogik – ein Rückblick nach vorn

und Fremdwahrnehmung ständig ineinander verschränkt sind. Wir sehen uns durch die Brille des anderen, was Mead als »*me*« bezeichnet, und beobachten uns zugleich selbst, was Mead mit dem Begriff »*I*« belegt. Interaktionen zwischen Menschen werden nun nach Mead von Symbolen getragen, angefangen von Gesten bis hin zu Lauten und verbalen Äußerungen. Im Anschluss an Mead wird folgerichtig auch zwischen personaler und sozialer Identität unterschieden. So kommt Lothar Krappmann zu dem Schluss, dass zur Entwicklung der Identitätsbalance zwischen personalen und sozialen Aspekten bestimmte soziale Grundqualifikationen erforderlich sind. Dazu zählen die *Empathie* (Fähigkeit, sich in einen anderen Menschen hineinzuversetzen), die *Ambiguitätstoleranz* (Fähigkeit, mit unterschiedlichen Rollenerwartungen umzugehen), die *Rollendistanz* (Fähigkeit, Abstand von den eigenen Erwartungshaltungen zu wahren) und die *Identitätspräsentation* (Fähigkeit, die unverwechselbaren Eigenschaften der eigenen Personen mit anderen zu teilen) (vgl. Krappmann 1975). Damit hat Krappmann zugleich das interaktionistische Modell für pädagogisches Handeln erschlossen, da pädagogische Situationen stets durch die Interaktionen geprägt sind, die entsprechend der aufgeführten sozialen Kompetenzen gestaltet werden können.

Identitätsentwicklung kann jedoch auch scheitern oder zumindest erschwert sein. Erving Goffman (1922-1982), ein kanadischer Sozialpsychologe, der an der *University of California* in *Berkeley* tätig gewesen ist, hat den damit verbundenen Prozess der Stigmatisierung erforscht. Mit Stigma ist eine Eigenschaft oder ein Merkmal einer Person gemeint, das sie »in unerwünschter Weise anders« erscheinen lässt (vgl. Goffman 1975, S. 13). Die Person wird mit einem Etikett versehen, das diese negative Abweichung von gesellschaftlichen Erwartungen bezeichnet. Häufig reagiert die Gesellschaft nun darauf mit einer Ausgrenzung dieser Personen, in dem sich die sog. »Normalen« von den Etikettierten abwenden. Damit ist die soziale Identität der Betroffenen gefährdet. Dies bleibt wiederum nicht ohne Auswirkungen auf deren personale Identität, wenn sich die so Ausgegrenzten die gesellschaftlichen Erwartungshaltung zu eigen machen im Sinne einer sich selbst erfüllenden Prophezeiung (*self-fulfilling prophecy*). So entsteht letztlich ein Prozess der Stigmatisierung, der die Betroffenen in einer Art Teufelskreis immer weiter an den Rand der Gesellschaft drängt und sozial isoliert (vgl. Wocken 1983).

Integration als Ent-Stigmatisierung

Dieser sog. *labeling approach* (Etikettierungsansatz) ist auch zum Verständnis der sozialen Situation von Menschen mit Behinderung und zur Erforschung der Vorurteile ihnen gegenüber genutzt worden (vgl. Cloerkes 1997). Bei Menschen mit Behinderung kann es aufgrund von sozialen Ausgrenzungsprozessen zu einer beschädigten Identitätsentwicklung kommen, weil ihnen Möglichkeiten zur Begegnung und Interaktion aufgrund ihrer Stellung am Rande der Gesellschaft vorenthalten werden. Es entwickelt sich nicht selten ein Teufelskreis aus negativen Zuschreibungen und Vorurteilen und sozialer Distanz bis hin zu einem innerlichen Rückzug aus der Gesellschaft. Es stellt sich somit die Frage, wie dieser Teufelskreis unterbrochen werden kann. Wenn Vorurteile gegenüber Menschen mit Behinderung aufgelöst werden sollen, so sind dazu soziale Begegnungen erforderlich. Deshalb ist eine Möglichkeit, den Teufelskreis der Behinderung zu durchbrechen, integrative Bildungangebote zu entwickeln. Eberwein begründet seine Kritik an dem »Behinderungsparadigma« der Sonderpädagogik deshalb auch anthropologisch, indem er ihr Mensch-Sein betont und den Sonderstatus kritisiert, der ihnen nach wie vor zugeschrieben wird. Integrative Bildungsangebote schaffen soziale Begegnung, bieten Möglichkeiten, in der Interaktion zwischen unterschiedlichen Kindern und Jugendlichen soziale und personale Identität weiterzuentwickeln, und bieten so die Voraussetzung für die Integration in die Gesellschaft.

> »Wenn es normal ist, anders zu sein – jeder von uns ist anders! –, wenn also die Vielfalt als Normalität angesehen wird, dann brauchen wir keine scheinbare Homogenität mehr anzustreben und bestimmte Menschen nicht mehr als normabweichend auszusondern.« (Eberwein/Knauer 2009, S. 23).

Dabei wird auch deutlich, dass ein sorgfältiger Umgang mit Etikettierung wie »Behinderung« notwendig ist. Begriffe haben offensichtlich reale Konsequenzen, wie sich in fataler Weise an dem Begriff »lebensunwertes Leben« gezeigt hat, der von zwei Medizinern in den 1920er Jahren propagiert worden ist (vgl. Binding/Hoche 1922) und von den Nazis bereitwillig zur Begründung ihres Euthanasie-Programmes herangezogen worden ist. Bis in die Gegenwart zieht sich die Begriffsverwendung von Behinderung als persönliche Eigenschaft, also als Bestandteil der personalen Identität. Wir sprechen von »behinderten Menschen« und meinen damit die Eigenschaft einer Person, häufig sogar in der Gleichsetzung mit einer Krankheit *(Behindert-Sein)*. Im Unterschied dazu lehrt die soziologische Forschung zur Behinderung, dass Menschen mit Behinderung sozialer Benachteiligung ausgesetzt sind *(Behindert-Werden)* (vgl. Eberwein/Sasse 1998). Eberwein hat in diesem Zusammenhang die »integrationspädagogische« Perspektive entwickelt, nach der über soziale Kontakte zwischen Kindern und Jugendlichen mit und ohne Behinderung in integrativen Bildungseinrichtungen ein Prozess der Ent-Stigmatisierung in Gang gesetzt werden kann.

Wirkungen

In der Vergangenheit ist immer wieder der Versuch gemacht worden, durch Umetikettierungen die Ausgrenzungsprozesse von Menschen mit Behinderung zu verhindern. Auch der Behinderungsbegriff selbst sollte bereits mehrfach abgeschafft werden. Allerdings ändern neue Begriffe (wie z. B. sonderpädagogischer Förderbedarf) allein noch nichts an den grundlegenden sozialen Mechanismen der Ausgrenzung von Menschen, die von gesellschaftlichen Erwartungshaltungen abweichen. Insofern ist die soziale Begegnung unverzichtbar bei der Veränderung der sozialen Randstellung von Menschen mit Behinderung. Erst auf diesem Weg der Begegnung kann das Ziel der Integration auch erreicht werden. Insofern hat Eberwein berechtigterweise immer wieder kritisch auf die Gefahren und negativen Wirkungen des Wegs der Separation in Sondereinrichtungen für die Erreichung des Zieles der gesellschaftlichen Teilhabe von Menschen mit Behinderung hingewiesen. Auch wenn Sonderschulen bzw. Förderschulen oder Förderzentren (auch dieser Etikettenwechsel hat wenig bewirkt) sich inzwischen geöffnet haben, intensive Kontakte zum Stadtteil und zum Umfeld aufbauen und versuchen, die soziale Isolation der Sonderinstitution aufzulösen, so stellen sich doch immer wieder Zweifel ein, ob die dabei entstehenden sporadischen sozialen Kontakte allein ausreichen werden, die soziale Situation von Kindern und Jugendlichen mit Behinderung im Sinne einer Verbesserung ihrer gesellschaftlichen Teilhabe substantiell zu verändern.

In Fortführung des interaktionistischen Integrationsmodells von Eberwein wird es darum gehen, dass der gesellschaftliche Anteil an der

Hervorbringung des Phänomens Behinderung noch stärker bewusst gemacht wird. Auf dem Hintergrund des sozialen Konstruktivismus (vgl. Youness 1994), wie ihn Rainer Benkmann (1998) für die Sonderpädagogik erschlossen hat, wird deutlich, dass auch Behinderung sozial konstruiert wird, d. h. die Gesellschaft ist mit verantwortlich dafür, dass Behinderungen entstehen. Behinderung ist ein Phänomen, das wir gemeinsam hervorbringen. Das bedeutet zugleich, dass wir in der Lage sind, mit der Behinderung in unseren Köpfen noch kritischer umzugehen und diese durch neue Sichtweisen auf das Phänomen Behinderung zu ändern. Dabei wird deutlich, dass behindernde Prozesse uns alle betreffen und die Unterscheidung zwischen Menschen mit und Menschen ohne Behinderung zusehends obsolet geworden ist. Damit ist zugleich ein zentraler Gedanke der inklusiven Pädagogik erschlossen.

Relevanz für die inklusive Pädagogik

Inklusion bedeutet letztlich, dass Bildungsangebote nicht im Nachhinein eine Wiedereingliederung von vorab separierten Institutionen vollziehen, sondern von vornherein auf jegliche Aussonderung verzichten. Wenn diese »Willkommenskultur« für alle Kinder und Jugendlichen in Bildungseinrichtungen entwickelt werden soll, dann ist dazu eine veränderte Gestaltung der sozialen Beziehungen in diesen Institutionen erforderlich. Inklusion bedeutet, einen veränderten sozialen Umgang mit Andersheit und abweichenden Merkmalen und letztlich Heterogenität zu lernen. Das kann aus interaktionistischer Sicht am besten dann geschehen, wenn die sozialpsychologischen Mechanismen von Etikettierung und Stigmatisierung sowie die soziale Konstruktion von Behinderung bewusst gemacht werden. Es ist von daher in inklusiven Bildungseinrichtungen notwendig, dass wir Vorurteile und Ausgrenzung zwischen Kindern und Jugendlichen zum Thema machen. Es reicht nicht, darauf zu warten, dass diese veränderte Haltung sich automatisch einstellt. An den sozialen Konstruktionen auch von Kindern und Jugendlichen muss gearbeitet werden. In diesem Prozess können sich dann auch Chancen ergeben für neue Identitätskonstruktionen (vgl. Keupp u. a. 1999), um so eine veränderte Identitätsentwicklung auf den Weg zu bringen.

4.2.3 Integration als Prozess (Helmut Reiser)

Gerade von den integrativen Prozessen geht die Frankfurter Integrationsforschergruppe um Helmut Reiser aus. Bei dem Versuch, die vielfältigen Prozesse des gemeinsamen Spielens und Lernens in hessischen Integrationskindergärten konzeptionell einzufangen, kommt die Forschergruppe um Helmut Reiser Mitte der 1980er Jahre zu dem Ergebnis, dass Integration stets auf mehreren Ebenen gleichzeitig abläuft (vgl. Reiser u. a. 1986, 1987). Auch in den von ihnen begleiteten integrativen Kindertageseinrichtungen fallen die sozialen Prozesse des gemeinsamen Spielens unmittelbar ins Auge. Aber integrative Prozesse lassen sich ebenfalls auf einer personalen, einer institutionellen und einer gesellschaftlichen Ebene verorten. Als integrativ bezeichnen Reiser u. a. (vgl. 1986, S. 120) Prozesse,

> »... bei denen ›Einigungen‹ zwischen widersprüchlichen innerpsychischen Anteilen, gegensätzlichen Sichtweisen interagierender Personen und Personengruppen zustande kommen.«

Neben der psychoanalytischen Interaktionstheorie von Alfred Lorenzer (1976, S. 218–276) und dem Konzept der Themenzentrierten Interaktion (TZI) nach Ruth C. Cohn (1994/1975) wird hier erneut auf Buber verwiesen und sein dialogisches Konzept der Einigung. Einigung bedeutet jedoch nicht Auflösung von Gegensätzen. Reiser u. a. legen eher eine dialogische Struktur des Einigungsprozesses zugrunde. Diese enthält sowohl das Element der Annäherung als auch das der Abgrenzung. Insofern ist mehr ein Miteinander trotz aller Unterschiede gemeint.

Integration als Mehrebenenmodell

Gerade durch den Rückbezug auf psychoanalytisches Denken wird nun ein erweitertes Integrationsverständnis möglich. Dabei geraten neben den sozialen Prozessen auch die personalen Anteile der Integration in den Blick. Integration findet deshalb nicht nur im sozialen Austausch mit anderen statt, sondern stellt sich als Aufgabe auch im Rahmen der Personwerdung. Daraus ergibt sich ein Mehrebenenmodell integrativer Prozesse (vgl. die Übersicht bei Reiser u. a. 1986, S. 121):

- Auf einer *innerpsychischen Ebene* besteht die gelungene Integration in der Einigung zwischen den inneren Widersprüchen innerhalb einer Person. Wenn jemand mit sich selbst übereinstimmt, sich selbst als authentisch erlebt und auch als identisch von anderen wahrgenommen wird, so hat er offenbar gelernt, die vielen unterschiedlichen Aspekte seiner Persönlichkeit in ein kohärentes Ganzes einzubringen und auch nach außen zu präsentieren. Schon dieser personale Anteil der Integration ist nicht ohne den sozialen Bezug zu realisieren.
- Auf der *interaktionalen Ebene* ergibt sich die Chance zur Integration durch die Möglichkeit, miteinander tätig zu werden. Seien es nun Zweierbeziehungen oder Gruppenbeziehungen – stets sind wir mit der Aufgabe konfrontiert, uns selbst als Person in diese Interaktion einzubringen und zugleich unser Gegenüber in seiner Eigenart zu respektieren. Aus den dabei zwangsläufig sichtbar werdenden Unterschieden und Widersprüchen entsteht über soziale Aushandlungsprozesse eine Einigung zwischen den verschiedenen Personen.
- Die *institutionelle Ebene* umfasst insbesondere die organisatorische Seite integrativer Prozesse. Personelle und materielle Rahmenbedingungen können sich förderlich oder hinderlich auf die Integration auswirken. In jedem Fall entwickeln Bildungs- und Erziehungseinrichtungen, die sich für Kinder mit Behinderung öffnen, über kurz oder lang eigene pädagogische Konzepte. Einigungen müssen hier zwischen den organisatorischen und konzeptionellen Aspekten der Integration zustande kommen. Damit sind insbesondere Prozesse der Teamentwicklung und Kooperation der pädagogisch Tätigen angesprochen.
- Die *gesellschaftliche Ebene* integrativer Prozesse öffnet den Blick auf die Zielperspektive eines integrativen Lern- und Lebensraumes, an dem alle gleichberechtigt und selbstbestimmt partizipieren. In dieser Makroperspektive werden vor allem Widersprüche zwischen den Wünschen einzelner nach gesellschaftlicher Integration und den Ausgrenzungstendenzen einer Gesellschaft sichtbar. Zugleich sind hier die normativen Grundlagen einer Gesellschaft angesprochen, die sicher nicht ohne Weiteres verändert werden können. Einigungen dürften auf dieser Ebene von daher auch nicht mehr von pädagogisch Tätigen allein hervorgebracht werden können. Deshalb gilt es

an dieser Stelle auch die professionellen Grenzen pädagogischen Handelns zu reflektieren.

Erst wenn diese vier Ebenen integrativer Prozesse sich in Wechselwirkung befinden, kann von einer dynamischen Integrationsentwicklung gesprochen werden. Institutionelle Integrationsprozesse bleiben unwirksam, wenn sie nicht auch soziale Interaktionen und personale Veränderungen beinhalten. Deshalb zielen integrative Prozesse stets auf eine Veränderung der normativen Grundlagen einer Gesellschaft in Richtung auf mehr Akzeptanz der Unterschiedlichkeit. Die Grundgesetzänderung von 1994 mit der Aufnahme des Diskriminierungsschutzes in Artikel 3, Absatz 3 ist ein Beispiel für einen integrativen Prozess auf der gesellschaftlichen Ebene. In einer Aktualisierung des Modells bezieht er die Themenzentrierte Interaktion (TZI) von Cohn noch stärker mit ein und sieht im Zentrum nunmehr die Verknüpfung von innerpsychischer (Ich), interaktionaler (Wir) sowie Handlungsebene (Sache), die wiederum von einer »situativ-ökologischen Ebene« (Globe) umschlossen sind. Dieser unmittelbare Interaktionskontext integrativer Prozesse wird von der institutionellen und der gesellschaftlichen Ebene umschlossen. Darüber hinaus sieht Reiser in einer transzendierenden Ebene integrativer Prozesse die Möglichkeit zu existentiellen Erfahrungen, die wiederum die Möglichkeit der Änderung von grundlegenden kulturbestimmten Einstellungen gegenüber Behinderung und Integration eröffnen (vgl. auch Markowetz 1997b). Auf all diesen Ebenen kann Integration stattfinden. Sie beruht auf dem dialektischen Spannungsverhältnis von Gleichheit und Differenz, das auf allen beteiligten Ebenen immer wieder auszubalancieren ist. Reiser betrachtet diese Dialektik von Annäherung und Abgrenzung zwischen Gleichheit und Verschiedenheit als »Motor integrativer Prozesse« (vgl. Reiser 1992, S. 14). Mit diesem Mehrebenenmodell integrativer Prozesse beeinflusst Reiser auch die ökologischen Modelle integrativer Pädagogik (▶ Kap. 4.2.4).

Wirkungen

Weitere Ausdifferenzierungen und Erweiterungen dieses Modells sind in der Frankfurter Integrationsforschergruppe vor allem von Helga Deppe-Wolfinger und Annedore Prengel ausgegangen. Deppe-Wolfinger betont in ihren Arbeiten insbesondere die gesellschaftstheoretische Dimension der Integration und stellt so integrative Pädagogik in den Kontext einer soziologischen Theorie der Zweiten Moderne mit ihren zentralen Tendenzen der Individualisierung und Pluralisierung (Ulrich Beck) hinein (vgl. Deppe-Wolfinger 1993).

Das Modell der integrativen Prozesse ist die Grundlage für zahlreiche Begleitforschungsprojekte zur Integrationsentwicklung in Hessen geworden. Dabei ist bereits sein umfassender Erklärungswert unter Beweis gestellt worden. Von daher beeinflusst es auch zahlreiche weitere empirische und theoretische Arbeiten in der integrativen Pädagogik. Andreas Hinz (1993) entwickelt seine »Pädagogik der Heterogenität« ausdrücklich im Anschluss an das Mehrebenenmodell von Reiser und differenziert die Pole des Spannungsverhältnisses (Gleichheit und Verschiedenheit) sowie die damit verbundenen Prozesse (Annäherung und Abgrenzung) noch einmal systematisch auf den verschiedenen Ebenen aus. Hans Wocken (1998) knüpft mit seiner Theorie gemeinsamer Lernsituationen ausdrücklich bei Reiser und Hinz an und unterscheidet verschiedene Grade der Interaktion bezogen auf unterschiedliche Typen gemeinsamer Lernsituationen. Neben den kooperativen Lernsituationen, an denen alle Schülerinnen und Schüler gleichberechtigt partizipieren und gegenstandsbezogen handeln, gibt es nach Wocken im integrativen Unterricht auch Situationen, die eher den Charakter von spontanen Begegnungen haben oder kommunikativen Zwecken dienen bzw. helfende und unterstützende Funktionen übernehmen. Im Gegensatz zu Feusers Ansatz der Kooperation aller am gemeinsamen Gegenstand ist für Wocken gemeinsames Lernen auch bei unterschiedlichen Graden der sozialen Interaktion möglich. Er sieht überdies auch die Notwendigkeit, Rückzugsmöglichkeiten und individuelle Lernsituationen für Schülerinnen und Schüler im integrativen Unterricht zuzulassen, wenn das den Lernbedürfnissen entspricht.

Gerade durch die Einbeziehung der TZI erreicht Reiser eine hohe Plausibilität in seinem Modell einer integrativen Pädagogik. Ich, Wir, Sache und Globe sind ebenfalls zentrale Aspekte integrativer Prozesse. Auch ökologisches Denken wird mit dem Mehrebenenmodell schon ansatzweise aufgegriffen. Offen bleibt allenfalls noch die Verknüpfung dieses Kerns integrativer Prozesse mit der institutionellen und gesellschaftlichen Ebene. Dies wird der Einbeziehung des ökosystemischen Denkens in die integrative Pädagogik durch Alfred Sander vorbehalten bleiben.

Relevanz für die inklusive Pädagogik

Mit dem Hinweis auf die Mehrebenenstruktur integrativer Prozesse liefern Reiser u. a. einen wichtigen Impuls für die Entwicklung inklusiver Bildungseinrichtungen. Sollen vorhandene Bildungseinrichtungen in einem bislang noch überwiegend separierend angelegten Bildungswesen in inklusive Strukturen überführt werden, so sind dazu Veränderungen auf mehreren Ebenen der Arbeit in diesen Bildungseinrichtungen erforderlich. Interaktionale, institutionelle und gesellschaftliche Ebenen der Inklusionsentwicklung lassen sich unschwer auch als Zukunftsaufgaben im bundesdeutschen Bildungssystem identifizieren. Vergessen wird dabei häufig, dass inklusive Entwicklungen auch die Personen selbst herausfordern und krisenhafte Veränderungen im eigenen Denken und Handeln der Beteiligten nach sich ziehen. Hier stets die eigene Balance z. B. als pädagogische Fachkräfte zwischen widerstreitenden Ansprüchen im Sinne von »Einigungen« in inklusiven Prozessen zu finden, kann von dem prozessorientierten Ansatz von Reiser u. a. auch für die Zukunft der Inklusionsentwicklung gelernt werden.

4.2.4 Ökosystemisches Modell (Alfred Sander)

Die Integrationsbewegung im Saarland hat etwa seit 1985 nicht nur eine beeindruckende Integrationsentwicklung in Kindergärten und Schulen bewirkt. Aus der praktischen Arbeit und den Begleitforschungsprojekten entstehen ebenfalls mehrere bundesweit wirksame Handlungskonzepte, wie die Kind-Umfeld-Analyse und die integrative Beratung sowie die Hinweise zur Arbeit in den Förderausschüssen. Den theoretischen Hintergrund für die Integrationsentwicklung im Saarland bietet das ökosystemische Denken, das von Alfred Sander ab Mitte der 1980er Jahre auf die integrative Pädagogik übertragen wird. Er setzt zunächst bei einer Kritik des seinerzeit vorhandenen Behinderungsverständnisses an und entwickelt aus der Vorstellung des Kind-Umfeld-Systems einen alternativen Zugang zum Behinderungsbegriff, der auch für die integrative Pädagogik richtungsweisend werden sollte.

Behinderung im Person-Umfeld-System

In seiner Begriffsanalyse bezieht sich Sander (1985) zunächst auf die ICIDH 1 von 1980, entwickelt die sozialwissenschaftliche Sichtweise jedoch weiter (▶ Kap. 4.1). Die Behinderung soll in das gesamte Mensch-Umfeld-System eingebettet sein. Aus dieser ökologischen Sicht definiert Sander:

> »*Behinderung liegt vor, wenn ein Mensch auf Grund einer Schädigung oder Leistungsminderung ungenügend in sein vielschichtiges Mensch-Umfeld-System integriert ist.*« (Sander 2009, S. 106, Hervorhebung im Original – U.H.)

Dieser Definitionsansatz ist zum einen unter dem Eindruck der internationalen Diskussion zu den »speziellen Erziehungsbedürfnissen« entstanden. Gerade die Focussierung auf den Unterstützungsbedarf enthält im Grunde schon eine stärkere Betonung der Umweltbedingungen von Behinderungen. Nicht der einzelne Mensch ist dabei die Grundeinheit des Definitionsansatzes, sondern vielmehr das Mensch-Umfeld-System, d. h. die gesamten Umfeldbezüge des Menschen. Fragen wir uns also, welche Hilfe ein Mensch mit Behinderung benötigt, so stehen wir unweigerlich vor der Aufgabe, das Umfeld dieses Menschen genauer zu betrachten. Als Klassifikationsansatz ergibt sich dabei zunächst das Kriterium der Dauer des Unterstützungsbedarfs. Neben den Personen, die überhaupt nicht auf sonderpädagogische Unterstützung angewiesen sind, lässt sich die Gruppe der Personen mit Bedarf an sonderpädagogischer Unterstützung nach einer langfristigem und kurzfristigem Perspektive unterscheiden. Eine dauerhafte Zuweisung des Bedarfs erweist sich allerdings wiederum als problematisch, da sich der Bedarf auch förderungs- bzw. entwicklungsabhängig laufend ändern kann.

Den entscheidenden definitorischen Fortschritt erzielt Sander jedoch dadurch, dass er Behinderung und Integration aufeinander bezieht. Auch dies ist eine naheliegende Konsequenz aus der sozialwissenschaftlichen Sichtweise der Behinderung. Wenn Behinderung als soziale Kategorie insbesondere mit sozialer Ausgrenzung und Benachteiligung gleichgesetzt wird, so ist offenbar Desintegration die Folge von behindernden sozialen Interaktionen. In der Umkehrrichtung entsteht also aus der sozialen Tatsache der Behinderung erst die Aufgabe der gesellschaftlichen Integration (bzw. Wiedereingliederung). Behinderung und Integration sind somit nach Sander in reziproker Weise aufeinander bezogen. Solange es behindernde soziale Prozesse gibt, wird sich stets die Aufgabe der gesellschaftlichen Integration aufs Neue stellen. Erst wenn die konkrete Utopie einer integrationsfähigen Gesellschaft realisiert ist, kann auf den Behinderungsbegriff verzichtet werden. Schädigungen haben nicht an allen gesellschaftlichen Orten und in allen sozialen Situationen Behinderungen zur Folge. Insofern steht die Gesellschaft auch vor der Aufgabe, solche Mensch-Umwelt-Bedingungen zu schaffen, die Personen mit einer Schädigung die nötige Hilfe für ein selbstbestimmtes Leben in voller gesellschaftlicher Teilhabe ermöglichen (*ökologischer Aspekt von Behinderung*).

Wirkungen

Die umfassende theoretische Betrachtungsweise innerhalb des ökologischen Modells beinhaltet gleichwohl Gefahren, deren man sich bewusst sein sollte. Während die zahlreichen Verknüpfungen im Netzwerk der Integration in komplexer Weise sichtbar werden, gerät möglicherweise die konkrete Fördersituation mit den Kindern und Jugendlichen immer stärker aus dem Blick. Ökologisches Denken innerhalb integrativer Pädagogik muss jedoch ebenfalls einen Beitrag zur Gestaltung von integrativen Spiel- und Lernsituationen leisten (vgl. Sander 2002). Ökologische Interventionsansätze werden in der integrativen Pädagogik jedoch kaum thematisiert. Nicht nur Diagnose und Beratung sind auf den verschiedenen Ebenen des Kind-Umfeld-Systems verankert. Auch die Förderung ist stets als Förderung des Kindes und als Förderung des Umfeldes zu konzipieren. Neben der Vernetzungsperspektive gilt es somit im Rahmen des ökologischen Modells inklusiver Pädagogik ebenfalls die Interventionsperspektive weiter zu entfalten. Da die Grundeinheit des Modells von Bronfenbrenner die direkten Interaktionen im Mikrosystem sind, läuft das ökosystemische Denken Gefahr, die Perspektive der Person und die

Prozesse innerhalb von Personen zu vernachlässigen. Es ist von daher stets erforderlich, das Denken in Person-Umfeld-Zusammenhängen in den Mittelpunkt zu rücken und dabei die personalen Anteile an der Gestaltung von integrativen Spiel- und Lernsituationen nicht auszublenden.

Relevanz für die inklusive Pädagogik

Schon die UN-BRK baut in dem dort grundgelegten Behinderungsverständnis auf einem ökologischen Denken, einem Denken in Person-Umfeld-Zusammenhängen auf. Behinderungen entstehen demnach angesichts von *Barrieren*, auf die Menschen in ihrem Umfeld treffen. *Angemessene Vorkehrungen* im Sinne der UN-BRK machen Veränderungen im Umfeld von Menschen mit Behinderung erforderlich, die eine selbstbestimmte Teilhabe ermöglichen. Insofern ist das ökosystemische Modell von Sander für die Entwicklung einer inklusiven Pädagogik von zentraler Bedeutung. Inklusive Pädagogik sollte als Konzept die Voraussetzungen dafür schaffen, dass die erforderlichen *Ressourcen* für inklusive Prozesse in möglichst allseitiger Weise erschlossen werden. Dazu zählen sowohl die Ressourcen in der Person z. B. von Schülerinnen und Schülern bzw. ihren Lehrkräften oder den Eltern im Sinne von Kompetenzen. Dazu zählen aber auch alle weiteren Ressourcen im Umfeld der Kinder und Jugendlichen im Sinne von Unterstützungsmöglichkeiten. Und letztlich wird ein inklusives Bildungssystem auch neue Modelle der Ressourcensteuerung ausweisen müssen, die nicht erst im Anschluss an eine Etikettierung greifen, sondern vielmehr von vornherein für alle Kinder und Jugendlichen bereitgestellt werden. Zugleich öffnet ökologisches Denken in der inklusiven Pädagogik den Blick für die vielfältige Mehrebenenstruktur inklusiver Prozesse, die nicht nur von den unmittelbaren interagierenden Personen bestimmt werden, sondern ebenfalls von regionalen und gesamtgesellschaftlichen Strukturen, die inklusionsförderlich zu gestalten sind.

Ökologisches Denken ist für die Entwicklung inklusiver Bildungsangebote insofern eine grundlegende Voraussetzung. Dies wird besonders deutlich an dem Verständnis »inklusiver Bildung«, das in einem inklusiven Bildungssystem, wie es die UN-BRK als bildungspolitisches Leitbild enthält, von zentraler Bedeutung ist. Die Häufigkeit der Verwendung des Begriffes inklusive Bildung steht allerdings in völligem Widerspruch zu seiner mangelnden inhaltlichen Ausgestaltung. Nach wie vor bleibt völlig unklar, was denn unter inklusiven Bildung verstanden werden kann. Deshalb soll dieser Begriff hier abschließend im Mittelpunkt stehen.

4.3 Auf der Suche nach der Grundlagen inklusiver Bildung

Bildung ist in aller Munde. Wer die Ratgeberliteratur zum Thema durchsieht, der findet sich unversehens zwischen »Bildungsrevolutionen«, »Bildungspanik« und »Bildungskrise« wieder (vgl. Allmendinger 2012; Bude 2011; Dräger 2011; Precht 2013; Roth 2011). Man könnte den Eindruck gewinnen, dass Bildung endlich als Thema mitten in der Gesellschaft angekommen ist. Doch einmal mehr kommen sozial benachteiligte Kinder und Jugendliche oder Menschen mit Behinderung in dieser Debatte nur am Rande vor. Auch die PISA-Studien (vgl. Deutsches PISA-Konsortium 2001) segeln munter über die Köpfe von Kindern und Jugendlichen mit gravierenden Lernschwierigkeiten hinweg. Bildung scheint nach wie vor höhere Bildung zu sein, vom Gymnasium und dem wissenschaftlichen Studium her bestimmt zu werden und sich an gesellschaftliche Eliten und deren wohlorganisierter Reproduktion auszurichten. Aber ist die Geburtstagsfeier in einer Kinderkrippe auch Bildung? Oder die Frühstückssituation zwischen einem Mädchen mit schwerer Mehrfachbehinderung und ihrem Lernpaten in einer Grundschule? Das sind Dimensionen unseres Bildungskonzeptes, die weitgehend ausgeblendet werden. Mit dem neuen bildungspolitischen Leitbild der Inklusion ergibt sich nunmehr die große Chance, auch unsere Vorstellungen von Bildung zu erweitern, blinde Flecken von Bildungskonzeptionen aufzudecken und einen Bildungsbegriff zu entwickeln, der auch die Randbereiche unserer Gesellschaft aufgreift (vgl. Reich 2012; König/Friedrich 2014; Hensen/Beck 2015; Hensen u. a. 2014).

> **Forschung inklusiv**
>
> Birgit Papke (2016) hat in einem Rückblick auf die bildungstheoretische Literatur im deutschsprachigen Raum auf der Basis einer Dokumentenanalyse gezeigt, dass das bildungspolitische Leitbild der Inklusion durchaus bildungstheoretisches Potenzial hat. Dabei greift sie ebenfalls auf integrative Konzeptionen zurück wie das gemeinsamen Lernen am gemeinsamen Gegenstand im Anschluss an Feuser oder das Modell integrativer Prozesse bei Reiser. Bildungstheoretische Beiträge, die den Herausforderungen einer wachsenden Heterogenität im Bildungssystem zu beggnen versuchen, scheitern jedoch gegenwärtig noch an den nicht überwundenen Grenzen und Barrieren zwischen den pädagogischen Teildisziplinen. Inklusion als Thema ist allenfalls auf dem Weg, eine Querschnittsaufgabe innerhalb der Erziehungs- und Bildungswissenschaft zu werden.

Impulse für eine Neubelebung der Debatte um eine Bildung für alle (vgl. von Hentig 1996; Klafki 2007) ergeben sich gegenwärtig besonders unter dem Eindruck der UN-BRK. Im Anschluss an die Erklärung der Menschenrechte und die Kinderrechtskonvention bestätigt die UN-BRK die weltweite Geltung des Rechts auf Bildung auch für Menschen mit Behinderung. Damit ist jedoch nicht nur der Zugang zu einer kostenlosen und qualitätsvollen Bildung gemeint. Zukünftig soll ebenfalls die Gemeinsamkeit im Bildungswesen der unterzeichnenden Länder gestärkt und ein inklusives Bildungssystem entwickelt werden. Damit stellt sich zugleich die Frage nach einer inklusiven Bildungskonzeption (vgl. Krawitz 2007; Seitz 2010; Heimlich/Kahlert 2014).

> **In einem Satz gesagt**
>
> *Inklusive Bildung als Bildung für alle bedarf eines Bildungsbegriffes, der von vornherein alle Kinder und Jugendlichen mit einbezieht.*

Dabei geht es zum einen um *Teilhabe- und Selbstbestimmungsrechte* von Kindern und Jugendlichen mit Behinderung und sozialen Benachteiligungen. Zum anderen ist aber ebenso ihr Wunsch nach aktiver Partizipation im Sinne von *Teilgabe* zu berücksichtigen. Ein inklusiver Bildungsbegriff kann sich somit nicht nur auf die allseitige Entwicklung der durchschnittlich vorhandenen Fähigkeiten von Kindern und Jugendlichen beziehen. Vielmehr gilt es hier, alle Entwicklungsniveaus mit einzubeziehen, auch benachteiligte und schwerbehinderte Kinder und Jugendliche und so letztlich die Angewiesenheit auf Hilfe und Unterstützung sowie die Sorge für den anderen (z. B. bei Kleinkindern und alten Menschen) in das zugrundeliegende Menschenbild aufzunehmen (vgl. Brodkorb/Koch 2012). Inklusive Bildung bedarf so einer Neubestimmung der philosophischen Grundlagen erziehungs- und bildungswissenschaftlicher Bildungskonzeptionen. Insofern gilt, dass die Frage nach dem Bildungsbegriff im heil- und sonderpädagogischen Zusammenhang und vor dem Hintergrund der Inklusion derzeit neu beantwortet werden muss. Quellen einer inklusiven Bildung lassen sich gegenwärtig vor allem über neuere Theorie- und Handlungskonzepte erschließen, die in der Heil- und Sonderpädagogik derzeit international stark diskutiert werden.

Disability mainstreaming (Elisabeth Wacker)

Im Ansatz des *disability mainstreaming* (abgeleitet von *gender mainstreaming*) etwa kommt das Bemühen zum Ausdruck, alle sozial- und bildungspolitischen Maßnahmen des Staates unter die Maxime von mehr Teilhabegerechtigkeit zu stellen (vgl. Wacker 2011). Damit ist eine Gesamtstrategie angesprochen, die sich auf alle gesellschaftlichen Bereiche bezieht und Gleichstellung in der Gesellschaft im Sinne von nachhaltigen Entwicklungen ständig im Blick hat. *Disability* bezeichnet in diesem Kontext nicht in erster Linie die »Unfähigkeit« einer Person und deren Ursachen, sondern vielmehr die Hindernisse für die Entfaltung von Fähigkeiten (vgl. a. a. O., S. 9). Für die inklusive Bildung folgt daraus, dass hier nicht nur ein pädagogisches Problem zu lösen ist, sondern vielmehr sämtliche Interaktions- und Steuerungsprozesse in Bildungseinrichtungen auf den inklusiven Prüfstand gestellt werden sollen. Darüber hinaus lässt sich *disability mainstreaming* nicht mehr nur auf die Bildungseinrichtung selbst reduziert umsetzen. Eine Verortung entsprechender Maßnahmen im Sozialraum der Einrichtung gilt inzwischen als unumstritten. Die Behindertenhilfe insgesamt wird derzeit unter dem Aspekt der *Sozialraumorientierung* (vgl. Hinte 2019) neu konzipiert, da deutlich geworden ist, dass eine inklusive Gesamtorientierung nicht nur über eine Gesetzesänderung geleistet werden kann (vgl. a. a. O., S. 13). Inklusive Bildung gerät hier zum Bestandteil einer regionalen Infrastruktur für Menschen mit Behinderung und bleibt auf lebendige Austauschprozesse zwischen Bildungseinrichtungen und dem sozialen Kontext angewiesen. Elisabeth Wacker hat dazu ein Entwicklungsprogramm vorgestellt, in dem über die Aufmerksamkeit für Ressourcen (Schritt 1), die Identifizierung von Handlungsfeldern (Schritt 2) und die Erprobung von Modellen (Schritt 3) schließlich das übergreifende Ziel des *disability mainstreaming* erreicht werden soll.

Care-Ethik (Eva T. Kittay)

Eine mögliche Fundierung erfährt das Konzept der inklusiven Bildung ebenfalls durch den Ansatz der *Care-Ethik* (vgl. Wunder 2011). Aus der Praxis der sozialen Arbeit und aus feministischen Positionen heraus entstanden, weist die Care-Ethik auf den Aspekt der Achtsamkeit und Sorge im Klientel-Bezug hin. »Care« meint soviel wie »Angewiesenheit des Menschen auf den anderen und auf dessen achtsame Zuwendung« (vgl. a. a. O., S. 21). Mit »Achtsamkeit« ist wiederum eine Grundhaltung gemeint, die die »Verbundenheit aller Menschen« (ebd.) und eine »sorgende Aktivität gerade bei Ungleichheit der Kommunikationspartner« (ebd.) anstrebt. Die Qualität der Beziehung zu Kindern mit Behinderung stellt deshalb die Basis inklusiver Bildung dar. Aus ihr und den Bedürfnissen der Beteiligten entsteht gleichsam das inklusive Bildungsangebot. Für die innere Haltung des Care-Gebers sind vor dem Hintergrund der Care-Ethik folgende Kriterien bedeutsam:

- *Attentiveness* (Aufmerksamkeit) im Sinne von Offenheit und Zugewandtheit zum anderen,
- *Responsibility* (Verantwortlichkeit) im Sinne der Bereitschaft, Sorge für andere zu übernehmen,

- *Competence* (Kompetenz) im Sinne der Bereitschaft, eigene Grenzen zu akzeptieren und professionelle Hilfe geben zu können,
- *Responsiveness* (Empfänglichkeit) im Sinne der Bereitschaft zur Nähe.

Gleichzeitig ist *Care* (nur unzureichend übersetzt mit dem deutschen Wort »Sorge«) abzugrenzen von einseitigen Abhängigkeitsverhältnissen. Die US-amerikanische Philosophin und Mutter einer Tochter mit Behinderung, Eva T. Kittay, spricht hier von einer »inversen Abhängigkeit«:

> »Der Gebende ist auch abhängig vom Nehmenden. Die Ungleichheit sollte nicht weggeredet werden, sondern im Gegenteil zum Ausgangspunkt der eigenen Reflektion werden.« (a. a. O., S. 22).

Die Verletzlichkeit des Menschen – und zwar nicht nur des Menschen mit einer Behinderung – wird hier zum Ausgangspunkt einer »bescheideneren Philosophie« (vgl. Kittay 2006). Die philosophischen Grundlagen einer inklusiven Bildung müssen deshalb so konzipiert sein, dass auch in der Theorie, in den Grundbegriffen und Grundannahmen bereits der Ausschluss und die Aussonderung verhindert werden. Inklusive Bildung ist im Sinne der Care-Ethik getragen von einer achtsamen Zuwendung zum anderen. Dieses Prinzip gilt im Übrigen für alle Kinder.

Capability-Approach (Martha C. Nussbaum)

Ebenfalls zur Begründung einer inklusiven Bildung trägt die feministische Philosophin Martha C. Nussbaum (2010, 218ff.) bei. Sie hat dazu in Kooperation mit dem Harvard-Ökonomen und Nobelpreisträger Amartya Sen (2000, 110ff.) den Fähigkeiten-Ansatz (*capability-approach*) entwickelt. Die zentrale Idee ist dabei, dass eine Gesellschaft, die nach Gerechtigkeit gegenüber Menschen mit Behinderungen strebt, nicht umhin kann, von den Fähigkeiten auszugehen. Dahinter steht die Idee des Guten, wie sie in der Konzeption der Menschenwürde und in der Erklärung der Menschenrechte der Vereinten Nationen zum Ausdruck kommt. Damit ist jedoch nicht nur einfach eine normative Setzung gemeint. Vielmehr geht Nussbaum davon aus, dass eine Gesellschaft erst dann gerecht ist, wenn sie die lebensphasenspezifisch unterschiedliche Angewiesenheit des Menschen auf Unterstützung (z. B. auch bei Kindern, Unfallpatienten oder alten Menschen) anerkennt. Menschen mit Behinderung und sozial benachteiligte Menschen werden hier also nicht aus der Idee der Gerechtigkeit ausgeschlossen. Letztlich bildet die Möglichkeit von Menschen mit Behinderungen oder sozial Benachteiligten, ihre Fähigkeiten in Tätigkeiten umsetzen zu können, den Prüfstein für eine inklusive Gesellschaft. Eine Liste mit basalen Fähigkeiten, die von der Gesellschaft geschützt werden müssen und Unterstützung erfahren sollten, beinhaltet bei Nussbaum die Fähigkeit zu einem Leben von normaler Dauer, zu körperlicher Gesundheit und Integrität, zur Entwicklung seiner Sinne, der Vorstellungskraft und des Denkens, zum Aufbau von Bindungen (zu Dingen und Personen), zum Nachdenken über die eigene Lebensplanung, zum Leben mit anderen und für andere, zur Anteilnahme an der Welt der Natur, zum Spielen und zur Kontrolle über die eigene Umwelt. Der Begriff der Fähigkeit (im Original: *capability* = in der Lage sein, etwas zu tun) wird hier allerdings erweitert, indem er nicht mehr nur die individuellen Voraussetzungen, sondern ebenfalls die gesellschaftlichen Möglichkeiten für das Tätigsein jedes Einzelnen – auch der Menschen mit Behinderungen und mit Benachteiligten – umfasst. Letzlich stehen inklusive Bildungsangebote deshalb vor der Aufgabe, von vornherein eine gleichberechtigte und nicht nur eine gleiche Teilhabe aller an Bildung zu gewährleisten. Der Umgang mit dieser Vielfalt an Ansprüchen und Voraussetzungen ist auch ein pädagogisches Problem.

4.3.1 Pädagogik der Vielfalt (Annedore Prengel)

Bereits in den 1990er Jahren legt Annedore Prengel (1995) ein philosophisch fundiertes Konzept einer Pädagogik der Vielfalt vor. Dieses Konzept erweist sich auch als geeignete Grundlage für die Entwicklung einer inklusiven Pädagogik. Sie erweitert das Konzept integrativer Pädagogik zu einem philosophisch fundierten Konzept einer Pädagogik der Vielfalt, zu deren Bestandteilen neben der interkulturellen und der feministischen auch die integrative Erziehung von Kindern und Jugendlichen mit und ohne Behinderung zählt (vgl. zur Einordnung innerhalb der Erziehungswissenschaft: Krüger 1997, S. 157). Damit ist zugleich ein Zugang zur inklusiven Pädagogik erreicht, der auch die weitere Inklusionsentwicklung zu begründen vermag.

4.3 Auf der Suche nach der Grundlagen inklusiver Bildung

Prengel (1995) entdeckt als gemeinsamen Nenner der »pädagogischen Bewegungen« zur feministischen, interkulturellen und integrativen Pädagogik das Problem des pädagogischen Umgangs mit der Vielfalt in demokratischen Gesellschaften im Rahmen von Bildungsprozessen. Eine »Bildung für alle«, die als verfassungsmäßig verbrieftes Recht zum demokratischen Wertekonsens zählt (*Gleichheitsgrundsatz*), hat als Ausgangsbedingung mit der realen Verschiedenheit der Mitglieder einer Gesellschaft zu rechnen (*Freiheitsgrundsatz*). Inklusive Pädagogik steht also ebenfalls vor der Aufgabe, zwischen Gleichheit und Verschiedenheit zu vermitteln. Dieses Spannungsverhältnis kann in demokratischen Gesellschaften nicht aufgelöst werden. So sind zwar alle Menschen im Rahmen einer demokratischen Verfassung in Bezug auf ihre sozialen Teilhaberechte gleich. Ebenso wird ihnen aber auch ein Recht auf Selbstbestimmung zuerkannt, das allenfalls durch die Selbstbestimmungsrechte des anderen eingeschränkt sein darf. Gleichberechtigte soziale Partizipation und eine möglichst weitreichende Selbstbestimmung sind also in jeder Situation wieder neu auszubalancieren, damit ein soziales Miteinander entstehen kann. Diese Gemeinsamkeit in der Vielfalt ist zugleich das zentrale Kennzeichen einer Pädagogik, die sich ihres demokratischen Wertekontextes bewusst ist. Insofern trifft sich eine »Pädagogik der Vielfalt« an dieser Stelle mit dem Entwurf einer demokratischen Pädagogik bei John Dewey (1916/1993).

In modernen Gesellschaften entwickelt sich nun über die Prozesse der Individualisierung und Pluralisierung (Ulrich Beck) die gesellschaftliche Vielfalt derart sprunghaft weiter, dass eine moderne Pädagogik – so Prengel (a. a. O., S. 49ff.) – nicht umhin kann, sich auf diese »radikale Pluralität« einzustellen, wenn sie auf der Höhe der Zeit sein will. Die Entwicklung einer inklusiven Pädagogik ist vor diesem Hintergrund also auch als Reaktion auf die Modernisierungsschübe in der Gesellschaft der Gegenwart zu leisten. Wenn sich Lebensentwürfe moderner Menschen immer weiter individualisieren und gewachsene soziale Strukturen immer weiter auflösen, wie uns soziologische Forschungen zeigen (vgl. Beck 1986), dann kann auch in Bildungs- und Erziehungseinrichtungen die zunehmende Pluralität der Lern- und Förderbedürfnisse nicht mehr verwundern. Unter didaktischem Aspekt stellt Prengel der Betonung von Maßnahmen der inneren Differenzierung, wie es

Feuser favorisiert (▶ Kap. 4.2.1), ein Unterrichtskonzept gegenüber, indem auch Phasen der äußeren Differenzierung und unterschiedliche Lerngegenstände zugelassen sind – bis hin zur zeitweisen Einzelbetreuung (vgl. Prengel 1995, S. 161 f.). Insofern bietet sich in dieser Konzeption einer inklusiven Didaktik eher das Bild eines reformpädagogisch orientierten Unterrichts, der neben Projekten und Gesprächskreisen als gemeinsamen Lernsituationen auch Situationen des selbstgesteuerten individuellen Lernens an unterschiedlichen Themen fordert. Mit dem Hinweis auf das Prinzip der »Gleichheit in der Verschiedenheit« im Rahmen einer Pädagogik der Vielfalt hat Prengel deshalb der inklusiven Pädagogik ein demokratisches Fundament geliefert.

Im Ansatz der *diversity education* (vgl. Genishi/Goodwin 2008; Prengel 2011; Winzer 2009) wird auf dieser Grundlage die Heterogenität der Kinder und Jugendlichen zum Reichtum des Bildungsangebotes. In dem US-amerikanischen Slogan »*Celebrate Diversity*« kommt diese neue Herangehensweise an die Unterschiedlichkeit von Kindern und Jugendlichen zum Ausdruck. Prengel hat in diesem Zusammenhang auf die Bedeutungsvielfalt des Begriffs Heterogenität hingewiesen. Gerade unter dem Einfluss von Konzepten der Menschenrechtsbildung, der *diversity education* und der demokratischen Erziehung zeigt sich, dass Heterogenität mehrere Bedeutungsebenen umfasst:

- Heterogenität als *Verschiedenheit* im Sinne von Unterschieden zwischen Kindern aufgrund ihres Alters, ihrer sozialen und kulturellen Herkunft, ihrer Geschlechtszugehörigkeit usf.,
- Heterogenität als *Vielschichtigkeit* im Sinne von vielfältigen Substrukturen innerhalb einer Person oder Gruppe,
- Heterogenität als *Veränderlichkeit* im Sinne von prozessualen und dynamischen Entwicklungen innerhalb von Personen oder Gruppen und
- Heterogenität als *Unbestimmbarkeit* im Sinne von unbegreiflichen und nicht benennbaren Aspekten einer Person oder Gruppe (vgl. Prengel 2011).

Trotz dieser Unterschiede (oder gerade wegen dieser Unterschiede) garantieren demokratische Gesellschaften ihren Mitgliedern Gleichheit im Sinne von gleichen Rechten auf Teilhabe an den Ressourcen einer Gesellschaft (z. B. die UN-Kinderrechtskonvention). Inklusive Bildung wird bestimmt von diesem Spannungsverhältnis zwischen Gleichheit und Verschiedenheit und bedarf der »Denkfigur der »egalitären Differenz« (a. a. O., S. 36). Im Rahmen inklusiver Bildung gilt es, den Zusammenhang von Gleichheit und Verschiedenheit auf allen Ebenen des Bildungssystems immer wieder neu auszubalancieren. In demokratischen Gesellschaften gibt es demnach keine Alternative zur Entwicklung einer inklusiven Pädagogik.

4.3.2 Inklusive Pädagogik als demokratische Pädagogik

Inklusive Bildung bezogen auf Kinder mit Behinderung wird so letztlich einer demokratischen Bildungskonzeption verpflichtet sein, wie sie der amerikanische Erziehungswissenschaftler John Dewey (1859–1952) in seiner Vorstellung von Demokratie zum Ausdruck gebracht hat. Damit einher geht eine sozialphilosophische Grundlegung inklusiver Bildung im Rahmen einer kritisch-pragmatistischen Konzeption (vgl. Dewey 1916/1993). Dewey bezeichnet es als Aufgabe der Demokratie, Erfahrungen hervorzubringen, an denen alle teilhaben und zu denen alle beitragen können (vgl. Dewey 1939/1988). Inklusive Bildung wird für Kinder mit Behinderung erst dann erfahrbar, wenn sie nicht nur teilhaben können, sondern auch etwas beitragen.

Damit entstehen auch Anschlussmöglichkeiten an die Erweiterung des Teilhabekonzepts um den Aspekt der »Teilgabe«. Von Marianne Gronemeyer in die sozialwissenschaftliche Diskussion eingeführt (vgl. Gronemeyer 2002/2009) stellt der Aspekt der Teilgabe die doppelseitige Struktur gesellschaftlicher Partizipationsprozesse heraus:

> »Teilgabe meint, dass jedes Mitglied einer Gesellschaft seinen Beitrag zur Gestaltung des gesellschaftlichen Miteinanders in allen Fragen, die sein Leben betreffen, leisten kann.« (a. a. O., S. 79).

Auf die Heil- und Sonderpädagogik bzw. die Behindertenhilfe übertragen macht die Verbindung von Teilhabe und Teilgabe deutlich, dass

Menschen mit Behinderung aktiv an der Inklusion beteiligt sein müssen und selbst etwas geben wollen (vgl. Dörner 2007). In ersten Studien zur Teilhabeforschung bei Menschen mit Behinderung (vgl. Krope/Latus/Wolze 2009) zeigt sich überdies, dass bei den Bemühungen, die Teilhaberechte von Menschen mit Behinderung zu erfüllen, häufig ihre Teilgabebedürfnisse gar nicht wahrgenommen werden.

Auf der Basis der wissenschaftlichen Begleitung von inklusiven Projekten zunächst in Kindertageseinrichtungen (vgl. Heimlich 1995) und später in allgemeinen Schulen (vgl. Heimlich 1999c; Heimlich/Jacobs 2001; Heimlich/Behr 2005; Fischer/Heimlich/Kahlert/Lelgemann 2013; Heimlich/Kahlert/Lelgemann/Fischer 2016) wird nun versucht zu zeigen, dass inklusive Pädagogik sich auf die Gestaltung von inklusiven Situationen bezieht. Steht vor dem Schuleintritt das gemeinsame Spielen im Vordergrund, so dominieren im schulischen Zusammenhang eher Prozesse des gemeinsamen Lernens an gemeinsamen Gegenständen. Nach Ende der Schulzeit und begleitend dazu erweitert sich die Aufgabe der Inklusion von Menschen mit Behinderung hin zur Gestaltung eines gemeinsamen Lebens im Arbeits-, Wohn- und Freizeitbereich.

> **In einem Satz gesagt**
>
> *Inklusive Pädagogik zielt auf die Gestaltung von inklusiven Spiel-, Lern- und Lebenssituationen ab, um das gemeinsame Spielen, Lernen und Leben zu ermöglichen.*

Was aber kennzeichnet inklusive Situationen nun in einem allgemeinen Sinne? Das Wort »Situation« bezeichnet im allgemeine Sprachgebrauch eine bestimmte Lage, in der sich ein Mensch befindet (zum lat. *Situs* = Lage, Stellung). Damit wären eher die Verhältnisse bzw. Umstände gemeint, denen sich ein Mensch ausgesetzt sieht. Gerade der französische Sprachgebrauch legt jedoch ebenfalls ein aktives Verständnis von Situation nahe. Das französische Verb »*situer*« zeigt, dass der Mensch sich auch in eine bestimmte Lage bringt oder hineinstellt. Situationen sind demnach von der Wortbedeutung her bezogen auf den Menschen bereits passiv und aktiv bestimmt. Situationen stellen von daher auch nicht nur die Summe von Umständen für menschliches Handeln dar, sie werden erst durch einen Handlungszusammenhang konstituiert. Darauf hat Theodor Schulze (1983) für die Erziehungswissenschaft hingewiesen und Lernen als Bewältigen neuartiger Situationen beschrieben. Ebenfalls ist bereits darauf aufmerksam gemacht worden, dass die Weltgesundheitsorganisation (WHO) in ihrer »Internationalen Klassifikation der Funktionalität (ICF)« Behinderung nicht mehr als Eigenschaft, sondern vielmehr als Situation versteht und von da aus Aktivitäts- und Partizipationsmöglichkeiten in den Blick nimmt.

> **In einem Satz gesagt**
>
> *Inklusiv sind Situationen immer dann, wenn sie eine Erfahrung ermöglichen, an der alle Menschen teilhaben und zu der alle Menschen beitragen können.*

Dieser Definitionsansatz geht auf die demokratische Erziehungstheorie von Dewey zurück (vgl. Dewey 1939/1988). Er sieht die Demokratie nicht einfach als Staatsform, sondern vielmehr als Lebensform, die eine bestimmte Qualität zwischenmenschlicher Interaktionen anstrebt. In diese normative Vorstellung von Gesellschaft ist auch die Erziehung eingebettet. Eine Gesellschaft, die zwischenmenschliche *Erfahrungen* ermöglicht, an denen alle teilhaben und zu denen alle beitragen, ist eine demokratische Gesellschaft. Sie verwirklicht den verfassungsmäßig verbrieften Freiheitsgrundsatz (*Alle Menschen sind unterschiedlich!*) und den Gleichheitsgrundsatz der Menschenrechte (*Alle Menschen sind gleich!*). Widersprüchlich ist dies nur dann, wenn wir diese Grundsätze unabhängig voneinander betrachten. Demokratische Gesellschaften haben sich jedoch zur Aufgabe gemacht, allen Menschen das Recht auf freie Entfaltung zuzugestehen und sie gleichwohl gleichberechtigt an der Gesellschaft partizipieren zu lassen. Freiheit und Gleichheit sind in demokratischen Gesellschaften dialektisch aufeinander bezogen und werden erst durch praktizierte Solidarität zwischen Menschen konkretisierbar. Diese normative Grundorientierung gilt auch für Menschen mit Behinderungen. Jakob Muth (1927–1993) hat die Grundlagen einer demokratischen Pädagogik seit Beginn der 1970er Jahre des vergangenen Jahrhunderts immer wieder betont und Integration bzw. Inklusion als Aufgabe von Menschen in demokratischen Gesellschaften bezeichnet (vgl. Muth 1986).

Inklusive Pädagogik als demokratische Aufgabe ist also notwendig auf zwischenmenschliche Beziehungen angewiesen. Erst in der Interaktion kann sich Freiheit und Gleichheit, Teilhaben und Beitragen konstituieren. Von daher wird es auch verständlich, wenn sich die verschiedenen Entwürfe einer inklusiven Pädagogik immer wieder auf die dialogische Philosophie insbesondere im Anschluss an Martin Buber (1878–1965) beziehen. Sie ist insofern eine Philosophie der Gemeinsamkeit, als sie den Dialog, das zwischenmenschliche *Gespräch* als Grundlage für die Personwerdung und für die Entstehung von Gemeinsamkeit ansieht. Damit wird die Aufgabe der inklusiven Pädagogik ebenfalls anthropologisch fundiert. Das Mensch-Sein ist aus sich selbst heraus auf ein Miteinander angelegt. Wir benötigen den anderen, um uns selbst zu erkennen und zu entwickeln. Der Mensch wird ohne den Dialog nicht Mensch. Dies bedeutet auch, dass Menschen mit und ohne Behinderung aufeinander angewiesen sind, um ihre Menschwerdung zu erreichen. Die Beziehung zwischen Menschen mit und ohne Behinderung ist deshalb auch keine einseitige, durch caritative Motive bestimmte. Nicht nur Menschen mit Behinderung erfahren sich als angenommen und beteiligt. Auch Menschen ohne Behinderung lernen sich selbst in ihren Schwächen, Fehlern und Gebrechen zu akzeptieren. Eine demokratische Gesellschaft ist auf enge Beziehungen zu Menschen mit Behinderung angewiesen. Soziale Isolation verbietet sich deshalb auf dieser normativen Ebene von selbst.

Dies wird ebenfalls deutlich sichtbar, wenn wir den Prozess der Teilhabe von Menschen mit Behinderung an dieser Gesellschaft genauer in den Blick nehmen. Teilhabe setzt *Verstehen* voraus, um mit Hans-Georg Gadamer (1900–2002) zu sprechen. Die hermeneutische Philosophie von Gadamer zeigt, dass menschliches Sein auf Verstehen hin angelegt ist[14] und dies wiederum einen Dialog voraussetzt (vgl. Gadamer 1990,

---

14 Hermeneutik meint bei Gadamer mehr als eine »Kunstlehre«, mit deren Hilfe Texte ausgelegt werden. Vielmehr erweitert er den Gegenstandsbereich der Hermeneutik auf das Leben insgesamt (vgl. auch Hammermeister 1999).

S. 364 ff.). Sowohl der Leser als auch der Kunstbetrachter treten in einen Dialog ein, um zu verstehen. Auch zwischen Menschen entsteht Verstehen erst aus dem Dialog. Die menschliche Situation wird deshalb von Gadamer in einem universellen Sinne als hermeneutische charakterisiert. Gemeinsamkeit setzt Verständigung voraus. Erst durch die Herausbildung einer gemeinsamen »Sprache« ist Verständigung möglich. »Sprache« umfasst bei Gadamer nicht nur das gesprochene Wort, sondern auch die Gebärden des Nicht-Hörenden und alle weiteren menschlichen Ausdrucksformen. Verstehen ist allerdings auf Begegnung angewiesen. Insofern können sich Menschen mit und ohne Behinderung nur dann verstehen lernen, wenn sie sich begegnen und in einen Dialog miteinander eintreten, wo immer das möglich ist.

> **In einem Satz gesagt**
>
> *Inklusive Situationen sind Situationen, in denen durch Begegnung Verstehen möglich wird.*

In der Erziehungs- und Bildungswissenschaft liegt uns nun eine lange Theorietradition vor, die sich um das Situationskonzept rankt, insbesondere im Anschluss an phänomenologische Ansätze (vgl. Heimlich 1995). In der zweiten Hälfte des vergangenen Jahrhunderts hat sich die pädagogische Auffassung von Situationen mehrfach gewandelt. Wir können heute im Rückblick ein *personalistisches, ein interaktionistisches und ein ökologisches Situationsverständnis* unterscheiden (vgl. Heimlich 1995, 1996a, 2017b). Diese unterschiedlichen pädagogischen Zugangsweisen zur menschlichen Situation bedingen auch unterschiedliche Komplexitätsgrade unseres Verständnisses der Inklusion von Menschen mit Behinderung.

Sehen wir *Inklusion* vor allem *als Aufgabe, die von der einzelnen Person zu lösen ist*, so schauen wir auch die Lebenssituation von Menschen mit Behinderung aus ihre personalen Perspektive an. Als Person steht ihnen im Rahmen ihres unveräußerlichen Rechtes auf Selbstbestimmung die Entscheidung zu, wie sie sich selbst im Verhältnis zur Gesellschaft sehen möchten. In der Regel ist der Wunsch dominant, ebenso selbstverständlich dabei zu sein wie alle anderen und nicht ausgegrenzt zu werden. Wir kennen aber auch Entscheidungen von Menschen mit Behinderung, die in einer eigenständigen Gemeinschaft lieber unter sich bleiben wollen und sogar eine eigene Kultur ausbilden möchten, wie das etwa bei den Menschen mit Hörproblemen der Fall ist, die sich mit der Gebärdensprache verständigen. Letztlich hat jeder Mensch mit Behinderung das Recht, sich nicht inkludieren zu lassen, wie das einmal von einem Rollstuhlfahrer ausgedrückt worden ist. Die *personale Dimension von inklusiven Situationen* weist jedoch auch zurück auf den Menschen selbst, der sich mit einer Behinderung auseinandersetzt. Er sollte wie jeder andere die Chance haben, mit sich selbst und seinen eigenen Möglichkeiten in Übereinstimmung zu leben, sich selbst zu verstehen. Dieser Umgang mit sich selbst, die Fähigkeit, in einem personalen Sinne die Behinderung zu bewältigen, mit ihr leben zu lernen, das bleibt in jedem Fall die Aufgabe des Einzelnen, wie er sich auch immer zur Frage der gesellschaftlichen Inklusion stellt. Und aus der dialogischen Philosophie wissen wir, dass diese Aufgabe nicht ohne soziale Begegnung zu lösen ist.

> **In einem Satz gesagt**
>
> *Inklusive Situationen enthalten stets eine personale Erfahrung des persönlichen Umgangs mit Teilhabe und Teilgabe.*

Gesellschaftliche Teilhabe von Menschen mit Behinderung ist indes nicht nur abhängig von der Entscheidung des Einzelnen. Der Horizont eines personalen Situationsmodells ist von daher begrenzt. Vielen Menschen mit Behinderung wird bis dato das selbstverständliche Recht auf Partizipation verwehrt. Gerade unter der Perspektive des Normalisierungsprinzips (▶ Kap. 3.4) ist deutlich geworden, dass bis zu »normalen« Lebensverhältnissen für Menschen mit Behinderung noch viele Veränderungen in der Gesellschaft erforderlich sind, denken wir beispielsweise nur an die Möglichkeit, Tagesabläufe (etwa Freizeitaktivitäten) oder Jahresabläufe (etwa Urlaubsreisen) als Mensch mit einer Behinderung selbst zu bestimmen und zu organisieren. Die *Aufgabe der*

Inklusion erfordert deshalb auch die *soziale Interaktion* mit anderen. In dieser Interaktion hat die Gesellschaft Rahmenbedingungen bereitzustellen, die soziale Partizipation von Menschen mit Behinderung ermöglichen. Dazu zählt zuallererst die Möglichkeit der Begegnung und der Überwindung von sozialer Isolation in allen Lebensbereichen. Die interaktionistische Perspektive erweitert nun den Horizont unserer Betrachtung und öffnet den Blick auf die *Beziehungsstruktur von inklusiven Situationen*. Dazu zählen zum einen die Netzwerke der sozialen Kontakte, die ein Mensch mit einer Behinderung geknüpft hat (also beispielsweise Familie, Freunde, Nachbarn usf.). Ebenso gehören dazu die institutionellen Verknüpfungen, in denen sich ein Mensch mit einer Behinderung befindet. Und gerade weil er vielfach auf gesellschaftliche Ressourcen zur Gestaltung seiner persönlichen Lebensbedingungen angewiesen ist, haben Kontakte zu Institutionen für ihn eine außerordentliche Bedeutung. Neben die informellen Kontakte im persönlichen Netzwerk treten somit auch formelle Kontakte mit gesellschaftlichen Institutionen. Zugleich droht von dieser Seite die größte Gefahr einer fremdbestimmten Einschränkung der persönlichen Lebenssituation. Inklusive Situationen werden so auch von rechtlichen und finanziellen Regelungen definiert und in ihrer potenziellen Vielfalt möglicherweise eingeschränkt (wenn wir nur an das Recht auf freie Wahl des Wohnsitzes für Menschen mit Behinderung denken).

> **In einem Satz gesagt**
>
> *Inklusive Situationen werden durch soziale Erfahrung von Teilhabe und Teilgabe konstituiert.*

Auf diese Weise ergeben sich erst die notwendigen gesellschaftlichen Veränderungen in der Einstellung gegenüber Menschen mit Behinderung und in der Wahrnehmung ihrer Rechte.

Vernachlässigt wird im personalistischen und im interaktionistischen Situationsverständnis allerdings in der Regel der Ort, an dem inklusive Erfahrungen möglich werden. Schon der sozialwissenschaftliche Behinderungsbegriff verweist auf das Phänomen, dass es offenbar Orte gibt, an denen Begegnung möglich ist, keine Aussonderung stattfindet und Behinderungen somit nicht auftreten (wenn wir etwa an öffentliche Verkehrsmittel oder Gebäude denken, die für Rollstuhlfahrer barrierefrei zugänglich sind). In der Regel ist es allerdings so, dass Menschen mit Behinderung an vielen Orten im öffentlichen Raum ausgeschlossen werden – auf jeden Fall nicht selbstbestimmt und selbstständig teilhaben können, geschweige denn an der Gestaltung solcher Orte der Begegnung mitzuwirken. In dieser *räumlichen Perspektive* kommen zusätzlich die gegenständlichen und leiblich-sinnlichen Beziehungen in den Blick, die auch Hindernisse für Menschen mit Behinderung enthalten können. Das *ökologische Situationsverständnis* erweitert den Horizont von inklusiven Situationen in der räumlich-dinglichen Dimensionen insbesondere um sensorische und motorische Erfahrungsmöglichkeiten.

> **In einem Satz gesagt**
>
> *Inklusive Situationen zeichnen sich durch vielfältige sinnliche Erfahrungsmöglichkeiten aus.*

Isolation kann nicht nur in sozialer, sondern auch in sensorischer Hinsicht stattfinden. Deshalb benötigen inklusive Situationen eine sinnliche Erfahrungsvielfalt, die allen Menschen einen Zugang ermöglicht. Dazu zählen neben Orientierungshilfen beispielsweise Begegnungs- und Rückzugsmöglichkeiten, aber auch Gestaltungsmöglichkeiten im Sinne der Anpassung von Räumen und Dingen an die individuellen Fähigkeiten und die bewusste Einbeziehung aller Sinne in diese Gestaltungen. Letztlich knüpft die ökologische Perspektive über die Vorstellung von unterschiedlichen sozialräumlichen Zonen auch wieder an der gesamtgesellschaftlichen Dimension inklusiver Pädagogik an. Nicht nur im »ökologischen Zentrum« (dem »Zuhause«) soll Selbstbestimmung und soziale Teilhabe für Menschen mit Behinderung möglich sein, sondern ebenso im »ökologischen Nahraum« der unmittelbaren Wohngegend und Nachbarschaft bis hin zu den ökologischen »Ausschnitten« (Schule, Dienstleistungsangebote) sowie der »Peripherie« (eher fremde und unbekannte Orte, vgl. Baacke 1991). Auch in der Initiierung und Begleitung von Inklusionsentwicklung hat sich ein solches Mehrebenenmodell herausgebildet, in der um das praktizierte Miteinander von Menschen mit Behinderung herum Auswirkungen auf verschiedene Lebensbereiche bzw. sozialräumliche Zonen festzustellen sind.

Unter Rückgriff auf erziehungs- und bildungswissenschaftliche Situationsmodelle ergibt sich somit ein Konzept von inklusiver Pädagogik, in dessen Mittelpunkt die Gestaltung von inklusiven Situationen als demokratische Aufgabe begleitend zum Lebenslauf von Menschen mit Behinderung steht. Die dialogische Grundstruktur inklusiver Situationen enthält sowohl personale als auch soziale und ebenso ökologische Erfahrungsdimensionen von Selbstbestimmung und sozialer Teilhabe sowie Teilgabe der Menschen mit Behinderung.

> **In einem Satz gesagt**
>
> *Inklusion im pädagogischen Sinne schafft die personalen, sozialen und ökologischen Erfahrungsmöglichkeiten für ein selbstbestimmtes Leben von Menschen mit Behinderung in möglichst umfassender sozialer Teilhabe und Teilgabe.*

Inklusion bedeutet demnach, eine neue Form des Miteinanders zu kreieren, in der Prozesse des Voneinander-Lernens – und zwar aller Beteiligten – möglich werden. Zugleich macht der Durchgang durch neuere Ansätze einer inklusiven Bildung deutlich, dass wir hier zum gegenwärtigen Zeitpunkt noch von einer konzeptionellen Suchbewegung ausgehen müssen. Zielsetzung wäre ein Konzept humaner Bildung, wie es Julian Nida-Rümelin auf der Grundlage einer praktischen Philosophie entwirft:

»Bildung leistet nur dann einen Beitrag zur Humanisierung der Gesellschaft, wenn sie von Respekt gegenüber unterschiedlichen Lebensformen, Kulturen, sozialen und geographischen Herkünften geprägt ist.« (Nida-Rümelin 2013, S. 194).

4.4 Zusammenfassung: Inklusive Situationen

Fassen wir den theoretischen Gehalt einer inklusiven Pädagogik im Rückblick zusammen, so können wir quer zu den vorhandenen Theoriemodellen eine Reihe von unverzichtbaren Grundbestandteilen hervorheben. Inklusive Pädagogik basiert auf einem kompetenzorientierten Menschenbild im Sinne einer anthropologischen Grundannahme (*Jeder Mensch kann etwas!*). Inklusion von Menschen mit Behinderung wird im Rahmen einer demokratischen Gesellschaftstheorie zur Aufgabe aller (*Alle Menschen sind frei und gleich!*). Menschen mit Behinderung fordern die Dialogfähigkeit einer Gesellschaft in besonderer Weise heraus. Inklusive Pädagogik findet ihre Grundlage deshalb in einer dialogischen Philosophie der Gemeinsamkeit (*Wenn sich Menschen verstehen sollen, müssen sie sich begegnen können!*). Zusammengeführt werden diese Grundbestandteile einer inklusiven Pädagogik in einer Theorie inklusiver Situationen, die personale, soziale und ökologische Aspekte eines Lebens von Menschen mit Behinderung in Selbstbestimmung und sozialer Teilhabe beschreibt. Sowohl in der pädagogischen Handlungsperspektive der inklusiven Bildung als auch in der erziehungswissenschaftlichen Forschungsperspektive der Inklusionsforschung bezieht sich inklusiver Pädagogik letztlich stets auf die Gestaltung und das Verständnis inklusiver Situationen.

Literaturempfehlungen

Nida-Rümelin, Julian: Philosophie einer humanen Bildung. Hamburg: edition körber Stiftung, 2013
Aus dem Inhalt
Der Philosoph Julian Nida-Rümelin widmet sich in dieser kleinen Schrift in leicht verständlicher Sprache den Anforderungen an Bildung unter gegenwärtigen gesellschaftlichen Bedingungen. In einem Grundlagenkapitel werden Fragen des Mensch-Seins, des Humanismus und der Freiheit aufgegriffen. Im zweiten Teil stehen die Bildungsziele auf der Basis einer humanen Vernunft zur Diskussion. Die

Probe aufs Exempel liefert der dritte Teil mit Gedanken zu Tugenden und zur Demokratie und den Prinzipien einer humanen Bildungspraxis. Der Autor liefert damit einen der wenigen bildungstheoretischen Beiträge, in dem auch das Thema Inklusion aufgegriffen wird.

Papke, Birgit: Das bildungstheoretische Potenzial inklusiver Pädagogik. Meileinsteine der Konstruktion von Bildung und Behinderung am Beispiel von Kindern mit Lernschwierigkeiten. Bad Heilbrunn: Klinkhardt, 2016
Aus dem Inhalt
Die Dissertation von Birgit Papke liefert einen profunden Überblick zur Geschichte des Bildungsbegriffs im Hinblick auf Behinderung. Dabei wird im Wesentlichen die Zeit nach 1945 in den Blick genommen. Ausgehend von Bildung als zentralem Begriff der Pädagogik werden heil- und sonderpädagogische Bildungsvorstellungen ebenso auf den Prüfstand gestellt wie die Diskussion um den Begabungsbegriff in den 1960er Jahren, um darauf aufbauend nach der Weiterentwicklung des Bildungsbegriffs unter integrativer und inklusiver Perspektive zu fragen. Letztlich wird so das bildungstheoretische Potenzial der inklusiven Pädagogik insbesondere im Hinblick auf das Problem der Bildungsgerechtigkeit aufgedeckt.

Prengel, Annedore: Pädagogik der Vielfalt. Verschiedenheit, Gleichberechtigung in Interkultureller, Feministischer und Integrativer Pädagogik. Opladen: Leske+Budrich, 2. Aufl. 1995
Aus dem Inhalt
Die »Pädagogik der Vielfalt« von Annedore Prengel stammt zwar schon aus den 1990er Jahren, hat sich aber auf wundersame Weise bis heute in ihren Kernaussagen bewährt und vermag so auch eine inklusive Pädagogik zu begründen. Mit den Heterogenitätsdimensionen Geschlecht, kulturelle Herkunft und Behinderung spannt Prengel bereits frühzeitig ein weites Inklusionsverständnis auf. Die Figur der »egalitären Differenz« schließlich zählt bis heute zum Kernbestand dessen, was inklusive Pädagogik als demokratische Pädagogik konstituiert.

4 Voneinander lernen – Theoriemodelle inklusiver Pädagogik

Dialogfragen

In welchem Verhältnis stehen Behinderung und Inklusion?

Inwiefern kann die dialogische Philosophie von Martin Buber eine inklusive Pädagogik begründen helfen?

Wie hängen demokratische Pädagogik und Inklusion zusammen?

5 Zusammen arbeiten – Qualifikation für inklusive Pädagogik

»Ich habe keine Lehre, aber ich führe ein Gespräch.« (Buber 1962, S. 1114)

> **Zum Einstieg**
>
> Die praktische Umsetzung einer inklusiven Pädagogik setzt auf allen Ebenen intensive Kooperationsbeziehungen zwischen den Beteiligten voraus. Das gilt besonders für die pädagogisch Tätigen in den verschiedenen Arbeitsfeldern. Die Arbeitsfelder einer inklusiven Pädagogik zeichnen sich jedoch ebenso durch ein hohes Maß an Interdisziplinarität aus. Neben professionellen pädagogischen Kompetenzen sind ebenso psychologische, medizinische, juristische und bildungspolitische Kompetenzen gefordert. Inklusive Pädagogik bedeutet deshalb stets auch multiprofessionelle Kooperation. Nach der Darstellung von Arbeitsfeldern, Handlungskonzepten und Theoriemodellen inklusiver Pädagogik müssen nun diejenigen im Vordergrund stehen, die als Trägerinnen und Träger einer inklusiven pädagogischen Praxis wirken sollen. Insbesondere gilt es, nach dem professionellen Können zu fragen, das zur Bewältigung der inklusiven pädagogischen Aufgaben erforderlich ist. Nach der Ableitung eines allgemeinen Kompetenzprofils inklusiver Pädagogik (▶ Kap. 5.1) werden die spezifischen Qualifikationsanforderungen für frühpädagogische Fachkräfte in inklusiven Settings ebenso beschrieben (▶ Kap. 5.2) wie die Herausforderungen einer inklusiven Lehrerbildung (▶ Kap. 5.3). Zusammenfassend soll abschließend deutlich werden, was inklusive pädagogische Kompetenzen ausmachen.

Welches Kompetenzmodell lässt sich aus dem gegenwärtigen Entwicklungsstand einer inklusiven Pädagogik ableiten? Mit Kompetenz sind im allgemeinen Sprachgebrauch der Sachverstand bzw. die Fähigkeiten eines Menschen gemeint (von lat. »*competentia*« = Zusammentreffen). Daneben meint Kompetenz in einem eher juristischen Sinne aber auch Zuständigkeit für eine bestimmte Aufgabe, wobei diese Zuständigkeit sicher nicht ganz ohne entsprechende fachliche Fähigkeiten realisiert werden kann. Franz E. Weinert definiert Kompetenzen im psychologischen Sinne als

> »… die bei Individuen verfügbaren oder durch sie erlernbaren kognitiven Fähigkeiten und Fertigkeiten, um bestimmte Probleme zu lösen, sowie die damit verbundenen motivationalen, volitionalen und sozialen Bereitschaften und Fähigkeiten, um die Problemlösungen in variablen Situationen erfolgreich und verantwortungsvoll nutzen zu können (…).« (Weinert 2002, S. 27f.)

Im pädagogischen Sinne wird Kompetenz neben den sachlichen Fähigkeiten insbesondere auf berufsethische Überlegungen bezogen, um daraus die Zuständigkeit für pädagogische Aufgaben abzuleiten.

> **In einem Satz gesagt**
>
> *Auf der Ebene einer vorläufigen Begriffsbestimmung können inklusive Kompetenzen also zum einen als pädagogische Fähigkeiten zur Gestaltung solcher Situationen und Fördermaßnahmen angesehen werden, die eine Begegnung von unterschiedlichen Kindern, Jugendlichen und Erwachsenen ermöglichen.*

Zum anderen umfasst inklusive Kompetenz stets auch eine berufsethische Reflexion bezogen auf die Aufgabe der selbstbestimmten gesellschaftlichen Teilhabe aller Menschen, insbesondere von Menschen mit Behinderung. Gerade diese ausgeprägte Professionsethik im Sinne einer Haltung zählt zu einem der wesentlichen Kennzeichen einer sonderpädagogischen Professionalität (vgl. Haeberlin 2005, S. 338ff.; Kiel/Weiß/Braune 2014).

Wenn wir nun nach über vierzig Jahren Integrations- und Inklusionsentwicklung in der Bundesrepublik Deutschland verstärkt über entsprechende Qualifikationsprozesse nachdenken (vgl. Meister/Sander 1993; Döbert/Weißhaupt 2013), so ist zunächst einmal festzuhalten, dass sich die pädagogisch Tätigen beim Einstieg in inklusive Projekte meist selbst in reflektierender Auseinandersetzung mit ihrer eigenen pädagogischen Praxis und im Idealfall unter Einschluss wissenschaftlicher Begleitforschung integrative bzw. inklusive Kompetenzen angeeignet haben (*Ebene der selbstorganisierten Qualifikation*, vgl. auch Mahnke 1999). An vielen Orten lassen sich inzwischen intensive Bemühungen um die Etablierung eines kontinuierlichen und überregionalen Fortbildungssystems zum inklusiven Unterricht und zur inklusiven Schulentwicklung erkennen. Dabei wird angestrebt (wenn auch nicht immer realisiert), dass sich frühpädagogische Fachkräfte und Lehrkräfte möglichst vor der Aufnahme ihrer Tätigkeit in einem inklusiven Setting eine entsprechende Basisqualifikation auf dem Gebiet der inklusiven Pädagogik aneignen können (*Ebene der Fort- und Weiterbildung*). Als Ad-hoc-Maßnahme ist diese Form der Qualifikation für inklusive Pädagogik auch weiterhin unverzichtbar, weil sie insbesondere kurzfristige Effekte in Richtung Praxistransfer erwarten lässt und als unmittelbar wirksames Unterstützungssystem für pädagogisch Tätige in inklusiven Settings wirken kann. Mehrere Hochschulstandorte sowohl im sozial- als auch im schulpädagogischen Bereich haben mittlerweile Inhalte inklusiver Pädagogik in das reguläre Studienangebot aufgenommen und damit das Feld der fakultativen Weiterbildungsangebote bereits verlassen. Damit öffnet sich das Feld der Erstausbildung im Sinne eines Regelstudienangebotes bzw. anerkannter Ausbildungsstrukturen beispielsweise in Studienangeboten der Frühpädagogik und Sozialpädagogik und der Schulpädagogik und Sonderpädagogik (*Ebene der Berufsausbildung bzw. des akademischen Studiums*).

5.1 Kompetenzprofil inklusiver Pädagogik

Als erste Aufgabe im Rahmen der inklusiven Pädagogik stellt sich pädagogisch Tätigen zunächst die Zusammenarbeit im Zwei-Pädagogen-System bzw. im Team einer Kindertageseinrichtung oder einer Jahrgangsstufe im schulischen Bereich. Kooperation von Lehrkräften kann nach Peter Wachtel und Manfred Wittrock (1990, S. 264) als »bewusste, von allen Beteiligten verantwortete, zielgerichtete, gleichwertige und konkurrenzarme Zusammenarbeit« bezeichnet werden. Im Einzelnen sind damit besonders die folgenden kooperativen Kompetenzen angesprochen:

- »Achtung der Individualität des Kollegen/der Kollegin (gegenseitige Akzeptanz)
- Annahme der eigenen Schwächen
- Eine Konfliktfähigkeit, die Konflikte angemessen austragen und ertragen hilft
- Einfühlungsvermögen in Menschen und Situationen,
- Zuwendungsfähigkeit und -bereitschaft (…)« (a. a. O., S. 267).

In der Vergangenheit haben pädagogisch Tätige häufig beklagt – besonders im schulischen Bereich –, sie seien zu wenig auf die Kooperationserfordernisse des pädagogischen Alltags insgesamt und ganz speziell im Falle der inklusiven Aufgabenstellungen vorbereitet worden. Insofern verwundert es nicht, wenn solche Formen der mehr oder weniger unvorbereiteten Zusammenarbeit beispielsweise in inklusiven Schulen nicht immer auf Anhieb gelingen. Die Probleme der Zusammenarbeit in Integrationsklassen hat seinerzeit insbesondere Wocken (1988) in einer eigenen Studie untersucht und zeigen können, dass Kooperationsprobleme in verschiedenen Dimensionen auftreten. Wocken u. a. unterscheiden vor dem Hintergrund des Modells der TZI nach Cohn (1994/1975) Sachprobleme (Sache), Beziehungsprobleme (Wir), Persönlichkeitsprobleme (Ich) und Organisationsprobleme (Globe). Neu ist für viele pädagogisch Tätige bei der Zusammenarbeit in inklusiven Schulen, dass ihr Handeln nunmehr öffentlich wird und so auch der Beurteilung von anderen zugänglich ist. Pädagogisches Handeln im inklusiven Unterricht ist insofern personales Geschehen. Kooperation kann in dieser Hinsicht misslingen, wenn in der persönlichen Dimension keine Verständigung möglich ist (*Persönlichkeitsprobleme*). In der sachlichen Dimension ist wiederum eine grundlegende Einigung über das didaktisch-methodische Konzept des inklusiven Unterrichts und der individuellen Förderung unabdingbare Voraussetzung für gelingende Kooperation. Unterscheiden sich die konzeptionellen Vorstellungen zu stark, kann dies zu andauernden Konflikten in der Zusammenarbeit führen (*Sachprobleme*). Zusammenarbeit von pädagogisch Tätigen im inklusiven Unterricht beinhaltet des weiteren den teilweisen Verzicht auf autonomes Handeln. Die Gestaltung des Schulvormittags und einzelner Stunden muss im Zweier-Team genau abgesprochen werden. Dies setzt einerseits eine gewisse Verbindlichkeit der Absprachen voraus. Zum anderen sollte der Spielraum des gemeinsamen Handelns groß genug sein, damit auch flexibel auf die wechselnden Anforderungen in heterogenen Lerngruppen eingegangen werden kann (*Beziehungsprobleme*). Kooperation benötigt zusätzliche Arbeitszeit außerhalb des inklusiven Unterrichts oder der Gruppenarbeit in Kindertageseinrichtungen. Sowohl die räumliche als auch die zeitliche Realisierung dieser Zusammenarbeit können Hindernisse bereithalten, die erst ausgeräumt sein wollen (*Organisationsprobleme*). Zusammenarbeit in inklusiven Schulen oder in inklusiven Kindertageseinrichtungen kann also auch scheitern.

Zugleich wird an dieser Problembeschreibung deutlich, wie Kooperationsprobleme bei der inklusiven Bildung bearbeitet werden können. Gisela Kreie (1985) hat mit ihrer Definition der »integrativen Kooperation« eine angemessene Ausgangslage für die Beschreibung gelingender Kooperationsprozesse gegeben. Sie versteht unter integrativer Kooperation

> »…den bewussten Prozess der Zusammenarbeit von Lehrerinnen/Pädagoginnen, der getragen ist von dem Bemühen beider, in dem pädagogischen Handlungsfeld einer (Grundschule) Regelschule nach dem Modus der Annäherung befriedigende Einigungssituationen herzustellen …« (Kreie 2009, S. 407)

In Ergänzung betont Kreie noch, dass gelingende Kooperation von der »Wertschätzung der Individualität des anderen« (ebd.) ausgeht und deshalb stets von »gegenseitiger Akzeptanz« (ebd.) getragen sein muss. Gelungene Kooperation ist nicht zu verwechseln mit der Abwesenheit jeglichen Konflikts. Vielmehr geht es um eine reflexive Haltung, die das gemeinsame Handeln als gemeinsame Aufgabe thematisiert und gleichzeitig allen Beteiligten die Chance eröffnet, sich in diesen Prozess einzubringen. Auch auf der Ebene professioneller Kooperation stehen wir also im Feld der inklusiven Pädagogik vor der Aufgabe des »Voneinander-Lernens«. Gelingende Kooperation in Zusammenhang mit inklusiven Bildungsangeboten hat etwas mit der Bereitschaft zu tun, sich gemeinsam mit anderen in seinen professionellen pädagogischen Kompetenzen verändern zu wollen. Haeberlin u. a. (1992) haben gelingende Kooperationsprozesse von pädagogische Tätigen seinerzeit in integrativen Kindergärten und Integrationsklassen in der Schweiz untersucht und kommen zu dem Ergebnis, dass neben der gemeinsamen Vision einer integrationsfähigen Bildungs- und Erziehungseinrichtung vor allem die *persönliche Bereitschaft zur Zusammenarbeit* zu den abdingbaren Voraussetzungen integrativer Prozesse zählt (a. a. O., S. 130). Die beteiligten pädagogisch Tätigen entwickeln insbesondere ein »*neues Rollen- und Aufgabenverständnis*« (ebd., Hervorhebung im Original – U.H.), das sich durch mehr Offenheit und Flexibilität auszeichnet. Außerdem zeichnet sich erfolgreiche Kooperation durch die gegenseitige Anerkennung als »*gleichberechtigte Partner und Partnerinnen*« (a. a. O., S. 131, Hervorhebung im Original – U.H.) aus. Zugleich erweitern Haeberlin u. a. das theoretische Verständnis von pädagogischer Kooperation, wenn sie auf die Notwendigkeit von ökologischen Mehrebenenmodellen hinweisen. Die verschiedenen Umweltsysteme im Anschluss an Bronfenbrenner (▶ Kap. 4.2.4) werden mit Blick auf Einschränkungen im architektonisch-technischen, im konzeptionellen, im formal-organisatorischen und im personal-interaktionalen Bereich analysiert (a. a. O., S. 28 ff.). Mikro-, Meso-, Exo- und Makrosystem der Inklusion halten jeweils unterschiedliche Einschränkungen in den genannten Bereichen bereit, die durch gemeinsames pädagogisches Handeln überwunden werden müssen. Kooperative Kompetenzen von pädagogisch Tätigen in Arbeitsfeldern inklusiver Pädagogik sind also vor dem Hintergrund dieser Erfahrungen nicht nur auf ein Zweier-Team zu begrenzen. Vielmehr sind sie an allen inklusiven Prozessen und auf allen Ebenen unmittelbar beteiligt. Von daher ist es sicher naheliegend, Kooperation als Kernkompetenz in einem Kompetenzprofil inklusiver Pädagogik zu verankern. Pädagogisches Handeln im Zusammenhang inklusiver Pädagogik ist stets kooperatives Handeln.

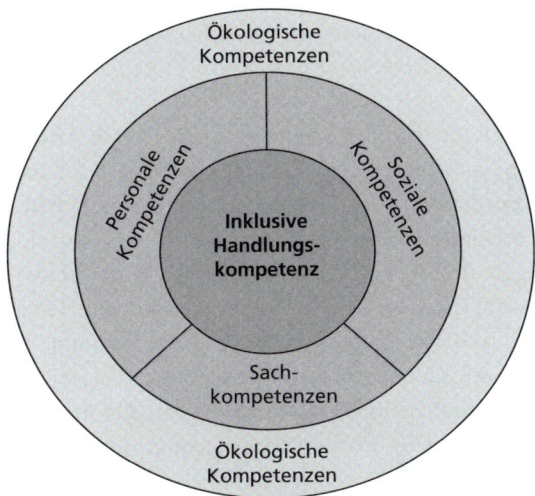

Abb. 14: Kompetenzprofil inklusiver Pädagogik

Bereits am Beispiel der kooperativen Kompetenz kann so gezeigt werden, dass die inklusive pädagogische Arbeit nicht einfach ein neues Thema mit entsprechenden Anforderungen an die sachlichen Kompetenzen von pädagogisch Tätigen darstellt. Vielmehr hat die pädagogische Tätigkeit in den Arbeitsfeldern der inklusiven Pädagogik stets Auswirkungen auf weitere Kompetenzdimensionen wie Kooperationsfähigkeit, die persönliche Bereitschaft zur Flexibilität und das Interesse an der Erweiterung des pädagogischen Handlungsraumes über die eigene Lerngruppe hinaus im Hinblick auf institutionelle und organisatorische Veränderungen oder das sozialräumliche Umfeld einer Bildungs- und Erziehungseinrichtung (vgl. Mahnke 2002). Qualifikationsmodelle inklusiver Pädagogik sollten deshalb nicht einseitig auf eine Erweiterung der Sachkompetenzen abzielen, sondern vielmehr Ich-, Wir- und ökologische

Kompetenzen ebenfalls mit thematisieren (vgl. Meister/Sander 1993; Heimlich 2007). Handlungskompetenz im Hinblick auf inklusive Pädagogik entsteht deshalb im Zusammenwirken dieser zentralen Kompetenzbereiche.

Im Einzelnen lassen sich mit den Kompetenzbereichen erfahrungsgemäß die folgenden Fähigkeitsschwerpunkte im Sinne von Basiskompetenzen verbinden, die quer zu den Arbeitsfeldern der inklusiven Pädagogik erforderlich sind:

- Die pädagogische Tätigkeit stellt zweifellos neue Anforderungen im Bereich der *Sachkompetenzen*. Grundkenntnisse bezogen auf die individuellen Förderbedürfnisse von Kindern, Jugendlichen und Erwachsenen in Verbindung mit psychologischen und soziologischen Voraussetzungen des Lernens und der Entwicklung sind unabdingbar. Pädagogisch Tätige benötigen darüber hinaus ein Grundwissen zur Gestaltung inklusiver Situationen sowie zur Planung, Durchführung und Evaluation inklusiver Bildungsangebote. Dazu zählen je nach Arbeitsfeld spezifische didaktisch-methodische Kenntnisse in Richtung auf Individualisierung und Differenzierung, da die inklusiven Lerngruppen stets durch ein (gewollt) hohes Maß an Heterogenität der Lernbedürfnisse gekennzeichnet sind. Da Arbeitsfelder und Einrichtungen in Zusammenhang mit inklusiven pädagogischen Maßnahmen in der Regel auf mehreren Ebenen verändert werden, müssen inklusiv pädagogisch Tätige ebenso organisatorische Entwicklungen analysieren und steuern können.
- Inklusive Bildung – so konnte bereits gezeigt werden – beinhaltet ein hohes Maß an Anforderungen im Bereich sozialer Beziehungen. Pädagogisch Tätige sollten deshalb ihre *sozialen Kompetenzen* einschätzen und weiterentwickeln können. Kommunikative Techniken im Bereich der Gesprächsführung lassen sich hier ebenso anführen wie die Fähigkeit zum gemeinsamen pädagogischen Handeln in der Kindergartengruppe oder in der Schulklasse. Auch Grundkenntnisse zur Funktionsweise von pädagogischen Teams sowie zur Teamentwicklung sollten vorhanden sein, um die notwendigen Kooperationsstrukturen für inklusive Bildungsangebote schaffen und auch pflegen zu können.

5.1 Kompetenzprofil inklusiver Pädagogik

- Die pädagogische Tätigkeit in inklusiven Settings fordert die gesamte Person. *Personale Kompetenzen* sind deshalb ein wesentlicher (wenn auch bisweilen vernachlässigter) Bestandteil des Kompetenzprofils inklusiver Pädagogik. Angefangen von der meist sehr stark professionsethisch bestimmten Entscheidung für die inklusive Arbeit und die damit verbundene grundlegende Bereitschaft zur Unterstützung inklusiver Prozesse bis hin zur Fähigkeit, seine eigenen Grenzen und Fehler zu erkennen und offen zu diskutieren, reicht die Vielfalt der persönlichen Herausforderungen in der inklusiven Bildung. Gerade angesichts stets knapper Ressourcen im Bildungsbereich ist die Fähigkeit zum reflexiven Umgang mit eigenen Ressourcen in inklusiven pädagogischen Arbeitsfeldern von enormer Bedeutung.
- Die Arbeitsfelder inklusiver Pädagogik zeichnen sich durch ein hohes Maß an Vernetzung aus. Veränderungen zeigen immer wieder, wie komplex ein bestimmtes Detailproblem mit anderen Entscheidungsinstanzen verknüpft ist. Inklusiv pädagogisch Tätige sollten in der Lage sein, die systemische Struktur ihres Arbeitsfeldes analysieren zu können und darauf aufbauend mit einem vernetzten Interventionsansatz Veränderungsprozesse in Gang setzen können. Dazu ist es erforderlich, an mehreren Knotenpunkten in diesem Netzwerk von Beziehungen gleichzeitig anzusetzen. Inklusive Situationen sollten immer wieder als Ganzes in den Blick genommen werden und in ihrer sozialräumlichen Einbettung betrachtet werden. Inklusive Pädagogik ist deshalb auf *ökologische Kompetenzen* angewiesen, da erst unter diesem Blickwinkel die gesellschaftliche Verortung inklusiver Bildung sichtbar wird.

Diese allgemeine Beschreibung von Basiskompetenzen inklusiver Pädagogik in vier ausgewählten Bereichen ist sicher noch kein abschließendes Modell. Aber es hilft zumindest, die akute Gefahr zu vermeiden, inklusive pädagogische Kompetenzen auf die Erweiterung des Repertoires an Sachkompetenzen zu reduzieren. Konkret ausprägen lassen sich diese Basiskompetenzen nun bezogen auf die unterschiedlichen Arbeitsfelder der inklusiven Pädagogik und die dort jeweils pädagogisch Tätigen. Dies soll zugleich auf die vorhandenen Ausbildungsstrukturen bezogen werden, um deutlich zu machen, dass die Aufgabe einer Qualifikation für inklusive Pädagogik in der Aus- und Weiterbildung frühpädagogischer Fachkräfte, in der Lehrerbildung und in den erziehungswissenschaftlichen Hauptfachstudiengängen (B.A., M.A.) gestellt ist. Inhaltlich ausgefüllt wird das jeweils auf dem Hintergrund des Mehrebenenmodells von Inklusionsentwicklung in dem jeweiligen Arbeitsfeld. Sicher sind auch weiterhin die selbstorganisierten Qualifikationsprozesse sowie Maßnahmen der Fort- und Weiterbildung für inklusive Pädagogik als Ad-hoc-Maßnahmen und Praxisbegleitung unverzichtbar. Das Aufgabenfeld der inklusiven Pädagogik fordert jedoch langfristig ebenso eine Umorientierung in allen grundlegenden pädagogischen Qualifikationsprozessen im Sinne von Ausbildung und Studium. Deshalb wird hier das Grundkonzept einer Erweiterung vorhandener Studien- und Ausbildungsstrukturen um Inhalte der inklusiven Pädagogik favorisiert. Zusatzmodule als Zertifikatskurse im Sinne von Aufbaustudiengängen sind zwar ebenso sinnvoll (vgl. Meister/Sander 1993; Eberwein/Knauer 2009). Allerdings stellen sie meist auf Freiwilligkeit ab. Inklusive Pädagogik muss jedoch ein verbindliches Element in allen pädagogischen Studien- und Ausbildungsgängen sein, da angesichts der Zielvorstellung einer inklusiven Gesellschaft kein pädagogisch Tätiger sich mehr auf die Position zurückziehen darf, er oder sie sei nicht für den Umgang mit allen Kindern, Jugendlichen und Erwachsenen und insbesondere mit Behinderungen ausgebildet worden.

5.2 Qualifikation frühpädagogischer Fachkräfte für inklusive Bildung

Träger der Ausbildung frühpädagogischer Fachkräfte sind in der BRD die Fachschulen für Sozialpädagogik (bzw. Fachakademien in Bayern), teilweise auch mit heilpädagogischen Zusatzausbildungsgängen. Hinzu gekommen sind in den letzten Jahren spezielle Studienangebote im Bereich der Hochschulen für angewandte Wissenschaften (ehemals Fachhochschulen). Inhalte inklusiver Pädagogik sind mittlerweile ausdrück-

5.2 Qualifikation frühpädagogischer Fachkräfte für inklusive Bildung

lich Bestandteil der Ausbildung von frühpädagogischen Fachkräften geworden, wenn auch nach wie vor große Unterschiede in der Verbindlichkeit der Wahrnehmung dieser Ausbildungs- bzw. Studieninhalte bestehen (vgl. Heimlich 2013, 2015b). Gleichwohl erlauben die Ausbildungsinhalte und Qualifikationsbeschreibungen durchaus Bezüge zu inklusiven Kompetenzen. Neben der Arbeit in Heimen werden frühpädagogische Fachkräfte besonders auf die pädagogische Tätigkeit in Kindertageseinrichtungen vorbereitet. In diesem Bereich sollten gleichzeitig die Grundkenntnisse einer inklusiven Pädagogik für den Elementarbereich des Bildungs- und Erziehungssystems vermittelt werden. Da nach dem Kinder- und Jugendhilfegesetz (SGB VIII) allerdings nicht mehr nur Kindergärten zu den Tageseinrichtungen zählen, sondern ebenso Kinderkrippen, Kindertagesstätten und Kinderhorte, ist hier nicht nur von der Altersgruppe der 3–6jährigen in Kindertageseinrichtungen zu sprechen (in einigen Bundesländern sogar darüber hinaus bis zur Altersgrenze von 14 Jahren).

Gemäß dem Mehrebenenmodell der Inklusionsentwicklung im Elementarbereich (▶ Kap. 2.0) lassen sich Kompetenzschwerpunkte bezogen auf Kinder mit individuellen Bedürfnissen, inklusive Spielsituationen, multiprofessionelle Teams, inklusive Einrichtungskonzeptionen und die Unterstützungssysteme einschließlich der externen Kooperation unterscheiden.

- Frühpädagogische Fachkräfte in inklusiven Kindertageseinrichtungen stehen vor der Aufgabe, *Kinder in ihren individuellen Bedürfnissen* wahrzunehmen und das individuelle Förderangebot differenziert auf diese spezifische Ausgangslage auszurichten. Beobachtungsfähigkeiten sollten deshalb besonders geschult werden. Daneben gilt es, die Entwicklungsgeschichte einzelner Kinder zu erschließen und ein Verständnis für Risikofaktoren sowie vorliegende Entwicklungsprobleme zu entwickeln. Insofern benötigen frühpädagogische Fachkräfte in inklusiven Tageseinrichtungen sicher eine basale diagnostische Kompetenz. Gleichzeitig sollte auch auf weitere Kompetenzen zurückgegriffen werden, die beispielsweise aus der Frühförderung, durch therapeutische und heilpädagogische Fachkräfte und auch Eltern mit eingebracht werden können.

- Inklusive Bildung im Elementarbereich wird im Kern durch das gemeinsame Spiel von Kindern bestimmt. Frühpädagogische Fachkräfte sollten in der Lage sein, *inklusive Spielsituationen* zu gestalten. Dazu zählen im einzelnen Fähigkeiten zur flexiblen Raumgestaltung und zur Auswahl eines multisensorischen Angebotes an Spielmitteln. Ebenso sollten frühpädagogische Fachkräfte interaktive Spielprozesse in Gang setzen und unterstützen können bis hin zu der Fähigkeit, sich so in Spielprozesse hineinzubegeben, dass über das Mitspielen das gemeinsame Spiel der Kinder in seiner Intensität noch weiterentwickelt wird. Alle weiteren Förder- oder Therapiemaßnahmen sollten jeweils eng auf diesen pädagogischen Kernbereich bezogen bleiben.
- Die entscheidende Entwicklungseinheit einer inklusiven Kindertageseinrichtung bleibt das multiprofessionelle Team der Fachkräfte. Vielfach wird es bei inklusiven Bildungsangeboten um zusätzliche professionelle Kompetenzen erweitert (z. B. im Bereich Therapie, Heilpädagogik, Sozialpädiatrie und Medizin, Sozialpädagogik und sozialer Arbeit sowie Frühförderung). *Zusammenarbeit in multiprofessionellen Teams* und die darauf bezogene Fähigkeit zur Teilnahme an Teamentwicklungsprozessen gehören deshalb ebenso zum Kompetenzprofil der frühpädagogischen Fachkräfte im Rahmen inklusiver Bildung. Teams können alle Ebenen der Integrationsentwicklung thematisieren. Fallbesprechungen im Team sind ebenso denkbar wie die gemeinsame Planung und Evaluation der differenzierten Gruppenarbeit usf.
- Insbesondere die Aufnahme eines Kindes mit einer Behinderung verändert über kurz oder lang – ob bewusst gesteuert oder nicht – das Konzept der gesamten Kindertageseinrichtung. Frühpädagogische Fachkräfte sollten deshalb in der Lage sein, sich Prozesse der institutionellen Entwicklung bewusst zu machen und die gemeinsame Zielvorstellung einer *inklusiven Kindertageseinrichtung* zu formulieren lernen. Dabei können durchaus unterschiedliche pädagogische Profile von Tageseinrichtungen entstehen. Aber allein die Reflexion über das pädagogische Konzept zählt bereits zu den Qualitätsmerkmalen von inklusiven Kindertageseinrichtungen. Qualitätsentwicklung und Evaluation sind deshalb ebenso unverzichtbare Bestandteile einer inklusiven pädagogischen Arbeit im Elementarbereich.

5.2 Qualifikation frühpädagogischer Fachkräfte für inklusive Bildung

- Alle inklusiven Kindertageseinrichtungen im Elementarbereich haben sich früher oder später *externe Kooperationspartnerinnen und -partner und Unterstützungssysteme* gesucht. Als erstes ist hier die Fähigkeit zur intensiven Kooperation mit den Eltern zu nennen und die Anerkennung der spezifischen Kompetenz, die von dieser Seite in den inklusiven Bildungsprozess eingebracht wird. Sodann sollten sich frühpädagogische Fachkräfte auf kooperative Prozesse mit anderen Expertinnen und Experten einlassen können und ihre spezifische fachliche Kompetenz in diesem Prozess behaupten können. Ebenso sind die Grenzen der eigenen Professionalität zu bedenken. Frühpädagogische Fachkräfte sind weder therapeutische Fachkräfte noch Frühförderinnen bzw. Frühförderer, aber sie können in der Kooperation mit anderen Fachkräften durchaus zu einer gegenseitigen Ergänzung der unterschiedlichen Kompetenzen beitragen (*Kompetenztransfer*). Frühpädagogische Fachkräfte haben über die Kindertageseinrichtung hinaus also bei der inklusiven Bildung auch verstärkt Aufgaben im Bereich der Vernetzung der eigenen Tageseinrichtungen mit anderen sozialen Diensten. Die Kooperation mit der Fachberatung und Bereitschaft zur kontinuierlichen Fortbildung sind hier ebenso als unverzichtbare Bestandteile anzuführen.

Diese inhaltlichen Ausbildungsschwerpunkte sind durch solche Arrangements didaktisch-methodisch zu realisieren, die wiederum einen Bezug zur Thematik der Inklusion und der Kooperation wahren (z.B. Zusammenarbeit in kleinen Teams innerhalb der Ausbildung bzw. biographische Zugänge, vgl. Schildmann/Völzke 1994). Außerdem ist die Fachpraxis ebenso um die inklusive Bildung zu erweitern, so dass die Planung, Durchführung und Evaluation von inklusiven Bildungsangeboten bereits in der Ausbildung der frühpädagogischen Fachkräfte fest verankert wird. So sollte das Anerkennungsjahr bereits Erfahrungen mit inklusiver Bildung ermöglichen. Sonderpädagogische Kompetenzen kommen im Elementarbereich als Unterstützungssystem zum Tragen, wenn beispielsweise Frühförderinnen und Frühförderer oder heilpädagogische Fachkräfte Diagnose und Förderung in der inklusiven Kindertageseinrichtung anbieten.

Vielfältige Anregungen für eine Weiterbildung frühpädagogischer Fachkräfte zur inklusiven Pädgogik bietet die »*Weiterbildungsinitiative frühpädagogische Fachkräfte (WiFF)*« mit ihren zahlreichen Expertisen und Wegweisern, die gefördert vom »Bundesministerium für Bildung und Forschung (BMBF)« beim Deutschen Jugendinstitut (DJI) vollständig kostenlos online verfügbar sind (www.weiterbildungsinitiative.de).

Auch für das schulische Arbeitsfeld inklusiver Pädagogik gilt dieser »*Kompetenzmix*« als Grundvoraussetzung. Von daher müssen entsprechende Innovationen in der Lehrerbildung in mehreren Studiengängen greifen.

5.3 Inklusive Lehrerbildung

Bereits im Jahre 1973 fordert der Deutsche Bildungsrat in seinen »Empfehlungen zur pädagogischen Förderung behinderter und von Behinderung bedrohter Kinder und Jugendlicher« die »Berücksichtigung sonderpädagogischer Elemente in allgemeinpädagogischen Studien- und Ausbildungsgängen« (Deutscher Bildungsrat 1974, S. 120). Gleichwohl verhallt diese Forderung auch nach 40 Jahren erfolgreicher Integrations- bzw. Inklusionsentwicklung zunächst weitgehend ungehört. Elemente inklusiver Pädagogik werden mittlerweile zunehmend in die sonderpädagogische Lehrerbildung aufgenommen (vgl. Boenisch 2000; Obolenski 2001; Meister 1998; Döbert/Weishaupt 2013). Sonderpädagogische Fachkompetenz ist bezogen auf den inklusiven Unterricht und die inklusive Schulentwicklung weiterhin unbedingt erforderlich. Sie wird sich allerdings mit den neuen Anforderungen an die sonderpädagogische Förderung an unterschiedlichen Förderorten auseinanderzusetzen haben und sollte deshalb entsprechend modifiziert werden. Von daher liegt den folgenden Überlegungen zur inklusiven Lehrerbildung die Prämisse zugrunde, dass weiterhin spezielle pädagogische Kompetenzen im schulischen Arbeitsfeld inklusiver Pädagogik benötigt werden. Es ist weitgehend anerkannt, dass nicht alle Lehrkräfte zugleich über alle fachdidaktischen Kompetenzen verfügen müssen, auch wenn sie dann in der Praxis wiederum mehrere Fächer unterrichten – auch nicht studierte Unterrichtsfächer. Ähnliches lässt sich für die sonderpädagogische Lehrerbildung festhalten. Hier sind ebenfalls weiterhin Spezialkompetenzen in den sonderpädagogischen Förderschwerpunkten erforderlich (also z. B. Lern- und Leistungsverhalten, Motorik, Wahrnehmung, Sprache, Emotionalität usf., vgl. Drave/Rumpler/Wachtel 2000; Eberwein/Knauer 2003). Damit ist zugleich das traditionelle Leitbild sonderpädagogischer Lehrerbildung obsolet geworden. Ein Lehramtsstudium der Heil- und Sonderpädagogik kann heute nicht mehr auf das Leitbild einer Klassenleitertätigkeit in der separierten Förderschule reduziert werden. Hinzugetreten sind vielfältige Aufgaben im Bereich der Sonderpädagogischen Förderzentren und Mobilen Sonderpädagogischen Dienste bis hin zu kooperativen Lehr- und Lernprozessen in inklusiven Klassen der allgemeine Schule (vgl. Heimlich u. a. 2016).

Während zunächst bei der Inklusionsentwicklung in allgemeinen Schulen die Probleme des inklusiven Unterrichts und der inklusiven Didaktik im Vordergrund stehen (vgl. Schöler 1999; Heimlich/Kahlert 2014), so wird gegenwärtig überall da, wo Schulen sich in einer umfassenden Weise mit dem Problem der Inklusion auseinandersetzen (vgl. Heimlich/Jacobs 2001; Lumer 2001; Heimlich/Kahlert/Lelgemann/Fischer 2016), eine weitere Entwicklungsdimension deutlich: die Schule als System und Organisationseinheit. Inklusionsentwicklung wird in Schulen stets innovative Prozesse auf mehreren Ebenen in Gang setzen und erfordert auch entsprechend vielschichtige pädagogische Kompetenzen auf diesen unterschiedlichen Ebenen (vgl. Fischer/Heimlich/Kahlert/Lelgemann 2013).

- Inklusive Schulentwicklung setzt bei dem Versuch an, sich auf die *individuellen Bedürfnisse der Schülerinnen und Schüler mit sonderpädagogischem Förderbedarf* einzustellen. Neben der Kind-Umfeld-Analyse ist vor allem an die Erstellung der individuellen Förderplanung und deren Fortschreibung zu denken. Sonderpädagogische Lehrkräfte werden im Rahmen inklusiver Schulentwicklung zum einen in der individualisierten Förderung und im inklusiven Unterricht tätig. Insofern wird sich ein Schwerpunkt der professionellen sonderpädagogischen Kompetenz nach wie vor auf Förderdiagnostik, Förderplanung sowie differenzierte und individualisierte Lernhilfen im inklusiven Unterricht beziehen lassen (*Kompetenzschwerpunkt Diagnose und Förderung*).

- Gemeinsames Lernen am gemeinsamen Gegenstand gelingt dann am ehesten, wenn in der allgemeinen Schule *inklusive Lernsituationen* gestaltet werden können. Dabei ist neben der sozialen Dimension des inklusiven Unterrichts ebenso an die kognitive, sensomotorische und emotionale Dimension inklusiver Lernprozesse zu denken. Sonderpädagogische Lehrkräfte haben dabei die Aufgabe, auf die Berücksichtigung der individuellen Förderbedürfnisse bei Schülerinnen und Schülern zu achten und zur Differenzierung und Individualisierung des Unterrichts beizutragen. Insofern benötigen sie Grundkenntnisse zur Didaktik und Methodik des inklusiven Unterrichts (*Kompetenzschwerpunkt Unterricht und Erziehung*).
- Eine der wichtigsten Voraussetzungen für mehr Gemeinsamkeit im Bildungs- und Erziehungssystem ist jedoch die enge *Zusammenarbeit im Team der pädagogisch Tätigen*. Während zunächst das Zwei-Pädagogen-Team und die Kooperation von Lehrkräften im inklusiven Unterricht im Vordergrund der Inklusionsentwicklung in Schulen steht, tritt auf dem Weg zur inklusiven Schule vermehrt die Teamentwicklung mit interdisziplinären bzw. multiprofessionellen Aspekten (z. B. Lehrkräfte der allgemeinen Schulen, sonderpädagogische Lehrkräfte, sozialpädagogische und therapeutische Fachkräfte usf.) in den Mittelpunkt. Für sonderpädagogische Lehrkräfte ergibt sich somit die Notwendigkeit, ihre spezifische Fachkompetenz in die Teamentwicklung einzubringen und in Kooperation mit anderen pädagogisch Tätigen Förder- und Unterrichtskonzepte weiterzuentwickeln (*Kompetenzschwerpunkt Beratung und Kooperation*).
- Über kurz oder lang begeben sich allgemeine Schulen, die alle Kinder und Jugendlichen aufnehmen, auf den Weg zu einem *inklusiven Schulprogramm*. Die Inklusionsentwicklung berührt über die inklusiven Klassen hinaus rasch auch andere Bereiche des Schullebens, und es stellt sich meist die Frage nach einer inklusiven Schulkultur. Dazu zählt zumindest das Ziel, Barrierefreiheit im gesamten Schulhaus zu gewährleisten und Begegnungsmöglichkeiten für alle Kinder zu

schaffen, wie sie beispielsweise in der Vorstellung von einer »*inclusive school*« enthalten ist. Sonderpädagogische Lehrkräfte beteiligen sich somit auch an systemischen Prozessen zur Entwicklung der gesamten Schule und ihrer Einbindung in das sozialräumliche Umfeld (*Kompetenzschwerpunkt Organisation und Vernetzung*).

So gilt für die Weiterentwicklung der sonderpädagogischen Kompetenz angesichts inklusiver Schulentwicklungsprozesse ebenso, dass über Unterricht und Erziehung als Kernkompetenzen hinaus vielfältige weitere Kompetenzen angeeignet werden müssen (vgl. Gehrmann 2001; Arndt/Werning 2016; Moser 2018).

Diese veränderten Anforderungen an sonderpädagogische Fachkompetenz können nun sicher nicht nur in der ersten Phase der Lehrerbildung grundgelegt werden. Die Ergänzung durch die zweite Lehrerbildungsphase ist unabdingbar notwendig – und wohl in absehbarer Zeit in der Bundesrepublik Deutschland auch nicht mit der ersten Phase zu einer einphasigen Lehrerbildung zusammenzuführen (vgl. Terhart 2000). Häufig wird jedoch die dritte Phase der sonderpädagogischen Lehrerbildung noch völlig vernachlässigt, in der jedoch erst – wie die berufsbiographischen Studien von Ewald Terhart (2001) zeigen – die entscheidende Ausbildung der professionellen Kompetenz von Lehrkräften (und d. h. auch der sonderpädagogischen Fachkompetenz) erfolgt – nämlich in den ersten 3 bis 5 Jahren im Berufsalltag.

Das folgende Modell einer inklusiven Lehrerbildung geht von der Prämisse aus, dass in kurz- und mittelfristiger Perspektive an der mehrphasigen Lehrerbildung festgehalten wird (so auch die KMK-Kommission, vgl. Terhart 2000). Insofern steht hier zunächst die Reform der ersten Phase der sonderpädagogischen Lehrerbildung zur Diskussion, wohlwissend, dass die zweite Phase von einer solchen Reform keinesfalls ausgenommen werden kann. Und schließlich wird die Lehrerbildung in den anderen Lehrämtern ebenfalls von den neuen Anforderungen inklusiver Schulentwicklung betroffen sein. Kompetenzen, die Lehrkräfte für ihren Beruf benötigen, werden hier »als in spezifischer Weise strukturiertes und inhaltlich definiertes professionelles Wissen« (Arning 2000, S. 308) aufgefasst. Im Unterschied zum wissenschaftlichen Wissen konstruiert professionelles Wissen Wirklichkeit als Praxis (ebd.).

Insofern steht die Kompetenz von Lehrkräften stets in einem Spannungsfeld von Reflexion und Aktion (vgl. Terhart 2010).

Im Anschluss an Stayton/McCollun (2002) werden das *Infusion Modell*, das *Collaborative Training Model* und das *Unification Model* unterschieden. Während im ersten Modell nur einige Kurse zur Inklusion in das Studienprogramm aufgenommen werden, werden im zweiten Modell Studierende unterschiedlicher Lehramtsstudiengänge bzw. unterschiedlicher Studienfächer in gemeinsamen Lerngruppen zusammengeführt und erhalten deutlich mehr Studienangebote zur Inklusion. Beim dritten Modell nehmen alle Studierenden an allen Studienangeboten teil, das alle auch auf die Arbeit in einem inklusiven Schulsystem vorbereitet. Vor dem Hintergrund der mehrphasigen Struktur der Lehrerbildung in Deutschland mit einer eigenständigen sonderpädagogischen Lehrerbildung (Lehramtstyp 6, vgl. Sekretariat der Ständigen Konferenz der Kultusminister der Länder 2009) findet inklusive Lehrerbildung in der ersten Phase derzeit überwiegend im *Infusion Model* und im *Collaborative Training Model* statt. Um jedoch auf diesen Ebenen professionelle Kompetenzen zum inklusiven Unterricht für alle Lehramtsstudierenden zu vermitteln, ist es zunächst einmal notwendig, entsprechende fachliche Grundlagen in den verschiedenen sonderpädagogischen Förderschwerpunkten, den unterschiedlichen Fachdidaktiken und bezogen auf die Vielfalt inklusiver Settings im bundesdeutschen Bildungssystem zu erschließen. Dies erfordert eine enge Kooperation zwischen Sonderpädagogik und Fachdidaktik, insbesondere wenn die effektive Vorbereitung von Lehramtsstudierenden auf den inklusiven Unterricht angestrebt wird.

In der Konsequenz führt ein derartiges Kompetenzprofil zu veränderten Anforderungen im Bereich der Struktur der Lehrerbildung in der ersten Phase (vgl. Kultusministerkonferenz/Hochschulrektorenkonferenz 2015). Zum einen enthält das Kompetenzprofil eine grundlegende Dimension, die quer zu den verschiedenen Lehramtsstudiengängen und auch quer zu den verschiedenen sonderpädagogischen Förderschwerpunkten liegt. Insofern sollte dafür Sorge getragen werden, dass sich in einer reformierten sonderpädagogischen Lehrerbildung im Bereich der sonderpädagogischen Basisqualifikationen eine stärkere Vernetzung der Studieninhalte durchsetzt. Sicher ist hier zukünftig auch an gemeinsame Studienbausteine für alle Lehramtsstudiengänge zu denken (z. B. Grundlagenkenntnisse zu sonderpädagogischen Förderschwerpunkten, Förderkonzepten und Förderorten sowie zum inklusiven Unterricht und zur inklusiven Schulentwicklung).

Darüber hinaus ist jedoch auch weiterhin davon auszugehen, dass aufbauend auf dieser gemeinsamen Basisqualifikation Spezialisierungen notwendig sind. Zum einen ist dabei an die sog. »Fachwissenschaften« und die darauf bezogenen Fachdidaktiken zu denken. Es dürfte wohl illusorisch sein, davon auszugehen, dass zukünftig Lehramtsstudierende in gleicher Qualität alle Fachdidaktiken/Fachwissenschaften studieren sollten. Vielmehr geht es auch weiterhin um Schwerpunktsetzungen, auch wenn eine Reduzierung auf eine Fachdidaktik sicher nicht den Anforderungen der Schulpraxis gerecht zu werden vermag. So ist eine stärkere Orientierung an fächerübergreifenden Zusammenhängen und die Kombination von mehreren Fachdidaktiken bei aller Spezialisierung durchaus zu unterstützen.

Ähnliches gilt für die sonderpädagogischen Förderschwerpunkte, da wohl kaum zu erwarten ist, dass alle sonderpädagogischen Lehrkräfte Diagnostik, Intervention und Evaluation der sonderpädagogischen Förderung in sämtlichen Förderschwerpunkten in gleicher Qualität beherrschen. Hier wird es ebenfalls weiterhin Spezialisierungen geben.

Zur hochschuldidaktischen Umsetzung eines solchen Strukturmodells ist neben den umfangreichen curricularen Innovationen auf der Ebene von Prüfungs- und Studienordnungen nicht zuletzt auch an innovative Lehrveranstaltungsformen und eine veränderte Gestaltung der universitären Studienorte zu denken. Dazu zählen insbesondere eine stärkere Verzahnung der einzelnen Studienmodule im Sinne größerer Interdisziplinarität (z. B. kooperative Gestaltung von Lehrveranstaltungen über Fächergrenzen hinweg) und eine ausgeprägtere Praxisorientierung. Die Studienorte selbst sollten in einem solchen Modell von Lehrerbildung zukünftig bereits räumlich zur Förderung von Kooperation und Teambildung beitragen (z. B. durch differenzierte und medial angemessen ausgestattete Lehrveranstaltungsräume für die Erprobung von Kleingruppenarbeit und Moderationstechniken). Außerdem sind auch im Studium möglichst vielfältige Lernwege anzubieten, um die unterschiedlichen Lernkanäle ebenfalls mit anzusprechen. Lernwerkstätten haben in jüngster Vergangenheit bereits vielversprechende Beiträge zu einem »Studium mit allen Sinnen« geleistet und sind im Rahmen einer inklusiven Lehrerbildung unverzichtbare Verbindungsglieder zwischen Universität und Schulpraxis. Damit sind bereits erste konkrete Entwicklungsaufgaben für die Gestaltung einer inklusiven Lehrerbildung skizziert. Auf der europäischen Ebene ist bereits ein internationales Curriculum zur integrativen Lehrerbildung entwickelt und erprobt worden (vgl. European Agency for Development in Special Needs Education 2011). Mit der »Qualitätsoffensive Lehrerbildung« des »Bundesministeriums für Bildung und Forschung (BMBF)« steht ab 2013 auch eine substantielle Förderung von innovativen Projekten zur Verankerung der Themen »Inklusion und Sonderpädagogik« in allen Lehramtsstudiengängen zur Verfügung (vgl. Bundesministerium für Bildung und Forschung 2018). An einzelnen Standorten zeigt sich in diesem Zusammenhang, dass auch die interdisziplinäre Kooperation zwischen Fachwissenschaften, Fachdidaktik, Schulpädagogik und Sonderpädagogik in Gang kommt, wenn eine entsprechende personelle und sächliche Infrastruktur dafür aufgebaut werden kann (Heimlich/Kahlert 2019).

Allerdings gilt häufig noch die Charakterisierung der Lehrerbildung, wie sie Hartmut von Hentig in seinem Buch »Die Schule neu denken« (1993) im Anschluss an die Hamburger Erfahrungen zur Veränderung der Lehrerbildung zusammengefasst hat:

> »Schulen erproben seit gut 15 Jahren Formen des offenen Lernens, des handlungsorientierten Lernens und des Projektlernens; Lehrer und Schüler entwickeln in Teams Ideen, gehen Probleme fächerübergreifend an und beziehen außerschulische Lernorte ein. Lehrerbildung dagegen findet vorwiegend sitzend, hörend und darüber-redend statt.« (zit. n. von Hentig 1993, S. 247).

Wenn sich dieser Zustand in absehbarer Zeit bezogen auf die Lehrerbildung insgesamt grundlegend ändern soll, so ist ein Stufenmodell der Reform der Lehrerbildung erforderlich, das von den unterschiedlichen Realisierungsperspektiven an den verschiedenen Studienstätten ausgeht. Damit sind ebenfalls Ungleichzeitigkeiten und regionale sowie länderspezifische Besonderheiten nicht auszuschließen, die in einem föderal organisierten Bildungssystem bei allem Bemühen um Vergleichbarkeit der Studienabschlüsse wohl so schnell nicht überwunden werden können (vgl. Sekretariat ... 1994b; 2009). Sicher ist mit dem bisher Gesagten noch ein sehr offenes Programm skizziert. Das kann bei der Suche nach neuen Leitbildern für die professionelle Tätigkeit von Lehrkräften auch nicht anders sein. Professionelle Leitbilder müssen mit den pädagogisch Tätigen entwickelt werden. Und sie müssen auch in der beruflichen Praxis in Kooperation der Beteiligten konkrete Konturen gewinnen. Eines dürfte bei der Leitbildsuche der Lehrkräfte jedoch feststehen: Das Bild der Einzelkämpferinnen und Einzelkämpfer entspricht nicht mehr den gegenwärtigen Anforderungen an die professionelle Tätigkeit von Lehrkräften in Schule und Gesellschaft.

5.4 Inklusive Pädagogik im erziehungswissenschaftlichen Hauptfachstudium (B.A./M.A.)

Zukunftsperspektiven müssen gegenwärtig ebenso bezogen auf die neu entstehenden Arbeitsfelder inklusiver Pädagogik im Bereich des Arbeitens, Wohnens, in der Freizeit und in der Weiterbildung entwickelt werden. Das Sozialgesetzbuch IX (SGB IX) aus dem Jahre 2001 hat in Richtung auf die berufliche Inklusion weitreichende gesetzliche Grundlagen für den Ausbau dieses Arbeitsfeldes geliefert. Arbeitsassistenzprojekte oder Integrationsfirmen erfordern ein entsprechendes Projektmanagement und eine regionale Vernetzung. Der Aufbau und die Leitung solcher Integrationsprojekte zur *beruflichen Inklusion* beinhalten sicher gut geeignete berufliche Betätigungsmöglichkeiten für Absolventinnen und Absolventen von erziehungswissenschaftlichen Hauptfachstudiengängen (B.A.- und M.A.-Abschluss). Das Bundesgleichstellungsgesetz aus dem Jahre 2002 verbunden mit den ergänzenden Ländergleichstellungsgesetzen hat ähnliche Wirkungen bezogen auf professionelle pädagogische Tätigkeiten bei der *Gestaltung inklusiver Lebenswelten* nach sich gezogen. Auch im Wohnbereich und bei der Teilhabe am öffentlichen Leben sind noch zahlreiche Barrieren abzubauen. Pädagogisch begleitete Inklusionsprojekte sind auch in diesem Bereich wichtige Schritte auf dem Weg zur Verwirklichung einer inklusiven Gesellschaft. Die Entwicklung möglichst selbstständiger Wohnformen im Sinne von Wohngemeinschaften oder Außenwohngruppen erfordert ebenfalls assistierende Dienstleistungen, mit denen sowohl konzeptionell als auch organisatorisch vielfach noch Neuland betreten wird. Mit dem Inkrafttreten der UN-BRK in der Bundesrepublik Deutschland hat diese lebenslaufbegleitende Perspektive der Inklusion im Sinne des *lifelong-learning* noch mehr Unterstützung erfahren.

Darüber hinaus entsteht ein umfassender Bedarf an Beratung von Bildungs- und Erziehungseinrichtungen bei der Inklusionsentwicklung. Besonders im Elementarbereich ist dies bereits institutionalisiert in der Funktion der *Fachberatung für inklusive Kindertageseinrichtungen*. Neben der Personalentwicklung hat die Fachberatung im Grunde mit sämtlichen Prozessen der Qualitätsentwicklung und Evaluation von inklusiven Kindertageseinrichtungen zu tun. Im dem Maße, wie die inklusiven Bildungsangebote im Elementarbereich Formen von flächendeckender Bedarfsdeckung annehmen, kommen umfangreiche Aufgaben der regionalen Vernetzung und Kooperation hinzu. Auch dieser berufliche Aufgabenbereich dürfte für Absolventinnen und Absolventen von B.A.- und M.A.-Studiengängen mit Hauptfach Pädagogik bzw. Sonderpädagogik von außerordentlichem Interesse sein. Neben den Basiskompetenzen einer inklusiven Pädagogik stehen arbeitsfeldbezogene Spezialisierungen zur Diskussion. Auch wenn es zu den professionellen pädagogischen Kompetenzen bislang erst vage Anhaltspunkte gibt, da noch wenig ausgewertete Erfahrungen vorliegen, so kann doch davon ausgegangen werden, dass auch hier eine bestimmte Systematik der Kompetenzschwerpunkte zugrunde liegt. *Pädagogische Kompetenzen bei der Gestaltung inklusiven Lebenswelten im Arbeits-, Wohn- und Freizeitbereich* umfassen die Fähigkeit

- gemeinsam mit Betroffenen individuelle Fähigkeits- und Bedürfnisprofile bezogen auf die jeweilige Inklusionsaufgabe zu erstellen,
- selbstbestimmte Teilhabemöglichkeiten für erwachsene Menschen mit Behinderung im Arbeits-, Wohn- und Freizeitbereich im Sinne inklusiver Lebenssituationen zu gestalten,
- Teams von pädagogisch Tätigen zusammenzustellen und zu entwickeln,

- falls erforderlich institutionelle Strukturen so zu verändern, dass Erwachsene mit Behinderung auf die entsprechenden Ressourcen in möglichst selbstbestimmter Weise zurückgreifen können,
- Inklusionsprojekte im Rahmen von inklusiven Regionen mit weiteren sozialen Diensten zu vernetzen und entsprechende Kooperationsstrukturen aufzubauen.

Zweifellos handelt es sich hier nur um eine erste Skizzierung inklusiver Kompetenzen für die Gestaltung möglichst normaler Lebensbedingungen bezogen auf Menschen mit Behinderung. Die vorhandenen Praxisprojekte zeigen jedoch bereits zum gegenwärtigen Zeitpunkt, dass sich hier mit einer hohen Dynamik ein interessantes pädagogisches Arbeitsfeld entwickelt. An diesem innovativen Prozess teilzunehmen, sollte bereits das Interesse von Studierenden der Pädagogik-Studiengänge wecken (vgl. Otto/Rauschenbach/Vogel 2002; Faulstich-Wieland/Faulstich 2008). Die dazu passenden Studienstrukturen entstehen gegenwärtig erst. Über die thematische Ausrichtung des Lehrveranstaltungsangebotes, die Eröffnung von Praktikumsmöglichkeiten und die Vergabe von entsprechenden Themen für Bachelor- und Masterarbeiten könnte aber auch *ad hoc* auf diese neue Entwicklung auf dem Gebiet der inklusiven Pädagogik reagiert werden.

5.5 Zusammenfassung: Inklusive Kompetenzen

Professionelles Können in der inklusiven Pädagogik lässt sich über verschiedene Kompetenzbereiche genauer beschreiben. Inklusive pädagogische Fachkräfte sollten einen bestimmte professionsethische Haltung mitbringen (*personale Kompetenz*), zur Kooperation in interdisziplinären Arbeitsfeldern bereit sein (*soziale Kompetenz*), über Grundkenntnisse zur differenzierten und individualisierten Gestaltung pädagogischer Angebote verfügen (*Sachkompetenz*) und in der Lage sein, ihren Arbeitsbereich im jeweiligen sozialräumlichen Kontext zu vernetzen (*ökologische Kompetenz*). Die konkrete Ausgestaltung dieser Kompetenzbereiche unterscheidet sich in Abhängigkeit von den spezifischen Anforderungen des jeweiligen Arbeitsfeldes der inklusiven Pädagogik und den verschiedenen Ebenen der Inklusionsentwicklung (*Person, inklusive Situation, Team, Institution, Umfeld*). Neben den selbst organisierten Qualifizierungsmaßnahmen und den bereits vorhandenen Fort- und Weiterbildungsmaßnahmen sollten zukünftig angesichts der wachsenden Bedeutung von inklusiven pädagogischen Aufgaben die vorhandenen pädagogischen Studien- und Ausbildungsgänge entsprechend erweitert werden.

Literaturempfehlungen

Döbert, Hans/Weishaupt, Horst (Hrsg.): Inklusive Bildung professionell gestalten. Situationsanalyse und Handlungsempfehlungen. Münster, New York, München, Berlin: Waxmann, 2013
Aus dem Inhalt
Im Auftrag des »Bundesministeriums Bildung und Forschung (BMBF)« versammeln die Herausgeber im Vorfeld der gleichnamigen bundesweiten Tagung in Berlin namhafte Fachvertreterinnen und -vertreter, die die Frage der Professionalisierung für inklusive Bildung auf den verschiedenen Ebenen eines inklusiven Bildungssystems in jeweils eigenständigen Expertisen bearbeiten. Ausbildung und Studium frühpädagogischer Fachkräfte sind ebenso vertreten wie die Lehrerbildung, die Berufsbildung, die Hochschule und die Weiterbildung. Ergänzt werden diese arbeitsfeldbezogenen Beiträge um Hinweise zur Professionsforschung, zur Professionalisierung der Lehrenden und den vorhandenen Forschungsfeldern.

Haude, Christin/Volk, Sabrina (Hrsg.): Diversity Education in der Ausbildung frühpädagogischer Fachkräfte. Weinheim u. Basel: BeltzJuventa, 2015
Aus dem Inhalt
Unter der Perspektive des Zusammenhangs von *Diversity* und Inklusion fassen die Herausgeberinnen 13 Beiträge speziell zur Ausbil-

5.5 Zusammenfassung: Inklusive Kompetenzen

dung frühpädagogischer Fachkräfte zusammen. Nach Vorwort und einführender Übersicht wird in Teil I zunächst in die Bedeutung des Themas Diversity und Inklusion als Gegenstand von Ausbildung mit einigen grundlegenden Beiträgen auch in international vergleichender Perspektive eingeführt. Teil II enthält einige Anregungen zur Implementation des Themas *Diversity* und Inklusion in Ausbildungsstrukturen mit Beispielen aus Hochschule und Fachschule bis hin zu Anregungen zur Selbstevaluation innovativer Projekte in Ausbildung und Studium.

Tures, Andrea/Neuß, Norbert (Hrsg.): Multiprofessionelle Perspektiven auf Inklusion. Opladen, Berlin; Toronto: Budrich, 2017
Aus dem Inhalt
Bewusst multiperspektivisch gehen die Herausgeberin und der Herausgeber dieses Sammelbandes die Thematik Inklusion an und liefern damit einen hervorragenden Einstieg in die multiprofessionelle Arbeit in inklusiven Settings. Der Band enthält insgesamt 16 Beiträge zu den kindheitspädagogischen, den schulpädagogischen, den heil- und sonderpädagogischen, den sozial- und familienpädagogischen und den internationalen Perspektiven. Zugleich werden damit die verschiedenen Ebenen eines inklusiven Bildungssystems von Kindertageseinrichtungen über Schulen bis hinein in den Sozialraum sichtbar.

Dialogfragen

Welche personalen Kompetenzen sind für die Gestaltung inklusiver Bildungsangebote von besonderer Bedeutung?

Welche Kompetenzen müssen sich pädagogische Fachkräfte in inklusiven Settings neu aneignen?

Wie kann die vielfach beschworene »inklusive Haltung« in Ausbildung und Studium gelehrt werden?

Ausblick: Inklusive Momente im Bildungsprozess – Aspekte einer inklusiven Bildungstheorie

Vor kurzem hat sich für mich ein Kreis geschlossen. Von einer Studentin erhielt ich das Buch »In der Schule des Friedens. Kinder erziehen in der globalen Welt« von der *Gemeinschaft Sant'Egidio* (vgl. Gulotta 2018). Die »Schulen des Friedens (*Scuole della Pace*)« gibt es mittlerweile in über 70 Ländern der Erde. Hunderttausende Kinder und Jugendliche haben diese Schulen weltweit durchlaufen. In den »*Scuole della Pace*« wird den Kindern und Jugendlichen, die an der Peripherie der Gesellschaft und besonders am Rande großer Städte leben, ein kostenloses und freiwilliges Bildungsangebot gemacht. Schülerinnen und Schüler sowie Studierende übernehmen ehrenamtlich die Aufgabe, Kindern und Jugendlichen beim Lernen zu helfen und ihnen eine Freundin bzw. ein Freund zu sein, die für sie da sind. Es ist eine Schule für alle, in der alle willkommen sind, also eine inklusive Schule, wie wir heute sagen würden.

Hervorgegangen sind die »*Scuole della Pace*« aus einer Initiative von Schülerinnen und Schülern eines Gymnasiums, die in die Barackensiedlungen in den Vororten von Rom in den 1960er Jahren hineingegangen sind, um die Kinder und Jugendlichen dort zu unterstützen. Diese Schülerinnen und Schüler sind seinerzeit von dem Buch »Die Schülerschule. Scuola di Barbiana. Brief an eine Lehrerin« beeindruckt gewesen, das 1967 in Italien erschien und 1970 in deutscher Übersetzung mit einem Vorwort von Peter Bichsel publiziert worden ist. Es war eines der ersten Bücher zu Fragen der Erziehung und Schule, die ich gelesen habe und die mich nachhaltig beeinflusst haben. Die Schülerinnen und Schüler der »*Scuola di Barbiana*« beschreiben eine Schule, in der alle Schülerinnen und Schüler freiwillig sind, es kein Sitzenbleiben und keine Noten gibt und in der alle von allen lernen. *Don Milani*, der Pfarrer der kleinen Gemeinde *Barbiana* im *Mugello*-Tal, etwa anderthalb Eisenbahnstunden von Florenz entfernt, unterrichtet nur die älteren Schülerinnen und Schüler. Ansonsten gehen alle Schülerinnen und Schüler mit ihrem Wissen sehr freigebig um, behalten es nicht geizig für sich, sondern lassen andere daran teilhaben. Die »Scuole della Pace« werden also genau an den Orten gegründet, an denen Ausgrenzung tagtäglich im buchstäblichen Sinne hautnah spürbar wird. Diesen »Orten der Exklusion« setzen sie »Orte der Begegnung« und der Freundschaft entgegen, manchmal mit den einfachsten Mitteln, wenn ein Treffpunkt unter einem Baum zunächst reicht, um Schule zu machen und gemeinsam zu lernen. Wichtig ist, dass die Kinder und Jugendlichen am Rande der Gesellschaft eine Stimme bekommen, dass ihnen das Wort erschlossen wird und sie die Sprache für sich entdecken.

Ein Wort zieht sich durch die zahlreichen Schulbeispiele und Porträts einzelner Schülerinnen und Schüler aus verschiedenen Ländern der Welt, die Andriana Gulotta zusammengestellt hat: Aufmerksamkeit. Im Italienischen gibt es eine Reihe von Begriffen, die die unterschiedlichen Bedeutungen des deutschen Wortes »Aufmerksamkeit« bezeichnen. *Attenzione* bedeutet Aufmerksamkeit im Sinne von bewusster Wahrnehmung, möglicherweise auch einer gefährlichen Situation (Vorsicht!). *Pensierino* und *presente* hingegen bezeichnen eine kleine Aufmerksamkeit im Sinne eines Geschenkes. *Cura* schließlich meint Aufmerksamkeit im Sinne einer Zuvorkommenheit, die wir anderen zukommen lassen. In den *»Scuole della Pace«* geht es darum, dass alle Schülerinnen und Schüler Aufmerksamkeit erfahren, erleben, dass sich jemand für sie interessiert und sich ihnen zuwendet und die Botschaft aussendet: »Du bist mir wichtig« *(Aufmerksamkeit füreinander)*.

Ein Berufsschullehrer aus dem Lernbereich »Metall«, der sich mit dem Thema »Inklusion in der Berufsschule« in einer universitären Weiterbildungsmaßnahme beschäftigt, resümierte in der Auswertungsrunde sein erstes Semester mit den Worten: »Bisher empfand ich die Schülerinnen und Schüler mit Lern- und Verhaltensschwierigkeiten als Problem, jetzt finde ich sie interessant.« Damit ist der entscheidende Schritt bereits getan. Er ist bereits in eine Begegnung mit den Schülerinnen und Schülern eingetreten, gleichsam im »Zwischen-Sein« *(Interesse)*. Nun ist er bereit, den Schülerinnen und Schülern Aufmerksamkeit zu schenken. Aufmerksamkeit ist aber auch erforderlich in Bezug auf den Gegenstand des Lernens und des Unterrichts, der wiederum so interessant sein sollte, dass er auch die ungeteilte Aufmerksamkeit der Schülerinnen und Schüler zu fesseln vermag. Das gelingt erfahrungsgemäß dann am besten, wenn der Unterricht von den Fragen und Themen aus der Lebenswelt und dem Alltag der Schülerinnen und Schüler ausgeht. Viele Beispiele dazu finden sich in der »*Scuola di Barbiana*«, in der die Erfahrungen der Schülerinnen und Schüler die Grundlage der Unterrichtsinhalte bilden (*Aufmerksamkeit für die Sache*). Und schließlich müssen gerade die Kinder und Jugendlichen aus der Peripherie, vom Rande der Gesellschaft vielfach erst wieder lernen, dass sie einen Wert haben, dass sie geschätzt werden und dass sie etwas können und diese ihre Fähigkeiten auch weiterentwickeln können. Dies geschieht in den »*Scuole della Pace*« meist ganz zu Anfang, wenn Kinder und Jugendliche erstmals diesen Ort der Begegnung betreten und sie feststellen, dass sie selbst jemand sind, der wahrgenommen wird, und aus der Freundschaft heraus, die ihnen dort angeboten wird, selbst jemand werden können, der auch wieder in der Lage ist, seine Aufmerksamkeit souveräner zu steuern (*Aufmerksamkeit für sich*).

Aufmerksamkeit in diesem vielfachen Sinne ist auch der Kern einer inklusiven Bildungstheorie, die ich ausgehend von inklusiven Momenten abschließend beschreiben möchte.

> **Inklusive Situation**
>
> Wir sind in der Klasse 2 einer inklusiven Grundschule in Nürnberg zu Besuch. Die Klassenlehrkraft hat zusammen mit der sonderpädagogischen Lehrkraft ein Stationenlernen mit vielfältigen Lernstationen und unterschiedlichsten Anforderungen vorbereitet. Alle Schülerinnen und Schüler der Klasse arbeiten in selbst gewählten und wechselnden Sozialformen (überwiegend in Partner- und Kleingruppenarbeit) an unterschiedlichen Aufgaben zum gemeinsamen Thema »Frühlingswiese«, die sie bei einem Spaziergang entdeckt haben. Alle Schülerinnen und Schüler helfen sich gegenseitig. Einzelne Schülerinnen und Schüler bevorzugen es, allein eine Aufgabe zu bewälti-

> gen. Die Schülerinnen und Schüler bewegen sich frei im Raum und wechseln auch immer wieder ihren Lernort aus eigenem Antrieb heraus. Die Lehrkräfte können sich auf eine beobachtende und beratende Rolle zurückziehen. Es herrscht eine gespannte Ruhe im Raum. Die Kinder lassen sich auch durch die Besucherinnen und Besucher nicht stören.

In dieser Situation habe ich den Begriff des »inklusiven Momentes« (vgl. Heimlich 2017; Platte/Krönig 2017) geprägt, und es war allen Beteiligten unmittelbar deutlich, dass sich in diesem Moment das ereignet hat, was mir mit Inklusion meinen. Alle Schülerinnen und Schüler können am Lerngegenstand teilhaben und etwas dazu beitragen. Sie steuern selbst das Maß an Struktur und Offenheit, was sie in dieser Lernsituation benötigen. Unterschiedliche soziale Erfahrungen und unterschiedliche sinnliche Erfahrungen sind möglich, ebenso wie die Bewegung im Raum oder auch der Rückzug in die Einzelarbeit. Aber das gelingt nur, wenn alle Beteiligten, Lehrkräfte sowie Schülerinnen und Schüler, eine tätige Aufmerksamkeit füreinander, für die Sache und für sich entwickeln und diese unterschiedlichen qualitativen Dimensionen der Aufmerksamkeit in Einklang gebracht werden in einem Ethos der Aufmerksamkeit (vgl. Waldenfels 2004). Dazu gehört die bewusste Wahrnehmung der Situation als Unterrichtssituation, in der gelernt wird (*attenzione*), aber ebenso die Bereitschaft, sein Wissen weiterzugeben (*presente*) und schließlich auch die Fähigkeit, auf den anderen zuzugehen und zu helfen (*cuore*).

Möglicherweise schafft die von Andreas Reckwitz beschriebene »Gesellschaft der Singularitäten« (Reckwitz 2017), in der jede und jeder auf ihre und seine Einzigartigkeit pocht, bereits gegenwärtig bessere Voraussetzungen für einen veränderten Umgang mit Heterogenität – zumindest in der von ihm beschriebenen »neuen Mittelschicht« (a. a. O., S. 275). Unter Umständen können auch Menschen mit Behinderung zukünftig verstärkt von einer umfassenderen Toleranz gegenüber der Abweichung von der Durchschnittsnorm profitieren. Einstweilen ist es jedoch sicher legitim, die besonderen Inklusionsbedarfe von Menschen mit Behinderung aufmerksam zu begleiten und ihnen in dem vielschichtigen Chor der Erwartungshaltungen an unser Zusammenleben die Gelegenheit zu sichern, dass sie ihre Stimme ebenfalls erheben können, in welcher Weise auch immer. Denn die Erfahrung mit der Inklusionsentwicklung in den letzten Jahren zeigt: Teilhabe ohne Selbstbestimmung wird rasch totalitär und darf deshalb nicht zu einer Zwangsmaßnahme geraten. Letztlich wird es darum gehen, dass wir uns alle in der »Utopie der Freundschaft« üben, von der Ludwig-Otto Roser einmal gesprochen hat (vgl. Roser 1998, S. 183ff.), weil Inklusion von Anfang an die »Möglichkeit der ›Freundschaft‹ als Hoffnung« anbietet (a. a. O., S. 189).

Literaturverzeichnis

Adorno, Theodor W.: Minima Moralia. Frankfurt a. M.: Suhrkamp, 1951 (Nachdruck: 2001)
Ahrbeck, Bernd: Der Umgang mit Behinderung. Stuttgart: Kohlhammer, 2011
Ahrbeck, Bernd: Inklusion. Eine Kritik. Stuttgart: Kohlhammer, 2. Aufl. 2014
Ahrbeck, Bernd/Ellinger, Stephan/Hechler, Oliver/Koch, Katja/Schad, Gerhard: Evidenzbasierte Pädagogik. Sonderpädagogische Einwände. Stuttgart: Kohlhammer, 2016
Albers, Timm: Mittendrin statt nur dabei. Inklusion in Krippe und Kindergarten. München u. Basel: E. Reinhardt, 2011
Allmendinger, Jutta: Schulaufgaben. Wie wir das Bildungssystem verändern müssen, um unseren Kindern gerecht zu werden. München: Pantheon, 2012
Alsina, Claudi: Der Satz des Pythagoras. Die heilige Geometrie von Dreiecken. Köln: Librero, 2016
American Psychiatric Association (APA): Diagnostic And Statistical Manual of Mental Disorders, Fifth Edition (URL: https://dsm.psychiatryonline.org/doi/book/10.1176/appi.books.9780890425596, letzter Aufruf: 18.09.2018
Antor, Georg: Integrative Pädagogik – Überlegungen zu einer normativen Grundlegung. In: Myschker, Norbert/Ortmann, Monika: Integrative Schulpädagogik. Stuttgart u. a.: Kohlhammer, 1999, S. 26–36
Apel, Hans-Jürgen: Team-Teaching. In: Keck, Rudolf W./Sandfuchs, Uwe (Hrsg.): Wörterbuch Schulpädagogik. Bad Heilbrunn: Klinkhardt, 1994, S. 331–332
Arndt, Ann-Kathrin/Werning, Rolf: Unterrichtsbezogene Kooperation von Regelschullehrkräften und Sonderpädagog/innen im Kontext inklusiver Schulentwicklung. Implikationen für die Professionalisierung. In: Moser, Vera/Lütje-Klose, Birgit (Hrsg.): Schulische Inklusion. Zeitschrift für Pädagogik 62. Beiheft. Weinheim u. Basel: Beltz, 2016, S. 160–174
Arning, Friedhelm: Kompetenzorientierung in der Lehrerbildung. In: Bayer, Manfred/Bohnsack, Fritz/Koch-Priewe, Barbara/Wildt, Johannes (Hrsg.): Lehrerinnen und Lehrer werden ohne Kompetenz? Bad Heilbrunn: Klinkhardt, 2000, S. 302-315
Arnold, Rolf/Nolda, Sigrid/Nuissl, Ekkehard (Hrsg.): Wörterbuch Erwachsenenpädagogik. Bad Heilbrunn: Klinkhardt, 2001

Autorengruppe Bildungsberichterstattung: Bildung in Deutschland 2014. Ein indikatorengestützter Bericht mit einer Analyse zur Bildung von Menschen mit Behinderungen. Bielefeld: Bertelsmann Verlag, 2014
Ayres, A. Jean: Bausteine der kindlichen Entwicklung. Berlin u. a.: Springer, ^{2}1992

Baacke, Dieter: Die 13- bis 18jährigen. Einführung in Probleme des Jugendalters. Weinheim u. Basel: Beltz, 5. Aufl. 1991
Babilon, Rebecca/Goeke, Stefanie/Terfloth, Karin (2007): Inklusion und Exklusion im Kontext von Lebenslangem Lernen. In: Erwachsenenbildung und Behinderung 18 (2007) 1, S. 12-21
Bach, Heinz: Notwendigkeit und Grenzen eines Systems der Fördererziehung. In: Zeitschrift für Heilpädagogik 22 (1971) 3, S. 172-183
Bach, Heinz: Sonderpädagogik im Grundriß. Berlin: Edition Marhold, 15. Aufl. 1995 (Erstausgabe: 1975)
Bach, Heinz: Grundlagen der Sonderpädagogik. Bern, Stuttgart, Wien: Haupt, 1999
Bach, Heinz/Pfirrmann, Fredy: Reform schulischer Förderung beeinträchtigter Kinder. Mainz: v. Hase&Koehler, 1994
Bastian, Johannes (Hrsg.): Pädagogische Schulentwicklung, Schulprogramm und Evaluation. Hamburg: Bergmann+Helbig, 1998
Bastian, Johannes/Schnack, Jochen: Projektunterricht und Schulentwicklung. Zur schultheoretischen Begründung eines neuen Verhältnisses von Unterrichtsreform und Schulentwicklung. In: Bastian, Johannes u .a. (Hrsg.): Theorie des Projektunterrichts. Hamburg: Bergmann+Helbig, 1997, S. 165–183
Bauer, Karl-Oswald (Hrsg.): Evaluation an Schulen. Theoretischer Rahmen und Beispiele guter Evaluationspraxis. Weinheim u. München: Juventa, 2007
Bayerisches Landesamt für Statistik: Berufsschulen zur sonderpädagogischen Förderung in Bayern. Schuljahr 2015/2016. Fürth: 2016 (URL: https://www.statis tik.bayern.de/veroeffentlichungen/epaper.php?pid=43231&t=1x02026;, letzter Aufruf: 18.09.2018)
Bayerisches Staatsministerium für Bildung und Kultus, Wissenschaft und Kunst: Leitfaden für inklusiven Unterricht an beruflichen Schulen. Ergebnis zum Schulversuch »Inklusive berufliche Bildung in Bayern« der Stiftung Bildungspakt Bayern. München: 2016
Bayerisches Staatsministerium für Unterricht und Kultus (Hrsg.): Rahmenlehrplan für den Förderschwerpunkt Lernen. München: StMUK, 2012 (URL: https://www.isb.bayern.de/download/11130/rahmenlehrplan.pdf, letzter Aufruf: 21.09.2018)
Beck, Iris (Hrsg.): Inklusion im Gemeinwesen. Reihe: Inklusion in Schule und Gesellschaft, Bd. 4. Stuttgart: Kohlhammer, 2016a
Beck, Iris: Normalisierung, Lebensqualität. In: Dederich, Markus/Beck, Iris/Bleidick, Ulrich/Antor, Georg (Hrsg.): Handlexikon der Behindertenpädagogik.

Schlüsselbegriffe aus Theorie und Praxis. Stuttgart: Kohlhammer, 3. Aufl. 2016b, S. 154–159

Beck, Ulrich: Risikogesellschaft. Auf dem Weg in eine andere Moderne. Frankfurt a. M.: Suhrkamp, 1986

Becker, Uwe: Die Inklusionslüge. Behinderung im flexiblen Kapitalismus. Bielefeld: Transcript, 2. Auflage 2016

Benkmann, Rainer: Dekategorisierung und Heterogenität – Aktuelle Probleme schulischen Integration von Lernschwierigkeiten in den Vereinigten Staaten und der Bundesrepublik Deutschland. In: Vierteljahresschrift Sonderpädagogik 24 (1994), S. 4–13

Benkmann, Rainer: Entwicklungspädagogik und Kooperation. Sozial-konstruktivistische Perspektiven der Förderung von Kindern mit gravierenden Lernschwierigkeiten in der allgemeinen Schule. Weinheim: Deutscher Studien Verlag, 1998

Benkmann, Rainer/Chilla, Solveig/Stapf, Evelyn (Hrsg.): Inklusive Schule – Einblicke und Ausblicke. Immenhausen: Prolog, 2012

Benkmann, Rainer/Heimlich, Ulrich (Hrsg.): Inklusion im Förderschwerpunkt Lernen. Reihe: Inklusion in Schule und Gesellschaft, Bd. 9. Stuttgart: Kohlhammer, 2018

Bergeest, Harry: Körperbehindertenpädagogik. Studium und Praxis. Bad Heilbrunn: Klinkhardt, 2. Aufl. 2002

Berger, Marianne/Berger, Lasse (Red.): Der Baum der Erkenntnis für Kinder und Jugendliche im Alter von 1–16 Jahren. Bremen, 2004

Berger, Peter L./Luckmann, Thomas: Die gesellschaftliche Konstruktion der Wirklichkeit. Eine Theorie der Wissenssoziologie. Frankfurt a. M.: Fischer, 18. Aufl. 2001 (Erstausgabe: 1969, amerikan. Originalausgabe: 1966)

Bews, Susanne: Integrativer Unterricht in der Praxis. Erfahrungen, Probleme, Analysen. Innsbruck: Österreichischer Studienverlag, 1992

Biermann, Horst (Hrsg.): Inklusion im Beruf. Reihe: Inklusion in Schule und Gesellschaft, Bd. 3. Stuttgart: Kohlhammer, 2015

Biewer, Gottfried: Diagnose-Förderklassen als Alternativmodell im Eingangsbereich heilpädagogischer Schulen. Eine kritische Bilanz der bisherigen Entwicklung in Bayern. In: Zeitschrift für Heilpädagogik 52 (2001), S. 152–158

Biewer, Gottfried: Grundlagen der Heilpädagogik und Inklusiven Pädagogik. Bad Heilbrunn: Klinkhardt, 2009 (utb 2985)

Bildungskommission NRW: Zukunft der Bildung, Schule der Zukunft. Denkschrift der Kommission »Zukunft der Bildung – Schule der Zukunft« beim Ministerpräsidenten des Landes Nordrhein-Westfalen. Berlin u. a.: Luchterhand, 1995

Binding, Karl/Hoche, Alfred: Die Freigabe der Vernichtung lebensunwerten Lebens, ihr Maß und ihre Form. Leipzig: Meiner, 1922

Björn, Piia M./Aro, Mikko/Koponen, Tuire/Fuchs, Lynn S. & Fuchs, Douglas: Response-to-Intervention in Finland and the United States: Mathematics

Learning Support as an Example. In: Frontiers in Psychology (2018) 9, S. 800 (https://dx.doi.org/10.3389%2Ffpsyg.2018.00800, letzter Aufruf: 03.04.2019)

Bleidick, Ulrich: Pädagogik der Behinderten. Grundzüge einer Theorie der Erziehung behinderter Kinder und Jugendlicher. Berlin: Marhold, 4. Aufl. 1983 (Erstausgabe: 1972)

Bleidick, Ulrich: Einführung in die Behindertenpädagogik. Stuttgart u. a.: Kohlhammer, 6. Aufl. 1998

Bleidick, Ulrich: Behinderung als pädagogische Aufgabe. Behinderungsbegriff und behindertenpädagogische Theorie. Stuttgart, Berlin, Köln: Kohlhammer, 1999

Bleidick, Ulrich/Ellger-Rüttgardt, Sieglind: Behindertenpädagogik im vereinten Deutschland. Über die Schwierigkeiten eines Zwiegesprächs zwischen Ost und West. Weinheim: Deutscher Studien-Verlag, 1994

Bless, Gérard: Zur Wirksamkeit der Integration. Forschungsüberblick, praktische Umsetzung einer integrativen Schulform, Untersuchungen zum Lernfortschritt. Bern u. a.: Haupt, 1995

Bless, Gérard: Förderklassen – ein Weg zur integrationsfähigen Schule? In: Heimlich, Ulrich (Hrsg.): Sonderpädagogische Fördersysteme – Auf dem Weg zur Integration. Stuttgart u .a.: Kohlhammer, 1999, S. 97–109

Boban, Ines/Hinz, Andreas (Hrsg.): Erfahrungen mit dem Index für Inklusion. Kindertageseinrichtungen und Grundschulen auf dem Weg. Bad Heilbrunn: Klinkhardt, 2015

Bock-Famulla, Kathrin/Lange, Jens: Länderreport Frühkindliche Bildungssysteme 2011. Transparenz schaffen – Governance stärken. Bielefeld: Bertelsmann-Stiftung, 2012

Boenisch, Jens: Integrationspädagogik in der sonderpädagogischen Lehrerbildung. Analysen und Perspektiven für die Zweite Ausbildungsphase. Bad Heilbrunn: Klinkhardt, 2000

Böttinger, Traugott: Exklusion durch Inklusion? Stolpersteine bei der Umsetzung. Stuttgart: Kohlhammer, 2017

Booth, Tony/Ainscow, Mel: Index für Inklusion. Ein Leitfaden für Schulentwicklung. Weinheim u. Basel: Beltz, 2017

Booth, Tony/Ainscow, Mel/Kingston, Denise: Index für Inklusion (Tageseinrichtungen für Kinder). Lernen, Partizipation und Spiel in der inklusiven Kindertageseinrichtungen entwickeln. Deutschsprachige Ausgabe (Übersetzung: Tessa Hermann, Wiss. Beratung: Ulrich Heimlich, Andreas Hinz). Frankfurt a. M.: GEW, 2006

Bortz, Jürgen/Döring, Nicole: Forschungsmethoden und Evaluation für Human- und Sozialwissenschaftler. Heidelberg: Springer, 4. Auflage 2006

Braun, Otto: Integrative Pädagogik bei Kindern und Jugendlichen mit Hörstörungen. In: Myschker, Norbert/Ortmann, Monika: Integrative Pädagogik. Grundlagen, Theorie und Praxis. Stuttgart, Berlin, Köln: Kohlhammer, 1999a, S. 83-111

Braun, Otto: Integrative Pädagogik bei Kindern und Jugendlichen mit Sprachstörungen. In: Myschker, Norbert/Ortmann, Monika: Integrative Pädagogik. Grundlagen, Theorie und Praxis. Stuttgart, Berlin, Köln: Kohlhammer, 1999b, S. 216-237

Breitenbach, Erwin: Unterricht in Diagnose- und Förderklassen. Neuropsychologische Aspekte schulischen Lernens. Bad Heilbrunn: Klinkhardt, 1992

Bröse, Bodo: Die DDR – ein deutsches Land ohne den Verband Deutscher Sonderschulen. In: Möckel, Andreas (Hrsg.): Erfolg, Niedergang, Neuanfang. 100 Jahre Verband Deutscher Sonderschulen, Fachverband für Behindertenpädagogik. München, Basel: E. Reinhardt, 1998, S. 208-219

Brodkorb, Mathias/Koch, Katja (Hrsg.): Das Menschenbild der Inklusion. Erster Inklusionskongress M-V. Dokumentation. Schwerin: Ministerium für Bildung, Wissenschaft und Kultur Mecklenburg-Vorpommern, 2012

Bronfenbrenner, Urie: Die Ökologie der menschlichen Entwicklung. Natürliche und geplante Experimente. Hrsg. v. K. Lüscher. Frankfurt a. M.: Fischer, 1989 (engl. Originalausgabe: 1979, deutsche Erstausgabe: 1981)

Buber, Martin: Aus einer philosophischen Rechenschaft. In: Martin Buber Werke. Erster Band. Schriften zur Philosophie. München: Kösel u. Heidelberg: Lambert Schneider, 1962

Buber, Martin: Ich und Du. Gerlingen: Schneider, 13. Auflage 1997

Buber, Martin: Reden über Erziehung. Gütersloh: Lambert/Schneider, 10. Auflage 2000

Bude, Heinz: Bildungspanik. Was unsere Gesellschaft spaltet. München: Hanser, 2011

Bürli, Alois: Integration/Inklusion aus internationaler Sicht – einer facettenreichen Thematik auf der Spur. In: Bürli, Alois/Strasser, Urs/Stein, Anne-Dore (Hrsg.): Integration/Inklusion aus internationaler Sicht. Bad Heilbrunn: Klinkhardt, 2009, S. 15–61

Bundesministerium für Arbeit und Soziales (BMAS) (Hrsg.): Unser Weg in eine inklusive Gesellschaft. Der Nationale Aktionsplan der Bundesregierung zur Umsetzung der UN-Behindertenrechtskonvention. Berlin: BMAS, 2011 (URL: https://www.bmas.de/SharedDocs/Downloads/DE/PDF-Publikationen/a740-nationaler-aktionsplan-barrierefrei.pdf;jsessionid=A912EFC637F78FDAB8C88830C06B60B8?__blob=publicationFile&v=2, letzter Aufruf: 27.06.2019)

Bundesministerium für Arbeit und Soziales (BMAS) (Hrsg.): Zweiter Teilhabebericht der Bundesregierung über die Lebenslagen von Menschen mit Beeinträchtigungen. Bonn: BMAS, 2016 (URL: http://www.bmas.de/SharedDocs/Downloads/DE/PDF-Publikationen/a125-16-teilhabebericht.pdf;jsessionid=7B009B272E714C37E5C18461B4A641B7?__blob=publicationFile&v=9, letzter Aufruf: 27.03.2018)

Bundesministerium für Familie, Senioren, Frauen und Jugend (BMFSFJ): 13. Kinder- und Jugendbericht. Bericht über die Lebenssituation junger Menschen und die Leistungen der Kinder- und Jugendhilfe in Deutschland: Berlin:

BMFSFJ, 2009 (URL: https://www.bmfsfj.de/blob/93144/f5f2144cfc504efbc657
4af8a1f30455/13-kinder-jugendbericht-data.pdf, letzter Aufruf: 27.06.2019)
Bundesministerium für Bildung und Forschung (BMBF) (Hrsg.): Berufsbildungsbericht 2016. Bonn: BMBF, 2016 (URL: https://www.bmbf.de/pub/Berufsbildungsbericht_2016.pdf, letzter Aufruf: 18.09.2018)
Bundesministerium für Bildung und Forschung (BMBF) (Hrsg.): Perspektiven für eine gelingende Inklusion. Beiträge zur »Qualitätsoffensive Lehrerbildung« für Forschung und Praxis. Berlin: BMBF, 2018
Bundesvereinigung Lebenshilfe für geistig Behinderte e. V. (Hrsg.): Offene Hilfe zum selbstbestimmten Leben für Menschen mit (geistiger) Behinderung und ihre Angehörigen. Marburg: Lebenshilfeverlag, 1995a
Bundesvereinigung Lebenshilfe für geistig Behinderte e. V. (Hrsg.): Familienentlastende Dienste. Selbstverständnis und Konzeption, Arbeitsweisen und Finanzierung. Marburg: Lebenshilfe, 1995b
Bundschuh, Konrad/Heimlich, Ulrich/Krawitz, Rudi (Hrsg.): Wörterbuch Heilpädagogik. Bad Heilbrunn: Klinkhardt, 3. Aufl. 2007

Casey, Theresa: Inclusive Play. Practical Strategies for Working with Children aged 3 to 8. London: Paul Chapman Pub., 2005
Casey, Theresa: Die Rolle der Erwachsenen bei der Förderung des integrativen Spiels. In: Kreuzer, Max/Ytterhus, Borgunn (Hrsg.): »Dabei sein ist nicht alles«. Inklusion und Zusammenleben im Kindergarten. München, Basel: E. Reinhardt, 2008, S. 219-238
Christie, James F.: Frühe Literalität und Spiel. Förderung der Schreib-/Lesekompetenz durch Fiktions- und Rollenspiele. In: Retter, Hein (Hrsg.): Kinderspiel und Kindheit in Ost und West. Bad Heilbrunn: Klinkhardt, 1991, S. 107–122
Ciolek, Achim: Die Hamburger Arbeitsassistenz. Konzept, Realisierung, Finanzierung. In: Rosenberger, Manfred (Hrsg.): Ratgeber gegen Aussonderung. Heidelberg: Edition Schindele, 2. Aufl. 2001, S. 257–273
Cloerkes, Günter: Soziologie der Behinderten. Eine Einführung. Heidelberg: Edition Schindele, 1997
Cohn, Ruth: Von der Psychoanalyse zur themenzentrierten Interaktion: von der Behandlung einzelner zu einer Pädagogik für alle. Stuttgart: Klett, 12. Aufl. 1994 (Erstausgabe: 1975)
Copei, Friedrich: Der fruchtbare Moment im Bildungsprozess. Heidelberg: Quelle&Meyer, 9. Aufl. 1969 (Erstausgabe: 1930)

Dannenbeck, Clemens/Dorrance, Carmen/Moldenhauer, Anna/Oehme, Andreas/Platte, Andrea (Hrsg.): Inklusionssensible Hochschule. Grundlagen, Ansätze und Konzepte für Hochschuldidaktik und Organisationsentwicklung. Bad Heilbrunn: Klinkhardt, 2016
Demmer-Dieckmann, Irene: Innere Differenzierung als wesentlicher Aspekt einer integrativen Didaktik. Beispiele aus dem projektorientierten Unterricht einer

Integrationsklasse in der Primarstufe. Bremen: Wissenschaftliches Institut für Schulpraxis, 1991

Demmer-Dieckmann, Irene/Struck, Bruno (Hrsg.): Gemeinsamkeit und Vielfalt. Pädagogik und Didaktik einer Schule ohne Aussonderung. Weinheim u. München: Juventa, 2001

Department of Education and Science: Special Educational Ness: Report of the Committee of Enquiry into the Education of Handicapped Children and Young People (Warnock Report). London, 1978

Deppe-Wolfinger, Helga: Die gesellschaftliche Dimension der Integration. In: Gehrmann, Petra/Hüwe, Birgit (Hrsg.): Forschungsprofile der Integration. Essen: neue deutsche schule, 1993, S. 13–21

Deppe-Wolfinger, Helga/Prengel, Annedore/Reiser, Helmut: Integrative Pädagogik in der Grundschule. Bilanz und Perspektiven der Integration behinderter Kinder in der Bundesrepublik Deutschland 1976–1988. München: Deutsches Jugendinstitut, 1990

Deutsche Gesellschaft für Erziehungswissenschaft (DGfE) (Hrsg.): Inklusion als Herausforderung für die Erziehungswissenschaft (URL: http://www.dgfe.de/fileadmin/OrdnerRedakteure/Stellungnahmen/2015_Inklusion_Positionierung.pdf, letzter Aufruf: 22.03.2017

Deutsche Gesellschaft für Erziehungswissenschaft (DGfE) (Hrsg.): Inklusion: Bedeutung und Aufgabe für die Erziehungswissenschaft. (URL: http://www.dgfe.de/fileadmin/OrdnerRedakteure/Stellungnahmen/2017.01_Inklusion_Stellungnahme.pdf, letzter Aufruf: 22.03.2017)

Deutscher Bildungsrat: Zur pädagogischen Förderung behinderter und von Behinderung bedrohter Kinder und Jugendlicher. Stuttgart: Klett, 1974

Deutscher Verein für öffentliche und private Fürsorge e.V./Berufs- und Fachverband Heilpädagogik e.V. (Hrsg.): Inklusion und Heilpädagogik. Kompetenz für ein teilhabeorientiertes Gemeinwesen. Berlin: Verlag des Deutschen Vereins für öffentliche und private Fürsorge e.V., 2015

Deutsches Institut für Medizinische Dokumentation und Information: Internationale statistische Klassifikation der Krankheiten und verwandter Gesundheitsprobleme. 10. Revision. German Modification, Version 2018 (URL: https://www.dimdi.de/static/de/klassifikationen/icd/icd-10-gm/kode-suche/htmlgm2018/l, letzter Aufruf: 18.09.2018)

Deutsches PISA-Konsortium (Hrsg.): PISA 2000. Basiskompetenzen von Schülerinnen und Schülern im internationalen Vergleich. Opladen: Leske+Budrich, 2001

Devivere, Beate von/Irskens, Beate: »Mit uns auf Erfolgskurs«. Fachberatung in Kindertagesstätten. Materialien für die sozialpädagogische Praxis (MSP 26). Frankfurt a. M.: Deutscher Verein für öffentliche und private Fürsorge, 1996

Deutsches Studentenwerk (Hrsg.): beeinträchtigt studieren – best 2. Berlin: Deutsches Studentenwerk, 2018 (URL: https://www.studentenwerke.de/de/content/beeinträchtigt-studieren—best2, letzter Aufruf am 03.04.2019)

Deutsche UNESCO-Kommission (Hrsg.): Inklusion. Leitlinien für die Bildungspolitik. Bonn: DUK, 3. Aufl. 2014

Dewey, John: Demokratie und Erziehung. Eine Einleitung in die philosophische Pädagogik. Hrsg. v. Jürgen Oelkers, übers. v. Erich Hylla. Weinheim u. Basel: Beltz, 1993 (amerikanische Originalausgabe: 1916)

Dewey, John: Creative Democracy – The Task Before Us. In: John Dewey. The Later Works, 1925–1953. Vol 14: 1939–1941. Ed. by Boydston, J.A. Carbondale u. Edwardsville: Southern Illinois University Press, 1988, S. 225–230

Dichans, Wolfgang: Der Kindergarten als Lebensraum für behinderte und nichtbehinderte Kinder. Köln u. a.: Kohlhammer, 1990

Diller-Murschall, Ilsa/Haucke, Karl/Breuer, Anne (Hrsg.): Qualifizierung lohnt sich! Perspektiven der Fachberatung für Kindertageseinrichtungen. Freiburg i. Br.: Lambertus, 1997

Döbert, Hans/Weishaupt, Horst (Hrsg.): Inklusive Bildung professionell gestalten. Situationsanalyse und Handlungsempfehlungen. Münster u. a. Waxmann, 2013

Doerner, Klaus: Nicht nur Teilhabe, sondern auch Teilgabe. In: kobi-nachrichten vom 26.09.2007 (URL: www.kobinet-nachrichten.org, letzter Aufruf: 07.05.2012)

Dräger, Jörg: Dichter, Denker, Schulversager. Gute Schulen sind machbar – Wege aus der Bildungskrise. München: DVA, 2011

Drave, Wolfgang/Rumpler, Franz/Wachtel, Peter (Hrsg.): Empfehlungen zur sonderpädagogischen Förderung. Allgemeine Grundlagen und Förderschwerpunkte (KMK) mit Kommentaren. Würzburg: edition bentheim, 2000

Duden-Redaktion (Hrsg.): Duden. Deutsches Universalwörterbuch. Mannheim u. a.: Dudenverlag, 5. Aufl. 2003

Dumke, Dieter (Hrsg.): Integrativer Unterricht. Gemeinsames Lernen von Behinderten und Nichtbehinderten. Weinheim: Deutscher Studien Verlag, 2. Aufl. 1993

Dumke, Dieter/Krieger, Gertrude/Schäfer, Georg: Schulische Integration in der Beurteilung von Eltern und Lehrern. Weinheim: Deutscher Studien Verlag, 1989

Dupuis, Gregor: Sprachbehindertenpädagogik. In: Solarová, Svetluse (Hrsg.): Geschichte der Sonderpädagogik. Stuttgart, Berlin, Köln, Mainz: Kohlhammer, 1983, S. 260-296

Dworschak, Wolfgang: Schulbegleitung an Förder- und Allgemeinen Schulen. In: Zeitschrift für Heilpädagogik 63 (2012) 10, S. 414–421

Eberwein, Hans: Die Sonderschule als Integrationsfaktor der Gesamtschule – ein pädagogisch-soziologisches Problem. In: Zeitschrift für Heilpädagogik 21 (1970) 6, S. 311-327

Eberwein, Hans: Einführung in die Integrationspädagogik. Interdisziplinäre Zugangsweisen sowie Aspekte universitärer Ausbildung von Lehrern und Diplompädagogen. Weinheim: Deutscher Studien Verlag, 1996

Eberwein, Hans/Knauer, Sabine (Hrsg.): Behinderung und Lernprobleme überwinden. Basiswissen und integrationspädagogische Arbeitshilfen. Stuttgart: Kohlhammer, 2003

Eberwein, Hans/Knauer, Sabine (Hrsg.): Handbuch Integrationspädagogik. Weinheim u. Basel: Beltz, 7. Auflage 2009

Eberwein, Hans/Sasse, Ada (Hrsg.): Behindert sein oder behindert werden? Interdisziplinäre Analysen zum Behinderungsbegriff. Neuweid, Kriftel, Berlin: Luchterhand, 1998

Eckhart, Michael/Haeberlin, Urs/Sahli Lozano, Caroline/Blanc, Philippe: Langzeitwirkungen der schulischen Integration. Eine empirische Studie zur Bedeutung von Integrationserfahrungen in der Schulzeit für die soziale und berufliche Situation im jungen Erwachsenenalter. Bern, Stuttgart, Wien: Haupt, 2011

Einsiedler, Wolfgang: Das Spiel der Kinder. Zur Pädagogik und Psychologie des Kinderspiels. Bad Heilbrunn: Klinkhardt, 3. Aufl. 1999

Ellger-Rüttgardt, Sieglind Luise: Inklusion. Vision und Wirklichkeit. Stuttgart: Kohlhammer, 2016

Elterngruppe integratives Wohnen: Ein Dach für Euer Leben. Erfahrungsbericht von Eltern für Eltern. Essen: Selbstverlag/Behindertenreferat des Evgl. Stadtkirchenverbandes Essen, 1996

Ehrhardt, Kirsten: Henri. Ein kleiner Junge verändert die Welt. München: Heyne, 2015

European Agency for Development in Special Needs Education: Teacher Education für Inclusion across Europe. Challenges and Opportunities. Odense (DK): European Agency for Development in Special Needs Education, 2011 (URL: https://www.european-agency.org/sites/default/files/te4i-synthesis-report-en.pdf, letzter Aufruf: 27.06.2019)

Ewald, Tanja-Maria/Huber, Christian: Kooperatives Lernen und soziale Akzeptanz?! – Wie das Konzept des kooperativen Lernens durch die Kontakthypothese geschärft werden könnte. In: Hellmich, Frank/Blumberg, Eva (Hrsg.): Inklusiver Unterricht in der Grundschule. Stuttgart: Kohlhammer, 2017, S. 66–81

Exner, Reiner: Montessori-Pädagogik. In: Lingenauber, Sabine (Hrsg.): Handlexikon der Integrationspädagogik. Bd. 1: Kindertageseinrichtungen. Bochum/Freiburg: project, 2008, S. 156-160

Faulstich, Peter: Menschliches Lernen. Eine kritisch-pragmatistische Lerntheorie. Bielefeld: transcript, 2013

Faulstich-Wieland, Hannelore/Faulstich, Peter (Hrsg.): Erziehungswissenschaft. Ein Grundkurs. Reinbek b. Hamburg: Rowohlt, 2008

Faust-Siehl, Gabriele u. a. (Hrsg.): Die Zukunft beginnt in der Grundschule. Empfehlungen zur Neugestaltung der Primarstufe. Frankfurt a. M.: Ak Grundschule, 1996

Felten, Michael: Die Inklusionsfalle. Wie eine gut gemeinte Idee unser Bildungssystem ruiniert. Gütersloh: Gütersloher Verlagshaus, 2017

Fend, Helmut: Qualität im Bildungswesen. Schulforschung zu Systembedingungen, Schulprofilen und Lehrerleistung. Weinheim u. München: Juventa, 1998

Feuser, Georg: Gemeinsame Erziehung behinderter und nichtbehinderter Kinder im Kindertagesheim. Ein Zwischenbericht. Bremen: Diakonisches Werk, 4. Aufl. 1987 (Erstausgabe: 1984)

Feuser, Georg: Behinderte Kinder und Jugendliche. Zwischen Aussonderung und Integration. Darmstadt: Wissenschaftliche Buchgesellschaft, 1995

Feuser, Georg: Gemeinsames Lernen am gemeinsamen Gegenstand. Didaktisches Fundamentum einer Allgemeinen (integrativen) Pädagogik. In: Hildeschmidt, Anne/Schnell, Irmtraud (Hrsg.): Integrationspädagogik. Auf dem Weg zu einer Schule für alle. Weinheim, München: Juventa, 1998, S. 19–35

Feuser, Georg/Meyer, Heike: Integrativer Unterricht in der Grundschule: ein Zwischenbericht. Solms-Oberbiel: Jarick Oberbiel, 1987

Feyerer, Ewald: Inklusive Regionen in Österreich. Bildungspolitische Rahmenbedingungen zur Umsetzung der UN-Konvention. In: behinderte menschen (2013) 2, S. 34–45

Fischer, Erhard/Heimlich, Ulrich/Kahlert, Joachim/Lelgemann, Reinhardt (Hrsg.): Profilbildung inklusive Schule – eine Leitfaden für die Praxis. München: Bayerisches Staatsministerium für Unterricht und Kultus, 2. Aufl. 2013 (URL: ganzer_leitfaden_neue_schrift_online_a468seiterds_onl_rz3_230213.pdf, letzter Aufruf: 27.06.2019)

Fischer, Erhard/Markowetz, Reinhard (Hrsg.): Inklusion im Förderschwerpunkt geistige Entwicklung. Reihe: Inklusion in Schule und Gesellschaft, Bd. 6. Stuttgart: Kohlhammer, 2016

Frey, Karl: Die Projektmethode. Der Weg zum bildenden Tun. Weinheim u. Basel: Beltz, 9. Aufl. 2002

Fritzsche, Rita/Schastok, Alrun: Ein Kindergarten für alle. Kinder mit und ohne Behinderung lernen und spielen gemeinsam. Berlin: Luchterhand, 2002

Füssel, Hans-Peter/Kretschmann, Rudolf: Gemeinsamer Unterricht für behinderte und nichtbehinderte Kinder. Witterschlick/Bonn: Verlag Marg. Wehle, 1993

Gadamer, Hans-Georg: Wahrheit und Methode. Grundzüge einer philosophischen Hermeneutik. Tübingen: Mohr/Siebeck, 6. Aufl. 1990

Gasteiger Klicpera, Barbara/Wohlhart, David: Inklusive Regionen. In: Vierteljahresschrift für Heilpädagogik und ihre Nachbargebiete 84 (2015) 3, S. 185–191

Gebhardt, Markus: Integration und schulische Leistungen in Grazer Sekundarstufenklassen. Eine empirische Pilotstudie. Münster, Wien, Berlin: Lit, 2013

Gebhardt, Markus: Gemeinsamer Unterricht von Schülerinnen und Schülern mit und ohne sonderpädagogischen Förderbedarf – ein empirischer Überblick. In: Kiel, Ewald (Hrsg.): Inklusion im Sekundarbereich. Stuttgart: Kohlhammer, 2015, S. 39–52

Gebhardt, Markus/Heimlich, Ulrich: Inklusion und Bildung. In: Tippelt, Rudolf/Schmidt-Hertha, Bernhard (Hrsg.): Handbuch Bildungsforschung. Bd. 2. Wiesbaden: SpringerVS, 4. Aufl. 2018, S. 1241–1260

Gehrmann, Petra: Gemeinsamer Unterricht. Fortschritt an Humanität und Demokratie. Literaturanalyse und Gruppendiskussionen mit Lehrerinnen und Lehrern zur Theorie und Praxis der Integration von Menschen mit Behinderungen. Opladen: Leske+Budrich, 2001

Geißler, Karlheinz A./Hege, Marianne: Konzepte sozialpädagogischen Handelns. Ein Leitfaden für soziale Berufe. Weinheim u. Basel: Beltz, 10. Aufl. 2001

Genishi, Cecilia/Goodwin, Lin A.: Diversities in early childhood education. Rethinking and doing. London u. a.: Routledge, 2008

Gercke, Magdalena/Opalinski, Saskia/Thonagel, Tim (Hrsg.): Inklusive Bildung und gesellschaftliche Exklusion. Zusammenhänge, Widersprüche, Konsequenzen. Wiesbaden: SpringerVS, 2017

Glöckel, Hans: Vom Unterricht. Bad Heilbrunn: Klinkhardt, 3. Aufl. 1996

Goffman, Erving: Stigma. Über Techniken der Bewältigung beschädigter Identität. Frankfurt a. M.: Suhrkamp, 14. Aufl. 1999 (Erstausgabe: 1967)

Greving, Heinrich/Schäper, Sabine (Hrsg.): Heilpädagogische Konzepte und Methoden. Orientierungswissen für die Praxis. Stuttgart: Kohlhammer, 2013

Gröschke, Dieter: Praxiskonzepte der Heilpädagogik. Anthropologische, ethische und pragmatische Dimensionen. München u. Basel: E. Reinhardt, 2. Aufl. 1997

Grohnfeldt, Manfred: Sprachbehinderung, Sprachbehinderte, Sprachbehindertenpädagogik. In: Antor, Georg/Bleidick, Ulrich (Hrsg.): Handlexikon der Behindertenpädagogik. Stuttgart u. a.: Kohlhammer, 2001, S. 135–138

Grohnfeldt, Manfred (Hrsg.): Inklusion im Förderschwerpunkt Sprache. Reihe: Inklusion in Schule und Gesellschaft, Bd. 11. Stuttgart: Kohlhammer, 2015

Gronemeyer, Marianne: Die Macht der Bedürfnisse. Überfluss und Knappheit. Darmstadt: Wissenschaftliche Buchgesellschaft, 2. Aufl. 2009

Gudjons, Herbert: Handlungsorientiert lehren und lernen. Schüleraktivierung, Selbsttätigkeit, Projektarbeit. Bad Heilbrunn: Klinkhardt, 12. Auflage 2014

Gudjons, Herbert: Didaktik zum Anfassen. Lehrer/in-Persönlichkeit und lebendiger Unterricht. Bad Heilbrunn: Klinkhardt, 3. Auflage 2003

Gudjons, Herbert: Frontalunterricht – neu entdeckt. Integration in offene Unterrichtsformen. Bad Heilbrunn: Klinkhardt, 2. Aufl. 2007

Gulotta, Andriana (Hrsg.): In der Schule des Friedens. Kinder erziehen in einer globalen Welt. Mit einem Vorwort von Andrea Riccardi. Würzburg: echter, 2018

Haag, Ludwig/Rahm, Sibylle/Apel, Hans Jürgen/Sacher, Werner (Hrsg.): Studienbuch Schulpädagogik. Bad Heilbrunn: Klinkhardt, 5. Auflage 2013 (UTB 2949)

Haeberlin, Urs u. a.: Die Integration von Lernbehinderten. Versuche, Theorien, Forschungen, Enttäuschungen, Hoffnungen. Bern, Stuttgart: Haupt, 2. Aufl. 1991

Haeberlin, Urs: Grundlagen der Heilpädagogik. Bern, Stuttgart, Wien: Haupt, 2005

Haeberlin, Urs/Jenny-Fuchs, Elisabeth/Moser Opitz, Elisabeth: Zusammenarbeit. Wie Lehrpersonen Kooperation zwischen Regel- und Sonderpädagogik in integrativen Kindergärten und Schulklassen erfahren. Bern u. Stuttgart: Haupt, 1992

Hammermeister, Kai: Hans-Georg Gadamer. München: Beck, 1999

Hans, Maren/Ginnold, Antje (Hrsg.): Integration von Menschen mit Behinderung – Entwicklungen in Europa. Neuwied u. a.: Luchterhand, 2000

Hartwig, Jürgen/Kroneberg, Dirk Willem (Hrsg.): Inklusion – Chance und Herausforderung für Kommunen. Berlin: Verlag des Deutschen Vereins für öffentliche und private Fürsorge e. V., 2014

Haude, Christin/Volk, Sabrina (Hrsg.): Diversity Education in der Ausbildung frühpädagogischer Fachkräfte. Weinheim u. Basel: Beltz, 2015

Hattie, John: Lernen sichtbar machen. Überarbeite deutschsprachige Ausgabe von »Visible Learning« besorgt von Wolfgang Beywl und Klaus Zierer. Hohengehren; Schneider, 2013

Hecht, Michael: Selbsttätigkeit im Unterricht. Empirische Untersuchungen in Deutschland und Kanada zur Paradoxie pädagogischen Handelns. Wiesbaden: VS Verlag Sozialwissenschaften, 2008

Hedderich, Ingeborg/Biewer, Gottfried/Hollenweger, Judith/Markowetz, Reinhard (Hrsg.): Handbuch Inklusion und Sonderpädagogik. Bad Heilbrunn: Klinkhardt, 2016

Hegel, Georg Friedrich Wilhelm: Phänomenologie des Geistes. Köln: Könemann, 2000 (Erstausgabe: 1807).

Hegele, Irmintraut (Hrsg.): Lernziel: Stationenarbeit. Eine neue Form des offenen Unterrichts. Weinheim u. Basel: Beltz, 1996

Heimlich, Ulrich: Integration im Vorschulbereich. Wo bleiben die sozial benachteiligten Kinder ? In: Neue Deutsche Schule 37 (1985) 20, S. 13

Heimlich, Ulrich: Der Situationsansatz für die Lernbehindertenpädagogik. Ökologisch orientierte Förderkonzepte bei erschwerten Lernsituationen. In: Zeitschrift für Heilpädagogik 45 (1994), S. 578–587

Heimlich, Ulrich: Behinderte und nichtbehinderte Kinder spielen gemeinsam. Konzept und Praxis integrativer Spielförderung. Bad Heilbrunn: Klinkhardt, 1995

Heimlich, Ulrich: Orte und Konzepte sonderpädagogischer Förderung. Ökologische Entwicklungsperspektiven der Heilpädagogik. In: Zeitschrift für Heilpädagogik 47 (1996), S. 46–54

Heimlich, Ulrich (Hrsg.): Zwischen Aussonderung und Integration. Schülerorientierte Förderung bei Lern- und Verhaltensschwierigkeiten. Neuwied u. a.: Luchterhand, 1997

Heimlich, Ulrich: Von der sonderpädagogischen zur integrativen Förderung – Umrisse einer heilpädagogischen Handlungstheorie. In: Zeitschrift für Heilpädagogik 49 (1998b), S. 250–258

Heimlich, Ulrich: Subsidiarität sonderpädagogischer Förderung – Organisatorische Innovationsprobleme auf dem Weg zur Integration. In: Heimlich, Ulrich (Hrsg.): Sonderpädagogische Fördersysteme – Auf dem Weg zur Integration. Stuttgart u. a.: Kohlhammer, 1999a, S. 13–32

Heimlich, Ulrich: Gemeinsam lernen in Projekten. Bausteine für eine integrationsfähige Schule. Bad Heilbrunn: Klinkhardt, 1999b

Heimlich, Ulrich (Hrsg.): Sonderpädagogische Fördersysteme – Auf dem Weg zur Integration. Stuttgart u. a.: Kohlhammer, 1999c

Heimlich, Ulrich: Der heilpädagogische Blick – Sonderpädagogische Professionalisierung auf dem Weg zur Integration. In: Heimlich, Ulrich (Hrsg.): Sonderpädagogische Fördersysteme – Auf dem Weg zur Integration. Stuttgart u. a.: Kohlhammer, 1999d, S. 163–182

Heimlich, Ulrich: 10 Jahre Integrationsentwicklung in Ostdeutschland – Ein Rückblick nach vorn. In: Gemeinsam leben 8 (2000a) 4, S. 156–159

Heimlich, Ulrich: Zur Entwicklung der schulischen Integration in den neuen Bundesländern. In: Ellger-Rüttgardt, Sieglind/Wachtel, Grit (Hrsg.): Zehn Jahre Sonderpädagogik und Rehabilitation im vereinten Deutschland. Neuwied u. a.: Luchterhand, 2000b, S. 176–191

Heimlich, Ulrich: Integration und Frühförderung. Ein ökologisches Entwicklungsmodell. In: Kinderärztliche Praxis 71 (2000c), S. 184–189

Heimlich, Ulrich: Auf der Suche nach einer neuen Solidarität. Heilpädagogisches Handeln in der Zweiten Moderne. In: Bundschuh, Konrad (Hrsg.): Wahrnehmen, Verstehen, Handeln. Bad Heilbrunn: Klinkhardt, 2000d, S. 97–110

Heimlich, Ulrich: Einführung in die Spielpädagogik. Eine Orientierungshilfe für sozial-, schul- und heilpädagogische Arbeitsfelder. Bad Heilbrunn: Klinkhardt, 3. Aufl. 2015

Heimlich, Ulrich/Höltershinken, Dieter (Hrsg.): Gemeinsam spielen. Integrative Spielprozesse im Regelkindergarten. Seelze-Velber: Kallmeyersche Verlagsbuchhandlung, 1994

Heimlich, Ulrich: Integrative Pädagogik. Eine Einführung. Stuttgart: Kohlhammer, 2003

Heimlich, Ulrich: Zusammen arbeiten. Qualifikation für integrative Pädagogik. In: Mutzeck, Wolfgang/Popp, Kerstin: Professionalisierung von Sonderpädagogen. Standards, Kompetenzen und Methoden. Weinheim u. Basel: Beltz, 2007, S. 158–177

Heimlich, Ulrich: Kinder mit Behinderung – Anforderungen an eine inklusive Frühpädagogik. Eine Expertise der Weiterbildungsinitiative Frühpädagogische Fachkräfte (WiFF). WiFF-Expertise Nr. 33. München: DJI, 2013a

Heimlich, Ulrich: Ausbildung und Professionalisierung von Fachkräften für inklusive Bildung im Bereich der frühkindlichen Bildung, Betreuung und Erziehung. In: Döbert, Hans/Weishaupt, Horst (Hrsg.): Inklusive Bildung professionell gestalten. Situationsanalyse und Handlungsempfehlungen. Münster, New York, München, Berlin: Waxmann, 2013b, S. 11–32

Heimlich, Ulrich: Einführung in die Spielpädagogik. Bad Heilbrunn: Klinkhardt, 3. Aufl. 2015

Heimlich, Ulrich: Ausbildung frühpädagogischer Fachkräfte für inklusive Bildung. In: Haude, Christin/Volk, Sabrina (Hrsg.): Diversity Education in der Ausbildung frühpädagogischer Fachkräfte. Weinheim u. Basel: BeltzJuventa, 2015b, S. 29–46

Heimlich, Ulrich: Pädagogik bei Lernschwierigkeiten. Bad Heilbrunn: Klinkhardt, 2. Auflage 2016

Heimlich, Ulrich: Das Spiel mit Gleichaltrigen in Kindertageseinrichtungen. Teilhabechancen für Kinder mit Behinderung. WiFF-Expertisen, Band 49. München: DJI, 2017a

Heimlich, Ulrich Etikettenschwindel oder Zukunftsperspektive? Profil Inklusion für Förderschulen. In: spuren 60 (2017b) 3, S. 11–13

Heimlich, Ulrich: Inklusive Momente im Bildungsprozess. In: Pädagogische Rundschau 71 (2017c) 2, S. 171–186

Heimlich, Ulrich: Zwischen Inklusion und Exklusion – Armut und soziale Benachteiligung als Herausforderung an die Pädagogik bei Lernschwierigkeiten. In: Gercke, Magdalena/Opalinski, Saskia/Thonagel, Tim (Hrsg.): Inklusive Bildung und gesellschaftliche Exklusion. Zusammenhänge – Widersprüche – Konsequenzen. Wiesbaden: Springer, 2017d, S. 87–98

Heimlich, Ulrich/Behr, Isabel: Integrative Qualität im Dialog entwickeln. Auf dem Weg zur inklusiven Kindertageseinrichtung. Münster: LiT, 2005

Heimlich, Ulrich/Behr, Isabel: Qualitätsstandards in integrativen Kinderkrippen (QUINK) – Ergebnisse eines Begleitforschungsprojektes. In: Vierteljahresschrift für Heilpädagogik und ihre Nachbargebiete (VHN) 77 (2008) 4, S. 301–316

Heimlich, Ulrich/Behr, Isabel: Inklusion von Menschen mit Behinderung in der Erwachsenenbildung/Weiterbildung. In: Tippelt, Rudolf/von Hippel, Aiga (Hrsg.): Handbuch der Erwachsenenbildung/Weiterbildung. Bd. 2. Wiesbaden: Springer, 6. Aufl. 2018, S. 1207–1223

Heimlich, Ulrich/Eckerlein, Tatjana/Lutz, Stephanie/Riesch, Mario/Schmid, Andrea C./Schuhmacher, Jürgen/Wilfert de Icaza, Kathrin (2016e): Zwischen Fachspezifität und Kompetenztransfer. Sonderpädagogische Lehrerbildung im Förderschwerpunkt Lernen. In: Sonderpädagogik in Bayern 59 (2016) 1, S. 7–11

Heimlich, Ulrich/Jacobs, Sven: Integrative Schulentwicklung. Das Beispiel der Integrierten Gesamtschule Halle/S. Bad Heilbrunn: Klinkhardt, 2001

Heimlich, Ulrich/Kahlert, Joachim: Inklusion in Schule und Unterricht. Wege zur Bildung für alle. Stuttgart: Kohlhammer, 2. Aufl. 2014

Heimlich, Ulrich/Kahlert, Joachim (Hrsg.): Inklusion in der Lehrerbildung an der Ludwig-Maximilians-Universität München (LMU). München: LMU, 2019 (zu beziehen über den Autor: Ulrich.Heimlich@edu.lmu.de)

Heimlich, Ulrich/Kahlert, Joachim/Lelgemann, Reinhard/Fischer, Erhard (Hrsg.) (2016f): Inklusives Schulsystem. Analysen, Befunden, Empfehlungen zum bayerischen Weg. Bad Heilbrunn: Klinkhardt, 2016

Heimlich, Ulrich/Röbe, Dominik: Mobile Sonderpädagogische Dienste in Bayern – Ergebnisse einer Lehrerbefragung. In: Sonderpädagogik in Bayern 48 (2005) 3, S. 37–44

Heimlich, Ulrich/Ueffing, Claudia M.: Leitfaden für inklusive Kindertageseinrichtungen. WiFF-Expertise, Bd. 51. München: DJI, 2018a

Heimlich, Ulrich/Wilfert, Kathrin/Ostertag, Christina/Gebhardt, Markus (2018b): Qualitätsskala zur inklusiven Schulentwicklung (QU!S®) – eine Arbeitshilfe auf dem Weg zur inklusiven Schule. Bad Heilbrunn: Klinkhardt, 2018b

Heimlich, Ulrich/Wilfert, Kathrin/Ostertag, Christina/Gebhardt, Markus (2018g): Konstruktion einer Skala zur Abbildung inklusiver Qualität von Schulen. In: Empirische Sonderpädagogik 10 (2018c) 3, S. 211-231

Heimlich, Ulrich/Wittko, Michael (2018d): Inklusive Regionen – Zukunftsperspektive sonderpädagogischer Förderung? In: Zeitschrift für Heilpädagogik 69 (2018) 11, S. 504-516

Heitmeyer, Wilhelm: Bundesrepublik Deutschland: Auf dem Weg von der Konsens- zur Konfliktgesellschaft. Bd. 1: Was treibt die Gesellschaft auseinander? Bd. 2: Was hält die Gesellschaft zusammen? Frankfurt a. M.: Suhrkamp, 1997

Hellbrügge, Theodor: Unser Montessori Modell. Erfahrungen mit einem neuen Kindergarten und einer neuen Schule. München: Kindler, 2. Aufl. 1977

Hellmich, Frank/Blumberg, Eva (Hrsg.): Inklusiver Unterricht in der Grundschule. Stuttgart: Kohlhammer, 2017

Helmke, Andreas: Unterrichtsqualität. Erfassen, Bewerten, Verbessern. Seelze: Kallmeyer, 3. Auflage 2004

Hensen Gregor/Beck, Anneka (Hrsg.): Inclusive Education. Internationale Strategien und Entwicklungen Inklusiver Bildung. Weinheim u. Basel: BeltzJuventa, 2015

Hensen, Gregor/Küstermann, Burkhard/Maykus, Stephan/Riecken, Andrea/Schinnenburg, Heike/Wiedebusch, Silvia (Hrsg.): Inklusive Bildung. Organisations- und professionsbezogene Aspekte eines sozialen Programms. Weinheim u. Basel: Beltz Juventa, 2014

Hentig, Hartmut von: Die Schule neu denken. Eine Übung in praktischer Vernunft. München: Hanser, 2. Aufl. 1993

Hentig, Hartmut von: Bildung. Ein Essay. München: Hanser, 1996

Herbart, Johann Friedrich: Allgemeine Pädagogik aus dem Zweck der Erziehung abgeleitet. Bochum: Kamp, 1965 (Erstausgabe: 1806)

Herm, Sabine: Konzepte integrativer Förderung im Elementarbereich. In: Eberwein, Hans/Mand, Johannes (Hrsg.): Integration konkret. Begründung, didaktische Konzepte, inklusive Praxis. Bad Heilbrunn: Klinkhardt, 2008, S. 107-120

Heyer, Peter/Preuss-Lausitz, Ulf/Zielke, Gitta: Wohnortnahe Integration. Gemeinsame Erziehung behinderter und nichtbehinderter Kinder in der Uckermark-Grundschule in Berlin. Weinheim u. München: Juventa, 1990

Hildeschmidt, Anne/Sander, Alfred: Integration behinderter Schüler und Schülerinnen in der Sekundarstufe I. In: Heilpädagogische Forschung. Bd. XXI (1995), S. 14–25

Hildeschmidt, Anne/Sander, Alfred: Zur Effizienz der Beschulung sogenannter Lernbehinderter in Sonderschulen. In: Eberwein, Hans (Hrsg.): Handbuch Lernen und Lern-Behinderungen. Weinheim u. Basel: Beltz, 1996, S. 115–134

Hildeschmidt, Anne/Schnell, Irmtraud (Hrsg.): Integrationspädagogik. Auf dem Weg zu einer Schule für alle. Weinheim u. München: Juventa, 1998

Hillenbrand, Clemens/Melzer, Conny: Zwischen Inklusion und Exklusion – Empirische Aspekte der schulischen Inklusion im Förderschwerpunkt Lernen. In: Benkmann, Rainer/Heimlich, Ulrich (Hrsg.): Inklusion im Förderschwerpunkt Lernen. Stuttgart: Kohlhammer, 2018, S. 66-132

Hiller, Gotthilf Gerhard: (Über-)Lebenskunst als Gegenstand der Bildungsarbeit im Jugendstrafvollzug und von Alltagsbegleitung nach Haftentlassung. In: Weiß, Hans/Stinkes, Ursula/Fries, Alfred (Hrsg.): Prüfstand der Gesellschaft: Behinderung und Benachteiligung als soziale Herausforderung. Würzburg: edition von freisleben, 2010, S. 65–84

Hinte, Wolfgang: Sozialraumorientierung – ein Fachkonzept für die Behindertenhilfe. In: behinderte menschen 42 (2019) 1, S. 29–35

Hinz, Andreas: Heterogenität in der Schule. Integration – interkulturelle Erziehung – Koedukation. Hamburg: Curio, 1993

Hinz, Andreas: Von der Integration zur Inklusion – terminologisches Spiel oder konzeptionelle Weiterentwicklung. In: Zeitschrift für Heilpädagogik 53 (2002), S. 354–361

Hinz, Andreas/Boban, Ines: Integrative Berufsvorbereitung. Unterstütztes Arbeitstraining für Menschen mit Behinderung. Neuwied u. a.: Luchterhand, 2001

Hinz, Andreas/Katzenbach, Dieter/Rauer, Wulf/Schuck, Karl Dieter/Wocken, Hans/Wudtke, Hubert: Die integrative Grundschule im sozialen Brennpunkt. Ergebnisse eines Hamburger Schulversuchs. Hamburg: Hamburger Buchwerkstatt, 1998

Hochschulrektorenkonferenz: Eine Hochschule für alle. Empfehlung der 6. Mitgliederversammlung am 21.04.2009 zum Studium mit Behinderung/chronischer Krankheit Bonn: HRK, 2009(URL: https://www.hrk.de/uploads/tx_szconvention/Entschliessung_HS_Alle.pdf, letzter Aufruf: 31.03.2018)

Hochschulrektorenkonferenz: Eine Hochschule für alle. Empfehlung der 6. Mitgliederversammlung vom 21.04.2009 zum Studium mit Behinderung und chronischer Erkrankung. Ergebnisse der Evaluation. Bonn: HRK, 2013 (URL: https://www.hrk.de/fileadmin/redaktion/hrk/02-Dokumente/02-03-Studium/02-03-08-Barrierefreies-Studium/Auswertung_Evaluation_Hochschule_fuer_Alle_01.pdf, letzter Aufruf: 31.08.2018)

Hoffmann, Hilmar: Fachberatung: Tätigkeit ohne Ausbildung – Beruf ohne Profession? In: Thiersch, Renate u. a. (Hrsg.): Die Ausbildung der Erzieherinnen. Weinheim u. München: Juventa, 1999, S. 197-209

Hollenweger, Judith/Kraus de Camargo, Olaf (Hrsg.): ICF-CY. Internationale Klassifikation der Funktionsfähigkeit, Behinderung und Gesundheit bei Kindern und Jugendlichen. Bern: Huber, 2011

Homfeldt, Hans Günther: Die Schule für Lernbehinderte unter labelingtheoretischen Aspekten – Konsequenzen für schulisches Lernen. In: Eberwein, Hans (Hrsg.): Handbuch Lernen und Lern-Behinderungen. Weinheim u. Basel: Beltz, 1996, S. 176–191

HORIZON-Arbeitsgruppe (Hrsg.): Unterstützte Beschäftigung. Handbuch zur Arbeitsweise von Integrationsfachdiensten für Menschen mit geistiger Behinderung. Berlin: Institut für Sozialforschung und Betriebspädagogik e. V. (ISB), 1995

Hübner, Ricarda: Die Rehabilitationspädagogik in der DDR. Zur Entwicklung einer Profession. Frankfurt a. M.: Peter Lang, 2000

Hüwe, Birgit/Roebke, Christa/Rosenberger, Manfred (Hrsg.): Leben ohne Aussonderung. Eltern kämpfen für Kinder mit Beeinträchtigungen. Neuwied u. a.: Luchterhand, 2000

Irskens, Beate/Engler, Renate: Fachberatung zwischen Beratung und Politik. Eine kritische Bestandsaufnahme. Materialien für die sozialpädagogische Praxis (MSP 23). Frankfurt a. M.: Deutscher Verein für öffentliche und private Fürsorge, 1992

Jank, Werner/Meyer, Hilbert: Didaktische Modelle. Berlin: Cornelsen, 12. Auflage 2002

Jantzen, Wolfgang: Sozialisation und Behinderung. Studien zu sozialwissenschaftlichen Grundfragen der Behindertenpädagogik. Gießen: Focus, 1974

Jantzen, Wolfgang: Materialistische Theorie der Behindertenpädagogik. In: Bleidick, Ulrich (Hrsg.): Theorie der Behindertenpädagogik. Berlin: C. Marhold, 1985, S. 322–342

Jantzen, Wolfgang: Allgemeine Behindertenpädagogik. Bd. 1, Bd. 2: Neurowissenschaftliche Grundlagen, Diagnostik, Pädagogik und Therapie. Weinheim u. Basel: Beltz, 1990

Jantzen, Wolfgang: Möglichkeiten und Chancen des gemeinsamen Unterrichts von behinderten und nichtbehinderten Kindern: Didaktische Grundfragen. In: Zeitschrift für Heilpädagogik. 51 (2000), S. 46–55

Jaumann-Graumann, Olga/Riedinger, Werner: Integrativer Unterricht in der Grundschule. Gemeinsam leben und lernen – Unterrichtsbeispiele. Frankfurt a. M.: Diesterweg, 1996

Jaumann-Graumann, Olga: Gemeinsames Leben und Lernen in integrativen Klassen. In: Leonhardt, Annette (Hrsg.): Gemeinsames Lernen von hörenden und hörgeschädigten Schülern. Hamburg: Verlag hörgeschädigte Kinder, 2. Aufl. 2001, S. 55–63

Jülich, Martina: Schulische Integration in den USA. Bisherige Erfahrungen bei der Umsetzung des Bundesgesetzes »Public Lax 94-142« – dargestellt anhand einer Analyse der »Annual Reports to Congress«. Bad Heilbrunn: Klinkhardt, 1996

Kahlert, Joachim: Der Sachunterricht und seine Didaktik. Bad Heilbrunn: Klinkhardt, 3. Auflage 2009

Kahlert, Joachim: Ganzheitliches Lernen mit allen Sinnen? Plädoyer für einen Abschied von unergiebigen Begriffen. www.widerstreit-sachunterricht.de/ Ausgabe Nr. 8/März 2007 (URL: http://www.widerstreit-sachunterricht.de/ebeneI/ didaktiker/kahlert/kahlert.pdf, letzter Aufruf: 03.04.2019)

Kahlert, Joachim (Hrsg.): Die Inklusionssensible Grundschule. Vom Anspruch zur Umsetzung. Reihe: Inklusion in Schule und Gesellschaft, Bd. 1. Stuttgart: Kohlhammer, 2019

Kahlert, Joachim/Heimlich, Ulrich: Inklusionsdidaktische Netze – Konturen eines Unterrichts für alle (dargestellt am Beispiel des Sachunterrichts«. In: Heimlich, Ulrich/Kahlert, Joachim (Hrsg.): Inklusion in Schule und Unterricht. Stuttgart: Kohlhammer, 2. Auflage 2014, S. 153–190

Kelle, Helga/Tervooren, Anja (Hrsg.): Ganz normale Kinder. Heterogenität und Standardisierung kindlicher Entwicklung. Weinheim u. Basel: Juventa, 2008

Kercher, Angelika/Behrends, Irene: Fachberatung. Interview mit Ilse Keppler. In: Klein&Gross 49 (1996), S. 228–230

Keupp, Heiner/Ahbe, Thomas/Gmür, Wolfgang/Höfer, Renate/Mitzscherlich, Beate/Kraus, Wolfgang/Straus, Florian: Identitätskonstruktionen. Das Patchwork der Identitäten in der Spätmoderne. Reinbek b. Hamburg: Rowohlt, 1999

Kiel, Ewald: Unterrichtsprinzipien. In: Haag, Ludwig/Rahm, Sibylle/Apel, Hans Jürgen/Sacher, Werner (Hrsg.): Studienbuch Schulpädagogik. Bad Heilbrunn: Klinkhardt, 5. Aufl. 2013, S. 198–220

Kiel, Ewald (Hrsg.): Inklusion im Sekundarbereich. Reihe: Inklusion in Schule und Gesellschaft, Bd. 2. Stuttgart: Kohlhammer, 2015

Kiel, Ewald/Syring, Marcus: Differenzierung. In: Kiel, Ewald (Hrsg.): Unterricht sehen, analysieren, gestalten. Bad Heilbrunn: Klinkhardt, 3. Auflage 2018, S. 63–92

Kiel, Ewald/Weiß, Sabine/Brane, Agnes: Sonderpädagogische Professionalität und Inklusion: Welchen Beitrag leistet das Studium der Sonderpädagogik? In: Heimlich, Ulrich/Kahlert, Joachim (Hrsg.): Inklusion in Schule und Gesellschaft. Stuttgart: Kohlhammer, 2. Aufl. 2014, S. 191–199

Kittay, Eva Feder (2006): Die Suche nach einer bescheideneren Philosophie: Mentalen Beeinträchtigungen begegnen – herausfinden, was wichtig ist. Dankesrede anlässlich der Verleihung des ersten IMEW-Preises am 23. Oktober 2006 in der Urania in Berlin (URL: www.imew.de/index.php?id=269, letzter Aufruf: 06.01.2012)

Klafki, Wolfgang: Neue Studien zur Bildungstheorie und Didaktik. Zeitgemäße Allgemeinbildung und kritisch-konstruktive Didaktik. Weinheim u. Basel: Beltz, 6. Auflage 2007

Klein, Gerhard: Soziale Benachteiligung: Zur Aktualität eines verdrängten Begriffs. In: Opp, Günther/Peterander, Franz (Hrsg.): Focus Heilpädagogik. München u. Basel: E. Reinhardt, 1996, S. 140–149

Klein, Uta (Hrsg.): Inklusive Hochschule. Neue Perspektiven für Praxis und Forschung. In Zusammenarbeit mit der Informations- und Beratungsstelle Studium und Behinderung (IBS) des Deutschen Studentenwerks. Reihe: Diversity und Hochschule. Weinheim u. Basel: Beltz Juventa, 2016

Klemm, Klaus: Zusätzliche Ausgaben für ein inklusives Bildungssystem in Deutschland. Gütersloh: Bertelsmann Stiftung, 2012 (URL: https://www.ber telsmann-stiftung.de/fileadmin/files/BSt/Publikationen/GrauePublikationen/Zu saetzl_Ausgaben_inkl_Schulsystem_in_D_Mrz_12.pdf, letzter Aufruf: 21.09.2018)

Klink, Job-Günter: Zur Geschichte der Sonderschule. Bad Heilbrunn: Klinkhardt, 1966

Klippert, Heinz: Pädagogische Schulentwicklung. Planungs- und Arbeitshilfen zur Förderung einer neuen Lernkultur. Weinheim u. Basel: Beltz, 2. Aufl. 2000

Kniel, Adrian: Die Schule für Lernbehinderte und ihre Alternativen. Eine Analyse empirischer Untersuchungen. Rheinstetten: Schindele, 1979

Kocaj, Aleksander/Kuhl, Poldi/Kroth, Anna J./Pant, Hans Anand/Stanat, Petra: Wo lernen Kinder mit sonderpädagogischem Förderbedarf besser? Ein Vergleich schulischer Kompetenzen zwischen Regel- und Förderschulen in der Primarstufe. In: Kölner Zeitschrift für Soziologie und Sozialpsychologie. 66 (2014), S. 165–191 (DOI 10.1007/s11577-014-0253-x)

Köbberling, Almut/Schley, Wilfried: Sozialisation und Entwicklung in Integrationsklassen. Untersuchungen zur Evaluation eines Schulversuchs in der Sekundarstufe. Weinheim u. München: Juventa, 2000

König, Anke/Friedrich, Tina (Hrsg.): Inklusion durch Sprachliche Bildung. Neue Herausforderungen im Bildungssystem. Weinheim u. Basel: BeltzJuventa, 2014

Krappmann, Lothar: Soziologische Dimensionen der Identität. Strukturelle Bedingungen der Teilhabe an Interaktionsprozessen. Stuttgart: Klett, 4. Auflage 1975

Krawitz, Rudi (Hrsg.): Die Integration behinderter Kinder in die Schule. Ein Schulversuch von der Grundschule zur Sekundarstufe I. Bad Heilbrunn: Klinkhardt, 1995

Krawitz, Rudi: Integrative Bildung. Chancen und Möglichkeiten für eine neue pädagogische Praxis der Schule. In: Leonhardt, Annette (Hrsg.): Gemeinsames Lernen von hörenden und hörgeschädigten Schülern. Hamburg: Verlag hörgeschädigte Kinder, 2. Aufl. 2001, S. 25–37

Krawitz, Rudi: Bildung. In: Bundschuh, K./Heimlich, U./Krawitz, R. (Hrsg.): Wörterbuch Heilpädagogik. 3. Auflage. Bad Heilbrunn: Klinkhardt, 3. Auflage, 2007 S. 42–45

Kreie, Gisela: Integrative Kooperation. Über die Zusammenarbeit von Sonderschullehrer und Grundschullehrer. Weinheim u. Basel: Beltz, 1985

Kreie, Gisela: Integrative Kooperation. In: Eberwein, Hans/Knauer, Sabine (Hrsg.): Handbuch Integrationspädagogik. Weinheim u. Basel: Beltz, 7. Auflage, 2009, S. 404–411

Kreuzer, Max: Entwicklung und Rahmenbedingungen der integrationspädagogischen Arbeit im Elementarbereich. In: Eberwein, Hans/Mand, Johannes (Hrsg.): Integration konkret. Bad Heilbrunn: Klinkhardt, 2008, S. 183-196

Kricke, Meike/Reich, Kersten: Teamteaching. Eine neue Kultur des Lehrens und Lernens. Weinheim u. Basel: Beltz, 2016

Kron, Maria/Papke, Birgit/Windisch, Marcus: Zusammen aufwachsen. Schritte zur frühen inklusiven Bildung und Erziehung. Bad Heilbrunn: Klinkhardt, 2010

Krope, Peter/Latus, Knut/Wolze, Wilhelm T.: Teilhabe im Dialog. Eine methodisch-konstruktive Studie zu Lebenslagen von Menschen mit Behinderung. Münster u. a.: Waxmann, 2009

Krüger, Heinz-Hermann/Lersch, Rainer: Lernen und Erfahrung. Perspektiven einer Theorie schulischen Handelns. Opladen: Leske+Budrich, 2. Aufl. 1993

Krüger, Heinz-Hermann: Einführung in Theorien und Methoden der Erziehungswissenschaft. Opladen: Leske+Budrich, 1997

Krug, Siegbert/Rheinberg, Falko/Peters, Joachim: Einflüsse der Sonderbeschulung und eines zusätzlichen Motivänderungsprogrammes auf die Persönlichkeitsentwicklung von Sonderschülern. In: Zeitschrift für Heilpädagogik 28 (1977), S. 431–439

Kultusministerkonferenz/Hochschulrektorenkonferenz: Lehrerbildung für eine Schule der Vielfalt. Gemeinsame Empfehlung der Hochschulrektorenkonferenz und der Kultusministerkonferenz. Beschluss der Kultusministerkonferenz vom 12.03.2015, Beschluss der Hochschulrektorenkonferenz vom 18.03.2015 (URL: https://www.kmk.org/fileadmin/Dateien/veroeffentlichungen_beschluesse/2015/2015_03_12-Schule-der-Vielfalt.pdf letzter Aufruf: 05.04.2019)

Laing, Ronald D.: Phänomenologie der Erfahrung. Frankfurt a. M.: Suhrkamp, 1969

Lelgemann, Reinhard/Singer, Philipp/Walter-Klose, Christian (Hrsg.): Inklusion im Förderschwerpunkt körperliche und motorische Entwicklung. Reihe: Inklusion in Schule und Gesellschaft, Bd. 8. Stuttgart: Kohlhammer, 2015

Lenzen, Dieter: Orientierung Erziehungswissenschaft. Was sie kann, was sie will. Reinbek b. Hamburg: Rowohlt, 1999

Leonhardt, Annette: Gemeinsames Lernen von hörenden und hörgeschädigten Schülern. In: Leonhardt, Annette (Hrsg.): Gemeinsames Lernen von hörenden und hörgeschädigten Schülern. Hamburg: Verlag hörgeschädigte Kinder, 2. Aufl. 2001, S. 11–21

Leonhardt, Annette (Hrsg.): Inklusion im Förderschwerpunkt Hören. Reihe: Inklusion in Schule und Gesellschaft, Bd. 7. Stuttgart: Kohlhammer, 2018

Leonhardt, Annette/Ludwig, Kirsten (Hrsg.): 200 Jahre Gehörlosen- und Schwerhörigenpädagogik(aus)bildung in Bayern – Vom Jahreskurs zum interdisziplinären Studium an der Universität. Heidelberg: Medien, 2017

Lersch, Rainer: Gemeinsamer Unterricht – Schulische Integration Behinderter. Berlin u. a.: Luchterhand, 2001

Lersch, Rainer/Vernooij, Monika A. (Hrsg.): Behinderte Kinder und Jugendliche in der Schule. Herausforderungen an Schul- und Sonderpädagogik. Bad Heilbrunn: Klinkhardt, 1992

Liebert, Hans-Jürg: Gemeinsamer Unterricht in den Jahrgangsstufe 5 bis 10 – oder der Weg wird, indem wir ihn gehen. In: Krawitz, Rudi (Hrsg.): Die Integration behinderter Kinder in die Schule. Bad Heilbrunn: Klinkhardt, 1995, S. 156–167

Lienhard-Tuggener, Peter/Joller-Graf, Klaus/Mettauer-Szaday, Belinda: Rezeptbuch schulische Integration. Auf dem Weg zur inklusiven Schule. Bern, Stuttgart, Wien: Haupt, 2011

Lindmeier, Christian: Behinderung – Phänomen oder Faktum? Bad Heilbrunn: Klinkhardt, 1993

Lindmeier, Christian: Integrative Erwachsenenbildung im Interesse von Menschen mit (geistiger) Behinderung. In: Vierteljahresschrift für Heilpädagogik und ihre Nachbargebiete (VHN) 67 (1998a) 2, S.149-164

Lindmeier, Christian: Erwachsenenbildung für Menschen mit geistiger Behinderung unter integrativem Aspekt. In: Geistige Behinderung 37 (1998b) 2, S. 132-144

Lindmeier, Christian: Integrative Erwachsenenbildung. Auftrag, Didaktik, Organisationsformen. In: DIE-Magazin NR. IV /2003, S. 28-356

Lindmeier, Bettina/Lindmeier, Christian/Ryffel, Gaby/Skelton, Rick: Integrative Erwachsenenbildung für Menschen mit Behinderung. Praxis und Perspektiven im internationalen Vergleich. Neuwied u. a.: Luchterhand, 2000

Lingenauber, Sabine: Reggio-Pädagogik. In: Lingenauber, Sabine (Hrsg.): Handlexikon der Integrationspädagogik. Bd. 1: Kindertageseinrichtungen. Bochum/Freiburg: project, 2008, S. 1981-184

Lipski, Jens: Integration im Elementarbereich – Entwicklungsstand und Aufgaben für die Zukunft. Bericht von der Abschlusstagung des Projektes »Integration von Kindern mit besonderen Problemen am 12.–13. November 1990 im Deutschen Jugendinstitut München. In: Gemeinsam leben, Sonderheft Nr. 3/90 (Themenheft)

Löwe, Armin: Gehörlosenpädagogik. In: Solarová, Svetluse (Hrsg.): Geschichte der Sonderpädagogik. Stuttgart, Berlin, Köln, Mainz: Kohlhammer, 1983, S. 12-48

Lorenzer, Alfred: Zur Begründung einer materialistischen Sozialisationstheorie. Frankfurt a. M.: Suhrkamp, 1972

Luder, Reto/Kunz, André/Müller Bösch, Cornelia (Hrsg.): Inklusive Pädagogik und Didaktik. Zürich: PH Zürich, 2014

Lüpke, Klaus von: Nichts Besonderes. Zusammen-Leben und Arbeiten von Menschen mit und ohne Behinderung. Essen: Klartext, 1994
Lütje-Klose, Birgit/Langer, Marie-Therese/erke, Björn/Urban, Melanie (Hrsg.): Inklusion in Bildungsinstitutionen. Bad Heilbrunn: Klinkhardt, 2011
Luhmann, Niklas: Soziale Systeme. Grundriß einer allgemeinen Theorie. Frankfurt a. M.: Suhrkamp, 4. Aufl. 1991 (Erstausgabe: 1984)
Lumer, Beatrix (Hrsg.): Integration behinderter Kinder. Erfahrungen, Reflexionen, Anregungen. Berlin: Cornelsen, 2001a
Lumer, Beatrix: Auf dem Weg zu einer Schule für alle Kinder – Gemeinsamer Unterricht und Schulentwicklung. In: Lumer, Beatrix (Hrsg.): Integration behinderter Kinder. Erfahrungen, Reflexionen, Anregungen. Berlin: Cornelsen Scriptor, 2001b, S. 111–120

Mahlke, Wolfgang/Schwarte, Norbert: Raum für Kinder. Ein Arbeitsbuch zur Raumgestaltung in Kindergärten. Weinheim u. Basel: Beltz, 4. Aufl. 1997
Mahnke, Ursula: Erwerb integrativer Kompetenzen in institutionellen Prozessen – Konsequenzen für die Fortbildung. In: Heimlich, Ulrich (Hrsg.): Sonderpädagogische Fördersysteme – Auf dem Weg zur Integration. Stuttgart u. a.: Kohlhammer, 1999, S. 147–162
Mahnke, Ursula: Qualifikation ist mehr als Fortbildung. Erwerb integrationspädagogischer Kompetenzen im Prozess. St. Ingbert: Röhrig, 2002
Markowetz, Reinhard: Freizeit behinderter Menschen. In: Cloerkes, Günter: Soziologie der Behinderten. Heidelberg: Edition Schindele, 1997a, S. 269–299
Markowetz, Reinhard: Soziale Integration von Menschen mit Behinderungen. In: Cloerkes, Günther: Soziologie der Behinderten. Eine Einführung. Heidelberg: Edition Schindele, 1997b, S. 187–237
Markowetz, Reinhard/Reich, Kersten: Didakik. In: Hedderich, Ingeborg/Biewer, Gottfried/Hollenweger, Judith/Markowetz, Reinhard (Hrsg.): Handbuch Inklusion und Sonderpädagogik. Bad Heilbrunn: Klinkhardt, 2016, S. 338–346
Marte, Fritz: Evaluation integrativer Erziehungsmaßnahmen. In: Staatsinstitut für Frühpädagogik und Familienforschung (Hrsg.): Handbuch der integrativen Erziehung behinderter und nichtbehinderter Kinder. München, Basel: E. Reinhardt, 1990, S. 292–307
Mead, George Herbert: Geist, Identität und Gesellschaft aus der Sicht des Sozialbehaviorismus. Frankfurt a. M.: Suhrkamp, 1973 (Erstausgabe: 1968, amerikan. Originalausgabe: 1934)
Meier, Richard/Rampillon, Ute/Sandfuchs, Uwe/Stäudel, Lutz (Hrsg.): Üben und Wiederholen. Sinn schaffen – Können entwickeln. Friedrich Jahresheft XVIII 2000.
Meister, Hans: Gemeinsamer Kindergarten für nichtbehinderte und behinderte Kinder. Saarbrücker Beiträge zur Integrationspädagogik. Bd. 5. St. Ingbert: Röhrig, 1991

Meister, Hans: Lehrerbildung für eine integrative Schule der Zukunft. In: Hildeschmidt, Anne/Schnell, Irmtraud (Hrsg.): Integrationspädagogik. Weinheim u. München: Juventa, 1998, S. 363–381

Meister, Hans/Sander, Alfred (Hrsg.): Qualifizierung für Integration. Saarbrücker Beiträge zur Integrationspädagogik, Bd. 7. St. Ingbert: Röhrig, 1993

Merker, Helga (Hrsg.): Beratung von Tageseinrichtungen mit behinderten und nichtbehinderten Kindern. Stuttgart u. a.: Kohlhammer, 1993

Merleau-Ponty, Maurice: Phänomenologie der Wahrnehmung. Berlin: deGruyter, 1966 (Erstausgabe: 1945)

Metzger, Klaus/Weigl, Erich (Hrsg.): Inklusion – praxisorientiert. Didaktisch-methodische Anregungen, erprobte Modell und Materialien, für alle Jahrgangsstufen. Berlin: Cornelsen, 2012

Métroz, Gérald: »Ich lasse mich nicht behindern!« Bern, München, Wien: Scherz, 2002

Metzger, Klaus/Weigl, Erich (Hrsg.): Inklusion – eine Schule für alle. Modell, Positionen, Erfahrungen. Berlin: Cornelsen Scriptor, 2010

Meyer, Hilbert: UnterrichtsMethoden. I: Theorieband. Berlin: Cornelsen, 14. Auflage 2009

Meyer, Hilbert: Was ist guter Unterricht? Berlin: Cornelsen, 11. Auflage 2016

Meyer-Drawe, Käthe: Leiblichkeit und Sozialität. Phänomenologische Beiträge zu einer pädagogischen Theorie der Inter-Subjektivität. München: Fink, 2. Aufl. 1987

Mittendrin e. V. (Hrsg.): Eine Schule für alle. Inklusion umsetzen in der Sekundarstufe. Mülheim a. d. R.: Verlag an der Ruhr, 2012

Möckel, Andreas (Hrsg.): Quellen zur Erziehung von Kindern mit einer geistigen Behinderung. Würzbrug: edition bentheim, 1999

Möckel, Andreas: Geschichte der Heilpädagogik oder Macht und Ohnmacht der Erziehung. Stuttgart: Klett-Cotta, 2007 (Erstausgabe: 1988)

Montessori, Maria: Schule des Kindes. Montessori-Erziehung in der Grundschule. Hrsg. v. Paul Oswald und Günter Schulz-Benesch. Freiburg i. Br.: Herder, 2. Aufl. 1987

Montag Stiftung (Hrsg.): Inklusion vor Ort. Kommunaler Index für Inklusion – ein Praxishandbuch. Bonn: Montag Stiftung, 2011

Mühl, Heinz: Integration Pädagogik bei Kindern und Jugendlichen mit geistiger Behinderung. In: Myschker, Norbert/Ortmann, Monika: Integrative Pädagogik. Grundlagen, Theorie und Praxis. Stuttgart, Berlin, Köln: Kohlhammer, 1999, S. 150-181

Muth, Jakob: Differenzierung des Unterrichts. In: Baier, Herwig/Bleidick, Ulrich (Hrsg.): Handbuch der Lernbehindertendidaktik. Stuttgart u. a.: Kohlhammer, 1983, S. 94–104

Moosecker, Jürgen: Der Wochenplan in Unterricht der Förderschule. Stuttgart: Kohlhammer, 2008

Moser, Vera (Hrsg.): Die inklusive Schule. Standards für die Umsetzung. Stuttgart: Kohlhammer, 2012

Moser, Vera: Lehrerinnen- und Lehrerbildung. In: Sturm, Tanja/Wagner-Willi, Monika (Hrsg.): Handbuch schulische Inklusion. Opladen, Toronto: Barbara Budrich, 2018, S. 283–298

Moser, Vera/Lütje-Klose, Birgit (Hrsg.): Schulische Inklusion. Zeitschrift für Pädagogik. 62. Beiheft. Weinheim u Basel: Beltz, 2016

Muth, Jakob: Die Integration von Behinderten. Über die Gemeinsamkeit im Bildungswesen. Essen: neue deutsche Schule, 1986

Muth, Jakob: Die Jahre, in denen Bildung an der Spitze der Reformen stand. In: Gehrmann, Petra/Hüwe, Birgit (Hrsg.): Forschungsprofile der Integration von Behinderten. Essen: neue deutsche schule, 1993, S. 191–195

Mutzeck, Wolfgang: Kooperative Beratung. Grundlagen und Methoden der Beratung und Supervision im Berufsalltag. Weinheim u. Basel: Beltz, 4. Aufl. 2002

Myschker, Norbert: Lernbehindertenpädagogik. In: Solarová, Svetluse (Hrsg.): Geschichte der Sonderpädagogik. Stuttgart, Berlin, Köln, Mainz: Kohlhammer, 1983, S. 120-166

Myschker, Norbert: Integrative Pädagogik bei Kindern und Jugendlichen mit Verhaltensstörungen. In: Myschker, Norbert/Ortmann, Monika: Integrative Pädagogik. Grundlagen, Theorie und Praxis. Stuttgart, Berlin, Köln: Kohlhammer, 1999, S. 238-284

Myschker, Norbert/Ortmann, Monika (Hrsg.): Integrative Schulpädagogik. Grundlagen, Theorie und Praxis. Stuttgart u. a.: Kohlhammer, 1999

Nassehi, Armin: Inklusion, Exklusion – Integration, Desintegration. Die Theorie funktionaler Differenzierung und die Desintegrationsprobleme. In: Heitmeyer, Wilhelm (Hrsg.): Was hält die Gesellschaft zusammen? Frankfurt a. M.: Suhrkamp, 1997, S. 113–148

Nieda-Rümelin, Julian: Philosophie der humanen Bildung. Hamburg: edition körber Stiftung, 2013

Nöldeke, Tillmann: Inklusion: Ganz oder gar nicht. Wie wir das gemeinsame Lernen retten können. Göttingen: Vandenhoek&Ruprecht, 2018

Nussbaum, Martha: Die Grenzen der Gerechtigkeit. Berlin: Suhrkamp, 2010

Obolenski, Alexandra: Integrationspädagogische Lehrerinnen- und Lehrerbildung. Grundlagen und Perspektiven für »eine Schule für alle«. Bad Heilbrunn: Klinkhardt, 2001

Odom, Samuel L. u. a.: Promoting Social Interaction of Young Children at Risk for Learning Disabilities. In: Learning Disabilities Quarterly 5 (1982), S. 379–387

Oelkers, Jürgen: Reformpädagogik. Eine kritische Dogmengeschichte. Weinheim u. München: Juventa, 3. Aufl. 1996

Oerter, Rolf: Psychologie des Spiels. Eine handlungstheoretische Grundlegung. München: Quintessenz, 1993 (Weinheim: Beltz/Psychologie Verlags Union, 2. Aufl.1997)

Oerter, Rolf/Montada, Leo (Hrsg.): Entwicklungspsychologie. Weinheim, Basel, Berlin: Beltz/PVU, 5. Auflage 2002

Ortmann, Monika. Integrative Pädagogik bei Kindern und Jugendlichen mit Körperbehinderung. In: Myschker, Norbert/Ortmann, Monika: Integrative Pädagogik. Grundlagen, Theorie und Praxis. Stuttgart, Berlin, Köln: Kohlhammer, 1999, S. 112-149

Österreichische UNESCO-Kommission (Hrsg.): Pädagogik für besondere Bedürfnisse. Die Salamanca Erklärung und der Aktionsrahmen zur Pädagogik für besondere Bedürfnisse. Wien 1996

Opp, Günther: Ein Spielplatz für alle. Zur Gestaltung barrierefreier Spielbereiche. München, Basel: E. Reinhardt, 1992a

Opp, Günther: Mainstreaming in den USA. Heilpädagogische Integration im Vergleich. München, Basel: E. Reinhardt, 1992b

Otto, Hans-Uwe/Rauschenbach, Thomas/Vogel, Peter (Hrsg.): Erziehungswissenschaft: Arbeitsmarkt und Beruf. Opladen: Leske+Budrich, 2002

Papke, Birgit: Das bildungstheoretische Potenzial inklusiver Pädagogik. Meileinsteine der Konstruktion von Bildung und Behinderung am Beispiel von Kindern mit Lernschwierigkeiten. Bad Heilbrunn: Klinkhardt, 2016

Pelzer, Susanne: Darstellung aktueller Projektergebnisse: Integrative Arbeit aus der Sicht der Erzieherinnen. In: Gemeinsam leben. Sonderheft 3/90, S. 38–53

Peterander, Franz/Speck, Otto: Kooperation Frühfördereinrichtungen – Regelkindergärten unter dem Aspekt von verschiedenen Berufsgruppen. In: Dittrich, Gisela (Red.): Die Entwicklung der Einzelintegration und Erfahrungen mit Kooperationen zwischen Erzieherinnen und Frühförderinnen. Reihe: Gemeinsam leben, Heft 25/90, München: DJI, 1990, S. 75–80

Peterßen, Wilhelm H.: Fächerverbindender Unterricht. Begriff, Konzept, Planung, Beispiele. München: Oldenbourg, 2000

Philipp, Elmar: Teamentwicklung in der Schule. Konzepte und Methoden. Weinheim u. Basel: Beltz, 4. Aufl. 2005

Philippen, Dieter P.: Gemeinsam und chancengleich. Einführung in ein neues Verständnis der Spielraumgestaltung. In: Spielraum Nr. 1/1992, S. 8–11

Platte, Andrea/Krönig, Franz: Inklusive Momente. Unwahrscheinlichen Bildungsprozessen auf der Spur. Weinheim u. Basel: Beltz, 2017

Pluhar, Christine: Integration von behinderten und nichtbehinderten Kindern und Jugendlichen als Auftrag für die Bildungsverwaltung. In: Hildeschmidt, Anne/Schnell, Irmtraud (Hrsg.): Integrationspädagogik. Weinheim u. München: Juventa, 1998, S. 89–100

Podlesch, Wolfgang: Basale Didaktik für elementar begabte Kinder (»Geistigbehinderte«) und Kinder mit elementaren Lernbedürfnissen (»Schwerstmehrfachbehinderte«). In: Rosenberger, Manfred (Hrsg.): Schule ohne Aussonderung – Idee, Konzepte, Zukunftschancen. Neuwied u. a.: Luchterhand, 1998, S. 89-100

Poscher, Ralf/Langer, Thomas/Rux, Johannes: Gutachten zu den völkerrechtlichen und innerstaatlichen Verpflichtungen aus dem Recht auf Bildung nach Art. 24 des UN-Abkommens über die Rechte von Menschen mit Behinderungen und zur Vereinbarkeit des deutschen Schulrechts mit den Vorgaben des Übereinkommens. Max-Träger-Stiftung 2008 (URL: http://leb-hessen.de/filead min/user_upload/downloads/2010/Gutachten_Dr._Rux_f._GEW_schulrechtl._ Vorgaben___art._24_UN-Behindert.pdf, letzter Aufruf: 21.03.2018
Pothmann, Jens: Eingliederungshilfe für junge Menschen mit einer seelischen Behinderung. Empirische Befunde zur Inanspruchnahme von Hilfen gem. § 35a SGB VIII (URL: http://www.akjstat.tu-dortmund.de/themen/eingliederungshil fen-gem-35a-sgb-viii/, letzter Aufruf: 27.06.2019)
Precht, Richard David: Anna, die Schule und der liebe Gott. Der Verrat des Bildungssystems an unseren Kindern. München: Goldmann, 2013
Prengel, Annedore: Pädagogik der Vielfalt. Verschiedenheit, Gleichberechtigung in Interkultureller, Feministischer und Integrativer Pädagogik. Opladen: Leske +Budrich, 2. Aufl. 1995
Prengel, Annedore: Inklusion in der Frühpädagogik. Der Übergang vom Kindergarten in die Schule. In: Frühe Kindheit, 14 (2011) 6, S. 34–39
Preuss-Lausitz, Ulf: Probleme der Integration von Sonderschülern in die Gesamtschule. In: Zeitschrift für Heilpädagogik 22 (1971) 3, S. 183-193
Preuss-Lausitz, Ulf: Sonderpädagogische Forschung im Kontext neuerer Schulentwicklung. In: Rolff, Hans-Günter (Hrsg.): Zukunftsfelder der Schulforschung. Weinheim: Deutscher Studien Verlag, 1995, S. 211–223
Preuss-Lausitz, Ulf: Erfahrungen und Kooperation befördern Integration – Lehrermeinungen zum gemeinsamen Unterricht. In: Heyer, Peter/Preuss-Lausitz, Ulf/Schöler, Jutta (Hrsg.): »Behinderte sind doch Kinder wie wir!« Berlin: Wissenschaft und Technik, 1997a, S. 123–150
Preuss-Lausitz, Ulf: Erfahrungen fördern Akzeptanz – Elternmeinungen zur gemeinsamen Erziehung. In: Heyer, Peter/Preuss-Lausitz, Ulf/Schöler, Jutta (Hrsg.): »Behinderte sind doch Kinder wie wir!« Berlin: Wissenschaft und Technik, 1997b, S. 151–170
Preuss-Lausitz, Ulf: Integration und Toleranz – Erfahrungen und Meinungen von Kindern innerhalb und außerhalb von Integrationsklassen. In: Heyer, Peter/ Preuss-Lausitz, Ulf/Schöler, Jutta (Hrsg.): »Behinderte sind doch Kinder wie wir!« Berlin: Wissenschaft und Technik, 1997c, S. 171–204
Preuss-Lausitz, Ulf: Kosten bei integrierter und separater sonderpädagogischer Unterrichtung. Eine vergleichende Analyse in den Bundesländern Berlin, Brandenburg und Schleswig-Holstein. Forschungsbericht und Empfehlungen. Frankfurt a. M.: Max-Träger-Stiftung, 2000
Preuss-Lausitz, Ulf/Maikowski, Rainer (Hrsg.): Integrationspädagogik in der Sekundarstufe. Gemeinsame Erziehung behinderter und nichtbehinderter Jugendlicher. Weinheim u. Basel: Beltz, 1998
Projektgruppe Integrationsversuch (Hrsg.): Unser Fläming-Modell. Weinheim u. Basel: Beltz, 1988

Putnam, Hilary: Für eine Erneuerung der Philosophie. Stuttgart: Reclam, 1997

Rath, Waltraut: Blindenpädagogik. In: Solarová, Svetluse (Hrsg.): Geschichte der Sonderpädagogik. Stuttgart, Berlin, Köln, Mainz: Kohlhammer, 1983, S. 49-83

Rath, Waltraut: Integrative Pädagogik bei Kindern und Jugendlichen mit Blindheit. In: Myschker, Norbert/Ortmann, Monika: Integrative Pädagogik. Grundlagen, Theorie und Praxis. Stuttgart, Berlin, Köln: Kohlhammer, 1999, S. 37-59

Ratzki, Anne u. a.: Team-Kleingruppen-Modell Köln-Holweide. Theorie und Praxis. Frankfurt a. M. u. a.: Peter Lang, 1994

Reckwitz, Andreas: Die Gesellschaft der Singularitäten. Berlin: Suhrkamp, 2017

Reichert-Garschhammer, Eva/Kieferle, Christa/Wertfein, Monika/Becker-Stoll, Fabienne (Hrsg.): Inklusion und Partizipation – Vielfalt als Chance und Anspruch. Göttingen: Vandenhoeck&Ruprecht, 2015

Reinartz, Anton/Sander, Alfred (Hrsg.): Schulschwache Kinder in der Grundschule. Bd. 1/2. Frankfurt a. M.: Ak Grundschule, 1977

Reich, Kersten (Hrsg.): Inklusion und Bildungsgerechtigkeit. Standards und Regeln zur Umsetzung einer inklusiven Schule. Weinheim u. Basel: Beltz, 2012

Reich, Kersten: Inklusive Didaktik. Bausteine für eine inklusive Schule. Weinheim u. Basel: Beltz, 2014

Reich, Kersten/Asselhoven, Dieter/Kargl, Silke (Hrsg.): Eine inklusive Schule für alle. Das Modell der Inklusiven Universitätsschule Köln. Weinheim u. Basel: Beltz, 2015

Reiser, Helmut: Wege und Irrwege zur Integration. In: Sander, Alfred/Raith, Peter (Hrsg.): Integration und Sonderpädagogik. St. Ingbert: Röhrig, 2. Aufl. 1992, S. 13–33

Reiser, Helmut/Klein, Gabriele/Kreie, Gisela/Kron, Maria: Integration als Prozeß. In: Sonderpädagogik. 16 (1986) Heft 3, S. 155-122/Heft 4, S. 154–160

Reiß, Günter/Eberle, Gerhard (Hrsg.): Offener Unterricht Freie Arbeit mit lernschwachen Schülerinnen und Schülern. Weinheim: Deutscher Studien Verlag, 2. Aufl. 1994

Reiß, Günter/Werner, Birgit: Offener Unterricht. In: Heimlich, Ulrich/Wember, Franz B. (Hrsg.): Didaktik des Unterrichts im Förderschwerpunkt Lernen. Ein Handbuch für Studium und Praxis. Stuttgart: Kohlhammer, 3. Aufl. 2015, S. 112–124

Renzaglia, Adelle/Karvonen, Meagan/Drasgow, Erik/Stoxen, Craig C.: Promoting a Life-time of Inclusion. In: Focus on Autism and other Developmental Disabilities 18 (2003) 3, S. 140-149

Rheinberg, Falko: Bezugsnormen und schulische Leistungsbeurteilung. In: Weinert, Franz E. (Hrsg.): Leistungsmessungen in Schulen. Weinheim u. Basel: Beltz, 2. Aufl. 2002, S. 59–71

Rolff, Hans-Günter: Wandel durch Selbstorganisation. Theoretische Grundlagen und praktische Hinweise für eine bessere Schule. Weinheim u. München: Juventa, 1993

Rosenberger, Manfred: Zur Entwicklung der Idee einer »Schule ohne Aussonderung«. In: Rosenberger, Manfred (Hrsg.): Schule ohne Aussonderung – Idee, Konzepte, Zukunftschancen. Pädagogische Förderung behinderter und von Behinderung bedrohter Kinder und Jugendlicher. Neuwied u. a.: Luchterhand, 1998a, S. 12–37

Rosenberger, Manfred: Eine Elternbewegung ist entstanden: »Gemeinsam leben – gemeinsam lernen/Eltern gegeben Aussonderung«. In: Rosenberger, Manfred (Hrsg.): Ratgeber gegen Aussonderung. Heidelberg: Edition Schindele, 2. Aufl. 1998b, S. 13–25

Roser, Ludwig-Otto: Zur Utopie der Freundschaft. In: Schöler, Jutta (Hrsg.): Normalität für Kinder mit Behinderungen: Integration. Texte und Wirkungen von Ludwig-Otto Roser. Berlin: Luchterhand, 1998, S. 183–193

Roth, Gerhard: Bildung braucht Persönlichkeit. Wie lernen gelingt. Stuttgart: Klett-Cotta, 2011

Saalfrank, Wolf-Thorsten/Zierer, Klaus: Inklusion. Paderborn: Ferdinand Schönigh, 2017

Sander, Alfred: Zum Problem der Klassifikation in der Sonderpädagogik: Ein ökologischer Ansatz. In: Vierteljahresschrift für Heilpädagogik und ihre Nachbargebiete 54 (1985) 1, S. 15–31

Sander, Alfred: Ökosystemische Ebenen integrativer Schulentwicklung – ein organisatorisches Entwicklungsmodell. In: Heimlich, Ulrich (Hrsg.): Sonderpädagogische Fördersysteme – auf dem Weg zur Integration. Stuttgart u. a.: Kohlhammer, 1999b, S. 33–44

Sander, Alfred: Von der integrativen zur inklusiven Bildung. Internationaler Stand und Konsequenzen für die sonderpädagogische Förderung in Deutschland. Vortrag auf dem Kongress in Greifswald, 2001 (Internet: http://www.european-agency.de, Download Conference Report)

Sander, Alfred: Kind-Umfeld-Analyse: Diagnostik bei Schülern und Schülerinnen mit besonderem Förderbedarf. In: Mutzeck, Wolfgang (Hrsg.): Förderdiagnostik. Konzept und Methoden. Weinheim u. Basel: Beltz, 3. Aufl. 2002, S. 12–24

Sander, Alfred: Behinderungsbegriffe und ihre Integrationsrelevanz. In: Eberwein, Hans/Knauer, Sabine (Hrsg.): Handbuch Integrationspädagogik. Weinheim u. Basel: Beltz, 7. Auflage, 2009, S. 99–108

Schäfer, Gerd E.: Bildungsprozesse im Kindesalter. Selbstbildung, Erfahrung und Lernen in der frühen Kindheit. Weinheim u. München: Juventa, 2. Aufl. 2001

Schall, Jürgen: Melanies pädagogisches Tagebuch – Einzelfallbeschreibung einer integrierten sonderpädagogischen Förderung. In: Krawitz, Rudi (Hrsg.): Die Integration behinderter Kinder in die Schule. Bad Heilbrunn: Klinkhardt, 1995, S. 61–92

Scheller, Ingo: Erfahrungsbezogener Unterricht. Praxis, Planung, Theorie. Königstein/Ts.: Scriptor, 1981

Schildmann Ulrike: Integrationspädagogik und Normalisierung – ein kritischer Vergleich. In: Zeitschrift für Heilpädagogik 48 (1997), S. 90–96

Schildmann, Ulrike: Normalisierung. In: Bundschuh, Konrad/Heimlich, Ulrich/ Krawitz, Rudi (Hrsg.): Wörterbuch Heilpädagogik. Bad Heilbrunn: Klinkhardt, 3. Aufl. 2007, S. 201–204

Schildmann, Ulrike/Völzke, Reinhard: Integrationspädagogik. Biographische Zugänge. Opladen: Leske+Budrich, 1994

Schlack, Hans G.: Sozialpädiatrie. Gesundheit, Krankheit, Lebenswelten. Stuttgart u. a.: G. Fischer, 1995 (2. Aufl. 2000)

Schley, Wilfried/Boban, Ines/Hinz, Andreas (Hrsg.): Integrationsklassen in der Sekundarstufe I. Hamburg: Curio, 2. Aufl. 1992

Schley, Wilfried/Köbberling, Almut: Integration in der Sekundarstufe. Hamburg: Curio, 1994

Schmid, Pia: Pädagogik im Zeitalter der Aufklärung. In: Harney, Klaus/Krüger, Heinz-Hermann (Hrsg.): Einführung in die Geschichte von Erziehungswissenschaft und Erziehungswirklichkeit. Opladen: Leske+Budrich, 1997, S. 17-37

Schnell, Irmtraud: Geschichte schulischer Integration. Gemeinsames Lernen von SchülerInnen mit und ohne Behinderung in der BRD seit 1970. Weinheim u. München: Juventa, 2003

Schöler, Jutta: Integrative Schule – Integrativer Unterricht. Ratgeber für Eltern und Lehrer. Neuwied, Kriftel, Berlin: Luchterhand, 2. Aufl. 1999

Schönig, Wolfgang/Schmidtlein-Mauderer, Christina (Hrsg.): Inklusion sucht Raum. Porträtierte Schulentwicklung. Bern: hep Verlag, 2015

Schröder, Ulrich: Integrative Pädagogik bei Kindern und Jugendlichen mit Lernbehinderung. In: Myschker, Norbert/Ortmann, Monika: Integrative Pädagogik. Grundlagen, Theorie und Praxis. Stuttgart, Berlin, Köln: Kohlhammer, 1999, S. 182-215

Schuchardt, Erika: Integrative Aspekte der Erwachsenenbildung/Weiterbildung. In: Eberwein, Hans/Knauer, Sabine (Hrsg.): Handbuch Integrationspädagogik. Weinheim u. Basel: Beltz, 7. Aufl. 2009, S. 264-277

Schulze, Theodor: Situation, pädagogische. In: Lenzen, Dieter (Hrsg.): Enzyklopädie Erziehungswissenschaft. Bd. 1: Theorien und Grundbegriffe der Erziehung und Bildung. Stuttgart: Klett-Cotta, 1983, S. 537–541

Schumann, Brigitte: Streitschrift Inklusion. Was Sonderpädagogik und Bildungspolitik verschweigen. Frankfurt a. M.: Debus Pädagogik, 2018

Scuola di Barbiana: Die Schülerschule. Brief an eine Lehrerin. Vorwort von Peter Bichsel. Berlin: Wagenbach, 1970

Sen, Armatya: Ökonomie für den Menschen. Wege zu Gerechtigkeit und Solidarität in der Marktwirtschaft. München, Wien: Hanser, 2000

Seyd, Wolfgang: Ziele, Prozesse und Strukturen beruflicher Rehabilitation – Situationsaufriss und Perspektivbetrachtung. In: Biermann, Horst (Hrsg.): Inklusion im Beruf. Stuttgart: Kohlhammer, 2015, S. 139-179

Siedenbiedel, Catrin/Theurer, Caroline (Hrsg.): Grundlagen inklusiven Bildung 1. Inklusive Unterrichtspraxis und -entwicklung. Immenhausen: Prolog, 2015

Seitz, Simone: Zeit für inklusiven Sachunterricht. Hohengehren: Schneider, 2005

Seitz, Simone: Erziehung und Bildung. In: Kaiser, A., Schmetz, D., Wachtel, P./ Werner, B. (Hrsg.): Bildung und Erziehung. Enzyklopädisches Handbuch der Behindertenpädagogik. Stuttgart: Kohlhammer, 2010, S. 43–58

Sekretariat der Ständigen Konferenz der Kultusminister der Länder in der Bundesrepublik Deutschland: Empfehlungen zur sonderpädagogischen Förderung in den Schulen in der Bundesrepublik Deutschland. Beschluß der Kultusministerkonferenz von 06.05.1994. Bonn: KMK, 1994 (URL: https://www.kmk.org/fileadmin/Dateien/pdf/PresseUndAktuelles/2000/sopae94.pdf, letzter Aufruf: 29.03.2018)

Sekretariat der Ständigen Konferenz der Kultusminister de Länder: Rahmenvereinbarung über die Ausbildung und Prüfung für ein sonderpädagogisches Lehramt. Lehramtstyp 6. Beschluss der Kultusministerkonferenz vom 06.05.1994 i. d. F. vom 10.10.2013. Berlin, Bonn, 2009 (URL: https://www.kmk.org/fileadmin/Dateien/veroeffentlichungen_beschluesse/1994/1994_05_06-RV_Lehramtstyp_6.pdf, letzter Aufruf: 05.04.2019).

Sekretariat der Ständigen Konferenz der Kultusminister der Länder in der Bundesrepublik Deutschland: Inklusive Bildung von Kindern und Jugendlichen in Schulen. Beschluss der Kultusministerkonferenz vom 20.10.2011 (URL: https://www.kmk.org/fileadmin/veroeffentlichungen_beschluesse/2011/2011_10_20-Inklusive-Bildung.pdf, letzter Aufruf: 29.03.2018)

Sekretariat der Kultusministerkonferenz (Bearb.): Sonderpädagogische Förderung in Schulen 2005 bis 2014. Statistische Veröffentlichungen der Kultusministerkonferenz. Dokumentation Nr. 210 – Februar 2016 (URL: https://www.kmk.org/fileadmin/Dateien/pdf/Statistik/Dokumentationen/Dok_210_SoPae_2014.pdf, letzter Aufruf: 27.03.2018)

Seyd, Wolfgang: Ziele, Prozesse und Strukturen beruflicher Rehabilitation – Situationsaufriss und Perspektivbetrachtung. In: Biermann, Horst (Hrsg.): Inklusion im Beruf. Stuttgart: Kohlhammer, 2015, S. 139–179

Speck, Otto: System Heilpädagogik. Eine ökologisch reflexive Grundlegung. München, Basel: Reinhardt, 6. Auflage 2008

Speck, Otto: Die Ökonomisierung sozialer Qualität. Zur Qualitätsdiskussion in Behindertenhilfe und Sozialer Arbeit. München u. Basel: E. Reinhardt, 1999

Speck, Otto: Schulische Inklusion aus heilpädagogischer Sicht. Rhetorik und Realität. München, Basel: E. Reinhardt, 2011

Spiess, Kurt: Qualität und Qualitätsentwicklung. Eine Einführung. Aarau: Sauerländer, 1997

Stainback, Susan/Stainback, William: Inclusion. A Guide for Educators. Baltimore, London, Toronto, Sydney: Paul H. Brookes Pub, 2000

Stayton, V.D./McCollun, J.: Unifying general an special education: What does the research tell us? In: Teacher Education and Special Education 25 (2002) 3, S. 211–218.

Steffens, Ulrich/Bargel, Tino (Hrsg.): Schulqualität – Bilanz und Perspektiven. Grundlagen der Qualität von Schule 1. Münster, New York: Waxmann, 2016

Stein, Roland/Müller, Thomas (Hrsg.): Inklusion im Förderschwerpunkt emotionale und soziale Entwicklung. Reihe: Inklusion in Schule und Gesellschaft, Bd. 5. Stuttgart: Kohlhammer, 2. Aufl. 2018
Steiner, Franz/Steiner, Renate: Die Sinne. Spielen, Gestalten, Freude entfalten. Förderung der Wahrnehmungsfähigkeit bei Kindern. Ein Arbeitsbuch für Kindergarten, Schule und Eltern. Linz: Veritas, 1993
Störmer, Norbert: Die Bedeutung der Pädagogik des Jan Amos Komenský im Rahmen der Diskussion um die Entwicklung einer allgemeinen, integrativen Pädagogik. In: Behindertenpädagogik 37 (1998) 3, S. 239–260
Stiftung Bildungspakt Bayern: Inklusive berufliche Bildung in Bayern. Projektdokumentation und Ergebnisse des Schulversuchs. München: 2016
Strätz, Rainer: Was heißt hier eigentlich Bildung? Über das Bildungsverständnis in integrativen Gruppen. In: Welt des Kindes 87 (2009) 6, S. 13-15
Strain, Philipp S./Odom, Samuel L.: Peer Social Initiations: Effective Intervention for Social Skill Development of Exceptional Children. In: Exceptional Children 52 (1986), S. 543–551
Sturm, Tanja/Wagner-Willi, Monika (Hrsg.): Handbuch schulische Inklusion. Opladen&Toronto: Barbara Budrich, 2018
Sucharowski, Wolfgang (Hrsg.): Wandel durch Annäherung. Integrative Effekte bei einem kooperativ organisierten Unterricht. Rostock: Universität Rostock, 1999
Sünkel, Wolfgang: Phänomenologie des Unterrichts. Grundriß der theoretischen Didaktik. Weinheim u. München: Juventa, 1996

Terhart, Ewald (Hrsg.): Perspektiven der Lehrerbildung in Deutschland. Abschlussbericht der von der Kultusministerkonferenz eingesetzten Kommission. Weinheim u. Basel: Beltz, 2000
Terhart, Ewald: Lehrerberuf und Lehrerbildung. Forschungsbefunde, Problemanalysen, Reformkonzepte. Weinheim u. Basel: Beltz, 2001
Terhart, Ewald: Heterogenität der Schüler – Professionalität der Lehrer: Ansprüche und Wirklichkeiten. In: Ellger-Rüttgardt, Sieglind/Wachtel, Peter (Hrsg.): Pädagogische Professionalität und Behinderung. Herausforderungen aus historischer, nationaler und internationaler Perspektive. Stuttgart: Kohlhammer, 2010, S. 89–104.
Textor, Annette: Einführung in die Inklusionspädagogik. Bad Heilbrunn: Klinkhardt, 2015
Thiersch, Hans: Die Erfahrung der Wirklichkeit. Perspektiven einer alltagsorientierten Sozialpädagogik. München, Weinheim: Juventa, 1986
Thiersch, Hans: Lebensweltorientierte Soziale Arbeit. Aufgaben der Praxis im sozialen Wandel. Weinheim u. München: Juventa, 1992
Thiersch, Hans: Integration im Gegenwind. In: Vereinigung für interdisziplinäre Frühförderung (Hrsg.): Frühförderung und Integration. München u. Basel: E. Reinhardt, 1998, S. 116–124

Thurmair, Martin: Zur Situation der Frühförderung in der Bundesrepublik. In: Rosenberger, Manfred (Hrsg.): Ratgeber gegen Aussonderung. Heidelberg: Edition Schindele, 2. Aufl.1998, S. 59–70

Thurmair, Martin/Naggl, Monika: Praxis der Frühförderung. Einführung in ein interdisziplinäres Arbeitsfeld. München, Basel: Reinhardt, 2000

Tietze-Fritz, Paula: Integrative Förderung in der Früherziehung. Dortmund: borgmann, 1997

Tietze, Wolfgang (Hrsg.): Wie gut sind unsere Kindergärten? Eine Untersuchung zur pädagogischen Qualität in deutschen Kindergärten. Neuwied, Berlin: Luchterhand, 1998

Thimm, Walter: Leben in Nachbarschaften. Hilfen für Menschen mit Behinderungen. Freiburg i.Br.: Herder, 5. Aufl. 1994a

Thimm, Walter: Das Normalisierungsprinzip – Eine Einführung. Marburg: Lebenshilfe-Verlag, 1994b

Tippelt, Rudolf: Erwachsenenbildung/Weiterbildung, Institutionen der. In: Krüger, Heinz-Hermann/Grunert, Cathleen (Hrsg.): Wörterbuch Erziehungswissenschaft. Wiesbaden: Verlag für Sozialwissenschaften, 2004, S. 129-134

Thomas, Gary/Walker, David/Webb, Julie: The Making of The Inclusive School. London, New York, Routledge, 1998

Tolmein, Oliver: Gleichbehandlung und die UN-Behindertrenrechtskonvention in der sozialrechtlichen Praxis. Handreichung im Rahmen des Projekts »Anwaltschaft für Menschenrechte und Vielfalt«. Berlin: Deutsches Institut für Menschenrechte, 2014 (URL: http://www.institut-fuer-menschenrechte.de/uploads/tx_commerce/Gleichbehandlung_und_die_UN_BRK_in_der_sozialrechtlichen_Praxis.pdf, letzter Aufruf: 21.03.2018)

Tures, Andrea/Neuß, Norbert (Hrsg.): Multiprofessionelle Perspektiven auf Inklusion. Opladen, Berlin; Toronto: Budrich, 2017

Vaudlet, Werner (Hrsg.): Das große Nashornbuch. München: dtv, 2001

Vereinte Nationen: Allgemeine Erklärung der Menschenrechte. Resolution der Generalversammlung vom 10. Dezember 1948 (URL: https://www.un.org/depts/german/menschenrechte/aemr.pdf, letzter Aufruf: 27.06.2019)

Vereinte Nationen: Übereinkommen über die Rechte von Menschen mit Behinderung vom 13.12.2006 (URL: http://www.bmas.de/SharedDocs/Downloads/DE/PDF-Publikationen/a729-un-konvention.pdf?__blob=publicationFile, letzter Aufruf: 08.03.2018

Vester, Fredric: Denken, Lernen, Vergessen. Was geht in unserem Kopf vor, wie lernt das Gehirn und wann läßt es uns im Stich? München: dtv, 23. Aufl. 1996

Voß, Stefan/Blumenthal, Yvonne/Mahlau, Kathrin/Marten, Katharina/Diehl, Kirsten/Sikora, Simon/Hartke, Bodo: Der Response-to-Intervention-Ansatz in der Praxis. Evaluationsergebnisse zum Rügener Inklusionsmodell. Münster, New York: Waxmann, 2016

Vygotskij, Lev S.: Denken und Sprechen. Psychologische Untersuchungen. Weinheim u. Basel: Beltz, 2002 (russ. Originalausgabe: 1934)

Wachtel, Peter/Wittrock, Manfred: Aspekte der Kooperation von Grundschullehrern und Sonderschullehrern. In: Zeitschrift für Heilpädagogik 41 (1990), S. 263–271

Wacker, Elisabeth: Inklusion – kein Kinderspiel! Stationen auf dem Weg zu gleichen Chancen beim Heranwachsen für alle. In: Frühe Kindheit, 14 (2011) 6, S. 6–15

Waldenfels, Bernhard: In den Netzen der Lebenswelt. Frankfurt a. M.: Suhrkamp, 1985

Waldenfels, Bernhard: Phänomenologie der Aufmerksamkeit. Frankfurt a. M.: Suhrkamp, 2004

Wallrabenstein, Wulf: Offene Schule – Offener Unterricht. Ratgeber für Eltern und Lehrer. Reinbek b. Hamburg: Rowohlt, 4. Aufl. 1994

Weidner, Margit: Kooperatives Lernen im Unterricht. Das Arbeitsbuch. Seelze: Kallmeyer, 2003

Weinert, Franz E.: Vergleichende Leistungsmessung in Schulen – eine umstrittene Selbstverständlichkeit. In: Weinert, Franz E. (Hrsg.): Leistungsmessungen in Schulen. Weinheim u. Basel: Beltz, 2. Aufl. 2002, S. 17–31

Weinert, Franz E. (Hrsg.): Leistungsmessungen in Schulen. Weinheim u. Basel: Beltz, 2. Aufl. 2002

Weiß, Hans: Armut als gesellschaftliche Normalität: Implikationen für die kindliche Entwicklung. In: Opp, Günther/Peterander, Franz (Hrsg.): Focus Heilpädagogik. München u. Basel: E. Reinhardt, 1996, S. 150–162

Weizsäcker, Richard von: Ansprache des Bundespräsidenten bei der Eröffnungsveranstaltung der Bundesarbeitsgemeinschaft Hilfe für Behinderte am 1993 in Bonn (URL: http://www.bundespraesident.de/SharedDocs/Reden/DE/Richard-von-Weizsaecker/Reden/1993/07/19930701_Rede.html, letzter Aufruf: 07.03.2018)

Weltgesundheitsorganisation (WHO): International classification of impairments, disabilities, and handicaps 1980 (URL: https://apps.who.int/iris/handle/10665/41003, letzter Aufruf: 27.06.2019)

Weltgesundheitsorganisation (WHO): Internationale Klassifikation der Schäden, Aktivitäten und Partizipationen (ICIDH-2). Ein Handbuch der Dimensionen von gesundheitlicher Integrität und Behinderung. Genf: WHO, 1998

Werning, Rolf: Anmerkungen zu einer Didaktik des Gemeinsamen Unterrichts. In: Zeitschrift für Heilpädagogik. 47 (1996), S. 463–469

Werner, Birgit: Sonderpädagogik im Spannungsfeld zwischen Ideologie und Tradition. Zur Geschichte der Sonderpädagogik unter besonderer Berücksichtigung der Hilfsschulpädagogik in der SBZ und der DDR zwischen 1945 und 1952. Hamburg: Kovac, 1999

Wiater, Werner/Dalle Torre, Elisabeth/Müller, Jürgen: Werkstattunterricht. Theorie, Praxis, Evaluation. Stamsried: Vögel, 2002

Wilhelm, Marianne/Eggertsdóttir, Rósa/Marinósson, Gretar L. (Hrsg.): Inklusive Schulentwicklung. Planungs- und Arbeitshilfen zur neuen Schulkultur. Weinheim u. Basel: Beltz, 2006

Wilken, Udo: Körperbehindertenpädagogik. In: Solarová, Svetluse (Hrsg.): Geschichte der Sonderpädagogik. Stuttgart, Berlin, Köln, Mainz: Kohlhammer, 1983, S. 212-259

Winzer, Margret A.: From Integration to Inclusion. A History of Special Education in the 20th Century. Washington D.C.: Gallaudet University, 2009

Wittmann, Bernhard: KMK-Empfehlungen. In: Bundschuh, Konrad/Heimlich, Ulrich/Krawitz, Rudi (Hrsg.): Wörterbuch Heilpädagogik. Bad Heilbrunn: Klinkhardt, 3. Aufl. 2007, S. 155–156

Wocken, Hans: Am Rande der Normalität. Untersuchungen zum Selbst- und Gesellschaftsbild von Sonderschülern. Heidelberg: Schindele, 1983

Wocken, Hans: Integrationsklassen in Hamburg. In: Wocken, Hans/Antor, Georg (Hrsg.): Integrationsklassen in Hamburg. Solms Oberbiel: Jarick Oberbiel, 1987a, S. 65–87

Wocken, Hans: Schulleistungen in Integrationsklassen. In: Wocken, Hans/Antor, Georg (Hrsg.): Integrationsklassen in Hamburg. Solms Oberbiel: Jarick Oberbiel, 1987b, S. 276–306

Wocken, Hans: Kooperation von Pädagogen in integrativen Grundschulen. In: Wocken, Hans/Antor, Georg/Hinz, Andreas (Hrsg.): Integrationsklassen in Hamburger Grundschulen. Hamburg: Curio, 1988, S. 199–268

Wocken, Hans: Gemeinsame Lernsituationen. Eine Skizze zur Theorie des gemeinsamen Unterrichts. In: Hildeschmidt, Anne/Schnell, Irmtraud (Hrsg.): Integrationspädagogik. Auf dem Weg zu einer Schule für alle. Weinheim, München: Juventa, 1998, S. 37–52

Wocken, Hans: Das Haus der inklusiven Schule. Baustellen, Baupläne, Bausteine. Hamburg: Feldhaus, 2011

Wocken, Hans/Antor, Georg (Hrsg.): Integrationsklassen in Hamburg. Solms Oberbiel: Jarick Oberbiel, 1987

Wolfberg, Pamela/DeWitt, Mila/Young, Gregory S./Nguyen, Thanh: Integrated Play Groups: Promoting Symbolic Play and Social Engagement with Typical Peers in Children with ASD Across Settings. In: Journal of Autism & Developmental Disorders. 45 (2015), S. 830-845

Wopp, Christel: Offener Unterricht. In: Jank, Werner/Meyer, Hilbert: Didaktische Modelle. Frankfurt a. M.: Cornelsen Scriptor, 3. Aufl. 1994, S. 322–335

Wunder, Michael: Inklusion – nur ein neues Wort oder ein anderes Konzept? In: Frühe Kindheit, 14 (2011) 6, S. 16–23

Youness, James: Soziale Konstruktion und psychische Entwicklung. Frankfurt a. M.: Suhrkamp, 1994

Sachregister

A

Aktionsplan 24, 30, 142
Akzeptanz 60, 81, 83 f., 206, 229, 258, 260
Ambiguitätstoleranz 223
Arbeit 5, 15, 20, 30 f., 43–45, 55, 59–61, 63 f., 67, 70, 74 f., 78, 86, 90 f., 94, 102, 113–115, 119, 123, 129–137, 140 f., 143 f., 146, 148, 156, 174, 178 f., 183, 185 f., 189, 231, 238, 244, 255, 259, 261, 263, 266, 272, 275–277, 279, 283
Arbeitsassistenz 135 f., 275
Arbeitsmarkt 14, 31 f., 45, 129, 131, 134–137, 146 f.
Arbeitstraining 134
Armut 13, 37, 144, 212
Assistenz 31, 124, 127, 141, 189
Aufmerksamkeit 13, 238, 281–283
– Ethos der 283
Ausbildungsassistenz 129
Autismus-Spektrum-Störung 69, 157

B

Barrierefreiheit 31 f., 34, 66, 102, 127 f., 138, 140, 167, 270
Barrieren 26, 102, 121, 124, 138, 146, 234, 236, 275
Beeinträchtigung 26, 28, 31, 128, 134, 140, 144, 146, 187, 196 f., 200

Behindertenpädagogik 39, 166, 196, 215
Behinderung (disability) 13, 15–18, 20–34, 36 f., 39–43, 45–50, 52, 55–57, 59–69, 71–73, 75, 81, 86, 91, 100, 106, 116, 118–131, 133–139, 141–148, 150, 152, 154 f., 157, 169, 183–190, 192 f., 195–200, 202–209, 211–215, 217 f., 220, 222, 224–226, 228 f., 231–240, 243–254, 256, 264, 266, 268, 276 f., 283
Benachteiligung 66, 138
– soziale 13, 197, 202 f., 212, 225, 233, 237
Beobachtung 56, 144, 153 f., 156 f., 182, 191, 265
Beruf 14, 18, 34, 51, 74, 89, 108, 115, 129–131, 133–135, 146, 158 f., 271
Berufsausbildung 129 f., 132–134, 146, 257
Berufsberatung 129, 131
Berufsbildung 118, 129, 134
Berufsbildungswerk 130, 133, 146
Berufsförderungswerk 133, 146
Berufsschulen 129–132, 172
Berufsvorbereitung 132
Bezugsgruppeneffekt 208
Bezugsnorm 92
– curriculare 92
– individuelle 92
– soziale 92

Bildung 18, 21, 23 f., 29–31, 37 f., 48, 63, 66, 89, 99, 235 f., 240 f., 251, 270
- inklusive 24, 27–30, 33 f., 37, 40, 47–51, 55 f., 58 f., 63, 68, 70 f., 74 f., 77, 85, 89, 97, 103–106, 109–112, 114 f., 118 f., 130, 143, 149, 162, 183, 193 f., 231, 234–240, 243, 251 f., 259 f., 262–264, 266 f., 276
- integrative 27, 36, 38–41, 43–48, 52, 64, 89, 224 f.
Bildungs- und Erziehungspläne 67
Bildungsbericht 31
Bildungspolitik 18, 23 f., 29, 48, 97
Bildungssystem 14–16, 19, 22, 26–29, 31, 34–36, 45, 51, 66, 68, 80, 99, 118, 145 f., 174, 186, 200, 205, 211, 231, 236, 243, 265, 270, 272, 274
- inklusives 14, 28–30, 49 f., 53, 67, 69, 74, 85, 97, 99, 118, 201 f., 221, 234, 236, 279
Bildungstheorie,
- inklusive 19, 280, 282
- kritisch-konstruktive 166, 219
Bundesagentur für Arbeit (BA) 132, 134

C

Capability approach 239 f.
Curriculum 94, 153, 170, 274
Curriculum-Based-Measurement (CBM) 93

D

Dekategorisierung 202
Dezentralisierung 188 f.
Diagnose 26 f., 102 f., 113, 201 f., 233, 267, 270
Diagnose-Förderklassen 94, 104 f.
Dialog 246 f., 252
Didaktik 84, 148, 166, 173, 218 f., 270

- entwicklungslogische 218
- inklusive 50, 158 f., 166 f., 169 f., 242, 269
- integrative 166
- interaktionistische 167
- konstruktivische 167
- materialistische 165
- offene 126
- ökologische 168 f.
Differenz
- egalitäre 243, 253
Differenzierung 69, 78, 91, 106, 112, 161–163, 197, 205, 262, 270
- äußere 242
- innere 46, 91, 164, 166, 219, 241
Diversität (diversity) 6, 16, 23, 50, 146, 242, 279

E

Eingliederungshilfe 33, 55 f., 64 f., 114, 186
Einstiegsqualifizierung 133
Einzelförderung 71, 93
Elementarbereich 54, 56, 58 f., 63 f., 66–71, 74, 148, 265–267, 276
Empathie 223
Entwicklung 18, 27, 29–31, 33, 40 f., 44, 46, 49–53, 55 f., 58 f., 61–63, 65, 68 f., 71, 73 f., 76 f., 80, 85–88, 92, 94, 97, 99 f., 102–104, 106, 109, 114 f., 117–119, 122, 125, 135, 142 f., 151, 161, 164–167, 169, 171, 173–175, 178, 180, 193, 195 f., 200 f., 204, 207 f., 215 f., 218, 221, 231, 234, 237, 240 f., 243, 262, 266, 271, 275, 277
Entwicklungsbereiche 170–172
Entwicklungslogik 218, 220
Erfahrungsraum 108, 169, 207
Erwachsenenbildung 51, 118–120, 122–126
Etikettierung (labeling approach) 27, 62, 100, 224, 226, 234

Etikettierungs-Ressourcen-
  Dilemma 100, 142
Evaluation 93, 116, 127, 136, 180,
  182 f., 192, 201 f., 262, 266 f., 273,
  276
– formativ 180
– summativ 181
Evidenzbasierung 201
Exklusion 14, 16, 18, 21, 34 f., 49 f.,
  146, 212 f., 281

F

Fachberatung 69 f., 72–74, 267, 276
Fachkräfte 15, 18 f., 29, 37, 69, 74,
  85, 112, 115, 179, 183, 192, 221,
  231, 266–268, 277, 279
– frühpädagogische 19, 51, 55, 58 f.,
  62, 69, 71 f., 74 f., 101, 149, 152 f.,
  155, 158, 190, 192, 255, 257, 264–
  268, 278 f.
– heilpädagogische 265, 267
Fallstudie 83, 146
Förderbedarf 100 f., 108, 114, 191,
  200
– sonderpädagogischer (special educational needs) 76, 82, 97 f., 100,
  106, 109, 131, 195, 199 f., 210, 225,
  269
Förderdiagnostik 105, 125, 201, 221,
  270
Förderplan 71, 113
Förderschwerpunkte 71, 76, 94, 109,
  115, 117, 273
– sonderpädagogische 37, 95, 113,
  200, 269, 272 f.
Fördersystem 41, 46
Förderung 23, 26, 29, 35, 42, 46, 60,
  71, 75, 84, 88, 97, 101–103, 109,
  111, 113, 132, 134, 140 f., 149, 151–
  153, 156, 165, 174, 196, 199 f., 204–
  206, 210, 218, 233, 267–270, 273 f.
– individuelle 38, 82, 84, 179, 259
– integrative 39, 43, 64

– sonderpädagogische 33 f., 44, 76,
  92 f., 96 f., 102–104, 109–111, 130,
  132, 192, 199–202, 210, 268 f., 273
– zieldifferente 107
– zielgleiche 107, 109
Förderzentren 34, 225
– sonderpädagogische (SFZ) 68
Freiarbeit 80, 86, 163
Freundschaft 281 f., 284
Frühförderstelle 68, 70–72
Frühförderung 29, 44, 46, 70–72, 75,
  265 f.
– integrative 70

G

Gemeinwesen 18, 51, 138, 143,
  146 f., 157
Gesamtschule 85–87, 91, 114, 173,
  179
– integrierte 76, 178
Gesprächskreis 80, 90, 120, 164, 242
Gleichstellung 31, 138, 187, 237
Gleichstellungsgesetz 32, 66, 138,
  275
Grundschule 43 f., 46, 67, 75 f., 80,
  82–87, 91 f., 104 f., 108, 115, 144 f.,
  147, 166, 215 f., 235, 259, 282
Gymnasium 87, 235, 280

H

Haltung 155, 160, 226, 238, 256, 260,
  277
– inklusive 19, 48, 103, 279
Handlungskompetenz 218, 262
Handlungskonzepte 15, 17–19,
  148 f., 173, 190, 196, 215, 231, 237,
  255
– inklusive 190
– pädagogische 18, 149, 159, 207
Handlungsorientierung 159 f., 162
Härtefallregelung 126
Hauptschule 76

321

Heilpädagogik 45, 142, 199, 266
Heim 45, 184, 186, 265
Heterogenität 15 f., 20, 23, 62 f., 67, 77, 90, 126, 156, 226, 230, 236, 242, 253, 262, 283
Hilfsschule 39 f., 48
Hochschulen 51, 118, 126–128, 145, 264
Hochschulrektorenkonferenz 127
Hort 44, 55, 66, 265

I

Identität 86, 166, 187, 222
- personale 223–225
- soziale 187, 223
Identitätskonstruktion 226
Index für Inklusion 69, 139, 177
Individual educational program (IEP) 210
Individualisierung 91, 112, 161–163, 166, 205, 230, 241, 262, 270
Inklusion (inclusion) 13–18, 20–26, 28–31, 34, 36 f., 42, 47–51, 53, 58, 62 f., 65–69, 71 f., 80, 83–85, 89, 99, 109, 116–119, 125 f., 129, 131 f., 135, 137–139, 142–147, 149, 152, 173 f., 176, 179 f., 182–185, 189–191, 193–195, 198, 203 f., 209, 211–213, 226, 235–237, 244, 246–248, 251–254, 260, 267, 269, 272, 274–276, 278 f., 281, 283 f.
- full 25, 210
- responsible 210
Inklusionsentwicklung 5 f., 14 f., 18 f., 48 f., 51, 53 f., 62, 72, 75, 77, 87, 111 f., 116 f., 142 f., 148, 189, 231, 240, 250, 256, 264 f., 268–270, 276, 278, 284
Inklusionsforschung 89, 194, 252
Inklusionsnetzwerke 143 f.
Inklusionspädagogik 16, 49, 194
Integration 16, 18, 21, 24, 26, 32, 34, 36, 38, 40, 43, 45–48, 50, 59, 62–64, 70, 72, 81 f., 88, 96, 98, 119, 122, 124, 135 f., 144, 176, 194, 203–211, 214–220, 222, 224 f., 227–230, 232 f., 246
- didaktische 124
- direkte 35, 204
- emotionale 88, 208
- funktionale 123
- gesellschaftliche 123
- indirekte 35, 204, 206
- organisatorische 124
- personale 123
- räumliche 123
- soziale 23, 82, 86, 88, 107, 121, 123, 207
- zielgleich 87
Integrationsämter 135 f.
Integrationsbewegung 42, 231
Integrationsfachdienste 135–137
Integrationspädagogik 222
Integrationsprojekte 135, 137, 275
Interaktion 25, 54, 60, 71, 82, 119, 122, 168, 186, 188, 192, 196 f., 209, 211, 213, 222–224, 228–230, 233, 246, 249
Interaktionismus
- symbolischer 167, 222

K

Kinderkrippe 54 f., 58, 66, 144, 235, 265
Kindertageseinrichtungen 15, 18, 29, 44, 51 f., 54–56, 59, 61–71, 73–75, 144, 147, 149, 157, 190, 244, 258 f., 265–267, 279
- inklusive 56, 58 f., 65 f., 68 f., 71–75, 144, 147, 156, 259, 265–267, 276 f.
- integrative 57 f., 67, 227
Klassen 38, 41, 45, 78, 83–86, 88, 90, 92, 100–102, 104, 106–109, 112, 130, 132, 179, 208, 282
- inklusive 77, 83, 87–89, 104, 106–108, 173, 269 f.

Kleingruppenförderung 102, 164 f.
Kompetenzen 60, 70 f., 82, 91, 94, 107, 150, 160, 162, 169, 197, 206, 216, 221, 234, 255 f., 258, 260–263, 265–267, 269, 271 f., 276, 279
- fachliche 194, 267
- inklusive 19, 255–257, 265, 277
- ökologische 263
- pädagogische 15, 255, 260, 263, 268 f., 276
- personale 263, 279
- soziale 81, 120, 132, 223, 262
Kompetenzprofil 255, 258, 261, 263, 266, 272
Kompetenztransfer 221, 267
Kontakthypothese 84, 106
Konzept 14, 16, 18, 21 f., 24, 27, 29, 38, 60, 63, 68, 70 f., 74, 84, 86, 93, 105, 110, 124 f., 142, 146, 148 f., 156–158, 163, 165, 167–170, 173, 178 f., 183, 186–188, 191, 209, 215, 218–220, 227 f., 234, 238, 240, 242, 251, 259, 266
Kooperation 30, 60, 67, 70, 75, 85, 89, 91, 111, 116 f., 128, 130, 132 f., 142, 144, 161, 174, 177, 180, 201, 216–221, 228, 230, 239, 255, 258–261, 267, 270, 272–277
- externe 52, 112, 114, 265
- integrative 259
- interne 52, 112
Kooperationsklassen 105 f., 108
Krankheit 27, 196, 198, 225
Kultusministerkonferenz 33, 76, 96 f., 199

L

Least-restrictive-environment (LRE) 209
Lebenswelt 61, 148, 160, 168, 183, 188 f., 191, 207, 220, 275 f., 282
Lehrerbildung 40, 145, 264, 268 f., 271–274, 278

- inklusive 255, 268, 271
Lehrerfortbildung 113
Lehrgang 162, 164
Lehrkräfte 19, 38 f., 50 f., 81, 83, 85 f., 88–93, 97 f., 102 f., 112–117, 145, 159, 171, 174 f., 177, 179, 183, 192, 210, 234, 257 f., 268, 270–272, 275, 283
- der allgemeinen Schule 40, 76
- sonderpädagogische 76, 88, 99–102, 162, 165, 202, 269–271, 273
Leistungsmessung 91
Lernbereiche 78, 81, 95, 170–172
Lernen 35, 39 f., 52, 59 f., 76, 78, 81–84, 86 f., 91 f., 94 f., 106–108, 119, 122, 137, 145 f., 161 f., 164, 166, 168–170, 177, 191, 201, 204, 206–208, 211, 219–221, 227, 230, 236, 242, 244 f., 251, 260, 262, 270, 274, 280, 282
- kooperatives 84, 145
Lerngegenstand 167, 171, 283
- gemeinsamer 78, 91, 107, 160, 162–164, 166, 170, 219
Lernhilfen 81, 123, 134, 270
Lese-Rechtschreibschwierigkeiten (LRS) 45

M

Mainstreaming 209 f.
- Disability 237 f.
- Gender 31, 237
Medizin 27, 266
Mehrebenenmodell 53, 71, 77, 123 f., 175 f., 186, 192, 212, 227, 229 f., 250, 264 f.
- ökologisches 53, 176, 260
Menschenbild 37, 194, 237, 252
Menschenrechte 22 f., 29 f., 99, 125, 236, 239, 245
Methoden,
- der inklusiven Spielförderung 152
- des inklusiven Unterrichts 162–164

Migration 31
Mischfinanzierung 65, 75
Mittelschule 87, 95, 143, 170, 172, 176, 182
Modelle,
- didaktische 165
Momente
- inklusive 19, 280, 282 f.
Montessori-Pädagogik 43

N

Nachteilsausgleich 34, 127 f., 134, 146
Netze
- inklusionsdidaktische 170, 172
Netzwerke 18, 27, 34, 143, 213, 249
Normalisierung 18, 123, 149, 184–189

O

Ökologie 125, 230, 232 f.

P

Pädagogik,
- demokratische 253 f.
- inklusive 13, 15–20, 47, 49, 51, 54, 60 f., 94 f., 137, 139, 142–144, 148 f., 183, 190, 193–195, 203 f., 213–215, 221, 226, 231, 234, 240–244, 246, 250–258, 260–265, 268, 275–278
Partizipation (participation) 24, 28, 62, 122, 147, 170, 198, 211, 213, 237, 241, 243, 245, 248 f.
peer-group 161
Prävention 31, 34
Primarbereich 75, 80, 85
Prinzipien,
- des inklusiven Unterrichts 159 f., 162, 164
Professionalisierung 278

- pädagogische 158
- sonderpädagogische 278
Profilbildung,
- inklusive 176 f., 181
Projektlernen 91, 160, 165, 177 f., 220, 274
Projektunterricht 86, 90 f., 162 f., 165
Prozesse,
- inklusive 6 f., 20, 71, 231, 234, 260, 263

Q

Qualifikation 19, 71, 87, 114, 129, 131, 146, 156, 223, 255, 257, 261, 263 f.
Qualität 24, 30, 50, 52, 54 f., 58 f., 64, 77, 84, 106, 116, 144, 159 f., 165, 168, 171, 175, 185, 217, 220, 238, 245, 273
- Inklusive 175, 182
Qualitätssicherung 116, 180, 182
Qualitätsskala zur inklusiven Schulentwicklung (QU!S) 117, 181 f.
Qualitätsstandards 124, 164, 177, 181 f.

R

Raumgestaltung 57, 153, 156 f., 177, 266
Realschule 87
Reformpädagogik 219
Reggio-Pädagogik 63
Region 142, 189
- inklusive 100, 141 f., 277
Rehabilitation 31 f., 65, 141, 186
- berufliche 44 f., 129, 132 f., 135, 146, 203
Response-to-Intervention (RTI) 93
Ressource room 209
Ressourcen 14, 29 f., 33, 48, 61 f., 73 f., 100, 103, 125, 178, 198, 234, 238, 242, 249, 263, 277
Rollendistanz 223

Rügener Inklusionsmodell (RIM) 93

S

Sachunterricht 145, 166, 171
Salamanca-Erklärung 191
Salutogenese 27
Schädigung (impairment) 26, 28, 196–199, 203, 232 f.
Schonraum 206–208
Schulaufsicht 116 f., 176, 183
Schulbegleitung 114
Schulen 15, 18, 29, 34, 36 f., 39 f., 44, 46, 76 f., 80, 83, 85 f., 89 f., 94, 96, 98, 100, 102 f., 111 f., 115 f., 129, 131 f., 147, 151, 169, 173–177, 180, 182 f., 186, 191 f., 231, 274 f., 279 f.
– allgemeine 40, 44 f., 48, 51 f., 75–77, 82, 84, 89, 91–93, 95–109, 117, 170, 173 f., 206, 208–210, 244, 269 f.
– des Friedens 280
– inklusive 23, 33, 48, 76, 84, 89, 99, 103 f., 111, 113–118, 143, 147, 167, 169, 173–178, 180 f., 183, 191 f., 221, 258 f., 270, 280
Schulentwicklung 111, 145, 148, 173 f., 181–183
– inklusive 18, 34, 103, 116 f., 173–183, 192, 257, 268 f., 271, 273
– pädagogische 174 f.
Schulkonzept 176, 178, 181
Schulleistung 81–83, 87 f., 92–94, 107 f., 206 f.
Schulprogramm 86, 173, 180, 270
Schulversuch 43, 81, 90, 105, 107, 130 f.
Sekundarbereich 18, 75, 80, 85–88, 91 f., 114, 145, 148, 173, 176
Selbstbestimmung 32, 122 f., 161, 170, 189 f., 198, 213, 219, 237, 241, 247, 250–252, 284
Selbsthilfegruppe 6
Selbsttätigkeit 161, 163 f., 201

Self-fulfilling-prophecy 223
Separation 16, 18, 34 f., 48, 50, 62, 205, 225
Setting 20, 47, 63, 69, 83, 89, 104, 125
– inklusives 18, 60–62, 69, 88, 103, 110, 255, 257, 263, 272, 279
Situation
– inklusive 20, 31, 56, 78, 120, 128, 140, 179, 244, 247–250, 252, 263, 278, 282
Situationsansatz 60
Situationsorientierung 61
Sonderpädagogik (special needs education) 16, 26, 42, 45–47, 49 f., 96, 131, 195, 201, 205, 214, 222, 224, 226, 237, 243, 257, 269, 272, 274, 276
Sonderschule 45, 205 f., 225
Sorge (Care) 237–239
Sozialpädiatrische Zentren (SPZ) 68, 70–72
Sozialraum 238, 279
Sozialraumorientierung 189, 238
Spiel 52 f., 56–62, 102, 143, 147, 150–158, 190, 192, 207 f., 211, 220, 227, 233 f., 240, 244, 266
Spielbeobachtung 156
Spielförderung 153
– inklusive 18, 57, 148–151, 154, 156, 158, 190–192
Spielmittel 57, 153, 155, 157, 191, 266
– inklusive 155
Spielprojekte,
– inklusive 157
Spielräume,
– inklusive 156
Spielsituation 152 f., 156 f.
– inklusive 61, 71, 150, 152 f., 155, 157, 265 f.
Stationenlernen 80, 163, 165, 282
Stigma 187, 223
Stigmatisierung 121, 206, 223–226

325

T

Tagesmütter 55
Tagespflege 55, 64, 66
Team 59, 68, 113 f., 116, 178 f., 181, 258–260, 262, 266 f., 270, 274, 276, 278
- multiprofessionelles 115, 176, 221, 265 f.
Teamentwicklung 73, 112, 114, 228, 262, 266, 270
Teamfallbesprechung 113, 156, 181
Teamkleingruppenmodell 114
Teamteaching 112, 174
Teilgabe 25, 237, 243, 248 f., 251
Teilhabe 13, 15–17, 21 f., 24–26, 28, 31–35, 37, 40, 48, 51, 65, 84, 88 f., 120, 122, 124 f., 129, 133, 136, 138 f., 141, 146, 148 f., 162, 183 f., 186, 189 f., 196, 198 f., 205, 209–213, 225, 233 f., 240, 242 f., 246, 248–252, 256, 275, 284
Teilhabebericht 31, 140
Themenzentrierte Interakion (TZI) 227, 229 f., 258
Therapie 71, 150, 164, 266

U

Übergänge 34, 67, 104
Übung 164 f.
Umfeld 20, 26, 28, 61, 71, 90, 115, 125, 133 f., 138, 147, 173, 188, 197, 199, 225, 231–234, 261, 269, 271, 278
Umfeldsystem 26, 187
UN-Behindertenrechtskonvention (UN-BRK) 21, 142, 144
UNESCO-Kommission 24, 208
- deutsche 24
UN-Kinderrechtskonvention 23, 144, 243

Unterricht,
- fächerübergreifender 91
- inklusiver 18, 33, 50, 77, 80, 83 f., 87–90, 92–97, 99, 102 f., 106, 110–114, 116 f., 130, 144 f., 148, 158–171, 173 f., 176, 178, 180, 192, 221, 257, 259, 268–270, 272 f.
- integrativer 77, 80–82, 86, 89–92, 96–102, 116, 158 f., 162, 165, 170, 219, 230
- offener 80, 90 f.
Unterrichtskonzepte 86, 91, 93, 108, 159, 270
Unterstützte Beschäftigung (supported employment) 131, 137
Unterstützungssysteme 7, 46, 52 f., 70 f., 112, 144, 265, 267

V

Volkshochschule 120 f.
Volksschule 38–41
Vorkehrungen 85, 119
- angemessene 30, 234

W

Weiterbildung 74, 119 f., 122–126, 129, 137, 257, 264, 268, 275, 278
Werkstatt für behinderte Menschen (WfB) 120, 134 f.
Werkstattunterricht 90
Wochenplan 80, 85 f., 90 f., 163
Wohnen 31, 139, 185, 275
- inklusives 139

Z

Zone-der-nächsten-Entwicklung (ZNE) 60, 166, 216
Zwei-Pädagogen-System 100 f., 107, 258

Biewer/Proyer/Kremsner

Inklusive Schule und Vielfalt

2019. 150 Seiten, 7 Abb., 14 Tab. Kart.
€ 25,-
ISBN 978-3-17-034737-3

Inklusive Schule

Das Buch behandelt die grundlegenden Konzepte der Vielfalt, Differenz, Heterogenität und Diversität und entwirft die Grundlinien einer Pädagogik der Vielfalt, die zugleich immer auch Fragen der Bildungsgerechtigkeit und Chancengleichheit in den Blick nimmt. Neben der Klärung der theoretischen Grundlagen und inhaltlichen Positionen inklusiver Pädagogik erörtert der Band sehr konkret die Möglichkeiten der Lehrkraft, Anerkennung und Wertschätzung im Unterricht zu ermöglichen und Barrieren des Lernens und der Entwicklung abzubauen. Als erster Band der Reihe „Inklusive Schule" hat er die Aufgabe, die inhaltlichen Grundlinien und konzeptionellen Bausteine zu liefern, an die die nachfolgenden Bände anschließen können, ohne diese eigens neu formulieren zu müssen.

Kathrin Mahlau

Kinder mit Sprachauffälligkeiten

Förderung in inklusiven Schulklassen

2019. 175 Seiten, 11 Abb., 8 Tab. Kart.
€ 26,-
ISBN 978-3-17-033832-6

auch als EBOOK

Handlungsmöglichkeiten Schulische Inklusion

Kinder mit einer auffälligen Sprachentwicklung brauchen innerhalb des inklusiven Grundschulunterrichts spezifische sprachlernunterstützende Methoden und Materialien, damit sie altersgerechte Lernziele erreichen. Um diese Maßnahmen und Methoden genau planen zu können, müssen Lehrkräfte schnell und übersichtlich Informationen über den Sprachentwicklungsstand der Kinder ihrer Klasse erhalten. Im Buch wird dargestellt, wie Lehrkräfte von der Feststellung sprachlicher Auffälligkeiten zur Zielableitung und zur Festlegung von Fördermaßnahmen kommen. Die Darstellung der Fördermaßnahmen geht ausführlich auf Materialien und Umsetzungsstrategien ein, die sich unkompliziert in den Unterricht der ganzen Klasse implementieren lassen.